中國古典數字工程叢書

皇甫謐集

卌四卷

上冊

新世界出版社

图书在版编目（C I P）数据

皇甫谧集 / 栾贵明主编. -- 北京 : 新世界出版社,
2015.12
（中国古典数字工程丛书）
ISBN 978-7-5104-5467-7

Ⅰ. ①皇… Ⅱ. ①栾… Ⅲ. ①皇甫谧（215～282）—
文集 Ⅳ. ①Z423.71

中国版本图书馆CIP数据核字(2015)第264595号

皇甫謐集（上、下册）

主　　編：欒貴明
責任編輯：張世林
版式設計：陳　飛
封面設計：賀玉婷
責任印制：李一鳴　黄厚清
出版發行：新世界出版社
社　　址：北京市西城區百萬莊大街24號（100037）
總編室電話：+86 10 6899 5424　6832 6679（傳真）
發行部電話：+86 10 6899 5968　6899 8705（傳真）
本社中文網址：http://www.nwp.cn
本社英文網址：http://www.nwp.com.cn
版權部電子信箱：nwpcd@sina.com
版權部電話：+86 10 6899 6306
印　　刷：北京亞通印刷有限責任公司
經　　銷：新華書店
開　　本：710×1000　1/16
字　　數：380千字　　印　　張：40.25
版　　次：2016年1月第1版　2016年1月北京第1次印刷
印　　數：1－4000册
書　　號：ISBN 978-7-5104-5467-7
定　　價：148.00 圓（上、下册）

編輯人員

名譽主編　胡德平

主　　編　欒貴明

副 主 編　張世林　賴永海　田　奕

編　　委　陳　飛　淨　因　修峽榮　蔡慕雷　張怡芳　裴效維
王　梅　王　琦　范業強　寒小風　白小麥　林　滄
陳曉雲　董　磊　崔昌喜　萬春蓮　胡曉鐘　胡竹君
朱　婷　曹世超　胡　敏　李　偉　陳　駿　張駿龍
譚媛媛　李瑞娟　鄭珍珍　秦冀斌　李　東　孫國君
陳瑞榮　周松梅　繆京玉　趙雲英　任　剛　任　紅
張曉光　魏國慶　朱　明　劉偉成　艾　瑩　于俊文
劉叢叢　歐陽志方

校　　對　陳瑞蘭　李進英　李進榮　李　靜　李　杰　周玉蘭
趙麗媛　譚淑苹　劉　培　付蓓瑩　楊萬里

題辭

拾穗靡遺，掃葉都淨，網羅理董，俾求全徵獻，名實相符，猶有待於不恥支離事業之學士焉。

錢鍾書 默存

《管錐編》第三冊八五四頁《總敘》
中華書局一九七九年八月第一版

皇甫謐小傳

皇甫謐，字士安，幼名靜，安定朝那人，徙居新安。漢建安二十年（乙未）生，漢太尉嵩之曾孫也。沉靜寡欲，有高尚之志，朝庭屢徵不應，以著述為務，自號玄晏先生。後得風痹疾，猶手不釋卷。晉武帝時，自表就帝借書，晉武帝以書一車與之。太康三年（壬寅）卒，年六十八。其所著詩、賦、誄、頌、論甚多，成書《帝王世紀》《年曆》《高士傳》《逸士傳》《列女傳》《玄晏春秋》《鍼灸甲乙經》等。《隋書・經籍志》有《帝王世紀》十卷，此書記述了帝王世系、年代、事跡及地理、歷史等多方面內容。所敘上起太易，下盡兩漢、魏晉的重要史料。關於《鍼灸甲乙經》，《隋書・經籍志》著十卷，《新唐書・藝文志》和《宋史・藝文志》則為十二卷，似當為一書。作者皇甫謐自序稱，「吾病風加苦聾，百日方治。」乃集《素問》《鍼經》《明堂孔穴鍼灸治要》三部醫典，刪其浮辭，除其重複，論其精要而成。肇啟之初，文化流轉過程，多溢轉譯者之語字。《鍼灸甲乙經》中有小注、楊上善等語，甚至包括《素問》《鍼經》《太素》原文，這些往往被徵為「偽書」鐵證，從而忽視了珍稀的史證。如予刪汰，必成損失，因其大有研究和應用的價值。此次以《古今醫統正脈全書》排印本為底本，又尋影印本參校。正文中有「滎」與「榮」，「瀉」與「寫」，「藏」與「臟」，「府」與「腑」等字，既有相通之處，又有細微差異，故保持原貌，不作異文處理。如由其它異文引出者，則順勢列出。

凡例

甲、緣由

六千五百年中華文化，其核心為漢字記錄之典籍。我們的文化，很好的文化，是一個個中國人所創建；「經史子集」和外來圖書分類法，不足以全面呈現中華文化。「自信開拓萬古之心胸」的錢鍾書先生上列論斷，焦琴有聲，聞風響應。涓涓細流，從者如泉，不舍晝夜。他對文化和電腦聯姻寄以厚望，中國古典數字工程依此邁出艱難一小步。

乙、目標

從一九八五年至今，工程按規劃，首度構建四十萬人組成的人物庫，每位錄載名字號謚、皇朝帝代、年齒爵里、科舉仕途、詩文專著及文獻出處等多項基本信息。其中上自羲農，下迄北宋，已得一萬伍千人存世全集，本叢書依此一一編出，當是本工程副產品之一。預計最終完成會有四萬人左右。以保存為目的，以研討為服務對象的「萬人集」由此而生。

丙、原則

遵從孔子「中庸之為德」「述而不作」之原則，貫徹錢師所謂「做裁縫不做外科醫生」之科學理念，故對於一切爭議兼收並蓄，不捲入爭論，不為人師，不設門派，不下結論，不遮風避雨，不空耗紙墨，惟以盡力提供完整資料為己任。

丁、底本

兼顧良善珍稀和方便通行，構建自主之底本，一律注出而不詳加論述。其它版本之中採納已經驗證之字句灼見，亦注明來源，以示對先輩尊重。而對民族和政治傾向偏執之《四庫全書》等，當慎之又慎，非僅存孤本，一般謝絕採用。歷代文獻及目錄史料當中，有關先秦時期典籍咸少記錄。其文本又經千年學眾搜集、勘定、補充、傳承，面貌多存變化，然太昊、神農、黃帝肇始之功不可泯失。

戊、編例

一、秩序

本集所收作品大致分為舊存、新輯、專著三個部分。取清嚴可均氏等遺存著作，再經校核或加載不同版本異文，是為舊存。新輯者，則由本工程從電腦系統逐條搜獲所得。專著部分，則選取通行良善版本或前或後置之，或標卷標之下。

二、標題

編入作品，如舊存標題，儘量沿用。如標題相同，則在其下加添編號。當新舊文字混編時，對於新輯內容，在其標題之下標以「*」，或逕直注出。

三、正文

新得部分取出處最早或版本較優者。例如出自二十四史者，則選用百衲本，並以《叢書集成》等其它版本補充。如果注釋內容偏少，則祇收和注釋相關的正文或將正文移作標題。惟因本集收集文字甚遠，歷數千年流傳，文字數番譯轉，甚至變化不可名狀，多疑有後人所添改。先代鴻儒，偶有鍾情西方文化者，采用考古之行例，甚至司法之定律，將文獻視同文物，將千百年演化視作一時之突變，把文字演化傳承認定為傳說故事，三墳五典八索九丘概歸子虛烏有，從而否定古代文典之可信成分。吾輩祇知忠實於現存珍貴文字，便利專門家做出適當判斷，故編者不做「考辨」。正文以原文為起迄，對該文述及之緣由乃至所引發之後果，作為題下小序、補語或語境存證，多予保留。

四、異文

「異文」包括作者、標題、序言、正文等。其異文或自成門派，或出多家，或載他本，有可供參考者，則於該段正文後，以先本書再他書為序，列作異文，各條異文，以引文為序。當年錢師審讀田奕碩士論文《論宋詞查重》時說，電腦查重，詞比詩難，中比西妙。不必再行手工費力露拙，僅止「盡量提供」足矣，不多寫，不上課。本書另置有「附錄」，收錄較異文繁雜之參考文字，則收於適當位置。屬於舊存的「異文」與「附錄」均置紅色。專著部分，則以標題或節段為單位，在近處依次記錄異文，並在其下標明出處。異文項僅取必要之文，不取底本之外確知為舛錯之字；更不輕取無版本依據之字，無異作者又無異文者不再引錄。由於本叢書使用電腦編輯，最終將流歸鉅大「數字工程」，因此本書編輯必須適應古籍校、注、疏、箋多樣內容及格式。本書「異文」立「多取數字」為對位原則，俾令笨直之電腦能將異文準確頂入文本，參與多門運算。為適應古籍以及電腦之雙重特性，恰如錢師所言「能幫助人的電腦需要人的更多幫助」也。

五、出處

凡所輯錄文字，均於正文後注為第一出處。出處先注作者朝代、作者姓名，再標作品名稱、卷數章節。而對《太平御覽》《永樂大典》等名籍則不注朝代和作者。若文出多家，第二出處以下不涉文字異同，祇示參見。異文的出處同樣標為雙行小注。若同一出處多條，則於最後一條下標出處，或加「以上」兩字。專著和注作的出處，前置「以下」起始，必用「以上」作結。

六、格式

本書採用傳統斷句、依事分段格式，以適應古來各式之文體及電腦運作。本書如有重見語句者，一般使用以後標前之方式。

七、附錄

每朝每代均存遠貸署名之作，雖文字內容、風格與所屬時代多呈不符，其語句多為歷代所引，但又有留存參觀必要者，作為附錄。某些作品，尚未為歷來學界認同，則在全書最後之「參考書目」中羅列。目錄過繁則加排索引以供參證考索。

己、致歉

今編新集，係藉數字工程之助，統於士人之心智，佐以電腦之良能。惟其首創，或珠遺滄海，或李戴張冠；將欲絕之，奚敢云必。所幸通人大雅，有以諒解。至於指謬正訛，無任歡迎。再版當益趨完善。

庚、追遠

追溯工程創建之初，實承默存先生授命。規模架構，定在厥先；持之三十餘年，略收成效。今此支離輯錄，可見一斑；藉告在天，或堪少慰。欲將為山，功在不捐；繼大匠以先知，庶後來之可述。

皇甫謐集目錄

上册

題辭

小傳

凡例……一

目錄……五

卷一 舊存

女怨詩……一

詩……一

讓徵聘表……一

荅辛曠書……二

玄守論……三

釋勸論……四

篤終論……七

光武論……九

三都賦序……九
自序……一一
闕題……一一
卷二 新輯
玄晏先生問鳳……一二
問青牛士說養生法……一二
節度論……一二
解散消石大凡說……一三
救解法……一三
發動救解法……一四
皇甫謐曰 十四則……一五
卷三 新輯者以*標之
帝王世紀卷一 五十一則……二〇
卷四 新輯者以*標之
帝王世紀卷二 三十三則……四一

卷五新輯者以*標之
帝王世紀卷三三十四則……五八
卷六新輯者以*標之
帝王世紀卷四四十三則……七〇
卷七新輯者以*標之
帝王世紀卷五一百九則……八七
卷八新輯者以*標之
帝王世紀卷六二十則……一一九
卷九新輯者以*標之
帝王世紀卷七二十五則……一二四
卷十新輯者以*標之
帝王世紀卷八三十一則……一三二
卷十一新輯者以*標之
帝王世紀卷九七則……一四〇
卷十二新輯者以*標之
帝王世紀卷十七十則……一四八

卷十三 新輯
年歷 十九則 …… 一七六
卷十四
高士傳卷上
高士傳序 …… 一八一
被衣 …… 一八二
王倪 …… 一八二
齧缺 …… 一八三
巢父 …… 一八四
許由 …… 一八五
善卷 …… 一八六
子州支父 …… 一八七
壤父 …… 一八八
石戶之農 …… 一八八
蒲衣子 …… 一八九
披裘公 …… 一八九

江上丈人……一九〇
小臣稷……一九〇
弦高……一九一
商容……一九一
老子李耳……一九二
庚桑楚……一九三
老萊子……一九四
林類……一九五
榮啟期……一九六
荷蕢……一九七
長沮桀溺……一九七
石門守……一九八
荷篠丈人……一九八
陸通……一九九
曾參……二〇〇
顔回……二〇〇

原憲……二〇一

卷十五

高士傳卷中

漢陰丈人……二〇二
壺丘子林……二〇二
老商氏……二〇三
列禦寇……二〇四
莊周……二〇五
段干木……二〇五
東郭順子……二〇六
公儀潛……二〇七
王斗……二〇七
顔斶……二〇八
黔婁先生……二〇九
陳仲子……二〇九
漁父……二一〇

安期生……二一一
河上丈人……二一一
樂臣公……二一一
蓋公……二一二
四皓……二一二
黃石公……二一三
魯二征士……二一四
田何……二一四
王生……二一四
摯峻……二一五
韓福……二一六
成公……二一六
安丘望之……二一七
宋勝之……二一七
張仲蔚……二一八
嚴遵……二一八

彭城老父……二一九
韓順……二二〇
鄭樸……二二〇
李弘……二二一
向長……二二一
閔貢……二二二

卷十六

高士傳卷下

王霸……二二三
嚴光……二二三
牛牢……二二四
東海隱者……二二五
梁鴻……二二五
高恢……二二六
臺佟……二二七
韓康……二二七

丘訢……二二八
矯慎……二二八
任棠……二二九
摯恂……二三〇
法真……二三一
漢濱老父……二三一
徐穉……二三二
夏馥……二三三
郭太……二三四
申屠蟠……二三五
袁閎……二三六
姜肱……二三六
管寧……二三七
鄭玄……二三七
任安……二三八
龐公……二三八

姜岐……二三九
荀靖……二四〇
胡昭……二四一
焦先……二四二

卷十七

高士傳佚文
孫期……二四四
王郎……二四四
莊周……二四四
亥唐……二四五
孔嵩……二四五
東郭先生……二四五
許邵……二四六
毛公薛公……二四六
管寧……二四六
黔婁……二四七

嚴君平……二四八
二叟……二四八
候孔子者客……二四八
袁紹……二四八
汴隨　務光……二四九

卷十八 新輯

逸士傳

高鳳其一……二五〇
高鳳其二……二五〇
王雋……二五〇
舜七友……二五一
羅威……二五一
董威……二五一
鄭朴……二五二

達士傳

繆斐……二五二

卷十九 新輯

列女傳

孟光……二五三
翟素……二五四
漆室女其一……二五四
漆室女其二……二五五
湯妃……二五六
有虞二妃……二五七
杞梁妻……二五七
江乙母……二五八
黔婁妻……二五九
汝敦妻……二六一
孟軻母……二六一
姜敘母其一……二六三
姜敘母其二……二六四
趙昂妻……二六四

夏侯令女……二六六
龐娥親……二六七
衛農妻……二六九
羅貢羅……二六九
周度……二七〇
季珥……二七〇
彭非……二七一
劉長卿妻……二七一
孫去病妻……二七二
劉娥……二七二
留子直妻……二七三
陳悝妻……二七三
戴丹……二七四
張禮脩……二七四
羅靜……二七五
樂羊子妻……二七五

附錄以下未能確定作者為皇甫謐，附於後。
張芝……二七七
趙娥……二七七
張昭儀……二七八
袁次陽妻……二七八
趙阿……二七九
皇甫規妻……二七九
翟方進後母……二七九
桓少君……二八〇
顧昭君……二八〇
姜詩妻……二八一
尹吉甫妻……二八一
魯潛……二八一
袁貴女……二八二
師春姜……二八二
河內二義……二八二

游女……二八三
楊子拒妻……二八三
呂軍……二八三
段紀配……二八四
無題八則……二八四
續列女傳
伍伯妻……二八六
卷二十新輯
列女後傳
衛義姬……二八七
季兒……二八七
京師節女……二八八
珠崖二義……二八九
公孫河……二九一
孟宗母其一……二九一
孟宗母其二……二九二

范姬……二九二
呂榮其一……二九三
呂榮其二……二九三
李叔卿妹……二九四
劉桃樹……二九五
劉仲敬妻……二九五
衡農妻……二九五
蔡琰……二九六

卷二十一 新輯

玄晏春秋十一則……二九七

下冊

卷二十二

鍼灸甲乙經卷一

黄帝三部鍼灸甲乙經序……三〇三
精神五藏論第一……三〇四

五藏變腧第二……三〇七
五藏六府陰陽表裏第三……三〇八
五藏六府官第四……三〇九
五藏大小六府應候第五……三一〇
十二原第六……三一四
十二經水第七……三一五
四海第八……三一八
氣息周身五十營四時日分漏刻第九……三一八
營氣第十……三二一
營衛三焦第十一……三二二
陰陽清濁精氣津液血脈第十二……三二四
津液五別第十三……三二五
奇邪血絡第十四……三二六
五色第十五……三二八
陰陽二十五人形性血氣不同第十六……三三〇

卷二十三

鍼灸甲乙經卷二

十二經脈絡脈支別第一上……三三七
十二經脈絡脈支別第一下……三四三
奇經八脈第二……三五〇
脈度第三……三五三
十二經標本第四……三五四
經脈根結第五……三五六
經筋第六……三五八
骨度腸度腸胃所受第七……三六二

卷二十四

鍼灸甲乙經卷三

頭直鼻中髮際傍行至頭維凡七穴第一……三六五
頭直鼻中入髮際一寸循督脈卻行至風府凡八穴第二……三六五
頭直俠督脈各一寸五分卻行至玉枕凡十穴第三……三六六
頭直目上入髮際五分卻行至腦空凡十穴第四……三六七

頭緣耳上卻行至完骨凡十二穴第五……三六七
頭自髮際中央傍行凡五穴第六……三六八
背自第一椎循督脈行至脊骶凡十一穴第七……三六八
背自第一椎兩傍俠脊各一寸五分下至節凡四十一穴第八……三六九
背自第二椎兩傍俠脊各三寸行至二十一椎下兩傍俠脊凡二十六穴第九……三七一
面凡二十九穴第十……三七二
耳前後凡二十穴第十一……三七四
頸凡十七穴第十二……三七五
肩凡二十六穴第十三……三七五
胸自天突循任脈下行至中庭凡七穴第十四……三七七
胸自輸府俠任脈兩傍各二寸下行至步廊凡十二穴第十五……三七七
胸自氣户俠輸府兩傍各二寸下行至乳根凡十二穴第十六……三七八
胸自雲門俠氣户兩傍各二寸下行至食竇凡十二穴第十七……三七八
腋脇下凡八穴第十八……三七九
腹自鳩尾循任脈下行至會陰凡十五穴第十九……三八〇
腹自幽門俠巨闕兩傍各半寸循衝脈下行至横骨凡二十一穴第二十……三八一

腹自不容俠幽門兩傍各一寸五分至氣衝凡二十三穴第二十一……三八二
腹自期門上直兩乳俠不容兩傍各一寸五分下行至衝門凡十四穴第二十二……三八三
腹自章門下行至居窌凡十二穴第二十三……三八四
手太陰及臂凡一十八穴第二十四……三八五
手厥陰心主及臂凡一十六穴第二十五……三八六
手少陰及臂凡一十六穴第二十六……三八七
手陽明及臂凡二十八穴第二十七……三八八
手少陽及臂凡二十四穴第二十八……三八九
手太陽凡一十六穴第二十九……三九一
足太陰及股凡二十二穴第三十……三九一
足厥陰及股凡二十二穴第三十一……三九三
足少陰及股并陰蹻陰維凡二十穴第三十二……三九四
足陽明及股凡三十穴第三十三……三九五
足少陽及股并陽維四穴凡二十八穴第三十四……三九六
足太陽及股并陽蹻六穴凡三十四穴第三十五……三九八

卷二十五

鍼灸甲乙經卷四

經脈第一上……四〇〇
經脈第一中……四〇四
經脈第一下……四〇七
病形脈診第二上……四一二
病形脈診第二下……四一五
三部九候第三……四一七

卷二十六

鍼灸甲乙經卷五

鍼灸禁忌第一上……四二〇
鍼灸禁忌第一下……四二四
九鍼九變十二節五刺五邪第二……四二六
繆刺第三……四三〇
鍼道第四……四三四
鍼道終始第五……四三七

鍼道自然逆順第六……四四〇
鍼道外揣縱舍第七……四四三

卷二十七

鍼灸甲乙經卷六

八正八虛八風大論第一……四四四
逆順病本末方宜形志大論第二……四四六
五藏六府虛實大論第三……四四八
陰陽清濁順治逆亂大論第四……四五三
四時賊風邪氣大論第五……四五四
內外形診老壯肥瘦病旦慧夜甚大論第六……四五五
陰陽大論第七……四五八
正邪襲內生夢大論第八……四六一
五味所宜五藏生病大論第九……四六二
五藏傳病大論第十……四六五
壽夭形診病候耐痛不耐痛大論第十一……四六九
形氣盛衰大論第十二……四七〇

卷二十八

鍼灸甲乙經卷七

六經受病發傷寒熱病第一上……四七二
六經受病發傷寒熱病第一中……四七六
六經受病發傷寒熱病第一下……四八一
足陽明脈病發熱狂走第二……四八五
陰衰發熱厥陽衰發寒厥第三……四八六
太陽中風感於寒濕發痓第四……四八八
陰陽相移發三瘧第五……四九〇

卷二十九

鍼灸甲乙經卷八

五藏傳病發寒熱第一上……四九七
五臟傳病發寒熱第一下……五〇〇
經絡受病入腸胃五臟積發伏梁息賁肥氣痞氣奔肫第二……五〇三
五臟六府脹第三……五〇七
水膚脹鼓脹腸覃石瘕第四……五一〇

腎風發風水面胕腫第五……五一一

卷三十

鍼灸甲乙經卷九

大寒內薄骨髓陽逆發頭痛第一（頷項痛附）……五一四
寒氣客於五藏六府發卒心痛胸痺心痛三虫第二……五一五
邪在肺五藏六腑受病發欬逆上氣第三……五一六
肝受病及衛氣留積發胸脇滿痛第四……五一八
邪在心膽及諸藏腑發悲恐太息口苦不樂及驚第五……五二〇
脾受病發四肢不用第六……五二一
脾胃大腸受病發腹脹滿腸中鳴短氣第七……五二二
腎小腸受病發腹脹腰痛引背少腹控睾第八……五二四
三焦膀胱受病發少腹腫不得小便第九……五二八
三焦約內閉發不得大小便第十……五二九
足厥陰脈動喜怒不時發𤸇疝遺溺癃第十一……五二九
足太陽脈動發下部痔脫肛第十二……五三一

卷三十一
鍼灸甲乙經卷十
陰受病發痹第一上 …… 五三二
陰受病發痹第一下 …… 五三五
陽受病發風第二上 …… 五三八
陽受病發風第二下 …… 五四二
八虛受病發拘攣第三 …… 五四五
熱在五臟發痿第四 …… 五四五
手太陰陽明太陽少陽脈動發肩背痛肩前臑皆痛肩似拔第五 …… 五四七
水漿不消發飲第六 …… 五四八
卷三十二
鍼灸甲乙經卷十一
胸中寒發脈代第一 …… 五四九
陽厥大驚發狂癇第二 …… 五四九
陽脈下墜陰脈上爭發尸厥第三 …… 五五三
氣亂於腸胃發霍亂吐下第四 …… 五五三

足太陰厥脈病發溏泄下痢第五……五五四
五氣溢發消渴黃癉第六……五五五
動作失度內外傷發崩中瘀血嘔血唾血第七……五五七
邪氣聚於下脘發內癰第八……五五九
寒氣客於經絡之中發癰疽風成發厲浸淫第九上……五六〇
寒氣客於經絡之中發癰疽風成發厲浸淫第九下……五六〇

卷三十三

鍼灸甲乙經卷十二

欠噦唏振寒噫嚏嚲泣出太息涕下耳鳴嚙舌善忘善饑第一……五六六
寒氣客於厭發瘖不能言第二……五七〇
目不得眠不得視及多臥臥不安不得偃臥肉苛諸息有音及喘第三……五七一
足太陽陽明手少陽脈動發目病第四……五七三
手太陽少陽脈動發耳病第五……五七六
手足陽明脈動發口齒病第六……五七七
血溢發衄第七鼻鼽息肉著附……五七八
手足陽明少陽脈動發喉痺咽痛第八……五七九

氣有所結發瘤瘿第九……五七九
婦人雜病第十……五七九
小兒雜病第十一……五八二
鍼灸甲乙經新輯五則……五八四
卷三十四新輯
附録：甲乙經諸穴……五八六
解散説……五九四

皇甫謐集卷一 舊存

女怨詩

婚禮既定。婚禮臨成。施衿結帨。三命丁寧。書鈔八十四 初學記十四 詩紀二十三

詩

□輪迴路。驂服□半。驅車遠馳。僕陳交亂。棄我舊廬。爰適他館。書鈔八十四

讓徵聘表

臣以尪弊。迷于道趣。因病抽簪。散髮林阜。人綱否閉。鳥獸為羣。陛下披榛采蘭。并收蒿艾。是以臯陶振褐。不仁者遠。臣惟頑蒙。備食晉粟。猶識唐人擊壤之樂。宜赴京城稱壽闕外。

異文 咎繇振褐。不仁者遠矣。太平御覽卷六九三·服章部一〇·褐

伏自惟忖。瓶甒瑣器。實非瑚槤之求。稊稗之賤。不中粢盛之用。而小人無良。致災速禍。久嬰篤疾。軀半不仁。右腳偏小。十有九載。又服寒食藥。違錯節度。辛苦荼毒。于今七年。隆冬裸袒食冰。當暑煩悶。加以咳逆。或若溫瘧。或類傷寒。浮氣流腫。四肢酸重。于今困劣。救求呼噏。父兄見出。妻息長訣。仰迫天威。不能淹留。扶輿就道。所苦加篤。不任進路。委身待罪。伏枕歎息。臣

聞韶衞不並奏。雅鄭不兼御。故郤子入周。禍延王叔。虞丘稱賢。樊姬掩口。君子小人。禮不同器。況臣糠䵃。糅之彫胡。庸夫錦衣。不稱其服也。

異文 半身不仁。（太平御覽卷七四〇・疾病部三・偏枯）

軀半不任。又腳偏小。（冊府元龜卷九百六・總錄部・疾疹）

竊聞同命之士。咸以畢到。唯臣疾疢。抱釁牀蓐。雖貪明時。懼斃命路隅。設臣不疾。已遭堯舜之世。執志箕山。猶當容之。

臣聞上有明聖之主。下有輸實之臣。上有在寬之政。下有委情之人。仰唯陛下留神恕恩。垂憐微命。更旌瓌俊。索隱于傅巖。收釣于渭濱。無令泥滓。久濁清流。

臣聞鄒子一歎。霜為之降。杞妻一感。城為大崩。以臣況之。乃知精誠不可以賤致。古人言為虛也。

晉書皇甫謐傳。上疏自稱草莽臣云云。藝文類聚三七題作讓徵聘表。御覽七四〇亦作表。各有刪節。今合錄之。篇末尚有缺。

荅辛曠書

聞服有素。委心無量。加昔州壤。通門舊儀。虛想之積。過于陵阜。汎愛不遺。猥降德音。清喻爛煥。情義款篤。執誨欣然。若饗太牢。抱佩至眷。銘乎心膂。

且箕山之叟。超跡于堯帝之世。首陽之老。抗操于有周之隆。故能名奮百代。使聞之厲節。皆經聖明之論。所以邈世卓時者也。

至于鄙薄。才頑行穢。疾奪其志。神迷其心。因託虛靜。遂竊美選。聖上仁聰。亮其辛苦。每自陳訴。輒見寬放。雖大君有命。實小人勿用也。匪敢盤桓。疾與榮競。巾車順命。非劣德所堪也。密雲雖興。知枯木難植。昔人有言。欲之必為之辭。豈來惠之謂矣。猥承告示。欲備七十。木非梧桐。豈敢棲鳳。聞命悚灼。如蹈春冰。非苟崇謙。實懼陷墜。幸恕不假。明亮志心。藝文類聚三十七

玄守論

或謂謐曰。富貴人之所欲。貧賤人之所惡。何故委形待于窮而不變乎。且道之所貴者。理世也。人之所美者。及時也。先生年邁齒變。飢寒不贍。轉死溝壑。其誰知乎。謐曰。人之所至惜者。命也。道之所必全者。形也。性形所不可犯者。疾病也。若擾全道以損性命。安得去貧賤存所欲哉。吾聞食人之祿者。懷人之憂。形強猶不堪。況吾之弱疾乎。且貧者士之常。賤者道之實。處常得實。沒齒不憂。孰與富貴擾神耗精者乎。又生為人所不知。死為人所不惜。至矣。喑聾之徒。天下之有道者也。夫一人死而天下號者。以為損也。一人生而四海笑者。以為益也。然則號笑非益死損生也。是以至道不損。至德不益。何哉。體足也。如迴天下之念。以追損生之禍。運四海之心。以廣非益之病。豈道德之至乎。夫唯無損。則至堅矣。夫唯無益。則至厚矣。堅故終不損。厚故終不薄。苟能體堅厚之實。居不薄之真。立乎損益之外。游乎形骸之表。則我道全矣。晉書皇甫謐傳

釋勸論

相國。晉王辟余等三十七人。及泰始登禪。同命之士莫不畢至。皆拜騎都尉。或賜爵關內侯。進奉朝請。禮如侍臣。唯余疾困。不及國寵。宗人父兄。及我寮類。咸以為天下大慶。萬姓賴之。雖未成禮。不宜安寢。縱其疾篤。猶當致身。余惟古今明王之制。事無巨細。斷之以情。實力不堪。豈慢也哉。乃伏枕而歎曰。夫進者身之榮也。退者命之實也。設余不疾。執高箕山。尚當容之。況余實篤。故堯舜之世。士或收跡林澤。或過門不敢入。咎繇之徒。兩遂其願者。遇時也。故朝貴致功之臣。野美全志之士。彼獨何人哉。今聖帝龍興。配名前哲。仁道不遠。斯亦然乎。客或以常言見逼。或以逆世為慮。余謂上有寬明之主。必有聽意之人。天網恢恢。至否一也。何尤于出處哉。遂究賓主之論。以解難者。名曰。釋勸。

客曰。蓋聞天以懸象致明。地以含通吐靈。故黃鍾次序。律呂分形。是以春華發萼。夏繁其實。秋風逐暑。冬冰乃結。人道以之。應機乃發。三材連利。明若符契。故士或同升于唐朝。或先覺于有莘。或通夢以感主。或釋釣于渭濱。或叩角以干齊。或解褐以相秦。或冒榜以安鄭。或乘駟以救屯。或班荊以求友。或借術于黃神。故能電飛景拔。超次邁倫。騰高聲以奮遠。抗宇宙之清音。由此觀之。進德貴乎及時。何故屈此而不伸。今子以英茂之子。游精于六藝之府。散意于眾妙之門者有年矣。既遭皇禪之朝。又投祿利之際。委聖明之主。偶知己之會。時清道真。可以沖邁。此真吾生濯髮雲漢鴻漸之秋也。韜光逐藪。含章未曜。龍潛九泉。硜然執高。棄通道之遠由。守介人之局操。無乃乖于道之趣乎。且吾聞招搖昏迴。則天位正。五教班敘。則人理定。如今王命切至。委慮有司。上招迕主之累。下致駭眾之疑。達者貴同。何必獨異。羣賢可從。何必守意。方今同命並臻。飢不待湌。振藻皇塗。咸秩天官。子獨棲遲衡門。放形世表。遜遯丘園。不睨華好。惠不加人。行不合道。身嬰大疢。性命難保。若其羲和促轡。大火西頹。臨川恨晚。將復何階。夫貴陰賤璧。聖所約也。顛倒衣裳。明所箴也。子其鑒先哲之洪範。副聖朝之虛心。沖靈翼于雲路。浴天池以濯鱗。排閶闔。步玉岑。登紫闥。侍北辰。翻然景曜。雜沓英塵。輔唐虞之主。化堯舜之人。宣刑錯之政。配殷周之臣。銘功景鍾。參敘彝倫。存則鼎食。亡為貴臣。不亦茂哉。而忽金口之輝曜。忘青紫之班瞵。辭容服之光粲。抱弊褐之終年。無乃勤乎。

主人笑而應之曰。吁若賓。可謂習外觀之暉暉。未睹幽人之髣髴也。見俗人之不容。未喻聖皇之兼愛也。循方圓于規矩。未知大形之無外也。故曰。天玄而清。地靜而盜。含羅萬類。旁薄羣生。寄身聖世。託道之靈。若夫春以陽散。冬以陰凝。泰液含光。元氣混蒸。眾品仰化。誕制殊徵。故進者享天祿。處者安丘陵。是以寒暑相推。四宿代中。陰陽不治。運化無窮。自然分定。兩克厥中。二物俱靈。是謂大同。彼此無怨。是謂至通。若乃衰周之末。貴詐賤誠。牽于權力。以利要榮。故蘇子出而六主命。張儀入而橫勢成。廉頗存而趙重。樂毅去而燕輕。公叔沒而魏敗。孫臏刖而齊盜。蠡種親而越霸。屈子疏而楚傾。是以君無常籍。臣無定名。損義放誠。一虛一盈。故馮以彈劍感主。女有反賜之說。項奮拔山之力。蒯陳鼎足之勢。東郭劫于田榮。顏闔恥于見逼。斯皆棄禮喪真。苟榮朝夕之急者也。豈道化之本與。若乃聖帝之創化也。參德乎二皇。齊風乎虞夏。欲溫溫而和暢。不欲察察而明切也。欲混混若玄流。不欲蕩蕩而名發也。欲索索而條解。不欲契契而繩結也。欲芒芒而無垠際。不欲區區而分別也。欲闇然而內章。不欲示白若冰雪也。欲醇醇而任德。不欲瑣瑣而執法也。是以見機者以動成。好遯者無所迫。故曰。一明一昧。得道之概。一弛一張。命禮之方。一浮一沈。兼得其真。故上有勞謙之愛。下有不名之臣。朝有聘賢之禮。野有遯竄之人。是以支伯以幽疾距唐。李老寄跡于西鄰。顏氏安陋以成名。原思娛道于至貧。榮期以三樂感尼父。黔婁定謚于布衾。千木偃息以存魏。荊萊志邁于江岑。君平因蓍以道著。四皓潛德于洛濱。鄰真躬耕以致譽。幼安發令乎今人。皆持難奪之節。執不迴之意。遭拔俗之主。全彼人之志。故有獨定之計者。不借謀于眾人。守不動之安者。不假慮于羣賓。故能棄外親之華。通內道之真。去顯顯之明路。入昧昧之埃塵。宛轉萬情之形表。排託虛寂以寄身。居無事之宅。交釋利之人。輕若鴻毛。重若泥沈。損之不得。測之愈深。真吾徒之師表。余迫疾而不能及者也。子議吾失宿而駭眾。吾亦怪子較論而不折也。夫才不周用。眾所斥也。寢疾彌年。朝所棄也。是以胥克之廢。丘明列焉。伯牛有疾。孔子斯歎。若黃帝創制于九經。岐伯剖腹以蠲腸。扁鵲造虢而尸起。文摯徇命于齊王。醫和顯術于秦晉。倉公發祕于漢皇。華陀存精于獨識。仲景垂妙于定方。徒恨生不逢乎若人。故乞命訴乎明王。求絕編于天籙。亮我躬之辛苦。冀微誠之降霜。故俟罪而窮處。晉書皇甫謐傳

篤終論

玄晏先生以為存亡天地之定制。人理之必至也。故禮六十而制壽。至于九十。各有等差。防終以素。豈流俗之多忌者哉。吾年雖未制壽。然嬰疢彌紀。仍遭喪難。神氣損劣。困頓數矣。常懼夭隕不期。慮終無素。是以略陳至懷。

異文 玄晏先生以為存亡天下之定制。人理之必至也。（晉書卷五十一・列傳第二十一）

然嬰疾彌紀。仍遭喪難。（冊府元龜卷九百七・總錄部・薄葬）

夫人之所貪者。生也。所惡者。死也。雖貪不得越期。雖惡不可逃遁。人之死也。精歇形散。魂無不之。故氣屬于天。寄命終盡。窮體反真。故尸藏于地。是以神不存體。則與氣升降。尸不久寄。與地合形。形神不隔。天地之性也。尸與土并。反真之理也。

今生不能保七尺之軀。死何故隔一棺之土。然則衣衾所以穢尸。棺槨所以隔真。故桓司馬石槨。不如速朽。季孫璵璠。比之暴骸。文公厚葬。春秋以為華元不臣。楊王孫親土。漢書以為賢于秦始皇。如令魂必有知。則人鬼異制。黄泉之親。死多于生。必將備其器物。用待亡者。今若以存況終。非即靈之意也。如其無知。則空奪生用。損之無益。而啟奸心。是招露形之禍。增亡者之毒也。夫葬者。藏也。藏也者。欲人之不得見也。而大為棺槨。備贈存物。無異于埋金路隅。而書表于上也。雖甚愚之人。必將笑之。豐財厚葬。以啟姦心。或剖破棺槨。或牽曳形骸。或剝臂捋金環。或捫腸求珠玉。焚如之形。不痛于是。自古及今。未有不死之人。又無不發之墓也。故張釋之曰。使其中有欲。雖固南山猶有隙。使其中無欲。雖無石槨。又何戚焉。斯言達矣。吾之師也。

異文 而啟奸心。是昭露形之禍。增亡者之毒也。

或剝臂采金環。或捫腸求珠玉。（以上冊府元龜卷九百七・總錄部・薄葬）

夫贈終加厚。非厚死也。生者自為也。遂生意于無益。棄死者之所屬。知者所不行也。易稱古之葬者。衣之以薪。葬之中野。不封不樹。是以死得歸真。亡不損生。故吾欲朝死夕葬。夕死朝葬。不設棺槨。不加纏斂。不修沐浴。不造新服。殯唅之物。一皆絕之。吾本欲露形入阬。以身親土。或恐人情染俗來久。頓革理難。今故粗為之制。奢不石槨。儉不露形。氣絕之後。便即時服。幅巾故衣。以蘧篨裹尸。麻約二頭。置尸牀上。擇不毛之地。穿坑。深十尺。長一丈五尺。廣六尺。阬訖。舉牀就阬。去牀下尸。平生之物。皆無自隨。唯齎孝經一卷。示不忘孝道。蘧篨之外。便以親土。土與地平。還其故草。使生其上。無種樹木。削除使生迹無處。自求不知。不見可欲。則姦不生心。終始無怵惕。千載不慮患。形骸與后土同體。魂爽與元氣合靈。真篤愛之至也。若亡有前後。不得移祔。

異文 吾本欲露形入地。以身親土。

則奸心不生。心終始無怵惕。（以上冊府元龜卷九百七・總錄部・薄葬）

氣絕之後。便時服幅巾。以遽篨裹尸。覆卷三重。麻繩約二頭。置屍靈床上。擇不毛之地。穿坑十尺。長一丈二尺。廣六尺。坑訖。（太平御覽卷五五四・禮儀部三三・葬送）

以蘧篨裹尸。覆卷三重。麻繩約二頭。置尸靈床上。擇不毛之地。坑訖。去床下尸而已。（梁・蕭繹・金樓子卷二）

擇不毛之地葬焉。皆無以自隨。唯賫孝經一卷。示不忘孝道也。太平御覽卷六一〇·學部四·孝經

祔葬自周公來。非古制也。舜葬蒼梧。二妃不從。以爲一定。何必周禮。無問師工。無信卜筮。無拘俗言。無張神坐。無十五日朝夕上食。禮不墓祭。但月朔于家。設席以祭。百日而止。臨必昏明。不得以夜。制服常居。不得墓次。夫古不崇墓。智也。今之封樹。愚也。若不從此。是戮尸地下。死而重傷。魂而有靈。則冤悲没世。長爲恨鬼。王孫之子。可以爲誡。死誓難違。幸無改焉。晉書皇甫謐傳

光武論

玄晏先生曰。左氏春秋稱。夏少康之起。有田一成。有衆一旅。若漢之再命。世祖不階成旅之功。平暴反正。遂建中興。與夏康同美矣。御覽九十

三都賦序

玄晏先生曰。古人稱。不歌而頌謂之賦。然則賦也者。所以因物造端。敷弘體理。欲人不能加也。引而申之。故文必極美。觸類而長之。故辭必盡麗。然則美麗之文。賦之作也。昔之爲文者。非苟尚辭而已。將以紐之王教。本乎勸戒也。自夏殷以前。其文隱没。靡得而詳焉。周監二代。文質之體。百世可知。故孔子采萬國之風。正雅頌之名。集而謂之詩。詩人之作。雜有賦體。子夏序詩曰。一曰風。二曰賦。故知賦者。古詩之流也。至于戰國。王道陵遲。風雅寖頓。于是賢人失志。辭賦作焉。

是以孫卿屈原之屬。遺文炳然。辭義可觀。存其所感。咸有古詩之意。皆因文以寄其心。託理以全其制。賦之首也。及宋玉之徒。淫文放發。言過于實。誇競之興。體失之漸。風雅之則。于是乎乖。逮漢賈誼。頗節之以禮。自時厥後。綴文之士。不率典言。並務恢張。其文博誕空類。大者罩天地之表。細者入毫纖之內。雖充車聯駟。不足以載。廣廈接榱。不容以居也。其中高者。至如相如上林。楊雄甘泉。班固兩都。張衡二京。馬融廣成。王先靈光。初極宏侈之辭。終以約簡之制。煥乎有文。蔚爾鱗集。皆近代辭賦之偉也。若夫土有常產。俗有舊風。方以類聚。物以羣分。而長卿之儔。過以非方之物。寄以中域。虛張異類。託有于無。祖構之士。雷同影附。流宕忘反。非一時也。曩者。漢室內潰。四海圮裂。孫劉二氏。割有交益。魏武撥亂。擁據函夏。故作者。先為吳蜀二客。盛稱其本土險阻瓌琦。可以偏王。而卻為魏主。述其都畿。弘敞豐麗。奄有諸華之意。言吳蜀以擒滅比亡國。而魏以交禪比唐虞。既已著逆順。且以為鑒戒。蓋蜀包梁岷之資。吳割荊南之富。魏跨中區之衍。攷分次之多少。計殖物之眾寡。比風俗之清濁。課士人之優劣。亦不可同年而語矣。二國之士。各沐浴所聞。家自以為我土樂。人自以為我民良。皆非通方之論也。作者又因客主之辭。正之以魏都。折之以王道。其物土所出。可得披圖而校。體國經制。可得案記而驗。豈誣也哉。文選

異文　廣夏接榱。不容以居也。文選卷四十五・三都賦序注

自序

士安每病。母輒推燥居溼。以視易單。御覽七百三十七

異文 母輒推燥居濕。以複易單。太平御覽卷七三九·疾病部二·總敘疾病下

闕題

護軍武士之官。御覽二百四十引皇甫謐集

異文 護軍武士。軍之管籥。北堂書鈔卷六四·設官部一六·護軍將軍

皇甫謐集卷二 新輯

玄晏先生問鳳

問曰。鳳為群鳥之王。有之乎。答曰。非也。鳳瑞應之鳥也。其雌曰凰。雞頭。蛇頸。鷰頷。龜背。魚尾。五色具采。其高六尺。與鳥之異也。出則為祥。非常見之鳥也。人自敬之。與鳥別也。五代・馬縞・中華古今注卷下

問青牛士說養生法

皇甫謐問青牛士說養生法云。

人欲常勞。食欲常少。勞無過極・少不至虛。去肥膩。節鹹酸。俗養生法。尚令自勞。豈志道者。過食懈怠。非唯失利而已。亦乃增病損生。唐・毘陵沙門湛然述・止觀輔行傳弘決卷第四之四

異文人欲常勞。食欲常少。勞無過極。少不至虛。去肥膩・節酸鹹。是則俗養生法。常令自勞。豈志道者。過食懈怠。非惟失利而已。亦乃增病損生。天台四教儀註彙補輔宏記卷十之下

節度論

皇甫謐節度論云。

吾觀諸服寒食散者。咸言石藥沉滯凝著五臟。故積歲不除。草藥輕淺。浮在皮膚。故解散不久。其違

錯草石正等。今之失度者。石尚遲緩。草多急疾。而今人利草憚石者。良有以也。石必三旬。草以日決。如其不便。草可悔止。石不得休故也。然人有服草散兩匕。十年不除者。有服石八兩。終身不發者。雖人性有能否。論藥急緩。無以異也。（日本・丹波康賴・醫心方卷十九・服石反常性法第一）

解散消石大凡說

皇甫士安解散消石大凡說云。

無朴消。可用消石。生山之陰。鹽之膽也。取石脾與消石以水煮之。一斛得三斗。正白如雪。以水投中即消。故名消石。其味苦無毒。主消渴熱中。止煩滿。三月採於赤山。朴消者。亦生山之陰。有鹽鹹苦之水。則朴消生於其陽。其味苦無毒。其色黃白。主療熱。腸中飽脹。養胃消穀。去邪氣。亦得水而消。其療與消石小異。（宋・唐慎微・證類本草卷三）

異文三月采于赤山。

主療熱。腹中飽脹。（以上本草綱目卷十一・石部・石之五・消石）

救解法

皇甫謐救解法云。

春發逆冷。夏發短氣。秋發瘙癢。冬發寒戰。

此四時發動。變易無常。諸所為病。乃至萬端。或動身體。四肢微強。難於屈伸。或胸脅脹滿。但欲乾嘔。或翕翕少氣。不欲語言。或睡眠但常欲臥。或悒悒苦寒。思欲厚衣。諸如此候。藥將大發。宜急解。事在汗出。動作。飲酒。美食以為法。

或頭痛目不欲視。或腹中雷鳴大小便數。或體隱疹狀如風搔。或淫策淫策如針刺。或有熱劇乍來乍去。或咽喉噎塞有如傷寒。或鼻中蕭條若有風吹。諸如此者。皆是將發之候。宜速起行。解衣向風。便自解。

或苦寒噤戰如傷寒者。當飲熱酒隨人能不。先以暖湯小洗頭面手足。行步自動作。使體中熱。以手巾漬冷水摩拭之。良。

或腹中雷如鳴。飲冷水一升。若饑。可餐食。薄衣脫巾冐氈褥。

或但苦熱悶而腹滿心痛者。宜飲熱酒。冷水洗。還薄衣小暖。熱氣自止。

或患腹背熱。如手如杯如盤許者。以冷石隨熱處熨即瘥。

或頭痛項強兩目疼而悶亂者。便以水洗浴即瘥。日本・丹波康賴・醫心方卷十九・服石四時發狀第五

發動救解法

發動救解法云。

人將藥。但知純寒用水藥。得大益。不知純寒益動。所以困不解者。由是失和故也。寒大過致藥動

者。以溫解之。熱大過致藥動者。以冷解之。常識所由也。無不得解。（日本・丹波康賴・醫心方卷十九・服石反常性法第一）

皇甫謐曰其一

皇甫士安云。

世人見其書云。谷神不死。是謂元牝。故好事者。遂假託老子。以談神仙。老子雖存道德。尚清虛。然博貫古今。垂文述而之篇。及禮傳所載。孔子慕焉是也。而今人學者。乃欲棄禮學。絕仁義。云獨任清虛。可以致治。其違老子親行之言。（梁・蕭繹・金樓子）

異文諸子之書。近為難信。唯秦佚弔焉。老死信矣。世人見谷神不死。是謂玄牝。故好事者。遂假託焉。（唐・法琳・辯正論卷七　唐・道宣・廣弘明集卷十三）

皇甫謐曰其二

明帝使相國宣文侯征滅之。遼東之死者以萬計。如寧所籌。寧之歸也。海中遇暴風。船皆沒。唯寧乘船自若。時夜風晦冥。船人盡惑。莫知所泊。望見有火光。輒趣之。得島。島無居人。又無火燼。行人咸異焉。以為神光之祐也。皇甫謐曰。積善之應也。（三國志卷十一・魏書・列傳第十一　晉・傅玄・傅子補遺）

皇甫謐曰其三

皇甫謐云。

老子出關。入天竺國。教胡王為浮圖。唐・法琳・辯正論卷六

皇甫謐曰其四

謐自序曰。

始志乎學。而自號玄晏先生。文選卷四十五・三都賦序注

皇甫謐曰其五

耽玩典籍。忘寢與食。時人謂之書婬。或有箴其過篤。將損耗精神。謐曰。

朝聞道。夕死可矣。況命之修短。分定懸天乎。晉書卷五十一・列傳第二十一 冊府元龜卷七九八・總錄部・勤學

皇甫謐曰其六

城陽太守梁柳。謐從姑子也。當之官。人勸謐餞之。謐曰。

柳為布衣時過吾。吾送迎不出門。食不過鹽菜。貧者不以酒肉為禮。今作郡而送之。是貴城陽太守而賤梁柳。豈中古人之道。是非吾心所安也。

皇甫謐曰其七

濟陰太守蜀人文立。表以命士有贄為煩。請絕其禮幣。詔從之。謐聞而歎曰。

亡國之大夫不可與圖存。而以革歷代之制。其可乎。夫束帛戔戔。易之明義。玄纁之贄。自古之舊也。故孔子稱。夙夜強學以待問。席上之珍以待聘。士於是乎三揖乃進。明致之難也。一讓而退。明去之易也。若殷湯之於伊尹。文王之於太公。或身即莘野。或就載以歸。唯恐禮之不重。豈吝其煩費哉。且一禮不備。貞女恥之。況命士乎。孔子曰。賜也。爾愛其羊。我愛其禮。棄之如何。政之失賢。於此乎在矣。（以上晉書卷五十一·列傳第二十一）

皇甫謐曰其八

皇甫謐集云。

尚書。文士之樞機也。（北堂書鈔卷第五九·設官部一一·尚書）

皇甫謐曰其九

遭人而問。少有寧日。皇甫謐語也。（清·郎潛紀聞二筆卷八·閻百詩題柱語）

皇甫謐曰其十

或勸謐修名廣交。謐以為。

非聖人。孰能兼存出處。居田里之中。亦可以樂堯舜之道。何必崇接世利。事官鞅掌。然後為名乎。

晉書卷五十一·列傳第二十一

異文居畎畝之中。可以樂堯舜之道。何必崇勢利而後名乎。太平御覽卷五一〇·逸民部一〇·逸民一〇

皇甫謐曰其十一

皇甫謐云。

服寒食散者。唯以數下為急。有澼終不下之。必不得生。下後。當慎如節度。日本·丹波康賴·醫心方卷十九·服石反常性法第一

皇甫謐曰其十二

皇甫謐云。

服散不可失食即動。常令胃中有穀。穀強則體氣勝。體氣勝則藥不損人。不可兼食藥。益作常欲得美食。食肥豬蘇脂肥脆者為善。日本·丹波康賴·醫心方卷十九·服石反常性法第一

皇甫謐曰其十三

皇甫謐云。

或夢驚悸不自制。坐熱在內爭。五行干錯與藥相犯。食足自止。日本・丹波康賴・醫心方卷十九・服石發動救解法第四

皇甫謐曰其十四

皇甫謐云。

凡諸石士十忌。

第一忌怒。第二忌愁憂。第三忌哭泣。第四忌忍大小便。第五忌忍饑。第六忌忍渴。第七忌忍熱。第八忌忍寒。第九忌忍過用力。第十忌安坐不動。

若犯前件忌。藥勢不行。偏有聚結。常自安穩。調和四體。亦不得苦讀念慮。但能如是。終不發動。一切即愈。日本・丹波康賴・醫心方卷十九・服石禁忌法第六

皇甫謐集卷三・帝王世紀卷一（*新輯者以標之）

帝王世紀卷一・其一

天地未分。謂之太易。（御覽一）

帝王世紀卷一・其二

元氣始萌。謂之太初。（御覽一）

帝王世紀卷一・其三

氣形之初。謂之太始。（御覽一）

異文 氣形之始。謂之太始。（宋翔鳳集校帝王世紀卷一）

形氣之物。謂之太始。（王謨輯帝王經界紀）

帝王世紀卷一・其四

形變有質。謂之太素。太素之前。幽情寂寞。不可為象。惟虛惟無。蓋道之根。道根即建。猶無生有。太素始萌。萌而未兆。謂之龐洪。蓋道之榦。道榦即育。萬物成體。於是剛柔始分。清濁始位。

天成於外而體陽。故圓以動。蓋道之實。（御覽一張衡靈憲）

異文 太素之前。幽清寂寞。

蓋道之根。自道即建。（以上太平御覽卷一・天部一・太素）

道根即建。由無生有。（宋翔鳳集校帝王世紀卷一 王謨輯帝王經界紀）

太素始萌。質始萌而未兆。（王謨輯帝王經界紀）

蓋道之幹。即育萬物成體。（太平御覽卷一・天部一・太素）

清濁始立。天成於外而體陽。（宋翔鳳集校帝王世紀卷一）

天體陽。故圖以動。（王謨輯帝王經界紀）

帝王世紀卷一・其五

質形已具。謂之太極。（御覽一）

帝王世紀卷一・其六

天子。至尊之定名也。應神受命。為天所子。故謂之天子。故孔子曰。天子之德。感天地。洞八方。

是以功合神者稱皇。德合天地者稱帝。義合人者稱王。（初學記九 藝文十一 御覽七十六）

異文 孔子稱。天子之德。（玉函山房本・帝王世紀）

感天地。動八方。宋翔鳳集校帝王世紀卷一

是以化合神者稱皇。玉函山房本・帝王世紀

仁義合者稱王。藝文類聚卷一一・帝王部一・總載帝王

德合地者稱帝。德合人者稱王。初學記卷九・帝王部・總敘帝王

德合天地稱帝。義名曰稱王。太平御覽卷七六・皇王部一・敘皇王上

帝王世紀卷一・其七

天地開闢。有天皇氏。地皇氏。人皇氏。或冬穴夏巢。或食鳥獸之肉。陳本書鈔百五十八

帝王世紀卷一・其八*

帝王世紀則謂。

天皇氏壽一萬八千歲。地皇氏壽一萬八千歲。人皇氏壽九千歲。合四萬五千歲。清・英廉等・日下舊聞考卷七十七

附錄皇甫謐三五歷云。天地初立。有天皇氏。十二頭。木德王。歲起攝提。兄弟十二人立。各一萬八千歲。宋・謝守灝・混元聖紀卷之一

帝王世紀卷一・其九*

帝王世紀云。

三皇之世。合二萬二百九十七年也。（唐・法琳・辯正論卷第一）

異文合二萬七百九十七年。（五代・義楚・釋氏六帖卷十三）

帝王世紀卷一・其十

伏羲。神農。黃帝為三皇。少昊。高陽。高辛。唐。虞為五帝。（史記五帝紀索隱 正義 五行大義論・五帝第廿一）

異文少昊。顓頊。高辛。（史記卷一・五帝本紀第一注）

帝王世紀卷一・其十一

太昊帝庖犧氏。風姓也。母曰。華胥。燧人之世。有巨人跡。出於雷澤。華胥以足履之。有娠。生伏羲。長于成紀。蛇身人首。有聖德。燧人氏沒。庖犧氏代之。繼天而王。首德于木。為百王先。帝出于震。未有所因。故位在東方。主春。象日之明。是稱太昊。都陳。作瑟三十六弦。長八尺一寸。制嫁娶之禮。未有文章。取犧牲以充庖廚。以食天下。故號曰。庖犧氏。是為犧皇。後世音謬。故謂之。伏犧。或謂之。虙犧。一號。雄皇氏。在位一百一十年。（易繫辭傳疏 初學記九 藝文十一 御覽七十八 三百六十 漢書班固傳注 書鈔十七）

異文太皞帝庖犧氏。

有大人之迹。出於雷澤之中。華胥履之。生庖犧於成紀。以上宋翔鳳集校帝王世紀卷一

庖犧氏代之。繼天而生。太平御覽卷七八・皇王部三・太昊庖犧氏

繼天而象日。北堂書鈔卷七・帝王部七・克明二十四

故位在東。主春。

是以稱太皞。以上宋翔鳳集校帝王世紀卷一

取犧牲以充庖廚。故號曰。庖犧皇。太平御覽卷七八・皇王部三・太昊庖犧氏

取犧牲以供庖廚。食天下。故號曰。庖犧氏。或作。宓戲氏者。

後世音謬。故或謂之。宓犧。以上宋翔鳳集校帝王世紀卷一

故謂之。伏犧。或謂之。密犧。初學記卷九・帝王部・總敘帝王

一號。黃熊氏。在位一百一十年。宋翔鳳集校帝王世紀卷一

帝王世紀卷一・其十二*

帝王世紀云。

庖羲氏生於成紀。孕十二歲而生。故曰。成紀。清・許容・甘肅通志卷二十三

帝王世紀卷一・其十三

〔太昊帝〕崩。葬南郡。或曰。冢在山陽。高平之西也。補史記三皇紀注

帝王世紀卷一・其十四*

太昊在位一百一十年。子孫五十九姓。傳世五萬餘歲。宋翔鳳集校帝王世紀卷一

帝王世紀卷一・其十五

太昊庖犧氏。風姓。有景龍之瑞。故以龍紀官。初學記三十御覽九百二十九事類賦注二十八

帝王世紀卷一・其十六

伏犧氏。仰觀象於天。俯觀法於地。觀鳥獸之文與地之宜。近取諸身。遠取諸物。於是造書契以代結繩之政。畫八卦以通神明之德。以類萬物之情。所以六氣。六府。五藏。五行。陰陽。四時。水火升降。得以有象。百病之理。得以有類。乃嘗味百藥。而制九針。以拯夭枉焉。御覽七百二十一

異文而制九針。以極夭枉焉。宋翔鳳集校帝王世紀卷一

帝王世紀卷一・其十七

包犧氏沒。女媧氏代立。亦風姓也。承庖犧制度。始作笙簧。無所革造。故易不載。不序於行。亦蛇身人首。一號。女希。是為女皇。其末有諸侯共工氏。任智刑以強伯而不王。以水承木。非行次。故易不載。初學記九　御覽七十八　易繫辭傳疏　明堂位疏

異文 一曰女希。是為女皇。藝文類聚卷一一・帝王部一・帝女媧氏

其末諸侯有共工氏。宋翔鳳集校帝王世紀卷一

帝王世紀卷一・其十八

女媧氏沒。大庭氏。王有天下。次有柏皇氏。中央氏。栗陸氏。驪連氏。赫胥氏。尊盧氏。混沌氏。皞英氏。有巢氏。朱襄氏。葛天氏。陰康氏。無懷氏。凡十五世。皆襲庖犧氏之號。易繫辭傳疏　禮記書名疏　初學記九

異文 女媧氏沒。次有大庭氏。柏皇氏。

尊盧氏。渾混氏。昊英氏。以上宋翔鳳集校帝王世紀卷一

帝王世紀卷一・其十九

易稱。庖犧氏沒。神農氏作。是為炎帝。史記五帝紀集解

帝王世紀卷一・其二十

炎帝神農氏。姜姓也。母曰。任姒。有蟜氏之女。名。女登。為少典正妃。遊於華山之陽。有神龍首感女登於常羊。生炎帝。人身牛首。長於姜水。因以氏焉。

異文 炎帝神農母曰。任姒。有蟜氏女有女登。少典妃。遊華陽。有龍首感之。生神農於裳羊山。一曰。少典取莽水氏女。曰。聽訞。生帝臨魁。宋翔鳳集校帝王世紀卷一

姜母曰。姒。遊華陽。感神而生炎帝。太平御覽卷五九・地部二十四・水下

姜母曰。似。遊華陽。感神而生炎。水經注卷十八・渭水中

母曰。佳姒。有嬌氏女。太平御覽卷一三五・皇親部一・神農母

母曰。姙姒。有喬氏之女。初學記卷九・帝王部・總敘帝王

有喬氏之女。名女登。為少典妃。宋翔鳳集校帝王世紀卷一

名女登。游於華陽。初學記卷九・帝王部・總敘帝王

有神農首感女登於尚羊。宋翔鳳集校帝王世紀卷一

神龍感女登於常羊。藝文類聚卷一〇・符命部・符命

有聖德。繼無懷氏後。以火承木。位在南方。主夏。故謂之炎帝。都於陳。作五絃之琴。始教天下種穀。故人號曰。神農氏。又曰。本起烈山。或稱。烈山氏。一號。魁隗氏。是為農皇。或曰。帝炎。

時諸侯夙沙氏叛。不用命。箕文諫而殺之。炎帝退而修德。夙沙之民。自攻其君而歸炎帝。

異文位南方。主夏。故曰。炎帝。作耒耜。始教民耕農。嘗別草木。令人食穀以代犧牲之命。故號神農。一號魁隗氏。是為農皇。神農氏本起於烈山。或時稱之。魁隗氏又曰。連山氏。又曰。列山氏。（以上宋翔鳳集校帝王世紀卷一）

炎帝自陳營都于魯曲阜。重八卦之數。究八八之體。為六十四卦。在位一百二十年而崩。葬長沙。納奔水氏女。曰。聽訞。生帝臨魁。次帝承。次帝明。次帝直。次帝釐。次帝哀。次帝榆罔。凡八世。合五百三十年。（易繫辭傳疏　史記五帝紀正義　周本紀正義　初學記九　藝文十一　御覽七十　七十八　書鈔二十三）

異文炎帝初都陳。又徙魯。都於陳。作五弦之琴。凡八世。帝承。帝臨。帝明。帝直。帝來。帝衰。帝榆罔。（以上宋翔鳳集校帝王世紀卷一）在位百二十年而崩。葬長沙。（北堂書鈔卷第九二・禮儀部一三・葬三二）

附錄皇甫謐云。炎帝傳位八代也。（史記卷二十八・封禪書第六注）

帝王世紀卷一・其二十一

炎帝神農氏。長於江水。始教天下耕種五穀而食之。以省殺生。嘗味草木。宣藥療疾。救夭傷人命。百姓日用而不知。著本草四卷。（御覽七百二十一）

異文宣榮療疾。（宋翔鳳集校帝王世紀卷一）

救夭傷之命。太平御覽卷七二一·方術部一·醫一

帝王世紀卷一·其二十二*

帝王世紀。

炎帝始教民播種五穀。相土地之宜。耕種五穀而食。故黄帝述播種之利也。永樂大典卷一三一九四

帝王世紀卷一·其二十三*

楡罔居空桑。空桑為陳留。故歸藏啟筮云。蚩尤伐空桑。帝所居也。宋翔鳳集校帝王世紀卷一

帝王世紀卷一·其二十四

蚩尤氏強。與楡罔爭王於涿鹿之阿。御覽五十六

異文與楡罔爭王於涿鹿之野。宋翔鳳集校帝王世紀卷一

帝王世紀卷一·其二十五

黄帝有熊氏。少典之子。姬姓也。母曰。附寶。其先即炎帝。母家有蟜氏之女。世與少典氏婚。故國語兼稱焉。及神農氏之末。少典氏又取附寶。見大電光繞北斗樞星照郊野。感附寶。孕二十五月。生

黄帝於壽丘。○長於姬水。因以為姓。日角。龍顔。有聖德。受國于有熊。居軒轅之丘。故因以為名。又以為號。

異文母家有嬌氏之女。宋翔鳳集校帝王世紀卷一

神農氏之末。少昊氏娶附寶。見大電光繞北斗樞心照郊野。感附寶。孕二十月。太平御覽卷七·天部七·星下説郛本·帝王世紀

附録二十月黄帝生。藝文類聚卷一○·符命部·符命北堂書鈔卷一·帝王部一·誕載三

治五氣。設五量。及神農氏衰。蚩尤氏叛。不用帝命。黄帝於是修德撫民。始垂衣裳。以班上下。刳木為舟。剡木為檝。舟檝之利。以濟不通。服牛乘馬。以引重致遠。重門擊柝。以待暴客。斷木為杵。掘地為臼。杵臼之用。以利萬人。弦木為弧。剡木為矢。弧矢之利。以威天下。諸侯咸叛神農而歸之。黄帝於是乃擾馴猛獸。與神農氏戰於阪泉之野。三戰而克之。又徵諸侯。使力牧。神皇直討蚩尤氏。擒之于涿鹿之野。使應龍殺之于凶黎之丘。或曰。黄帝斬蚩尤于中冀。因名其地曰。絶轡之野。諸侯有不服者。從而征之。凡五十二戰。而天下大服。

異文神農氏衰。黄帝修德化民。諸侯歸之。

諸侯咸去神農而歸之。

炎帝戮蚩尤於中冀。以上宋翔鳳集校帝王世紀卷一

炎帝殺蚩尤於中冀。說郛本・帝王世紀　太平御覽卷五五・地部二十・野

殺蚩尤於絕轡之野。北堂書鈔卷一三・帝王部一三・武功四六

凡五十五戰。而天下大服。宋翔鳳集校帝王世紀卷一

俯仰天地。置眾官。故以風后配上台。天老配中台。五聖配下台。謂之三公。其餘知天規。紀地典。力牧。常先。大鴻。神皇直。封鉅。大鎮。大山稽。鬼臾區。封胡。孔甲等。或以為師。或以為將。分掌四方。各如己視。故號曰。黃帝四目。又使岐伯嘗味草木。典醫療疾。今經方本草之書咸出焉。其史倉頡。又取象鳥跡。始作文字。史官之作。蓋自此始。記其言行。策而藏之。名曰。書契。自黃帝以上。穴居而野處。死則厚衣以薪。葬之中野。結繩以治。及至黃帝為築宮室。上棟下宇。以待風雨。而易以棺槨。制以書契。百官以序。萬民以察。神而化之。使民不倦。後作雲門咸池之樂。周禮所謂大咸者也。於是人事畢具。得寶鼎。興封禪。有景雲之瑞。故以雲紀官。為雲師。以土德王。以上宋翔鳳集校帝王世紀卷一

異文大鴻。神皇鉅封直人鎮。

封胡。孔孝等。

又使岐伯嘗味百草。

岐伯黃帝臣也。帝使岐伯嘗味草木。典主醫病。經方。本草。素問之書咸出焉。

黃帝使岐伯嘗味草木。定本草經。宋・張果・醫說二

又取象鳥跡。始作文字之篆。

冊而藏之。名曰。書契。

黄帝垂衣裳。倉頡造文字。然後書契始作。以上宋翔鳳集校帝王世紀卷一

黄帝在位百年而崩。年百一十歲矣。或傳以為仙。或言壽三百年。故宰我疑以問孔子。孔子曰。民賴其利。百年而崩。民畏其神。百年而亡。民用其教。百年而移。故曰。三百年。黄帝亦號。帝鴻氏。或曰。歸藏氏。或曰。帝軒。次律。定姓。紀鐘。甄聲。有四妃。生二十五子。元妃西陵氏女。曰。嫘祖。生昌意。次妃方雷氏女。曰。女節。生青陽。次妃彤魚氏女。生夷鼓。一名。蒼林。次妃嫫母。班在三人之下。黄帝時。螾大如虹。藝文十一　御覽七十九　百三十五　八百七十二　初學記二十　群書治要十一注　史記五帝紀索引　書鈔十七　占經百二十

異文　或言壽三百歲。

人賴其利。百年而崩。人畏其神。百年而亡。人用其教。百年而移。

吹律。定姓。

元妃西陵氏女。曰。螺祖。以上宋翔鳳集校帝王世紀卷一

帝王世紀卷一・其二十六*

皇甫謐曰。

黄帝生陝西鞏昌路秦州壽丘。元・釋覺岸・釋氏稽古略

帝王世紀卷一・其二十七*

以土承火。位在中央。故曰黃帝。宋翔鳳集校帝王世紀卷一

帝王世紀卷一・其二十八*

帝王世紀。

自神農以上。有大九州。柱州。迎州。神州之等。黃帝以來。德不及遠。惟於神州內分為九州。黃帝受命風后。受圖割地。布九州。置十二國。清・李鍇・尚史卷二　清・馬驌・繹史卷五

帝王世紀卷一・其二十九*

黃帝四史官。沮誦。倉頡。隸首。孔甲。宋翔鳳集校帝王世紀卷一

帝王世紀卷一・其三十*

帝王世紀云。

黃帝始去皮服。為上衣以象天也。北堂書鈔卷一二九・衣冠部下・衣

帝王世紀卷一・其三十一*

嫫母。黃帝時極醜女也。鎚顙。顣頞。形麁。色黑。今之魌頭是其遺像。而但有德。黃帝納之。使訓後宮。琱玉集卷十四引作帝王世家

帝王世紀卷一・其三十二

黃帝伐九黎。書鈔十三

帝王世紀卷一・其三十三*

帝王世紀。

昔蚩尤無道。黃帝討之於涿鹿之野。西王母遣道人以符授之。黃帝乃立請祈之壇。親自受符。視之。乃所夢得也。黃帝佩之。即日擒蚩尤。陳本北堂書鈔卷一〇三・藝文部九・符四三

帝王世紀卷一・其三十四

黃帝於東海流波山得奇獸。狀如牛。蒼身。無角。能走。出入水中則風雨。光如日月。其音如雷。名曰夔。黃帝殺之。以其皮為鼓。聲聞五百里。初學記九　御覽五百八十二八百九十九　事類賦十一注

異文 狀如蒼牛身。太平御覽卷八九九・獸部十一・牛中

黄帝殺夔。文獻通考卷一三六・樂考九・革之屬俗部

帝王世紀卷一・其三十五

黄帝夢大風。吹天下之塵垢皆去。又夢人執千鈞之弩。驅羊數萬群。帝寤而歎曰。風為號令。執政者也。垢去。土后在也。天下豈有姓風名后者哉。夫千鈞之弩。異力能遠者也。驅羊數萬群。是能牧民為善者也。天下豈有姓力名牧者哉。於是依二夢之占而求之。得風后於海隅。登以為相。得力牧於大澤。進以為將。黄帝因著占夢經十一卷。史記五帝紀正義 御覽三百九十七

異文黄帝夢大風。吹天下塵埃皆去。太平御覽卷三七・地部二・塵

又夢人執千鈞之弩。驅羊萬群。史記卷一・五帝本紀第一注

垢去。土解清治者。天下豈有姓風名后者也。太平御覽卷三九七・人事部三十八・敘夢

夫千鈞之弩。異力也。

是能善牧者也。

於是依二占以求之。以上宋翔鳳集校帝王世紀卷一

於是依二占而求之。史記卷一・五帝本紀第一注

帝王世紀卷一・其三十六

黄帝服齋于宫中。坐于元扈洛上。乃有大鳥。雞頭鷰喙。龜頸龍形。麟翼魚尾。其狀如鶴。體備五色。三文成字。首文曰。順德。背文曰。信義。膺文曰。仁智。不食生蟲。不履生草。或止帝之東園。或巢阿閣。其飲食也。必自歌舞。音如簫笙。初學記三十　御覽九百十五

異文 黄帝齋于宫中。坐于玄扈。事類賦卷十八・禽部一・鳳

體信五色。說郛本・帝王世紀

膺文曰。仁智。蓋鳳也。事類賦卷十八・禽部一・鳳

或集阿閣。宋翔鳳集校帝王世紀卷一

鳳巢阿閣。事類賦卷十八・禽部一・鳳

帝王世紀卷一・其三十七*

帝王世紀。

黄帝時白鳳巢于阿閣。明・彭大翼・山堂肆考卷一百七十二

帝王世紀卷一・其三十八

國安其主好。文則鳳皇翔。御覽九百十五　事類賦注十八

帝王世紀卷一・其三十九

黃帝五十年秋七月。庚申。天大霧三日三夜。霧除。帝游洛水之上。見大魚負圖書。殺五牲以醮之。天乃甚雨。七日七夜。魚流于海。始得圖書。今河圖。帝視萌之篇是也。世傳。大霧三日。必有甚雨。自此始也。初學記六　藝文二　九十九　御覽十 十五　八百七十二　六貼七　占經百一

異文黃帝時。天大霧三日。帝遊洛川之上。見大魚。殺三牲以醮之。藝文類聚卷二・天部下・霧

大魚負圖而出。玉函山房本・帝王世紀

見大魚。殺五牲。清・張英王士禎等・淵鑑類函卷七

七日七夜。魚流始得圖書焉。事類賦卷三・天部三・霧

帝王世紀卷一・其四十*

黃帝游河洛上。與大司馬容光等。觀鳳皇啣圖置帝前。胸戴德。頭揭義。背仁。翼挾火。音中律呂。信足履文。尾擊武。音中金石。玉函山房本・帝王世紀

帝王世紀卷一・其四十一*

皇帝。古者三皇即軒轅黃帝也。時有景星出見。形如半月。麟麒。鳳凰皆游苑囿。洛龜負書而出。河龍銜圖而至。此乃德感上天。致有斯瑞也。玉函山房本・帝王世紀

帝王世紀卷一・其四十二

凡重霧三日。必大雨。雨未降。其霧不可冒行也。（初學記二御覽十五）

異文　大霧三日。必有甚雨。雨未降。不可冒行也。（事類賦卷三・天部三・霧）

帝王世紀卷一・其四十三

黃帝損庖羲之瑟。為二十五弦。長七尺二寸。（書鈔百九）

異文　作瑟三十六弦。長八尺一寸。（本書本卷其十一）

帝王世紀卷一・其四十四

黃帝臣容成。造歷。（元和姓纂三鍾）

異文　黃帝臣曰容成。造歷。（通志卷二十八・氏族略第四）

帝王世紀卷一・其四十五

黃帝使伶倫於大夏之西。崑崙之陰。取竹解谷。其竅厚均者。斷兩節間。吹之以為黃鍾之管。以象鳳鳴。雌雄各六。以定律呂。以分星次。（五行大義論律呂第十五　書鈔十七）

異文　黃帝使伶倫氏於夏為渡漳之歌。（北堂書鈔卷一〇六・樂部二・歌篇）

帝王世紀卷一・其四十六

黃帝有熊氏。命雷公岐伯論經脈傍通。問難八十一。為難經。教制九針。著內外術經十八卷。御覽七百二十一

異文 命雷公岐伯論經脈旁通。宋翔鳳集校帝王世紀卷一

帝王世紀卷一・其四十七*

聲禁重聲。衣禁重衣。食禁重味。居禁重室。宋翔鳳集校帝王世紀卷一

帝王世紀卷一・其四十八

黃帝采首山銅。鑄鼎荊山下。有龍垂胡髯而下。迎黃帝。群臣欲從。持龍髯。髯拔。遂墮。御覽九百二十九

帝王世紀卷一・其四十九

〔黃帝〕葬于上郡陽周之橋山。御覽七十九 以上叢書集成據指海叢書所收顧觀光輯本

異文 葬于上郡陽周之喬山。宋翔鳳集校帝王世紀卷一

帝王世紀卷一・其五十*

帝王世紀曰。

有巢氏已降。至黃帝。為三皇。號中古。太平御覽卷七九・皇王部四・黃帝軒轅氏

帝王世紀卷一・其五十一*

務光。黃帝時人。其耳七寸。宋翔鳳集校帝王世紀卷十

皇甫謐集卷四・帝王世紀卷二 *新輯者以標之

帝王世紀卷二・其一

〔黃帝〕子青陽代立。是為少昊。易繫辭傳疏

帝王世紀卷二・其二

少昊帝。名摯。字青陽。姬姓也。母曰。女節。黃帝時。有大星如虹。下流華渚。女節夢接意感。而生少昊。是為玄囂。降居江水。有聖德。邑于窮桑。以登帝位。都曲阜。故或謂之窮桑帝。以金承土。即圖讖所謂白帝朱宣者也。故稱少昊。號曰。金天氏。在位百年而崩。易繫辭傳疏 月令疏 初學記九 藝文十一 御覽七十九

異文少昊。字清陽。後漢書卷五十九・列傳第四十九注 冊府元龜七百六十九・總錄部・自述

女節夢接之意感。藝文類聚卷一〇・符命部・符命

女節意感而生少昊。宋會要輯稿・瑞異二

少昊是為元囂。降居江水。邑于窮桑。山海經卷十四・大荒東經注

少昊。邑於窮桑。都曲阜。故或謂之窮桑帝。地在魯城北。

以金承土。故曰。金天。即圖讖所謂白帝朱宣者也。位在西方。主秋。令有光明。居小陰位。

故稱少昊。以上宋翔鳳集校帝王世紀卷二

帝王世紀卷二・其三*

少昊乃方雷氏所生。（宋翔鳳集校帝王世紀卷二）

帝王世紀卷二・其四

少昊時。有鳳鳥之瑞。以鳥紀官。於是修其方利器。用政度量。戶無淫民。天下大治。作樂曰。九淵也。（書鈔十七百五）

帝王世紀卷二・其五

帝少昊崩。其神降于長流之山。於祀主秋。（家訓書證篇）

帝王世紀卷二・其六*

〔少昊〕葬於雲陽。（宋翔鳳集校帝王世紀卷二）

帝王世紀卷二・其七

帝顓頊。高陽氏。黄帝之孫。昌意之子。姬姓也。母曰。景僕。蜀山氏之女。為昌意正妃。謂之女樞。金天氏之末。瑤光之星。貫月如虹。感女樞於幽房之宮。生顓頊於若水。首戴干戈。有聖德。父昌意。雖黃帝之嫡。以劣降居若水為諸侯。及顓頊生。十年而佐少昊。十二年而冠。二十年而登帝位。平九黎之亂。以水承金。位在北方。主冬。以水事紀官。命南正重司天以屬神。北正黎司地以屬民。於是民神不雜。萬物有序。始都窮桑。後徙商丘。命飛龍效八風之音。作樂五英。以祭上帝。納勝墳氏女娽。生老童。世有才子八人。號八凱。顓頊在位七十八年。年九十八歲。據左氏。歲在鶉火而崩。葬東郡頓丘城南廣陽里。少皞之孫。蟜極之子代立。是為帝嚳。藝文十一　御覽七十九　易繫辭傳疏　初學記九　史記五帝紀索隱　月令疏

異文金天氏末。生顓頊於弱水。太平御覽卷一三五・皇親部一・顓頊母

以德劣降居若水為諸侯。

二十二年而登帝位。以上宋翔鳳集校帝王世紀卷二

火正黎司地以屬民。於是神民不雜。太平御覽卷七九・皇王部四・顓頊高陽氏

命飛龍放八風之音。北堂書鈔卷一七・帝王部一七・制作

命飛龍放八方之音。陳本北堂書鈔卷一七・帝王部一七・制作

作樂五音。以祭上帝。宋翔鳳集校帝王世紀卷二

作五音。以祭上帝。太平御覽卷七九・皇王部四・顓頊高陽氏

有材子八人。號八凱。宋翔鳳集校帝王世紀卷二

顓頊在位七十八年。年九十一歲。藝文類聚卷一一・帝王部・顓頊高陽氏

在位七十八年而崩。文獻通考卷七十八・郊社考十一・祀五帝王時迎氣

帝王世紀卷二・其八

帝嚳高辛氏。姬姓也。其母不見。生而神異。自言其名曰。夋。齗齒。有聖德。能順三辰。年十五而佐顓頊。三十而登帝位。都亳。以木承水。以人事紀官。故以勾芒為木正。祝融為火正。蓐收為金正。元冥為水正。后土為土正。是為五行之官。分職而治諸侯。於是化被天下。遂作樂六莖。以康帝位。世有才子八人。號曰。八元。亦納四妃。卜其子皆有天下。元妃有邰氏女。曰。姜嫄。生后稷。次妃有娀氏女。曰。簡狄。生卨。次妃陳豐氏女。曰。慶都。生放勛。次妃娵訾氏女。曰。常儀。生帝摯。帝嚳在位七十五年。年一百五歲而崩。葬東郡頓丘廣陽里。藝文十一　御覽八十　初學記九　五行大義論五帝第　二十一　書鈔四十九　史記五帝紀正義　水經淇水注

異文 其母不覺。生而神異。初學記卷九・帝王部・總敘帝王

自言其名曰。逡。宋翔鳳集校帝王世紀卷二

年十五而佐顓頊。四十登位。藝文類聚卷一一・帝王部一・帝嚳高辛氏

年十五而佐顓頊。三十登位。北堂書鈔卷九二・禮儀部一三・葬

以木承水。以五行名官。故以句芒為木正。宋翔鳳集校帝王世紀卷二

次妃有娀氏女。曰。簡狄。史記卷一・五帝本紀第一注

次有娀氏女。曰。簡翟。藝文類聚卷一一・帝王部一・帝嚳高辛氏

次陳鋒氏女。曰。慶都。宋翔鳳集校帝王世紀卷二

次妃娵訾氏女。名。常宜也。史記卷一・五帝本紀第一注

曰。常儀。生帝摯。（宋翔鳳集校帝王世紀卷二）

嚳在位七十年。年百五歲而崩。（藝文類聚卷一一・帝王部一・帝嚳高辛氏　初學記卷九・帝王部・總敘帝王　北堂書鈔卷九二・禮儀部一三・葬）

帝王世紀卷二・其九

〔帝嚳〕子帝摯立。在位九年。摯立。不肖而崩。弟放勛代立。是為帝堯。（易繫辭傳疏）

異文　子帝摯立。在位九年。摯立。不肖而崩。（宋翔鳳集校帝王世紀卷二）

帝王世紀卷二・其十

帝嚳擊磬。鳳皇舒翼而舞。（六帖九十四）

帝王世紀卷二・其十一*

帝王世紀。

高陽作五英。高辛作六莖。（宋・王應麟・困學紀聞卷五）

帝王世紀卷二・其十二*

帝王紀曰。

帝嚳命垂作鞞鞀。（通志卷五十・樂略第二）

異文 帝嚳命垂作鞀鞞。（通志卷一百四十四・樂四・文獻通考卷一百三十六・樂考九・革之屬雅部）

帝王世紀卷二・其十三＊

帝王世紀曰。

冀。兖。青。徐。揚。荊。豫。梁。雍顓帝所建。帝嚳受焉。（清・秦蕙田・五禮通考卷二百一）

帝王世紀卷二・其十四

帝摯之母。於四人之中。班最在下。而摯年於兄弟最長。故得登帝位。封異母弟放勛為唐侯。摯在位九年。政微弱。而唐侯德盛。諸侯歸之。摯服其義。乃率其群臣。造唐而致禪。因委至心願為臣。唐侯於是知有天命。乃受帝禪。而封摯於高辛氏。事不經見。漢故議郎東海衛宏所傳云爾。（史記五帝紀正義 御覽八十）

異文 帝摯之母。於四人之中。其班最下。而摯年於兄弟最長。（宋翔鳳集校帝王世紀卷二）

娵訾班在四人下。生摯最長。故登帝位。（太平御覽卷一三五・皇親部一・帝嚳四妃）

摯在位九年。政輭弱。

摯服其義。乃率其群臣。造唐朝而致禪。（以上宋翔鳳集校帝王世紀卷二）

乃受帝禪。乃封摯於高辛。（史記卷一・五帝本紀第一・注）

帝王世紀卷二・其十五

帝堯陶唐氏。祈姓也。母曰。慶都。生而神異。常有黄雲覆其上。為帝嚳妃。出以觀河。遇赤龍。晻然陰風。而感慶都。孕十四月而生堯於丹陵。名曰。放勛。鳥庭荷勝。眉有八采。豐下鋭上。或從母姓伊氏。堯初生時。其母在三阿之南。寄於伊長孺之家。故從母所居為姓也。

異文 鳥庭荷河。（宋翔鳳集校帝王世紀卷二）

或從母姓伊祁氏。（初學記卷九・帝王部・總敘帝王）

或從母姓伊耆氏。（宋翔鳳集校帝王世紀卷二）

附錄 帝王世紀云。慶都遊河渚。有赤龍感己而懷堯。十四月生於冊陵。（北堂書鈔卷一五七・地部一・陵篇）

年十五而佐帝摯。受封于唐。為諸侯。身長十尺。常夢攀天而上之故。年二十而登帝位。以火承木。都平陽。置敢諫之鼓。命羲和四子羲仲。羲叔。和仲。和叔。分掌四時方嶽之職。故名曰。四嶽也。諸侯有苗氏。處南蠻而不服。堯征而克之于丹水之浦。乃以尹壽。許由為師。命伯夔放山川谿谷之音。作樂大章。天下大和。百姓無事。

異文 年十五而佐帝摯。

嘗夢攀天而上之故。（以上宋翔鳳集校帝王世紀卷二）

嘗夢天而上之故。二十而登帝位。（藝文類聚卷一一・帝王部一・帝堯陶唐氏）

和叔。分掌四嶽。（宋翔鳳集校帝王世紀卷二）

帝堯命質效山谷之音。（北堂書鈔卷一七・帝王部一七・制作）

命伯夔訪山川谿谷之音。（太平御覽卷八〇・皇王部五・帝堯陶唐氏）

有八十老人。擊壤于道。觀者歎曰。大哉帝之德也。老人曰。吾日出而作。日入而息。鑿井而飲。耕田而食。帝何力於我哉。於是景星耀於天。甘露降於地。朱草生於郊。鳳凰止於庭。嘉禾孳於畝。醴泉湧於山。有僬僥氏來貢。沒羽廚中。自生肉脯。其薄如翣形。搖鼓自生風。使食物寒而不臭。名曰。翣脯。

異文有五十老人。擊壤于道。（藝文類聚卷一一・帝王部一・帝堯陶唐氏）

堯時老人擊壤於路而歌曰。

帝力於我何有哉。（以上太平御覽卷一八九・居處部十七・井）

於是景星曜於天。

澧泉湧於山。有焦僥氏來貢。（以上宋翔鳳集校帝王世紀卷二）

憔僥民貢沒羽鳥也。（玉函山房本・帝王世紀）

焦僥來賓貢沒羽。（北堂書鈔卷三一・政術部五・貢獻）

堯時廚中自有肉脯。薄如翣。搖鼓則生風。（玉函山房本・帝王世紀）

堯時廚內自生肉脯。薄如翣形。（北堂書鈔卷一四五・酒食部四・脯篇）

薄如翣。搖則風生。（說郛本・帝王世紀　事類賦卷二・天部二・風）

又有草夾階而生。隨月生死。每月朔日生一莢。至月半則生十五莢。至十六日後。日落一莢。至月晦而盡。若月小則餘一莢。厭而不落。王者以是占日月之數。唯盛德之君。應和氣而生。以為瑞。故堯有之。名曰。蓂莢。一名。歷莢。一名。瑞草。

異文 夾階而生。逐月而死。（玉函山房本・帝王世紀）

每月朔生一莢。月半則生十五莢。自十六日。一莢落。（藝文類聚卷四・歲時中・月晦 初學記卷四・歲時部下・月晦）

王者以是占曆。（太平御覽卷四・天部四・月 事類賦卷一・天部一・月）

惟盛德之君。應和而生。（藝文類聚卷一一・帝王部一・帝堯陶唐氏）

以為堯瑞。名之。蓂莢。一名。曆莢。（太平御覽卷四・天部四・月）

名之。蓂莢。一名。靈莢。一名。瑞草。（事類賦卷一・天部一・月）

以為瑞草。名為。蓂莢。（藝文類聚卷四・歲時中・月晦）

一名。歷莢。一名。仙茆。（初學記卷一・天部上・月）

堯率諸侯群臣。沈璧於河。受圖書。今尚書中候握河紀之篇是也。始封稷。契。咎繇。褒進伯禹。納舜於大麓。後年二月。又率群臣。刻璧為書。東沈于洛。言天命當傳舜之意。今中候運衡之篇是也。

異文 堯與群臣沈璧於河。乃為握河記。今尚書候是也。（文選卷四六・曲水詩序注）

沉璧於洛河。受圖書。（初學記卷九・帝王部・總敘帝王）

刻璧為書。東沈洛水。（宋翔鳳集校帝王世紀卷二）

刻璧為書。東沉洛水。（藝文類聚卷一一·帝王部一·帝堯陶唐氏）

始堯在位五十年。登舜二十年而老。使舜攝政。攝政二十八年。堯與方回遊陽城而崩。尚書所謂二十有八載。放勛乃殂落是也。凡堯即位九十八年。通舜攝二十八年也。凡年百一十八歲乃殂。百姓如喪考妣。三載四海遏密八音。葬于濟陰之成陽西北四十里。是為穀林。墨子以為堯堂高三尺。土階三等。茅茨不翦。採椽不斲。夏服葛衣。冬服鹿裘。北教八狄。道死。葬蛩山之陰。山海經曰。堯葬狄山之陽。一名崇山。二說各殊。以為成陽近是堯冢也。

異文 登舜二十年始老。使攝政。（初學記卷九·帝王部·總敘帝王）

堯與方迴遊陽城而崩。

放勳乃殂落是也。（以上宋翔鳳集校帝王世紀卷二）

成陽西北四十里是為穀。墨子以為堯堂。（水經注卷二十四·瓠子河）

堯取散宜氏女。曰。女皇。生丹朱。又有庶子九人。皆不肖。故以天下命舜。曰。諮爾舜。天之歷數。在爾躬。允執其中。四海困窮。天祿永終。及堯三年喪畢。舜踐天子位。（藝文一四　十一　御覽四　八十　八百七十二　易繫辭傳疏　初學記九　史記五帝紀正義　水經瓠子河注　治要八）

異文 堯取富宜氏女。曰。女皇。（宋翔鳳集校帝王世紀卷二）

女瑩生丹朱。（太平御覽卷一三五·皇親部一·堯妃）

帝王世紀卷二・其十六*

帝王世紀稱。

帝堯其仁如天。其智如神。就之如日。望之如雲。其明如晝。其晦如陰。明・楊慎・丹鉛摘録卷一 明・楊慎・譚菀醍醐卷三

帝王世紀卷二・其十七

堯時日月如合璧。書鈔百五十

帝王世紀卷二・其十八*

堯時鳳皇止庭。巢于阿閣佳樹。玉函山房本帝王世紀

帝王世紀卷二・其十九

堯流共工於幽洲。以竄北狄。遷三苗於三危。以竄西戎。放驩兜於崇山。以竄南蠻。殛鯀於羽山。以竄東夷。五行大義論・諸人第二十三

帝王世紀卷二・其二十

舜為堯司徒。子孫氏焉。元和姓纂卷七 通志氏族略四

異文 舜為堯司徒。支孫氏焉。通志卷二十八・氏族略第四

帝王世紀卷二・其二十一

禹為堯司空。子孫氏焉。姓氏書辯證卷七

帝王世紀卷二・其二十二

堯以甲申歲生。甲辰即帝位。甲午徵舜。甲寅舜代行天子事。辛巳崩。年百十八。在位九十八年。史記五帝紀集解

帝王世紀卷二・其二十三

帝舜即有虞氏。姚姓也。其先出自顓頊。顓頊生窮蟬。窮蟬有子曰。敬康。敬康生勾芒。勾芒有子曰。橋牛。橋牛生瞽瞍。瞽瞍妻曰。握登。陶唐之世。握登見大虹。意感而生舜於姚墟。故姓姚氏。目重瞳子。故名。重華。字都君。龍顏大口黑色。身長六尺一寸。有聖德。始遷於負夏。販於頓丘。責於傅虛。家本冀州。每徙則百姓歸之。其母早死。瞽瞍更娶。生象。象傲。而父頑母嚚。咸欲殺舜。舜能和諧。大杖則避。小杖則受。年二十始以孝聞。

異文 舜身長六尺。北堂書鈔卷一・帝王部一・奇表

始遷於負夏。債於傳虛。宋翔鳳集校帝王世紀卷二

堯求賢。而四嶽薦舜。堯乃命于順澤之陽。以二女娥皇女英妻之。耕于歷山之陽。耕者讓畔。漁于雷澤。漁者讓淵。陶于河濱。陶者器不窳。堯於是見舜于貳宮。設饗禮迭為賓主。南面而問政。然後賜以絺衣琴瑟。為築宮室。封之於虞。故尚書云。釐降二女於媯汭。嬪於虞。即此也。

異文 堯見舜。處於貳宮。初學記卷二十四・居處部・宮 藝文類聚卷一一・帝王部一・帝舜有虞氏

堯見舜於二宮。

賜以絺衣琴瑟。必築宮室。以上太平御覽卷八一九・布帛部六・絺綌

堯乃命舜為司徒太尉。試以五典。遂舉八凱。使佐后土。以揆百事。舉八元。使布五教于四方。四惡除。而天下咸服。舜於是有大功二十。故夢眉長與髮等。遂納于大麓。烈風雷雨弗迷。

異文 故夢眉長與鬢等。宋翔鳳集校帝王世紀卷二

堯乃賜舜以昭華之玉。老而命舜代己攝政。明年正月上日。舜始受終于文祖。以太尉行事。舜攝政二十八年而堯崩。三年喪畢。舜年八十一。以仲冬甲子。月次于畢。始即真。改正朔。以土承火。色尚黃。尚書中候所謂建黃。授正改朔。以正月元日格于文祖。乃詢四岳。闢四門。明四目。達四聰。東巡狩。登泰山。觀河渚。受圖書。褒賜群臣。尊任伯禹。稷。契。皋繇。伯益地。

異文 以土代火。色尚黃。

登南山。觀河渚。受圖書。表賜群臣。尊伯禹。以上太平御覽卷八一・皇王部六・帝舜有虞氏

契。皋陶。伯益地。宋翔鳳集校帝王世紀卷二

有苗氏負固不服。禹請征之。舜曰。我德不厚而行武。非道也。吾前教由未也。乃修文教三年。執干戚而舞之。有苗請服。立誹謗之木。申命九官十二牧。及殳斨朱虎熊羆等二十五人。三載一考績。三載。黜陟幽明。禹為司空。功被天下。棄為后稷。播時百穀。契為司徒。敬敷五教。皋繇為士。典刑惟明。倕為共工。莫不致力。益為朕虞。庶物繁植。伯夷為秩宗。三禮不闕。夔為樂正。神人以和。龍為納言。出內惟允。於是俊乂在官。群后德讓。百僚師師。以五采章施於五色為服。以六律五聲八音協治。治用之和。蒸民乃粒。萬邦作乂。庶績咸熙。乃作大韶之樂。簫韶九成。鳳凰來儀。擊石拊石。百獸率舞。故孔子稱韶盡美矣。又盡善也。

異文以六律五聲協治。宋翔鳳集校帝王世紀卷二

景星曜於房。群瑞畢臻。崑崙之北。玉山之神。人身。虎首。豹尾。蓬頭。戴勝拂機杖。皓然白石。城金室而居。南有青鳥常為取食。名曰。西王母。慕舜之德。來獻白環及玦。并貢益地圖。地出乘黄。舜於是德被天下。

初。舜既踐帝位。而父瞽瞍尚存。舜常戴天子車服而朝焉。天下大之。故曰。大舜。都乎咸陽。或營蒲坂嬀汭。嬪于虞。故因號。有虞氏。有三妃。元妃娥皇。無子。次妃女英。生商均。次妃登北氏。生二女。霄明燭光。有庶子八人。皆不肖。故以天下禪禹。

異文都平陽。或云蒲坂嬀汭。宋翔鳳集校帝王世紀卷二

附錄舜納三妃而生九子。北堂書鈔卷二三·后妃部一·后妃惣

舜年八十一即真。八十三而薦禹于天。九十五而使禹攝政。攝政五年。有苗氏叛。舜南征。崩于鳴條。年百歲。殯以瓦棺。葬於蒼梧九疑山之陽。是為零陵。謂之紀市。在今營道縣。下有群象。常為之耕。或曰。二妃葬衡山。藝文十一 御覽八十一 八百七十二 八百十九 八百九十 初學記九 書鈔二十三 九十二 文選曲水詩序注補 策秀才文注 寰宇記四十六 占經百十三 史記五帝紀集解 後漢書馬融傳注 易繫辭傳疏

異文苗氏叛。舜一南征。崩於鳴條。殯用瓦棺。北堂書鈔卷九二·禮儀部一三·棺槨

舜葬蒼梧。下有群象耕田。事類賦卷二十·獸部一·象

帝王世紀卷二·其二十四*

虞舜即五帝帝舜也。時有景雲出見。景雲者。五色雲也。見則天下太平。玉函山房本帝王世紀

帝王世紀卷二·其二十五*

舜即天子位。洛出龜書六十五字。是為洪範。所謂洛書。玉函山房本帝王世紀

帝王世紀卷二·其二十六*

舜八愷有仲容。通志卷二十八·氏族略第四

帝王世紀卷二・其二十七*

舜乃以兩繖自扞而下。（史記卷一・五帝本紀第一注）

帝王世紀卷二・其二十八*

虞舜時出〔騰黄〕。（玉函山房本帝王世紀）

帝王世紀卷二・其二十九

舜弟象封于有鼻。（史記五帝紀正義）

帝王世紀卷二・其三十

舜恭己無為。彈五弦琴。歌南風之詩。詩曰。南風之時兮。可以阜吾民之財兮。南風之薰兮。可以解吾民之慍兮。（御覽九五百七十一　事類賦二十　初學記一）

異文 舜彈五絃琴。歌南風曰。（事類賦卷二・天部二・風）歌南風曰。南風之薰兮。可以解吾人之慍兮。（宋翔鳳集校帝王世紀卷二）

帝王世紀卷二・其三十一

舜以堯之二十一年甲子生。三十一年甲午徵用。七十九年壬午即真。百歲。癸卯崩。史記五帝紀集解

異文 三十一年甲午召用。通志卷二・五帝紀第二

帝王世紀卷二・其三十二

論曰。孔子稱。古者三皇五帝。設防而不犯。故無陷刑之民。是以或結繩而治。或畫象而化。自庖犧至于堯舜。神道設教。可謂至政無所用刑矣。夫三載考績。黜陟幽明。善無微不著。惡無隱不章。任自然以誅賞。委群心以就制。故能御乎無為。運道於至和。百姓日用而不知。含德若自有者也。詩云。上天之載。無聲無臭。其斯之謂乎。治要十一注

帝王世紀卷二・其三十三

鯀。帝顓頊之子。字熙。史記夏本紀索隱

以上叢書集成據指海叢書所收顧觀光輯本

皇甫謐集卷五・帝王世紀卷三 *新輯者以*標之

帝王世紀卷三・其一

伯禹。夏后氏。姒姓也。其先出顓頊。顓頊生鯀。堯封為崇伯。納有莘氏女曰。志。是為修己。山行。見流星貫昴。夢接意感慄然。又吞神珠薏苡。胸拆而生禹於石紐。虎鼻大口。兩耳參漏。首戴鈎鈐。胸有玉斗。右足文履己字。故名。文命。字高密。身長九尺二寸。長於西羌。西夷人也。

異文 父鯀妻脩己。見流星貫昴。夢接意感。又吞神珠薏苡。胸坼而生禹。名。文命。字密。身九尺二寸長。本西夷人也。史記卷二・夏本紀第二注

鯀納有莘氏女曰。志。是為脩己。上山行。見流星貫昴。夢接意感。又吞神珠。臆圮胸坼。而生禹於石紐。三國志卷三十八・蜀書第八注

生於石坳。虎鼻大口。藝文類聚卷一一・帝王部一・帝禹夏后氏

兩耳參鏤。首戴鈎。

足文履己。故名。文命。以上宋翔鳳集校帝王世紀卷三

禹長九尺九寸。初學記卷十九・人部下・長人　太平御覽卷三七七・人事部十八・長人中國人

附錄 禹耳三漏。北堂書鈔卷一・帝王部一・奇表

初。禹未登用之時。其父既放。降在匹庶。有聖德。夢自洗于河。觀於河。始受圖。括地象也。圖言

治水之意。四嶽師舉之舜。進之堯。堯命以為司空。繼鯀治水。乃勞身勤苦。不重徑尺之璧。而愛日之寸陰。手足胼胝。故世傳禹病偏枯。足不相過。至今巫稱禹步是也。又納禮賢士。一沐三握髮。一食三吐餐。十三年而洪水平。堯美其績。乃賜姓姒氏。封為夏伯。故謂之伯禹。天下宗之。謂之大禹。

異文 禹未登用之時。父既降在疋庶。

圖言治水之意。四嶽舉之舜。以上宋翔鳳集校帝王世紀卷三

繼鯀治水。乃勞身涉勤。

又納禮賢人。一沐三握髮。藝文類聚卷一一·帝王部一·帝禹夏后氏

一沐三握髮。一食三起飧。宋翔鳳集校帝王世紀卷三 初學記卷九·帝王部·總敘

及堯崩。舜復命居故官。禹年二十始用。三十二而洪水平。年七十四。舜始薦之於天。薦後十二年。舜老。始使禹代攝。行天子事五年。舜崩。禹除舜喪。明年始即真。以金承土。都平陽。或都安邑。年百歲。崩于會稽。因葬會稽山陰縣之南。今山上有禹冢井祠。下有群鳥耘田。始納塗山氏之女。生子啟即位。初學記九 藝文十一 御覽八十二 三百七十二 書鈔八 史記六國表集解 蜀志秦宓傳注

異文 禹葬會稽祠下。有群象耕田。太平御覽卷八九〇·獸部二·象

帝王世紀卷三·其二*

夏后氏生而母化為石。宋·羅泌·路史卷四十六

帝王世紀卷三・其三*

〔禹〕垂手過膝。（陳本北堂書鈔卷一・帝王部一・奇表　俞本北堂書鈔注禹字）

帝王世紀卷三・其四*

禹避商均浚儀。（宋翔鳳集校帝王世紀卷三）

帝王世紀卷三・其五

禹治水畢。天錫元圭。西戎渠搜國服禹之德。獻其珍裘。（陳本書鈔百二十九　御覽六百九十四）

異文 夏禹時。渠搜國來獻褐裘也。（宋翔鳳集校帝王世紀卷三）

帝王世紀卷三・其六

禹見罪人。下車泣之。（莊十一年左傳疏）

帝王世紀卷三・其七

皋陶生於曲阜。偃地。故帝因之。而以賜姓曰。偃。堯禪舜。命之作士。舜禪禹。禹即帝位。以咎陶最賢。薦之於天。將有禪之意。未及禪。會皋陶卒。葬之於六。禹封其少子於六。以奉其祀。（後漢書張衡傳注　史記夏本紀正義）

異文以奉其祀。六故城在今壽州安豐縣南也。宋翔鳳集校帝王世紀卷三

帝王世紀卷三・其八

禹葬會稽。衣衾三領。桐棺三寸。葛以緘之。下不及泉。上不通臭。即葬。收餘壤為壟。若參耕之畝。藝文十一 御覽三十七

異文以餘壤為壟。宋翔鳳集校帝王世紀卷三

帝王世紀卷三・其九

禹葬會稽。有群鳥應民。春耕則銜去草根。啄除其蕪穢。故謂之鳥社。六帖九十四

異文有群鴈見民耘。則拔草根。發喙除其穢。故謂之耘也。玉函山房本帝王世紀

帝王世紀卷三・其十

禹始納塗山氏女曰。女媧。合婚於台桑。有白狐九尾之瑞。至是為攸女。故連山易曰。禹娶塗山之子。名曰。攸女。生啟是也。御覽百三十五

異文名曰。攸女。生余是也。太平御覽卷一三五・皇親部一・禹妃

帝王世紀卷三・其十一

誨啟有力。書鈔二十四

帝王世紀卷三・其十二

夏啟元年甲辰。十年癸丑崩。史記夏本紀集解

帝王世紀卷三・其十三

啟伐有扈。書鈔十三

帝王世紀卷三・其十四

啟升后十年。舞九韶。三十五年。征河西。御覽八十二

帝王世紀卷三・其十五

帝啟。一名建。一名余。德教施於四海。貴爵而尚齒。養國老於東序。養庶老於西序。在位九年。年八十餘而崩。御覽八十二

異文年八十餘而終。宋翔鳳集校帝王世紀卷三

帝王世紀卷三・其十六

太康無道。在位二十九年。失政而崩。御覽八十二

帝王世紀卷三・其十七

帝相。一名相安。自太康已來。夏政凌遲。帝相為羿所逐。乃徙都商丘。依同姓諸侯斟灌氏。斟尋氏。羿遂襲帝號為羿帝。御覽八十二 後漢書孝桓帝紀注

異文夏政凌遲。為羿所逼。太平御覽卷八二・皇王部七・帝相

夏政凌遲。為羿所偪。

夏相徙帝丘。依同姓之諸侯於斟尋氏。即汲冢書云。相居斟灌也。以上宋翔鳳集校帝王世紀卷三

帝王世紀卷三・其十八

帝羿有窮氏。未聞其姓。其先帝嚳以上。世掌射正。至嚳賜以彤弓素矢。封之於鉏。為帝司射。歷唐及虞夏。至羿學射於吉甫。其臂左長。故亦以善射聞。興吳賀北遊。賀使羿射雀。羿曰。生之乎。殺之乎。賀曰。射其左目。羿引弓射之。誤中右目。抑首而愧。終身不忘。故羿之善射。至今稱之。及有夏之衰。羿自鉏遷于窮石。因夏民之不附。以代夏政。逼篡帝位。故號有窮氏。帝相徙于商丘。依同姓諸侯斟尋。羿恃其善射。不修民事。淫於田獸。棄其良臣武羅。伯姻。熊髡。龍圉。而信寒浞。

寒浞。伯明氏之讒子。伯明后以讒棄之。而羿以為己相。寒浞殺羿於桃梧。而烹之。以食其子。其子不忍食之。死于窮門。浞遂代夏。立為帝。（史紀夏本紀正義　御覽八十二　文選鮑明遠擬詩注）

異文　未聞其姓何。先帝嚳以上。（史記卷二·夏本紀第二注）

其先帝嚳。以世掌射。故於是加賜以弓矢。（宋翔鳳集校帝王世紀卷三）

封之於鉏。為帝司射。歷虞夏。（史記卷二·夏本紀第二注）

羿學射於吉甫。其臂長。

與吳賀北遊。使羿射雀左目。

羿俯首而愧。終身不忘。

自鉏遷于窮石。因夏民以伐夏篡。

偪篡帝位。故號有窮氏。

武羅。伯因。熊髡。尨圉。

而亨之。以食其子。（以上宋翔鳳集校帝王世紀卷三）

帝王世紀卷三·其十九

寒浞。有窮氏。即篡帝位。復襲有窮之號。浞因羿之室。生奡及豷。奡多力。能陸地行舟。浞使奡率師滅斟灌斟尋氏。殺夏帝相。封奡於過。封豷於戈。恃其詐力。不恤民事。初奡之殺帝相也。妃有仍氏女曰。后緡。方娠。逃出自竇。歸于有仍。生少康焉。初夏之遺臣曰。靡。事羿。羿死。逃奔有鬲氏。收斟尋二國餘燼。殺寒浞而立少康。滅羿於過。后杼滅豷於戈。有窮遂亡。史記夏本紀正義 御覽八十二

異文 羿多力。能陸地盪舟。使羿帥師滅斟灌斟尋氏。妃仍氏女曰。后緡。歸有仍。生少康。初夏之貴臣曰。靡。逃於有鬲氏。收斟灌斟尋二國餘燼。以上宋翔鳳集校帝王世紀卷三

帝王世紀卷三・其二十

帝宁。一號后予。或曰。公孫曼。能率禹之功。夏人報祭之。在位十七年。御覽八十二

異文 帝杼。一號后杼。宋翔鳳集校帝王世紀卷三

帝王世紀卷三・其二十一

帝芬。一名。帝槐。或曰。祖武。在位二十六年。御覽八十二

帝王世紀卷三・其二十二

帝芒。一名。和。或曰。帝芒。御覽八十二

帝王世紀卷三・其二十三

帝泄。一名。帝世。或曰。泄宗。在位十六年。御覽八十二

帝王世紀卷三・其二十四

帝不降。一名。帝降。或曰。北成。御覽八十二

帝王世紀卷三・其二十五

帝扃。一名。帝禺。或曰。高陽。在位二十一年。御覽八十二

帝王世紀卷三・其二十六

帝廑。一名。頊。或曰。董江。在位二十年。御覽八十二

異文一名。頓。或曰。東江。宋翔鳳集校帝王世紀卷三

帝王世紀卷三・其二十七

少康子帝杼。杼子帝芬。芬子帝芒。芒子帝世。世子帝不降。不降弟帝喬。喬子帝廣也。至帝孔甲。孔甲。不降子。昭二十九年左傳疏

帝王世紀卷三·其二十八

帝皋。一名。皋苟。御覽八十二

帝王世紀卷三·其二十九

發生桀。史記夏本紀索隱

帝王世紀卷三·其三十

帝桀淫虐。有才力。能伸鉤索鐵。手能搏熊虎。多求美女。以充後宮。為瓊室瑤臺。金柱三千。始以瓦為屋。以望雲雨。大進侏儒倡優。為爛漫之樂。設奇偉之戲。縱靡靡之聲。日夜與妹喜及宮女飲酒。常置妹喜於膝上。妹喜好聞裂繒之聲而笑。桀為發繒裂之。以順適其意。以人駕車。肉山脯林。以酒為池。使可運舟。一鼓而牛飲者三千餘人。醉而溺水。以虎入市。而視其驚。

異文有才力。能伸鉤索銕。宋翔鳳集校帝王世紀卷三

桀作金柱三千。太平御覽卷一八七·居處部十五·柱

為爛漫之樂。靡靡之樂。北堂書鈔卷二一·帝王部二一·昏德

設奇偉之器。宋翔鳳集校帝王世紀卷三

妹喜好聞裂繒之聲。為發繒裂之。宋翔鳳集校帝王世紀卷三　太平御覽卷一三五·皇親部一·桀妃

為發裂繒。以順適其意。（太平御覽卷八二・皇王部七・帝桀）

酒池運舟。（北堂書鈔卷二一・帝王部二一・昏德）

以虎充市。而視其驚。（北堂書鈔卷四一・政術部一五・暴虐）

以虎入市。而視讋。（宋翔鳳集校帝王世紀卷三）

諸侯叛桀。關龍逢引皇圖而諫。桀殺之。伊尹舉觴造桀。諫曰。君王不聽群臣之言。亡無日矣。桀間然折。啞然歎曰。子又祆言矣。天之有日。由吾之有民。日亡吾乃亡也。兩日鬬蝕。攝提移處。五星錯行。伊洛水竭。鬼呼於國。桀醉不寤。

異文 桀聞言。乃啞然嘯曰。（宋翔鳳集校帝王世紀卷三）

桀聞析然。啞然嘆曰。（太平御覽卷八二・皇王部七・帝桀）

五星錯行。伊洛竭。彗星出。鬼哭于國。（宋・羅泌・路史卷二十三）

湯來伐桀。以乙卯日戰於鳴條之野。桀未戰而敗績。湯追至大涉。遂禽桀於焦。放之歷山。乃與妹喜及諸嬖妾同舟浮海。奔于南巢之山而死。（以上御覽五十七　八十二　百三十五　書鈔四十二　書太誓疏）

帝王世紀卷三・其三十一*

世紀等云。

桀見籙書云。亡夏者桀。於是大誅豪傑。（宋・羅泌・路史卷二十三注）

帝王世紀卷三・其三十二*

革車三萬。伐桀於鳴條。北堂書鈔卷十三・帝王部一三・武功

帝王世紀卷三・其三十三

雀山之地。一夕為大澤。而深九尺。御覽七十二

帝王世紀卷三・其三十四

自禹至桀。并數有窮凡十九王。合四百三十二年。禹一。啟二。太康三。仲康四。相五。羿六。寒浞七。少康八。杼九。槐十。芒十一。泄十二。降十三。扃十四。廑十五。孔甲十六。皋十七。發十八。桀十九。初學記九 以上叢書集成據指海叢書所收顧觀光輯本

異文 孔甲十六。皇十七。初學記卷九・帝王部・總敘帝王

皇甫謐集卷六・帝王世紀卷四 *新輯者以*標之

帝王世紀卷四・其一

有鷰飛而遺卵。簡翟與妹競取。覆以玉筐。御覽八百五

帝王世紀卷四・其二

簡翟浴元丘之水。燕遺卵。吞之。剖背生契。御覽三百七十一

帝王世紀卷四・其三

微。字上甲。其母以甲日生故也。商家生子。以日為名。蓋自微始。史記殷本紀索隱

帝王世紀卷四・其四

殷出自帝嚳。子姓也。主癸之妃曰。扶都。見白氣貫月。意感。以乙日生湯。故名。履。字天乙。是謂成湯。一名帝乙。豐下銳上。晳而有髯。倨身而揚聲。長九尺。臂四肘。有聖德。諸侯有不義者。湯從而征之。誅其君。弔其民。天下咸悅。故東征則西夷怨。南征則北狄怨。曰。奚為而後我。故仲虺誥曰。傒我后。后來其蘇者也。凡二十七征。而德施於諸侯焉。

異文字天一。是謂成湯。

指有駢。倨身而揚聲。

弔其民。天下咸服。

曰。奚為而我後。以上宋翔鳳集校帝王世紀卷四

一名帝乙。豐下兌上。太平御覽卷八三・皇王部八・殷帝成湯

出見羅者。方祝。湯問之曰。爾之祝何也。羅者曰。從天下者。從地出者。從四方來者。皆入吾網。湯聞曰。嘻。盡之矣。非桀其孰能為此哉。乃下車。命解其三面。而置其一面。更教之祝曰。昔蛛蝥作罔。今人學結。欲左者左。欲右者右。欲高者高。欲下者下。吾取其犯命者。漢南諸侯聞之。咸曰。湯之德至矣。澤及禽獸。況於人乎。一時歸湯者三十六國。藝文類聚卷一二・帝王部二・殷成湯

異文四方來者。皆入吾羅。

非桀其孰能為。乃令解其三面。留其一面。初學記卷二二・武部・獵

昔蛛蝥作網。今人學結。事類賦卷三十・蟲部・蟲

及夏桀無道。皋諫者。湯使人哭之。桀囚湯于夏臺。而後釋之。諸侯由是咸叛桀附湯。同日貢職者五百國。三年而天下悉服。將伐桀。先滅韋顧昆吾。遂戰于鳴條之野。桀奔于南巢之山。湯乃即天子之位。以水承金。始居亳。遂遷九鼎於亳。至大坰而有慚德。

異文諸侯咸叛桀附湯。同日職貢者五百國。宋翔鳳集校帝王世紀卷四

諸侯同日貢賦。北堂書鈔卷四·帝王部四·應運

諸侯同日貢者五百國。北堂書鈔卷一〇·帝王部一〇·來遠

同日貢職者五百國。三年而天下咸服。藝文類聚卷一二·帝王部二·殷成湯

湯自伐桀後。大旱七年。洛川竭。使人持三足鼎祝于山川曰。欲不節耶。使民疾耶。苞苴行耶。讒夫昌耶。宮室營耶。女謁行耶。何不雨之極耶。殷史卜曰。當以人禱。湯曰。吾所為請雨者。民也。若必以人禱。吾請自當。遂齋戒翦髮斷爪。以己為牲。禱于桑林之社。曰。唯予小子履。敢用元牡。告于上天后土曰。萬方有罪。罪在朕躬。朕躬有罪。無及萬方。無以一人之不敏。使上帝鬼神傷民之命。言未已而大雨至。方數千里。

異文　湯時大旱。殷史曰。卜當以人禱。湯曰。吾所謂自當。遂齊戒剪髮斷爪。已為牲。禱於桑林之野。告於上天。已而。雨大至。說郛本·帝王世紀

欲不節邪。使民疾邪。苞苴行邪。讒夫昌邪。宮室營邪。女謁行邪。何不雨之極邪。宋翔鳳集校帝王世紀卷四

以己為犧牲。禱於桑林之社。以六事自責。後漢書卷四十一·列傳第三十一注　文獻通考卷七十七·郊社考十·右孟夏大雩

敢用元牡。告于皇天后土曰。宋翔鳳集校帝王世紀卷四

附錄　湯旱而禱曰。政不節與。使民疾與。何以不雨至斯極也。宮室榮與。婦謁盛與。何以不雨至斯極也。苞苴行與。讒夫興與。何以不雨至斯極也。荀子·大略篇

湯即位十七年。而踐天子位。為天子十三年。年百歲而崩。湯娶有莘氏女為正妃。生太子丁。外丙。

仲壬。太子早卒。外丙代立。（初學記九　藝文十二　御覽八十三　九百四十八　後漢書周舉傳注　史記殷本紀集解　文選曲水詩序注　事類賦注三十）

異文 為天子十三年。壽百歲而崩。（初學記卷九・帝王部・總敘帝王）

帝王世紀卷四・其五*

帝王世紀云。

湯受命。有三千餘國。（通典卷三十六・職官十八・秩品一　文獻通考卷六十六・職官考二十・官品）

帝王世紀卷四・其六

伊尹。力牧之後。生於空桑。（史記殷本紀索隱）

帝王世紀卷四・其七

初。力牧之後曰。摯。其母曰。始朵。伊水之濱。夢神告己曰。臼出水而遠走無顧。及明視臼中有水。即告鄰而走。東十里乃顧其地。盡為水矣。（占經百十四）

異文 初。力牧之後曰。摯。（宋翔鳳集校帝王世紀卷四）

帝王世紀卷四・其八

伊摯。豐下鋭上。色黑而短。僂身而下聲。年七十而不遇。湯聞其賢。設朝禮而見之。摯乃説湯。致於王道。後漢書馮衍傳注

異文　伊摯。豐下鋭上。摯乃説湯。以上宋翔鳳集校帝王世紀卷四

帝王世紀卷四・其九

湯思賢。夢見有人負鼎抗俎。對己而笑。寤而占曰。鼎爲和味。俎者割截。天下豈有人爲吾宰者哉。初。力牧之後曰。伊摯。耕於有莘之野。湯聞以幣聘。有莘之君。留而不進。湯乃求婚於有莘之君。有莘之君遂嫁女於湯。以摯爲媵臣。至亳。乃負鼎抱俎見湯也。御覽三百九十七

異文　初。力牧之後曰伊摯。以摯爲媵臣。至亳。以上宋翔鳳集校帝王世紀卷四

帝王世紀卷四・其十

湯問葛伯。何故不祀。曰。無以供犧牲。湯遺之以羊。御覽九百二類賦注二十二事

帝王世紀卷四・其十一

湯得天下要地。有神牽白狼銜鉤入殷朝。乃東觀沈璧于洛。獲黃魚黑玉之瑞。於是始受命稱王。初學記六　占經卷百十六　御覽九百九　廣韻卷十一　唐

異文　有神牽白狼銜鉤入殷朝。唐・瞿曇悉達・開元占經卷百十六

帝王世紀卷四・其十二

伊尹為丞相。仲虺為左丞相。書鈔五十

異文　伊尹為丞相。仲虺為左相。北堂書鈔卷五〇・設官部二・惣載三公

帝王世紀卷四・其十三

殷湯問伊摯曰。古者立三公九卿大夫元士者何。摯曰。三公以與主參王事。九卿以參三公。大夫以參九卿。元士以參大夫。故參而又參。是謂事宗。事宗不失。內外若一。

異文　九卿者。所以參三公也。宋翔鳳集校帝王世紀卷十　北堂書鈔卷五三・設官部五・諸卿揔

大夫者。所以參九卿也。北堂書鈔卷五六・設官部八・大夫惣

又曰。相去幾何。

摯曰。三公者。智通於天地。應變而無窮。辨於萬物之情。其言足以調陰陽四時。而節風雨。如是者。舉之以為三公。故三公之事。常在於道。九卿者。不出四時。通溝渠。修隄防。樹種五穀。通於地理。能通利不利。如此者。舉以為九卿。故九卿之事。常在於德。大夫者。出入與民同象。取去與民同解。通於人事。行內舉繩。不傷於言。言足法於世。不害於身。通關梁。實府庫。如是者。舉以為大夫。故大夫之事。常在於仁。元士者。知義而不失期。事功而不獨專。中正強諫。而無奸詐。在私立公。而可立法度。如是者。舉以為元士。故元士之事。常在於義。道德仁義定。而天下正矣。（五行大義論諸官第二十二　書鈔五十）

異文　三公者。知通於天道。（王謨輯帝王經界紀）

物三公者。智運乎天道。應變而不窮。辨於萬物之情者也。

如是。舉以為三公之事。（以上北堂書鈔卷五〇・設官部二・惣載三公）

帝王世紀卷四・其十四

三公。股肱之臣。九卿。手足之臣。大夫。筋脈之臣。元士。肌肉之臣。（五行大義論諸官第二十二）

帝王世紀卷四・其十五

奇肱民能為飛車。從風遠行。湯時西風吹奇肱車至於豫州。湯破其車。不以示民。十年。東風至。湯復作車。遣賜之。去玉門四萬里。（事類賦注二）

帝王世紀卷四・其十六*

帝王世紀。

湯令。未命之為士者。車不得朱軒及有飛軨。不得乘飾車駢馬。衣文繡。命。然後得以順其德。清・馬驌・繹史卷十四

帝王世紀卷四・其十七

殷樂。一名桑林。襄十年左傳疏

帝王世紀卷四・其十八

殷時有仙女。名昌容。隔肉見骨。御覽三百七十五

帝王世紀卷四・其十九

太甲反位。又不怨。故更尊伊尹曰。保衡。即春秋傳所謂。伊尹放太甲。卒為明王是也。太甲修政。殷道中興。號曰。太宗。孔蔽所謂。憂思三年。追悔前愆。起而即政。謂之明王者也。一名祖甲。享國三十三年。年百歲。御覽八十三

異文 孔叢所謂。憂思三年。宋翔鳳集校帝王世紀卷四

帝王世紀卷四・其二十

伊尹名摯。為湯相。號阿衡。年百歲卒。天霧三日。沃丁以天子禮葬之。（史記殷本紀正義）

異文 伊尹名摯。為湯相。（宋翔鳳集校帝王世紀卷四）

帝王世紀卷四・其二十一

帝沃丁八年。伊尹卒。年百有餘歲。天大霧三日。沃丁葬之以天子之禮。祀以太牢。親自臨喪。資之三年。以報大德焉。（書沃丁序疏　水經泗水注　初學記二　御覽十五　八十三）

異文 年百有餘歲。天霧三日。沃丁葬以天子之禮。祀以大牢。親臨喪三年。以報大德。（事類賦卷三・天部三・霧）

親自臨喪三年。（宋翔鳳集校帝王世紀卷四　初學記卷二・天部下・霧）

載自臨喪。（北堂書鈔卷一一・帝王部一一・優賢）

帝王世紀卷四・其二十二

太戊問於伊陟。伊陟曰。臣聞妖不勝德。帝之政事有闕。白帝修德。太戊退而占之曰。桑穀野木。而不合生於朝。意者。朝亡乎。太戊懼。修先王之政。明養老之禮。三年而遠方重譯而至七十六國。（書咸乂序疏）

異文 桑穀共生於朝。太戊問於伊陟。（清・馬驌・繹史卷十六）

遠方來譯至者十六國。（北堂書鈔卷一〇・帝王部一〇・來遠）

帝王世紀卷四·其二十三

帝祖乙以乙日生。故謂之帝乙。孔子所謂五世之外。天之錫命。疏可同名者也。是以祖乙不為諱。蓋殷禮也。御覽八十三

帝王世紀卷四·其二十四

帝盤庚徙都殷。始改商曰殷。御覽八十三

帝王世紀卷四·其二十五

盤庚以耿在河北。迫近山川。自祖辛以來。奢淫不絕。乃南渡河。將徙都亳之殷地。人咨嗟相怨。不欲徙。盤庚乃作書三篇。以告喻之。今尚書盤庚三篇是也。亳在偃師。後漢書郎顗傳注 文苑傳注 書盤庚序疏

異文 自祖辛已來。民皆奢侈。宋翔鳳集校帝王世紀卷四

乃度河。將徙都亳之殷地。後漢書卷三十·列傳第二十注

乃南度河。徙都於亳。後漢書卷八十·列傳第七十注

以告喻之。今為書盤庚三篇是也。宋翔鳳集校帝王世紀卷四

帝王世紀卷四·其二十六

武丁即位。諒闇居凶廬。百官總己。聽于冢宰。三年不言。既免喪。猶不言。群臣諫武丁。於是思建良輔。夢天賜賢人。胥靡之衣。蒙之而來。且云。我徒也。姓傅名說。天下得我者。豈徒也哉。武丁寤而推之曰。傅者。相也。說者。懽悅也。天下當有傅我。而說民者哉。明以夢視百官。百官皆非也。乃使百工寫其形象。求諸天下。果見築者。胥靡衣褐帶索。執役于虞虢之間。傅巖之野。名說。以其得之傅巖。謂之傅說。登以為相。享國五十有九年。年百歲。初。高宗有賢子孝己。其母早死。高宗惑後妻之言。放之而死。天下哀之。春秋外傳所謂。元王勤商。十有四世。帝祖甲亂之。七世而隕是也。御覽八十三 文選長笛賦注

異文 天下當有相我。而說民者哉。明日審夢以示百官。皆非也。以上通志卷三·三王紀第三上 乃使百工寫其像。求諸天下。高宗有賢子孝己。其母蚤死。十有四世。帝甲亂之。以上宋翔鳳集校帝王世紀卷四

帝王世紀卷四·其二十七

馮辛。史記殷本紀索隱

帝王世紀卷四・其二十八

帝文丁。一曰太丁。御覽八十三

帝王世紀卷四・其二十九

帝乙復濟河。北徙朝歌。其子紂仍都焉。史記周本紀正義御覽八十三

異文 帝武乙復濟河。太平御覽卷八三・皇王部八・帝武乙

帝王世紀卷四・其三十

帝乙有二妃。正妃生三子。長子微子啟。中曰微仲衍。小曰受德辛。庶妃生箕子。年次啟。皆賢。初。啟母之生啟及衍也。尚為妾。及立為后。乃生辛。帝乙以啟賢且長。欲以啟為太子。史據法爭之。帝乙乃立辛為太子。帝乙即位三十七年。御覽八十三

異文 長曰微子啟。中曰微仲。太平御覽卷一三五・皇親部一・帝乙

中曰微仲行。小曰受。

啟母之生啟及行也。尚為妾。

欲以啟為太子。太史據法爭之。以上宋翔鳳集校帝王世紀卷四

帝王世紀卷四・其三十一

帝紂能倒曳九牛。撫梁易柱。有蘇氏叛紂。因伐蘇。蘇人以美女妲己奉紂。紂大悅。赦蘇。而納妲己為妃。常與沈醉于酒。所譽者貴。所憎者誅。淫縱愈甚。始作象箸。

異文 紂倒曳九牛。撫梁易柱也。（史記卷三・殷本紀第三注）

箕子為父師。歎曰。象箸必不施於土簋。不盛於菽藿。必將為犀玉之杯。食熊蹯豹胎。必不衣短褐。處於茅屋之下。必將衣文繡之衣。遊於九層之臺。居於廣室之中矣。

異文 象箸必不更於土甌。必將為犀玉之杯。（宋翔鳳集校帝王世紀卷四）

象著不必更於土甌。必將犀玉之杯。（太平御覽卷八三・皇王部八・帝紂）

不盛於菽藿。必須犀玉之杯。（後漢書卷八十七・列傳第七十七注）

不服短褐。處於茅屋之下。必將衣繡。遊於九重之臺。（太平御覽卷八一五・布帛部・繡）

居五年。紂果造傾宮。作瓊室瑤臺。飾以美玉。七年乃成。其大三里。其高千丈。其大宮百。其小宮七十三處。宮中九市。車行酒。馬行炙。以百二十日為一夜。六月發民獵於西山。

異文 紂作傾宮。七年乃成。大十里。高十丈。（太平御覽卷一七三・居處部一・宮）

大宮千里。（北堂書鈔卷二〇・帝王部二〇・奢侈）

居期年。天下大風雨。飄牛馬。壞屋樹。天火燒其宮。兩日並盡。或鬼哭。或山鳴。紂不懼。愈慢神。誅諫士。為長夜之飲。七日七夜。失忘歷數。不知甲乙。問於左右。使問箕子。謂其私人曰。為天下主。而一國皆失日。天下危矣。一國不知。而我獨知之。我其危矣。宰夫以臑熊蹯不熟。

異文 兩日並出。或鬼哭。（太平御覽卷八三・皇王部八・帝紂）（宋翔鳳集校帝王世紀卷四）

宰人以醉熊蹯不熟。

紂怒。殺宰人。斮朝涉之脛。而視其髓。刳孕婦之腹而觀其胎。又殺人以食虎。諸侯或叛。妲己以罰輕。紂欲重刑。乃先為大熨斗以火爇之。使人舉。不能勝。輒爛手。紂怒。乃更為銅柱以膏塗之。加於爇炭之上。使有罪者緣焉。足滑。跌墮火中。紂與妲己笑為樂。

異文 紂斬朝涉之脛。而觀其髓。（太平御覽卷三七五・人事部十六・髓　永樂大典一一〇七七）

紂刳孕婦之腹中以觀其胎。（太平御覽卷三七一・人事部十二・腹）

乃先作大熨斗以火爇之。使人舉。不能勝。輒爛手。與妲己為戲笑。（太平御覽卷七一二・服用部十四・熨斗）

使人舉。輒爛手。不能勝。（太平御覽卷八三・皇王部八・帝紂）

紂作銅柱。令男女裸形。緣之。落。則妲己笑。（太平御覽卷八一三・珍寶部十二・銅）

紂與妲己笑為樂。名曰。炮烙之刑。（宋翔鳳集校帝王世紀卷四）

武王乃率諸侯來伐紂。紂有億兆夷人。起師自容閭至浦水。與同惡諸侯五十國。凡十七萬人。距周于商郊之牧野。紂師皆倒戈而戰。紂即位三十二年。正月甲子敗績。赴宮登鹿臺。蒙寶衣玉席。自投于火而死。周武王封其子武庚為殷後。（御覽八十三　七百十二　八百十五　書鈔百三十五）

異文 凡七十萬人。距周於商郊之牧野。（宋翔鳳集校帝王世紀卷四）

帝王世紀卷四・其三十二＊

紂為玉箸。箕子曰。玉箸必食熊蹯豹胎。散宜生獻紂黑豹。宋翔鳳集校帝王世紀卷四

帝王世紀卷四・其三十三

邢侯為紂三公。以忠諫被誅。史記項羽紀正義 寰宇記五十九

異文 邢侯事紂。以忠諫死。宋・羅泌・路史卷二十九

帝王世紀卷四・其三十四＊

帝王世紀。

紂剖比干妻。以視其胎。清・李鍇・尚史卷四 明・胡廣・書經大全卷六

帝王世紀卷四・其三十五＊

〔紂〕投珍物為沙丘苑。北堂書鈔卷二〇・帝王部二〇・奢侈

帝王世紀卷四・其三十六

紂以鬼侯為三公。鬼侯有女美。而進之於紂。悅之。妲己乃泣而譖之。紂怒鬼侯女。遂殺之。而醢鬼

侯。御覽三百八十一 書鈔四十一

帝王世紀卷四・其三十七

炙翼侯。書鈔四十一

帝王世紀卷四・其三十八

殷紂六月雨雪。或雨赤血也。書鈔四十二

帝王世紀卷四・其三十九

殷紂暴虐。天雨灰。天雨灰色。君有歸來邑者。唐・瞿曇悉達・開元占經卷三

帝王世紀卷四・其四十

紂多發美女。以充傾宮之室。婦人衣綾紈者。三百餘人。後漢書桓帝紀注

帝王世紀卷四・其四十一

紂作傾宮。多采美女以充之。武王伐殷。乃歸傾宮之女於諸侯也。後漢書陳蕃傳注

異文紂作傾宫。多發美女以充之。（宋翔鳳集校帝王世紀卷四）歸諸侯女。（北堂書鈔卷八·帝王部八·儉德）

帝王世紀卷四·其四十二*

從黄帝至紂三十六世。紂二年納妲己。二十年囚文王。三十年武王觀兵於孟津。（宋翔鳳集校帝王世紀卷四）

帝王世紀卷四·其四十三

商之饗國也。三十一王。是見居位者實三十王。而言三十一者。兼數太子丁也。自湯得位至紂。凡六百二十九年。成湯一。外丙二。仲壬三。太甲四。沃丁五。太庚六。小甲七。雍巳八。太戊九。仲丁十。外壬十一。河亶甲十二。祖乙十三。祖辛十四。沃甲十五。祖丁十六。南庚十七。陽甲十八。盤庚十九。小辛二十。小乙二十一。武丁二十二。祖庚二十三。祖甲二十四。廪辛二十五。庚丁二十六。武乙二十七。太丁二十八。辛乙二十九。紂三十。（初學記九　以上叢書集成據指海叢書所收顧觀光輯本）

異文商之享國也。三十一王。庚丁二十六。五乙二十七。（以上初學記卷九·帝王部·總敘帝王）太丁二十八。帝乙二十九。（宋翔鳳集校帝王世紀卷四）

皇甫謐集卷七・帝王世紀卷五 *新輯者以*標之

帝王世紀卷五・其一

帝嚳妃姜嫄。履神人之迹而孕。以為不祥。棄之陋巷。牛羊不踐。置之寒冰。鳥覆翼之。嫄以為神。收而養之。童齔好於稼穡。及長。仰伺房星。以為農候。舜進之于堯。以掌農正。而為稷官。故謂之后稷。賜姓姬氏。（輔行記二之五）

帝王世紀卷五・其二

棄。恤民勤稼。蓋封地方百里。巡教天下。死於黑水之間。潢渚之野。冢去中國三萬里。（御覽五十五　史記周本紀集解）

帝王世紀卷五・其三

后稷。納姞氏。生不窋。（史記周本紀索隱　御覽五十五）

帝王世紀卷五・其四

公非。字辟方。（史記周本紀索隱）

帝王世紀卷五・其五

雲都。亞圉字。史記周本紀集解

帝王世紀卷五・其六

公祖。一名祖紺。諸盩。字叔類。號曰。太公也。史記周本紀索隱

帝王世紀卷五・其七

古公亶父。是為太王。以修德為百姓所附。狄人攻之。以皮幣事之。不得免焉。又事之以玉帛。不得免焉。又事之以犬馬。不得免焉。遂策杖而去。踰梁山。止于岐山之陽。邑於周地。故始改國曰。周。豳人聞之曰。仁人不可失也。東循而奔。從之者如歸市焉。一年而成三千戶之邑。二年而成都。三年五倍其初。王於是改戎俗。築城郭。立宗廟。設官司。即詩所謂乃召司空。乃召司徒。俾立室家。其繩則直。作廟翼翼。築之登登。削屢馮馮者也。周道之端。蓋自此始。御覽百五十六　長安志二　史記周本紀集解

異文 古公亶父。是為大王。太平御覽卷一五六・州郡部二・敘京都下

仁人也。不可失也。宋翔鳳集校帝王世紀卷五

作廟翼翼。築之登登。太平御覽卷一五六・州郡部二・敘京都下

帝王世紀卷五・其八

王季。於帝乙殷王之時。賜九命為西長。始受圭瓚秬鬯。（詩周南召南譜疏 論語泰伯疏）

帝王世紀卷五・其九

王季。葬鄠縣之南山。（史記周本紀集解）

帝王世紀卷五・其十

季歷之妃。生文王昌。龍顏虎肩。身長十尺。胸有四乳。敬老慈幼。晏朝不食。以延四方之士。是以太顛。閎夭。散宜生。南宮适之屬咸至。是為四臣。文王雖在諸侯之位。襲父爵為西伯。紂既囚文王。文王之長子曰伯邑考。質于殷。為紂御。紂烹以為羹。賜文王。曰。聖人當不食其子羹。文王得而食之。紂曰。誰謂西伯聖者。食其子羹尚不知也。（藝文十二 御覽八十四 八百六十一 三百七十七 初學記十九）

異文 文王龍顏虎眉。（史記卷四・周本紀第四注）

文王虎眉。（太平御覽卷三六五・人事部六・眉 北堂書鈔卷一・帝王部一・奇表）

是以大顛。閎夭。（宋翔鳳集校帝王世紀卷五）

與食其子羹而不知。（太平御覽卷八六一・飲食部十九・羹）

帝王世紀卷五・其十一

紂酌梅酒。以賜文王。（書鈔四十一）

帝王世紀卷五・其十二

未受命時。已得太公。（詩文王疏）

帝王世紀卷五・其十三

欲隱東海之濱。聞文王善養老。故入釣于周。（水經河水注）

帝王世紀卷五・其十四

散宜生。南宮括。閎夭學乎呂尚。尚知三人賢。結朋友之交。及紂囚文王。乃以黃金千鎰與宜生。令求諸物與紂。（後漢書史弼傳注）

帝王世紀卷五・其十五

庖犧氏作八卦。神農重之。為六十四卦。黃帝堯舜引而伸之。分為二易。至夏人因炎帝曰連山。殷人因黃帝曰歸藏。文王在羑里。演六十四卦。著七八九六之爻。謂之周易。（周易敘論 初學記二十一 御覽六百九）

異文 庖犧作八卦。神農重之。為六十四卦。黃帝堯舜引而申之。（宋翔鳳集校帝王世紀卷一）

文王廣六十四卦。著九六之爻。謂之周易。（初學記卷二一・文部・經典　北堂書鈔卷九九・藝文部五・著述）

著九六之文。（北堂書鈔卷一七・帝王部一七・制作）

附錄 至夏人因炎帝曰連山。連山易其卦。以純艮為首。艮為山。山上山下。是名連山。雲氣出內於山。夏以十三月為正人統。艮漸正月。故以艮為首。殷人因黃帝曰歸藏。歸藏易以純坤為首。坤為地。萬物莫不歸而藏於其中。殷以十二月為正地統。故以坤為首。（王謨輯帝王經界紀）

帝王世紀卷五・其十六*

神農作琴。文王益其少宮少商。聽鳳以定律。（北堂書鈔卷第一七・帝王部一七・制作）

帝王世紀卷五・其十七*

周文王拘羑里。散宜生於西海得赤狸以獻紂。免西伯之難。周文王即西伯也。（玉函山房本・帝王世紀）

帝王世紀卷五・其十八

文王為西伯。獻洛西之地。請除炮烙之刑。（後漢書王暢傳注）

帝王世紀卷五・其十九

西伯至仁。百姓襁負而至。後漢書陳龜傳注

帝王世紀卷五・其二十

文王合六州之諸侯以朝紂。紂以崇侯之讒而怒。諸侯請送文王棄于程。十年正月。文王自商至程。太姒夢見商庭生棘。太子發取周庭之梓。樹之於闕間。梓化為松柏柞棫。覺而驚。以告文王。文王不敢占。召太子發。命祝以幣。告于宗廟群神。然後占之于明堂。及發並拜吉夢。遂作程寤。文王自程徙都酆。季秋之月。甲子。赤雀銜丹書入酆。止于文王之戶。言天命歸周之意。始文王繼父為西伯。都于雍州之地。及受命。復兼梁荊二州。化被于江漢之域。於是諸侯歸附之者六州。而文王不失臣節。先是文王夢日月之光著身。又鸑鷟鳴於岐。作武象之樂。神農氏始作五絃之琴。以具宮商角徵羽之音。歷九代。至文王。復增其二絃。曰少宮。少商。文王嗣位五十年。即周書所謂。文王受命。享國五十年是也。御覽八十四　三百九十八　寰宇記二十

異文　文王居程。徙都豐。宋翔鳳集校帝王世紀卷五

周文王夢日月著其身。藝文類聚卷一・天部上・日

神農始作五弦之琴。宋翔鳳集校帝王世紀卷五

帝王世紀卷五・其二十一＊

文王徙宅於程。宋翔鳳集校帝王世紀卷二

帝王世紀卷五・其二十二

文王在豐。九州諸侯咸至。五星聚於房。占經卷十九注

帝王世紀卷五・其二十三

文王即位四十二年。歲在鶉火。文王於是更為受命之元年。始稱王矣。周書稱。文王受命九年。惟暮之春。在鎬。召太子發。作文傳。九年猶召太子。明其七年未崩。詩文王疏　史記周本紀正義

帝王世紀卷五・其二十四

文王受命。四年。周正月。丙子朔。昆夷氏侵周。一日三至周之東門。文王閉門修德。而不與戰。詩采薇疏　緜疏

異文昆夷伐周。一日三至周之東。周文王閉門修德。宋・劉恕・資治通鑑外紀

混夷伐周。清・朱鶴齡・詩經通義卷六

帝王世紀卷五・其二十五

文王問太公。我用兵孰可。太公曰。密須氏疑於我。我可先伐之。管叔曰。不可。其君天下之明君。伐之不義。太公曰。臣聞先王之伐也。伐逆不伐順。伐險不伐易。文王曰。善。遂侵阮徂共。而伐密須。密須之人。自縛其君。而歸文王。詩皇矣疏

帝王世紀卷五・其二十六

周有密須之鼓。書鈔百八

帝王世紀卷五・其二十七

文王伐崇侯虎。至五鳳墟。韤係解。顧左右無可使者。乃俯而結之。樂府七十四

帝王世紀卷五・其二十八

文王取太姒。生伯邑考。武王發。次管叔鮮。次蔡叔度。次郕叔武。次霍叔處。次周公旦。次曹叔振鐸。次康叔封。次聃叔季載。詩思齊疏

帝王世紀卷五・其二十九

周時有天火降于王屋。流為赤烏。為周瑞也。六帖九十四

帝王世紀卷五・其三十

武王自盟津還。返於周。見暍人。王自左擁而右扇之。紂政彌亂。殷太史向摯。載其圖書而歸周。王以告于諸侯。四年。起師而東。遂率戎車。至鮪水。紂使膠鬲候周師。見王問曰。西伯將焉之。王曰。將攻薛也。膠鬲曰。然。願西伯無我欺。王曰。不子欺也。將之殷。膠鬲曰。何日至。王曰。以甲子日。以是報矣。膠鬲去而報命於紂。而雨甚。軍卒皆諫王曰。卒病。請休之。王曰。吾已令膠鬲以甲子報其主矣。吾雨而行。所以救膠鬲之死也。遂行。甲子至於商郊牧野。乃作牧誓。左仗黃鉞。右秉白旄。王韈係解。五人侍於前。莫肯為王係韈。皆曰。臣所以事君王。非為係韈也。

異文武王自盟津還。反於周。宋翔鳳集校帝王世紀卷五

武王自孟津還及于周。初學記卷九・帝王部・總敘帝王

武王見暍人。擁而扇之。事類賦卷十四・服用部三・扇

至商郊牧野。乃作木檐。

王韈係解。五人御於前。

王韈係解。五人侍於前。以上藝文類聚卷一二・帝王部二・周武王

臣所以事君。非為係韈也。以上宋翔鳳集校帝王世紀卷五

附録

帝王世紀曰。武王伐紂。行至商山。韈係解。五人在前。莫肯係。皆曰。臣所以事君。非為係韈。太平御覽卷六九七・服章部十四・韈

帝王世紀曰。武王自盟津還返于國。見暍人。王自左擁而以扇之。太平御覽卷七〇二・服用部四・扇

王乃釋旄鉞而係之。與紂戰。紂師敗績。擒費仲。惡來。紂赴于京。自燔于宣室而死。二嬖妾與妲己。亦自殺。乃以大旗麾諸侯。入殷商都。百姓咸待于郊。王使告曰。上天降休商人。皆拜。王亦答拜。以兵入造紂及妲己尸。王親射之。三發。然後下車。以劍擊之。周公為司徒。使以黄鉞斬紂頭。懸於大白之旗。召公為司空。又使以元鉞斬妲己頸。懸之小白旗。明日天雨。王命除道修社。入商宫。朝成湯之廟。登堂見美玉。入室見美女。王皆取而歸之諸侯。天下聞之。以廉於財色矣。置旌於商容之閭。命召公釋箕子之囚。賜貝千朋。命原公釋百姓之囚。歸璇臺之珠玉。命南宫适散鹿臺之財。發鉅橋之粟。以賑貧民。命南宫伯達。史佚。遷九鼎于洛邑。命閎夭封比干之墓。命宗祝饗祀于軍。微子。膠鬲。皆委質為臣。

異文

乃以大白髦諸侯。藝文類聚卷一二・帝王部二・周武王

入殷都。百姓咸待于郊。宋翔鳳集校帝王世紀卷五

百姓咸行於郊。太平御覽卷八四・皇王部九・武王

置旌於商容之廬。命召公釋箕子之囚。藝文類聚卷一二・帝王部二・周武王

歸璇臺之珠。歸諸侯之玉。（北堂書鈔卷八・帝王部八・儉德）

以賑貧民。命南宮适伯達。史佚。（宋翔鳳集校帝王世紀卷五）

以賑貧民。命南宮伯達。史逸。（藝文類聚卷一二・帝王部二・周武王）

命南宮括。伯達。史佚。（太平御覽卷八四・皇王部九・武王）

殷人咸喜曰。王之於人也。死者猶封其墓。況其生者乎。王之於賢人也。亡者猶表其閭。況其存者乎。王之於財也。聚者猶散之。況其復藉之乎。王之於色也。見在者猶歸其父母。況其復徵之乎。（藝文十二　御覽八十四　書武成疏　初學記九　樂府七十四）

異文　王之於仁也。死者猶封其墓。

王之於賢仁也。亡者猶表其廬。

聚者猶散之。況其復藉者乎。（以上宋翔鳳集校帝王世紀卷五）

帝王世紀卷五・其三十一

武王入殷。命召公釋箕子之囚。表商容之閭。出傾宮之女於諸侯。（宋翔鳳集校帝王世紀卷五）

帝王世紀卷五・其三十二*

武王。文王之子周武王也。將伐紂至於盟津之上。有白魚跳入王舟，赤烏銜芒麥投舩。太公曰。周公

赤。殷尚白。白魚入舟。獲殷之像。及至河陽。八百諸侯不期而會。不謀同辭。言紂可伐。武王後果剋紂。珊玉集卷十四

帝王世紀卷五·其三十三

商容及殷民。觀周軍之入。見畢公至。殷民曰。是吾新君也。容曰。非也。視其為人。嚴乎。將有急色。故君子臨事而懼。見太公至。民曰。是吾新君也。容曰。非也。視其為人。虎據而鷹趾。當敵將。衆威怒自倍。見利即前。不顧其後。故君子臨衆。果於進退。見周公至。民曰。是吾新君也。容曰。非也。視其為人。忻忻休休。志在除賊。是非天子。則周之相國也。故聖人臨衆。不惡而嚴。是以知之。見武王至。民曰。是吾新君也。容曰。然。聖人為海內討惡。見惡不怒。見善不喜。顏色相副。是以知之。書武成疏

異文　商容及殷人。觀周軍之入。見武王至。殷人曰。是吾新君也。見利不喜。顏色相副。以上文選卷五十六·演連珠注

帝王世紀卷五·其三十四*

帝王世紀曰。

周武王伐殷為天子。登臺見玉。王曰。誰之玉。或曰。諸侯之玉。王不取。反歸之。天下聞之。曰。

王廉於財矣。事類賦卷九・寶貨部一・玉清・張英王士禎等・淵鑑類函卷三百六十三

帝王世紀卷五・其三十五

殷有長者。王親往。期而不當。言而不信。書鈔四十二

帝王世紀卷五・其三十六

武王伐紂之年。夏四月。乙卯。祀於周廟。將率之士皆封。諸侯國四百人。兄弟之國十五人。同姓之國四十人。詩賚疏

異文將帥之士皆封。諸侯者四百人。通志卷三・三王紀第三上

帝王世紀卷五・其三十七

自殷都以東為衛。管叔監之。殷都以西為鄘。蔡叔監之。都以北為邶。霍叔監之。是為三監。史記周本紀正義

異文蔡叔監之。殷都以北為邶。宋翔鳳集校帝王世紀卷五王謨輯帝王經界紀

帝王世紀卷五・其三十八

詩人歌武王之德。今小雅。自魚麗至菁菁者莪。十篇是也。詩二雅譜疏

帝王世紀卷五・其三十九

武王納太公之女。曰邑姜。修教于內。生太子誦。藝文十五　御覽百三十五　百四十六

異文　武王妃。太公之女。宋翔鳳集校帝王世紀卷五

帝王世紀卷五・其四十

武王五男二女。詩何彼穠矣疏

異文　武王五男二女。元女妻胡公。王姬以為媵。文獻通考卷二百五十八・帝系考九・公主

帝王世紀卷五・其四十一

周。姬姓也。文王始修政。三年而天下二分歸之。與鬼侯並入為紂三公。年十五。而生太子發。文王九十七而崩。太子發代立。是為武王。武王二年。觀兵至孟津之上。四年。始伐殷為天子。以木承水。自酆徙都鎬。十年冬。王崩于鎬。殯于岐。時年九十三歲矣。太子誦代立。是為成王。初學記九　書鈔四十一　御覽八十四

異文　文王與鬼侯並為紂三公。北堂書鈔卷四一・政術部一五・暴虐

帝王世紀卷五・其四十二

武王定位元年。歲在乙酉。六年庚寅崩。史記周本紀集解

帝王世紀卷五・其四十三

文武葬於畢。畢在杜南。書亳姑序疏

異文 文王葬於畢。畢在杜南。宋・魏了翁・尚書要義卷十七

帝王世紀卷五・其四十四

成王元年。周公居冢宰。攝政。王年少。未能治事。故號曰。孺子。八年。春正月朔。王始躬親王事。以周公為太師。封伯禽于魯。父子並命。周公拜于前。魯公拜于後。王以周公有勳勞于天下。故加魯以四等之上。兼二十四附庸。地方七百里。革車千乘。王既營都洛邑。復居酆鎬。淮夷。徐戎及商奄又叛。王乃大蒐於岐陽。東伐淮夷。七年王崩。年十六矣。太子釗代立。藝文十二御覽八十四

異文 王始躬政事。藝文類聚卷一二・帝王部二・周成王

王乃大搜於岐陽。

太子釗即位。以上宋翔鳳集校帝王世紀卷五

帝王世紀卷五・其四十五

周成王時。肅慎氏來獻楛矢。石砮。長尺有咫。初學記五書鈔百六十

帝王世紀卷五·其四十六

康王元年。釋喪冕。作誥申諸侯。命畢公作策。分民之居里於成周之郊。王在位二十六年崩。子瑕代立。是謂昭王。（御覽八十五）

帝王世紀卷五·其四十七

昭王在位五十一年。以德衰南征。及濟于漢。楚人惡之。乃以膠船進王。王御船至中流。膠液船解。王及祭公俱沒于水中而崩。其右辛游靡長臂且多力。游拯得王。周人諱之。王室於是乎大微。王娶於房。曰房后。生太子滿。代立。是為穆王。（史記周本紀正義七百六十六　御覽八十五七百六十八）

異文　昭王濟漢。船人惡之。以膠船進王。中流膠舡解。王沒于水。（太平御覽卷七六六·雜物部一·膠　北堂書鈔卷一三七·舟部上·舟揔篇　事類賦卷十六·什物部二·舟）

濟于漢。船人惡之。（史記卷四·周本紀第四注）

船人惡之。乃膠船進王。

膠液解。王及祭公俱沒于水而崩。

力拯得王。國人諱之。（以上宋翔鳳集校帝王世紀卷五）

代立。是謂穆王。（太平御覽卷八五·皇王部十·昭王）

帝王世紀卷五・其四十八

穆王即位。命伯嬰為大僕。今尚書君牙伯冏二篇是也。藝文四十九

帝王世紀卷五・其四十九

周穆王征犬戎。得練剛赤刀。用之割玉。如割泥焉。書鈔百五十九 御覽七十四

帝王世紀卷五・其五十

周穆王使造父御八駿。日行千里。車轍馬迹。遍於天下。事類賦卷六注

帝王世紀卷五・其五十一

穆王修德教。會諸侯於塗山。命呂侯為相。或謂之甫侯。五十一年。王已百歲老耄。以呂侯有賢能之德。於是乃命呂侯作呂刑之書。五十五年。王年百歲。崩于祇宮。御覽八十五

異文 王一百歲老耄。

王年百五歲。崩于祇宮。以上宋翔鳳集校帝王世紀卷五

帝王世紀卷五·其五十二

恭王能庇昭穆之闕。故春秋稱之。周自恭王至夷王四世。年紀不明。是以歷依魯為正。王在位二十年崩。子堅代位。御覽八十五

異文 共王能庇昭穆之國。清·馬驌·繹史卷二十六注

共王能庇昭穆之闕。

周自共王至夷王四世。

王在位二十年崩。子囏代立。以上宋翔鳳集校帝王世紀卷五

帝王世紀卷五·其五十三

周懿王二年。王室大衰。自鎬徙都。生非子。因居犬丘。今槐里是也。寰宇記二十五長安志十四　御覽八十五

異文 懿王二年徙都犬丘。宋翔鳳集校帝王世紀卷五

帝王世紀卷五·其五十四

周之紀國。姜姓也。紀侯譖齊哀公於周懿王。王烹之。史記始皇紀集解

帝王世紀卷五・其五十五

夷王即位。諸侯來朝。王將與抗禮。諸侯德之。三年。王有惡疾。愆于厥身。諸侯莫不並走。群望以祈王身。十六年。王崩。御覽八十五

帝王世紀卷五・其五十六

厲王荒沉于酒。淫於婦人。御覽八十五

異文 厲王荒沈于酒。大平御覽卷八十五・皇王部十・孝王

帝王世紀卷五・其五十七

共伯和干王位。史記三代世系表索隱

帝王世紀卷五・其五十八

宣王元年。以邵穆公為相。秦仲為大夫。誅西戎。是時天大旱。王以不雨遇災而懼。整身修行。欲以消去之。祈于群神。六月乃得雨。大夫仍叔美而歌之。今雲漢之詩是也。是歲西戎殺秦仲。王於是進用賢良樊。仲山父。尹吉父。程伯休父。虢文公。申伯。韓侯顯父。南仲。方叔。仍叔。邵穆公。張仲之屬。並為卿佐。自厲王失政。獫狁荊蠻。交侵中國。官政隳廢。百姓離散。王乃修復宮室。興收

人才。容納規諫。安集兆民。命南仲。召虎。方叔。吉父。並征定之。復先王境土。繕車徒。興畋狩禮。天下喜。王化復行。號稱中興。御覽八十五

異文側身修行。欲消去之。召穆公。張仲之屬。興牧人。納規諫。以上宋翔鳳集校帝王世紀卷五

帝王世紀卷五·其五十九

宣王元年。不藉千畝。虢文公諫而不聽。天下大旱。五年不雨。至六年乃雨。詩雲漢疏

帝王世紀卷五·其六十

三十年。伐魯。諸侯從此而不睦。詩二雅譜疏

帝王世紀卷五·其六十一

幽王三年嬖褒姒。褒姒年十四。八年立以為后。詩白華疏

異文幽王三年納褒以。宋翔鳳集校帝王世紀卷五

帝王世紀卷五・其六十二

三年。褒人以褒姒自贖。時即與虢石父。比而譖申后。太子。尹氏及祭公。導王為非。八年。竟以石父之譖廢申后。逐太子。九年。王廢高明而近讒慝。使虢公專任於外。褒姒固寵於內。王室始騷。（詩二雅譜疏）

帝王世紀卷五・其六十三*

褒姒。周時褒國之美女也。褒人獻於周幽王。王耽之。遂逐申后。立褒姒為皇后。其一笑。有百廿種媚。然褒姒非集大眾不笑幽王。幽王於是舉烽打鼓。諸侯聞之。謂言有賊。皆赴殿前。王曰。無賊。欲使褒姒笑耳。如是非一。後犬戎來伐。王使放烽。諸侯謂言。無賊。止為褒姒笑也。遂各不往。犬戎來至。王及褒姒並皆被殺。（玉函山房本・帝王世紀）

異文褒人獻於周幽王。王耽之。

然褒姒非集大眾不笑。幽王於是舉烽打鼓。（以上琱玉集卷十四）

帝王世紀卷五・其六十四

發烽乃大笑。（書鈔二十一）

帝王世紀卷五・其六十五

十月之交四篇。正刺幽王。詩十月之交疏

帝王世紀卷五・其六十六

平王元年。鄭武公為司徒。與晉文侯股肱周室。夾輔平王。率諸侯勠力一心。東遷洛邑。書鈔四十九　御覽八十五

帝王世紀卷五・其六十七

平王時。王室微弱。詩人怨而為刺。今王風。自黍離至中谷有蓷五篇是也。桓王失信。禮義陵遲。男女淫奔。讒偽並作。諸侯背叛。搆怨連禍。九族不親。故詩人刺之。今王風自兔爰至大車四篇是也。詩王風譜疏　御覽八十五

異文　桓王既失於信。禮義陵遲。男子淫奔。宋翔鳳集校帝王世紀卷五

帝王世紀卷五・其六十八

僖王自即位以來。變文武之制。作玄黄華麗之飾。宮室崇峻而輿馬奢侈。故孔子譏焉。五年。王崩。子涼洪代立。書鈔二十　御覽八十五

異文　宮室峻而奢侈。宋翔鳳集校帝王世紀卷五

帝王世紀卷五・其六十九

二十四年惠王崩。史記十二諸侯表集解

帝王世紀卷五・其七十

周襄王十五年。秦晉遷陸渾之戎于伊川。果驗辛有之言。御覽百五十八

異文 秦晉遷陸渾之戎于伊川。果符辛有之言。宋翔鳳集校帝王世紀卷五

帝王世紀卷五・其七十

老聃初生而髮白。故曰老子。御覽三百七十三

異文 故號老子。太平御覽卷三七三・人事部十四・髮

帝王世紀卷五・其七十二

晉平公使叔譽聘周。見太子晉。與之言。晉五勝之。叔譽三窮。歸告公曰。太子年十五。臣不能與之言。君其事之。六帖三十七

帝王世紀卷五・其七十三*

晉趙鞅納王。使汝寬守闕塞。服虔曰。闕塞。南山伊闕也。(宋翔鳳集校帝王世紀卷五)

帝王世紀卷五・其七十四

景王遇心疾。崩于榮錡氏。單穆公與劉文公立太子猛。是為悼王。景王在位二十五年。(御覽八十五)

帝王世紀卷五・其七十五

悼王葬景王于翟泉。今洛陽太倉中大冢是也。(水經穀水注)

異文 今濟陽太倉中大冢是也。

太倉中大冢周景王也。(以上宋翔鳳集校帝王世紀卷五)

景王葬於瞿泉。(水經注卷十五・洛水)

帝王世紀卷五・其七十六

悼王以景王二十五年四月。始即位。十一月崩。王立凡二百日。故春秋稱王子猛卒。不成喪。故不言天王崩也。立王母弟。是為敬王。(御覽八十五)

異文 立王母弟丐。是謂敬王。(宋翔鳳集校帝王世紀卷五)

帝王世紀卷五·其七十七

敬王四十四年。元己卯。崩壬戌。（史記周本紀集解）

異文 敬王四十四年崩。（通志卷三·三王紀第三上）

帝王世紀卷五·其七十八

敬王三十九。春秋元。終四十四年。敬王崩。子貞定王立。貞定王崩。子元王立。（哀十九年左傳疏）

帝王世紀卷五·其七十九

貞定王十年。元癸亥。崩壬申。（史記周本紀集解 六國表集解）

帝王世紀卷五·其八十

元王元年癸酉。十一年癸未。三晉滅智伯。二十八年庚子崩。三子爭立。立應為貞王。（史記周本紀集解 六國表集解）

帝王世紀卷五·其八十一

哀王即位三月。弟叔襲殺王而立。是為思王。（御覽八十五）

帝王世紀卷五・其八十二

思王即位五月。弟隗攻殺王而代立。是為考哲王。御覽八十五

帝王世紀卷五・其八十三

考哲王封弟揭於河南。續周公之官。是為西周桓公。史記周本紀正義

異文 考悊王封弟揭于河南。宋翔鳳集校帝王世紀卷五

帝王世紀卷五・其八十四

考哲王元辛丑。崩乙卯。史記周本紀集解

異文 考悊王元辛丑。宋翔鳳集校帝王世紀卷五

帝王世紀卷五・其八十五

威烈王元丙辰。崩己卯。史記周本紀集解

帝王世紀卷五・其八十六

威烈王崩。子躭立。是為元安王。御覽八十五

帝王世紀卷五・其八十七

安王元庚辰。崩乙巳。史記周本紀集解

帝王世紀卷五・其八十八

安王子喜立。是為烈王。御覽八十五

帝王世紀卷五・其八十九

顯王元年。趙成侯。韓哀侯來攻周。二年。西周威公之嗣。曰惠公。始封惠公少子班於鞏。以奉王。

是為東周惠公。周於是始分為東西。王微弱。政在西周。御覽八十五

異文號東周惠公。

王室微弱。以上宋翔鳳集校帝王世紀卷五

帝王世紀卷五・其九十

慎靖王六年崩。子延代立。是為赧王。御覽八十五　史記周本紀索隱　六國表索隱

異文慎靚王六年崩。宋翔鳳集校帝王世紀卷五

子誕代立。史記卷四・周本紀第四注

帝王世紀卷五・其九十一*

赧王名誕。赧非謚。謚法無赧。正以微弱竊缺逃債。赧然慚愧。故號曰赧耳。（宋翔鳳集校帝王世紀卷五）

帝王世紀卷五・其九十二

赧王二十七年。冬十月。秦昭襄王仍僭號西帝。齊閔王稱東帝。十一月。秦齊各復去帝號為王。四十五年。王如秦。得罪於秦。秦攻周。或說秦王乃止。王雖居天子之位。為諸侯之所侵逼。與家人無異。多貰於民。無以歸之。乃上臺以避之。故周人因名其臺。曰。逃債之臺。故洛陽南宮誃臺是也。五十九年。秦攻韓。魏。趙。大破之。王懼。乃背秦。與諸侯合從。將天下銳師。出伊闕攻秦。秦昭襄王大怒。使將軍摎攻周王。王恐。乃入秦。頓首受罪。盡獻其邑三十六於秦。秦昭襄王盡納其獻。立為三川郡。使赧王歸于周。降為庶人。以壽終。（御覽八十五百七十七）

異文雖居天子之位號。為諸侯之所役逼。（史記卷四・周本紀第四注）

為諸侯之所侵偪。（宋翔鳳集校帝王世紀卷五）

名負責於民。無以得歸。乃上臺避之。故周人名其臺曰。逃責臺。（史記卷四・周本紀第四注）

故周人因名其臺。為逃債之臺。（宋翔鳳集校帝王世紀卷五）

帝王世紀卷五・其九十三*

皇甫士安世紀曰。

氾氏之先。出周凡伯之後也。敦煌文斯一八八九號敦煌氾氏人物傳

帝王世紀卷五・其九十四*

皇甫謐謂。

凡氏避秦亂。添水為汎氏。通志卷二十六・氏族略第二 通志卷三十・氏族略第六

帝王世紀卷五・其九十五*

世紀云。

左師曹觸龍諂諛不正。賢良鬱怨。宋・羅泌・路史卷二十三注

帝王世紀卷五・其九十六

自剋殷至秦滅周之歲。凡三十七王。八百六十七年。武王一。成王二。康王三。昭王四。穆王五。恭王六。懿王七。孝王八。夷王九。厲王十。宣王十一。幽王十二。平王十三。桓王十四。莊王十五。釐王十六。惠王十七。襄王十八。頃王十九。匡王二十。定王二十一。簡王二十二。靈王二十三。景

王二十四。悼王二十五。敬王二十六。貞定王二十七。元王二十八。哀王二十九。思王三十。考王三十一。威烈王三十二。元安王三十三。夷烈王三十四。顯聖王三十五。慎靖王三十六。赧王三十七。初學記九 史記周本紀集解

異文 慎靚王三十六。宋翔鳳集校帝王世紀卷五

帝王世紀卷五・其九十七

漢武帝元鼎四年。東巡河洛。思周德。乃封姬嘉三千戶。地方三十里。為周子南君。以奉周祀。元鼎三年。嘉弟昭。進爵為承休侯。在此城也。平帝元始四年。進為鄭公。光武建武三年。封姬觀為衛公。史記周本紀正義

帝王世紀卷五・其九十八

伯禽以成王元年封。四十六年。康王十六年卒。史記魯世家集解

帝王世紀卷五・其九十九

獻公三十六年。史記魯世家集解

帝王世紀卷五·其一百

哀公元甲辰。終庚午。史記魯世家集解

帝王世紀卷五·其一百一

悼公四十年。元辛未。終庚戌。史記魯世家集解

帝王世紀卷五·其一百二

元公元辛亥。終辛未。史記魯世家集解

帝王世紀卷五·其一百三

穆公元壬申。終甲辰。史記魯世家集解

帝王世紀卷五·其一百四

共公元乙巳。終丙寅。史記魯世家集解

帝王世紀卷五·其一百五

康公元丁卯。終乙亥。史記魯世家集解

帝王世紀卷五·其一百六

景公元丙子。終甲辰。史記魯世家集解

帝王世紀卷五·其一百七

平公元乙巳。終甲子。史記魯世家集解

帝王世紀卷五·其一百八

文公元乙丑。終丁亥。史記魯世家集解

帝王世紀卷五·其一百九

頃公元戊子。終辛亥。史記魯世家集解

以上叢書集成據指海叢書所收顧觀光輯本

皇甫謐集卷八・帝王世紀卷六（新輯者以*標之）

帝王世紀卷六・其一

〔大費〕賜之玄玉。妻以姚姓之女。（史記秦本紀集解）

帝王世紀卷六・其二

〔蜚廉〕作石椁於北方。（史記秦本紀集解）

異文　作石槨於北方。（史記卷五・秦本紀第五注）

帝王世紀卷六・其三

〔蜚廉死。遂葬於霍太山。〕去彘縣十五里。有冢。常祠之。（史記秦本紀集解）

帝王世紀卷六・其四

秦襄公二年。徙都汧。（史記秦本紀正義）

帝王世紀卷六·其五

文公葬於西山。在今隴西之西縣。史記秦本紀集解

帝王世紀卷六·其六

秦甯公葬西山大麓。故號秦陵山也。史記秦本紀正義

帝王世紀卷六·其七

并國十二。開地千里。書鈔二十二

帝王世紀卷六·其八

秦穆公女名弄玉。善吹簫。與蕭史共登樓吹簫。作鳳凰音。感鳳凰從天而降。後升天矣。侍兒小名錄拾遺

帝王世紀卷六·其九

秦武王好多力之人。齊孟賁之徒。並歸焉。孟賁生拔牛角。孟子公孫丑上正義

秦武王好多力之士。烏獲之徒並皆歸焉。秦王於洛陽舉周鼎。烏獲兩目血出。孟子告子下正義

帝王世紀卷六・其十*

秦武。六國時秦武王也。而王壯力。多好有力之人。時齊人孟賁及任鄙。烏獲之徒皆往歸焉。秦王與之舉鼎。兩目出。絕髕而死。玉函山房本帝王世紀

帝王世紀卷六・其十一

悼武王葬畢。今安陵西畢陌。史記始皇紀集解

帝王世紀卷六・其十二

秦莊王葬于芷陽之麗山。京兆東南霸陵山。水經渭水注

帝王世紀卷六・其十三

秦。嬴姓也。昔伯翳為舜主畜多。故賜姓嬴氏。孝襄公始修霸業。壞井田。開阡陌。天子命為伯。至昭襄王。自稱西帝。攻周。廢赧王。取九鼎。至莊襄王。滅東西周。莊襄王崩。政立。為始皇帝。并天下。置三十六郡。自以水德。故以十月為正。色尚黑。使蒙恬築長城。焚詩書百家之言。坑儒士四百六十人。三十七年。崩於沙丘平臺。年五十。初學記九

帝王世紀卷六・其十四

良為韓之公族。姬姓也。秦索賊急。乃改姓名。史記留侯世家索隱

帝王世紀卷六・其十五

南山曰。商山。又名。地胏山。亦謂。楚山。寰宇記百四十一

帝王世紀卷六・其十六

四皓。始皇時隱於商山。作歌曰。莫莫高山。深谷逶迤。曄曄紫芝。可以療飢。唐虞時遠。吾將何歸。御覽百六十八

異文 英英高山。深谷逶迤。太平御覽卷一六八・逸民部七・逸民七

帝王世紀卷六・其十七

始皇三十三年。彗星見。史記始皇紀集解

帝王世紀卷六・其十八

秦車馬曰。乘輿。出曰。車駕。書鈔百三十九

帝王世紀卷六·其十九

秦改鎬曰。咸陽。都焉。為漢驅除。不求五運。別以水德王。秦自始封至滅。三十六世。合六百五十年。秦。顓頊之後也。先世造父之為穆王御有功。封之於趙城。國為趙氏也。與簡子同祖。嬴姓也。秦亦在水火之間。初學記九

帝王世紀卷六·其二十

自昭襄王滅周至子嬰。凡四王二帝。合四十九年。昭襄王一。孝文王二。莊襄王三。始皇帝四。胡亥五。子嬰六。初學記九 太平御覽八六 以上叢書集成據指海叢書所收顧觀光輯本

皇甫謐集卷九・帝王世紀卷七*新輯者以*標之

帝王世紀卷七・其一

漢出自帝堯。劉姓也。豐公家於沛之豐邑中陽里。其妻夢赤馬若龍。戲己而生執嘉。是為太公。即太上皇也。太上皇之妃曰。媪。蓋姓王氏。是為昭靈后。名含始。遊於洛池。有玉雞銜赤珠出。刻曰。玉英。吞此者王。含始吞之。生子邦。字季。是為漢高皇帝。秦二世元年。諸侯叛秦。沛人共立為沛公。二年。入武關至灞上。秦王子嬰降。項羽自立為西楚霸王。立沛公為漢王。王巴蜀。漢元年。還攻雍。遂定三秦。五年。破霸王羽於垓下。追斬於東城。天下始定。春正月。楚王韓信等。請尊為皇帝。二月。即位於定陶汜水之陽。都長安。十二年崩于長樂宮。高祖以秦昭王五十一年生。至漢十二年。年六十二。初納呂公之女。謂之高皇后。生太子盈。代立。初學記九　藝文九十　御覽九百二十　史記高祖紀索隱　集解

異文沛公祖父家于豐。其妻嘗夢赤烏若龍。事類賦卷十九・禽部二・烏

家于沛之豐。沛邑之陽里。太平御覽卷八七・皇王部十二・漢高祖皇帝　永樂大典二三四五

其妻夢赤烏若龍。宋翔鳳集校帝王世紀卷七

漢昭靈后含始。游洛池。有玉雞含赤珠。名曰。玉英。玉函山房本帝王世紀

名含始。遊浴池。藝文類聚卷一〇・符命部・符命

含始吞之。生漢祖劉季。初學記卷六・地部中・洛水

始吞之。生高祖。（玉函山房本帝王世紀）

請尊為皇帝。二年。即位於定陶汜水之陽。

至漢十二年。年六十三。（以上宋翔鳳集校帝王世紀卷七）

附錄

皇甫謐帝王世紀。漢高祖父。太公。名煓。字執嘉。（宋・王楙・野客叢書卷十五）

帝王世紀。漢太上皇名煓。字執嘉。（明・周祈・名義考六）

帝王世紀曰。太上皇名執嘉。妃曰。媪。為昭靈后。（太平御覽卷一三六・皇親部二・漢太上昭靈后）

帝王世紀云。漢昭靈后含始。游洛池。有寶雞銜赤珠出炫日。后吞之。生高祖。（史記卷八・漢高祖本紀第八注）

帝王世紀卷七・其二

高祖為泗水亭長。送徒驪山。徒多道亡。自度北至皆失盡。到豐西澤中。止飲。夜乃解縱所送徒。高祖即自疑。亡匿於芒碭山澤岩石之間。（初學記九）

異文 自度比至皆失盡。（宋翔鳳集校帝王世紀卷七）

帝王世紀卷七・其三

長陵山。東西廣一百二十步。高十三丈。在渭水北。去漢長安城三十五里。（史記高祖紀集解長安志十三）

異文 高祖葬長陵。長陵山。東西廣百二十丈。（宋翔鳳集校帝王世紀卷七）

帝王世紀卷七·其四

高后合葬長陵。史記呂后紀集解

帝王世紀卷七·其五

元晏先生曰。禮稱至道以王。義道以霸。觀漢祖之取天下也。遭秦世暴亂。不階尺土之資。不權將相之柄。發迹泗亭。奮其智謀。羈勒英雄。鞭驅天下。或以威服。或以德致。或以義成。或以權斷。逆順不常。霸王之道雜焉。是以居帝王之位。而無一定之制。三代之美。固難及矣。藝文十二御覽八十七

異文 觀高祖之取天下也。遭秦暴亂。

不摧將相之柄。以上藝文類聚卷一二·帝王部二·漢高帝

不握將相之柄。宋翔鳳集校帝王世紀卷七

奮其智謀。銜勒英雄。藝文類聚卷一二·帝王部二·漢高帝

或以威服。或以德制。宋翔鳳集校帝王世紀卷七

事以權斷。順逆不常。藝文類聚卷一二·帝王部二·漢高帝

是以聖居帝王之位。無一定之制。全上古三代秦漢三國六朝文卷七十一

帝王世紀卷七・其六

惠帝以秦始皇三十七年生。崩時年二十三。史記呂后紀集解

帝王世紀卷七・其七

惠帝名嫣。史記外戚世家索隱

異文 孝惠皇后名嫣。史記卷四十九・外戚世家第十九注

帝王世紀卷七・其八*

帝王世紀曰。

漢初置長安城。嫌其狹小。至惠帝增廣築之。宋・宋敏求・長安志卷五

帝王世紀卷七・其九

安陵去長陵十里。去長安北三十五里。史記呂后紀集解

帝王世紀卷七・其十

漢文帝時。日中有王字。事類賦注一

帝王世紀卷七・其十一

孝文皇帝即位二十三年。年四十七。葬霸陵。因山為體。去長安七十里。廟名顧成。號太宗。書鈔八十七　御覽八十八　史記孝文紀集解

帝王世紀卷七・其十二

竇太后名猗房。史記外戚世家索隱

帝王世紀卷七・其十三

孝景皇帝以孝惠帝七年生。即位十六年。年四十八。葬陽陵山。方一百二十步。高十四丈。去長安四十五里。廟名德陽。書鈔八十七　御覽八十八　史記孝景紀集解　長安志十三

異文　年四十八。葬陽陵。廟名德陽。太平御覽卷八八・皇王部十三・孝景皇帝

帝王世紀卷七・其十四

王太后名娡。史記外戚世家索隱

帝王世紀卷七・其十五

越王趙佗以建元四年卒。爾時漢興七十年。佗蓋百歲矣。史記南越傳集解

帝王世紀卷七・其十六

孝武皇帝。廟名龍淵。廟在茂陵東。號世宗。書鈔八十七 御覽八十八 五百三十一 長安志五

異文 孝武帝。廟名淵龍。宋翔鳳集校帝王世紀卷七

帝王世紀卷七・其十七

孝昭皇帝。廟名徘徊。書鈔八十七 御覽五百三十一

帝王世紀卷七・其十八

宣帝。廟名樂遊。御覽八十九

帝王世紀卷七・其十九

孝元皇帝。廟名長壽。王莽尊為高宗。後日為非禮廢。書鈔八十七 御覽八十九

異文 漢宣帝。廟名長壽。

後以為非禮廢。（以上北堂書鈔卷八七・禮儀部八・宗廟）

帝王世紀卷七・其二十

成帝。廟名池陽。（御覽八十九）

帝王世紀卷七・其二十一

嬰為孺子。三年而廢為安定公。十五年而失國。更始二年。平陵方望等。將嬰聚眾為天子。數月。更始乃殺之。（御覽八十九）

帝王世紀卷七・其二十二

舂陵戴侯熊渠。生蒼梧太守利。利生子張。納平林何氏女。生更始。（後漢書劉元傳注）

帝王世紀卷七・二十三＊

楚子熊渠封中子紅於鄂。（宋翔鳳集校帝王世紀卷十）

帝王世紀卷七・其二十四

更始名玄。字聖公。即位凡三年。御覽九十

帝王世紀卷七・其二十五

自高祖元年。至更始二年。凡得二百三十年。初學記九 以上叢書集成據指海叢書所收顧觀光輯本

皇甫謐集卷十·帝王世紀卷八（新輯者以*標之）

帝王世紀卷八·其一

光武皇帝出自景帝也。名秀。字文叔。更始元年為偏將軍。破王邑。殺王尋。誅王郎。更始二年。立為蕭王。建武元年四月。更始降赤眉。六月。光武即帝位於常山鄗之陽千秋亭。都洛陽。在位三十三年。中元二年二月。崩于洛陽南宮。年六十三。太子莊代立。是為孝明皇帝。（初學記九）

帝王世紀卷八·其二

原陵方三百二十步。高六丈。在臨平亭之南。西望平陰。東南去洛陽十五里。（後漢書明帝紀注　續禮儀志注　樂府九十四）

異文　原陵在臨平亭東。（宋·郭茂倩輯·樂府詩集九十四注）

高六丈。在臨平亭東南。（後漢書卷二·孝明帝紀注）

附錄　光武葬臨平亭南。西望平陰者也。（宋翔鳳集校帝王世紀卷八）

帝王世紀卷八·其三

元晏先生曰。左氏春秋稱。夏少康之起。有田一成。有眾一旅。若漢之再命世祖。不階成旅之資。平暴反正。遂建中興。夏少康同美矣。（藝文十二　太平御覽九〇）

異文 春秋興。夏少康之起。若漢之策命世祖。不階成旅之資・（以上藝文類聚卷一二・帝王部二・後漢光武帝）世祖不借成旅之資。（宋翔鳳集校帝王世紀卷八）

帝王世紀卷八・其四

顯宗對曰。（書鈔二十二）

帝王世紀卷八・其五

顯節陵方三百步。高八丈。其地故富壽亭也。西北去洛陽三十七里。（後漢書章帝紀注　續禮儀志注）

帝王世紀卷八・其六

孝章皇帝以中元三年生於京師。其母姓祕不出。號其墓曰。長信冢。（御覽九十一）

帝王世紀卷八・其七

敬陵在雒陽東南。去雒陽三十九里。（續漢書禮儀志注）

帝王世紀卷八・其八

愼陵在雒陽東南。去雒陽四十一里。續漢書禮儀志注

帝王世紀卷八・其九

孝和之嗣世。正身履道。以奉大業。賓禮耆艾。動式舊典。宫無嬪嫱鄭衛之燕。囿無般樂遊畋之豫。躬履至德。虛静自損。是以屢獲豐年。遠近承風。藝文十二

帝王世紀卷八・其十

康陵高五丈四尺。去雒陽四十八里。續漢書禮儀志注

帝王世紀卷八・其十一

恭陵高十一丈。去雒陽十五里。續漢書禮儀志注

帝王世紀卷八・其十二

憲陵在雒陽西北。去雒陽十五里。續漢書禮儀志注

帝王世紀卷八・其十三

孝沖皇帝即位一年。年三歲。御覽九十二

帝王世紀卷八・其十四

懷陵西北去雒陽十五里。續漢書禮儀志注

帝王世紀卷八・其十五

靜陵在雒陽東。去雒陽三十二里。續漢書禮儀志注

帝王世紀卷八・其十六

宣陵山方三百步。高十二丈。在雒陽東南。去雒陽三十里。續漢書禮儀志注

帝王世紀卷八・其十七

文陵山方三百步。高十二丈。在雒陽西北。去雒陽二十里。續漢書禮儀志注

帝王世紀卷八・其十八

協字伯和。（後漢書獻帝紀注）

帝王世紀卷八・其十九

獻帝聞關東兵起。董卓遷帝都長安。見未央等宮。遭赤眉之亂。宮室廢弛。故居京兆府舍。（長安志五）

帝王世紀卷八・其二十

帝以尚書郎郭溥喻汜。汜以屯部未定。乞須留之。溥因罵汜曰。卿真庸人賤夫。為國上將。今天子有命。何須留之。吾不忍見卿所行。請先殺我以章卿惡。汜得溥言切。意乃少喻。（後漢書董卓傳注）

帝王世紀卷八・其二十一

漢季建皇帝。延康元年。禪魏。黃初元年。封山陽公。奉漢祀也。（書鈔四十八）

異文 漢孝獻皇帝。延康元年。（北堂書鈔卷四八・封爵部下・尊賢繼絕封）

帝王世紀卷八・其二十二

禪陵不起。墳深五丈。前堂方一丈八尺。後堂方一丈五尺。角廣六尺。在河內山陽之濁城西北。去濁

城直行十一里。斜行七里。去懷陵百一十里。去山陽五十里。南去雒陽三百一十里。續漢書禮儀志注

附錄 禪陵在濁鹿城西北十里。在今懷州修武縣北二十五里。陵高二丈。周回二百步。宋翔鳳集校帝王世紀卷八

禪陵在河內山陽之西。文獻通考卷一百二十四・王禮考十九・山陵

帝王世紀卷八・其二十三

自漢元至更始五年。凡二百一十二年。自居攝元年至更始二年。凡十八年。自建武元年至延康元年。凡一百九十五年。漢前後并諸廢帝及王莽。合三十一帝。四百二十六年。初學記九

異文 自漢元至更始二年。凡二百一十二年。宋翔鳳集校帝王世紀卷八

帝王世紀卷八・其二十四

魏。曹姓也。武皇帝諱操。字孟德。漢建安二十四年進爵為魏王。改二十五年為延康元年。春正月。崩于洛陽。年六十六。太子丕代立。是為文皇帝。其年冬十月。受漢禪。改延康元年曰。皇初。都洛陽。皇初七年崩。年四十。初學記九

異文 改延康元年曰。黃初。初學記卷九・帝王部・總敘帝王

帝王世紀卷八・其二十五

喜抱辛毗。書鈔二十二

附錄　初。文帝與陳思王爭為太子。既而文帝得立。抱毗頸而喜曰。辛君知我喜不。三國志卷二十五・魏書・列傳第二十五

帝王世紀卷八・其二十六

黄初元年。追尊號謚曰。武皇帝。廟號曰。太祖。御覽九十三

帝王世紀卷八・其二十七

高貴鄉公。為太子舍人成濟所害。年二十。以公禮葬之。御覽九十四

帝王世紀卷八・其二十八

魏常通鄉公。咸熙二年禪晉。太始元封陳留王。奉魏祀者也。書鈔四十八

異文　魏常道鄉公。咸熙二年禪晉。太始元年封陳留王。北堂書鈔卷四八・封爵部下・尊賢繼絕封

帝王世紀卷八・其二十九

陳留王既禪位。晉封陳留王就國治鄴。奉魏宗祀。御覽九十四

帝王世紀卷八・其三十*

王昶薦劉銓文云。明公允謀阿衡。毗輔王室。亮采側微。日夕不暇。網羅隱逸。英彥盈庭。（陳本北堂書鈔卷四八・設官部一・宰相篇）

帝王世紀卷八・其三十一

自皇初元年至禪晉之歲。凡五帝四十五年。文帝一。明帝二。廢帝齊王三。廢帝高貴鄉公四。元帝五。（初學記九）（以上叢書集成據指海叢書所收顧觀光輯本）

異文 自黃初元年至禪晉之歲。（初學記卷九・帝王部・總敘帝王）

皇甫謐集卷十一・帝王世紀卷九 *新輯者以*標之

帝王世紀卷九・其一 散集詞語

佐化于外。書鈔十一長大好學。書鈔十二明古學。書鈔十二集談士。書鈔十二請不死之藥。書鈔十二不占自來。書鈔十三心愁憂苦。書鈔十五

天下和樂。書鈔十五法文武遠迹。書鈔十七婦人與政。書鈔二十一逆天道。絕地德。書鈔二十一聽亮雄斷。書鈔二十二

異文 逆天道。絕帝德。北堂書鈔卷二一・帝王部二一・昏德

帝王世紀卷九・其二 散集詞語*

席錦繡三百人。北堂書鈔卷二〇・帝王部二〇・奢侈列風淫雨。南朝梁・劉勰・文心雕龍・練字第三十九

帝王世紀卷九・其三

周監二代。禮文取備。史官有法。法是董狐奮筆。趙孟受惡。書鈔三十七

異文 史官有法。董狐奮筆。趙孟受惡也。王謨輯帝王經界紀

帝王世紀卷九・其四

世本左丘明所書。家訓書證篇

帝王世紀卷九・其五

天皇太帝。曜魄寶。地皇為天一。人皇為太一。（五行大義論諸神第二十）

異文 天皇大帝。曜魄寶。（宋翔鳳集校帝王世紀卷一）

帝王世紀卷九・其六

辰星。一名毚星。或曰。鉤星。（史記天官書索隱）

帝王世紀卷九・其七（星次分野）

自天地設闢。未有經界之制。三皇尚矣。諸子稱。神農之王天下也。地東西九十萬里。南北八十五萬里。及黃帝受命。始作舟車以濟不通。乃推分星次以定律度。

自斗十一度。至婺女七度。一名須女。曰。星紀之次。於辰在丑。謂之赤奮若。於律為黃鐘。斗建在子。今吳越分野。

自婺女八度。至危十六度。曰。元枵之次。一名天黿。於辰在子。謂之困敦。於律為大呂。斗建在丑。今齊分野。

異文 自婺八度。至危十六度。（宋翔鳳集校帝王世紀卷十）

至危十六度。曰。玄枵之次。（王謨輯帝王經界紀）

自危十七度。至奎四度。曰。豕韋之次。一名娵訾。於辰在亥。謂之大淵獻。於律爲太蔟。斗建在寅。今衛分野。

自奎五度。至胃六度。曰。降婁之次。於辰在戌。謂之閹茂。於律爲夾鐘。斗建在卯。今魯分野。

異文 於律爲太簇。斗建在寅。（宋翔鳳集校帝王世紀卷十）

自胃七度。至畢十一度。曰。大梁之次。於辰在酉。謂之作噩。於律爲姑洗。斗建在辰。今趙分野。

自畢十二度。至東井十五度。曰。實沈之次。於辰在申。謂之涒灘。於律爲中呂。斗建在巳。今晉魏分野。

自井十六度。至柳八度。曰。鶉首之次。於辰在未。謂之叶洽。於律爲蕤賓。斗建在午。今秦分野。

自柳九度。至張十七度。曰。鶉火之次。於辰在午。謂之敦牂。一名大律。於律爲林鐘。斗建在未。今周分野。

自張十八度。至軫十一度。曰。鶉尾之次。於辰在巳。謂之大荒落。於律爲夷。則斗建在申。今楚分野。

自軫十二度。至氐四度。曰。壽星之次。於辰在辰。謂之執徐。於律爲南呂。斗建在酉。今韓分野。

自氐五度。至尾九度。曰。大火之次。於辰在卯。謂之單閼。於律爲無射。斗建在戌。今宋分野。

自尾十度。至斗七度。百三十五分而終。曰。析木之次。於辰在寅。謂之攝提格。於律爲應鐘。斗建在亥。今燕分野。

凡天有十二次。日月之所躔也。地有十二分。王侯之所國也。故四方。方七宿。四七二十八宿。合一百八十二星。東方蒼龍。三十二星。七十五度。北方元武。三十五星。九十八度四分度之一。西方白虎。五十一星。八十度。南方朱雀。六十四星。百一十二度。周天三百六十五度四分度之一。一度二千九百三十二里。分為十二次。一次三十度三十二分度之十四。各以附其七宿間。距周天積百七萬九百一十三里。徑三十五萬六千九百七十一里。陽道左行。故太歲右轉。凡中外官常明者。百二十四。可名者。三百二十。合二千五百星。微星之數。凡萬一千五百二十星。萬物所受。咸系命焉。此黃帝創制之大略也。而他說稱日月所照。三十五萬里。考諸子所載。神農之地。過日月之表。近為虛誕。

異文 一度二千九百三十二星。分為十二次。宋翔鳳集校帝王世紀卷十

及少昊氏之衰。九黎亂德。其制無聞矣。洎顓頊之所建。帝嚳受之。則孔子稱其地北至幽陵。南暨交趾。西蹈流沙。東極蟠木。日月所照。莫不底焉。是以建萬國。而制九州。至堯遭洪水。分為十二州。今虞書是也。

異文 洎顓頊之所建。帝嚳受定。宋翔鳳集校帝王世紀卷十

及禹平水土。還為九州。今禹貢是也。是以其時九州之地。凡二千四百三十萬八千二十四頃。定墾者。九百二十萬八千二十四頃。不墾者。千五百萬二千頃。民口千三百五十五萬三千九百二十三人。

異文 定墾者。九百一十萬八千二十四頃。不墾者。千五百萬二千頃。民戶千三百五十五萬三千九百

二十三人。（王謨輯帝王世紀）

至于塗山之會。諸侯承唐虞之盛。執玉帛亦有萬國。是以山海經稱。禹使大章。步自東極。至於西垂。二億三萬三千三百里七十一步。又使豎亥步南。極北盡於北垂。二億三萬三千五百里七十五步。四海之內。則東西二萬八千里。南北二萬六千里。出水者八千里。受水者八千里。名山五千三百五十經。六萬四千五十六里。出銅之山四百六十七。出鐵之山三千六百九。以供財用。儉則有餘。奢則不足。以男女耕織。不奪其時。故公家有三十年之積。私家有九年之儲。

異文　諸侯承唐虞之盛。執玉帛者亦有萬國。至於西垂。二億三萬三千五百里七十五步。受水者八千里。名山五千二百五十經。（以上宋翔鳳集校帝王世紀卷十）

及夏之衰。棄稷弗務。有窮之亂。少康中興。乃復禹迹。孔甲之至桀行暴。諸侯相兼。逮湯受命。其能存者三千餘國。方於塗山。十損其七。民離毒政。將亦如之。殷因於夏。六百餘載。其間損益。書策不存。無以考之。又遭紂亂。至周剋商。制五等之封。凡千七百七十三國。又減湯時千三百矣。民眾之損。將亦如之。及周公相成王。致治刑錯。民口千三百七十一萬四千九百二十三人。多禹十六萬一千人。周之極盛也。其後七十餘歲。天下無事。民彌以息。

異文　致治刑錯。民口千三百七十一萬四千九百七十三人。（王謨輯帝王世紀）

及昭王南征不反。穆王失荒。加以幽厲之亂。平王東遷。三十餘載。至齊桓公二年。周莊王之十三年。五千里內。非天王九嬪之御。自世子公侯以下。至於庶民。凡千百八十四萬七千人。除有土老疾。定受田者。九百萬四千人。

異文 至於庶民。凡千一百八十四萬七千人。（王謨輯帝王經界紀）

至於庶民。凡非百八十四萬七千人。（宋翔鳳集校帝王世紀卷十）

其後諸侯相并。當春秋時。尚有千二百國。二百四十二年之中。殺君三十六。亡國五十二。諸侯奔走不得保社稷者。不可勝數。至於戰國。存者十餘。於是縱橫短長之說。相奪於時。殘民詐力之兵。動以萬計。故嵴有匹馬之禍。宋有易子之急。晉陽之國。縣釜而炊。長平之戰。血流漂鹵。周之列國。唯有燕衛秦楚而已。齊及三晉。皆以簒亂。南面稱王。衛雖得存。不絕苦綫。然考蘇張之說。計秦及山東六國。戎卒尚存五百餘萬。推民口數。尚當千餘萬。

異文 四十二年之中。弒君三十六。（王謨輯帝王經界紀）

諸侯奔走不得保其社稷者。

晉陽之圍。縣釜而炊。（以上宋翔鳳集校帝王世紀卷十）

及秦兼諸侯。置三十六郡。其所殺傷。三分居二。猶以餘力。行參夷之刑。收大半之賦。北築長城。四十餘萬。南戍五嶺。五十餘萬。阿房驪山。七十餘萬。十餘年間。百姓死沒。相踵于路。陳項又肆其餘烈。故新安之坑。二十餘萬。鼓城之戰。睢水不流。

異文 沮水不流。宋翔鳳集校帝王世紀卷十

至漢祖定天下。民之死傷亦數百萬。是以平城之卒。不過三十萬。方之六國。五損其二。自孝惠至文景。與民休息。六十餘歲。民眾大增。是以太倉有不食之粟。都內有朽貫之錢。武帝承其資畜。軍征三十餘歲。地廣萬里。天下之眾。亦減半矣。及霍光秉政。乃務省役。至於孝平。六世相承。雖時征行。不足大害。民戶又息。元始二年。郡國百三。縣邑千四百八十七。地東西九千三百二里。南北萬三千三百六十八里。定墾田八百二十七萬五百三十六頃。民戶千三百二十三萬三千六百一十二。口五千九百一十九萬四千九百七十八人。多周成王四千五百四十八萬五十五人。漢之極盛也。

異文 都內有相貫之錢。天下之眾。其過半矣。郡國百三。縣邑千百八十七。以上王謨輯帝王經界紀

及王莽篡位。續以更始赤眉之亂。至光武中興。百姓虛耗。十有二存。中元二年。民戶四百二十七萬千六百三十四。口二千一百萬七千八百二十人。永平建初之際。天下無事。務在養民。迄于孝和。民戶滋殖。及孝安。永初。元初之間。兵飢乏苦。民人復損。至於孝桓頗增於前。永壽二年。二千六百七萬九百六。口五千六萬六千八百五十六人。墾田亦多。單師屢征。

異文 百姓虛秏。宋翔鳳集校帝王世紀卷十

中元二年。民戶四百二十七萬九千六百三十四。

永嘉二年。戶千六百七萬九百六。以上王謨輯帝王經界紀　宋翔鳳集校帝王世紀卷十

永壽二年。戶千六百七萬九百六。宋翔鳳集校帝王世紀卷十

墾田亦多。軍師屢征。宋翔鳳集校帝王世紀卷十　王謨輯帝王經界紀

及靈帝遭黃巾。獻帝即位。而董卓興亂。大焚宮廟。劫御西遷。京師蕭條。豪傑並爭。郭汜李傕之屬。殘害尤甚。是以興平建安之際。海內凶荒。天子奔流。白骨盈野。故陝津之難。以箕撮指。安邑之東。后裳不完。遂有寇戎。雌雄未定。割剝庶民。三十餘年。

異文　郭汜李傕之屬。殘害又甚。宋翔鳳集校帝王世紀卷十　王謨輯帝王經界紀

遂有寇戎。雄雌未定。宋翔鳳集校帝王世紀卷十

及魏武皇帝。剋平天下。文帝受禪。人衆之損。萬有一存。景元四年。與蜀通計。民戶九十四萬三千四百二十三。口五百三十七萬二千八百九十一人。

異文　剋平天下。文帝授禪。宋翔鳳集校帝王世紀卷十

克平天下。文帝受禪。王謨輯帝王經界紀

又案正始五年。揚威將軍朱照日所上。吳之所領兵戶九十三萬二千。推其民數。不能多蜀矣。昔漢永和五年。南陽戶五十餘萬。汝南戶四十餘萬。方之於今。三帝鼎足。不踰二郡。加有食祿復除之民。凶年飢疾之難。見可供役。裁若一郡。以一郡之人。供三帝之用。斯亦勤矣。自禹至今二千餘載。六代損益。備於茲焉。續漢書郡國志注　以上叢書集成據指海本叢書所收顧觀光輯本

皇甫謐集卷十二·帝王世紀卷十 *新輯者以*標之

帝王世紀卷十·其一 帝王與地

天子畿。方千里。曰。甸服。甸服之內。曰。京師。御覽百五十五 長安志二

帝王世紀卷十·其二

天子所宮曰。都。御覽百五十五 長安志二

異文 天子所居曰。都。王謨輯帝王經界紀

帝王世紀卷十·其三

宓羲為天子。都陳。在禹貢豫州之域。西望外方。東及明豬。於周陳胡公所封。故春秋傳曰。陳。太昊之墟也。於漢屬淮陽。今陳國是也。

異文 西望外方。東及明緒。太平御覽卷一五五·州郡部一·敘京都上

西望方外。東及明諸。王謨輯帝王經界紀

西望外方。東及明渚。

西望外方。東及明諸。以上宋翔鳳集校帝王世紀卷一

神農氏亦都陳。又營曲阜。故春秋稱。魯大庭氏之庫。

黃帝都涿鹿。於周官職方氏。幽州之域。在漢為上谷。而世本云。涿鹿在彭城南。然則。上谷本名彭城。今上谷有涿鹿縣及蚩尤城。阪泉地又有黃帝祠。皆黃帝戰蚩尤之處也。或曰。黃帝都有熊。今河南新鄭是也。

異文 魯大庭氏之庫。今兗州仙源縣。（王謨輯帝王經界紀）

少昊氏自窮桑登位。故春秋傳曰。世不失職。遂濟窮桑。登帝位。在魯北。後徙曲阜。於周為魯。在禹貢徐州。蒙羽之野。奎婁之分。降婁之次。周以封伯禽。故春秋傳曰。命伯禽而封少皞之墟。是以書敘稱。魯公伯禽宅。曲阜是也。

異文 遂濟窮桑。在魯城北。登帝後徙曲阜。（王謨輯帝王經界紀）

命伯禽而封少昊之墟。是以書序。（宋翔鳳集校帝王世紀卷二　王謨輯帝王經界紀）

顓頊氏自窮桑徙商丘。於周為衛。在禹貢冀州太行之東北。喻常山及兗州桑土之野。營室東壁之分。豕韋之次。故春秋傳曰。衛。顓頊之墟也。謂之帝丘。今東郡濮陽是也。

異文 踰崇山及兗州桑土之野。營室東北之分。（王謨輯帝王經界紀）

帝嚳氏都亳。今河南偃師是也。禹貢外方之城嵩之北。或言在梁。非也。

帝堯氏始封於唐。今中山唐縣是也。堯山在焉。唐水在西北入河。南有望都縣。有都山。即堯母慶都之所居也。相去五十里。都山一名豆山。北登堯山。南望都山。故名其縣曰。望都。而地理志。堯山在唐南山中。張晏以堯山實在唐北。地理志。堯之都。後徙涿鹿。世本云。在彭城南。今上谷郡北自有彭城。非宋彭城也。後又徙晉陽。今太原縣也。於周禮在并州之域。及為天子。都平陽。於詩風為唐國。武王子叔虞封焉。更名唐。故吳季札聞唐之歌曰。思深哉。其有陶唐氏之遺民乎。（王謨輯帝王經界紀）

異文 今中山唐縣是也。堯山在北。（太平御覽卷八〇・皇王部五・帝堯陶唐氏）

唐水在西北入唐河。（宋翔鳳集校帝王世紀卷二　王謨輯帝王經界紀）

堯山在唐縣南山中。張晏以堯山實在唐北。地理志。失之矣。後又徙晉陽。（王謨輯帝王經界紀）

今太原縣是也。（宋翔鳳集校帝王世紀卷二）

於周在并州之域。（王謨輯帝王經界紀）

堯都平陽。於詩為唐國。（史記卷一・五帝本紀第一注）

都平陽。詩於風為唐國。（宋翔鳳集校帝王世紀卷二）

其有陶唐氏之遺風乎。（王謨輯帝王經界紀）

其有陶唐氏之遺氏乎。（太平御覽卷一五五・州郡部一・敘京都上）

附錄 帝王世紀曰。帝堯始封於唐。又徙晉陽。及為天子都平陽。平陽即今晉陽。即太原也。（太平御覽卷一六三・州郡部九・并州）

帝舜其所營都。或言蒲阪。即河東縣。或言平陽。或言潘潘。今上谷也。（御覽八十　百五十五　續漢書郡國志注　史記五帝紀集解　寰宇記七十一）

異文 帝舜氏所營都。或言蒲阪。（王謨輯帝王經界紀）

舜所都也。或言蒲坂。或言平陽及潘者也。今城中有舜廟。宋翔鳳集校帝王世紀卷二

帝王世紀卷十·其四*

炎帝自陳營都於魯曲阜。黃帝自窮桑登帝位。後徙曲阜。顓頊始都窮桑。徙商丘。窮桑在魯北。或云窮桑即曲阜也。又為大庭氏之故國。又是商奄之地。宋翔鳳集校帝王世紀卷一

帝王世紀卷十·其五*

〔黃帝〕居軒轅之丘。於山海經云。此地窮桑之際。西射之南是也。宋翔鳳集校帝王世紀卷一

帝王世紀卷十·其六*

殷湯都亳在梁。又都偃師。至盤庚徙河北。又徙偃師也。宋翔鳳集校帝王世紀卷四

帝王世紀卷十·其七*

皇甫謐曰。

帝嚳作都於亳。偃師是也。王莽之所謂師氏者也。水經注卷十六·穀水

帝王世紀卷十・其八

伏羲風姓。蛇身牛首。常居此臺。伏牛乘馬。故曰。伏牛臺。（寰宇記四十三）

帝王世紀卷十・其九

厲山。今隨之厲鄉也。（補史記三皇紀注）

帝王世紀卷十・其十

黃帝生於壽丘。丘在魯東門之北。（水經渭水注　史記五帝紀集解　續漢書郡國志注）

異文 在魯城東門之北。（宋翔鳳集校帝王世紀卷一）

帝王世紀卷十・其十一

古有鄭國。（續漢書郡國志注）黃帝之所都。或言縣。故有熊氏之墟。黃帝之所都也。鄭氏徙居之。故曰。新鄭矣。（水經洧水注）

帝王世紀卷十・其十二

安康謂之嬀墟。或謂之姚墟。在成固縣西北。（御覽百六十八　續漢書郡國志注）

異文 漢中成固。姚虛在西北。有舜祠。宋翔鳳集校帝王世紀卷二

帝王世紀卷十・其十三

負夏。衛地。水經泗水注

帝王世紀卷十・其十四*

帝王世紀。

柏人城。堯所都也。清・李衛等撰・畿輔通志五十四

帝王世紀卷十・其十五*

九域記引世紀為。

堯都縣東北二十二有柏鄉城。宋・羅泌・路史卷四十三

帝王世紀卷十・其十六*

帝王世紀曰。

堯有貳宮。太平御覽卷一七三・居處部一・宮

帝王世紀卷十・其十七

納二女於嬀水之汭。嬀水在河東虞縣歷山西。水經河水注　史記五帝紀索隱

帝王世紀卷十・其十八

舜耕歷山。漁雷澤。歷山在河東。有舜井。或言今濟陰歷山是也。與雷澤相比。水經瓠子河注　續漢書郡國志注　史記五帝紀正義

異文 河東有舜井。未詳也。史記卷一・五帝本紀第一注五

帝王世紀卷十・其十九

舜陶於河濱。即禹貢所謂陶丘。今濟陰定陶之西南陶丘亭是也。史記五帝紀集解　續漢書郡國志注　詩魏風疏　寰宇記十三　水經瓠子河注

帝王世紀卷十・其二十

堯以二女妻舜。封之於虞。今河東太陽。山西虞地是也。書堯典疏　論語泰伯疏　哀元年左傳疏　史記五帝紀集解　續漢書郡國志注

帝王世紀卷十・其二十一＊

舜嬪於虞。虞城是也。亦謂吳城。史記秦昭王伐魏取吳城。即此城也。宋翔鳳集校帝王世紀卷二

帝王世紀卷十・其二十二*

帝王世紀曰。

女英墓在商州。清・徐文靖・管城碩記卷十四

帝王世紀卷十・其二十三

夏鯀封崇伯。故春秋傳曰。謂之有崇伯。鯀國在秦楚之間。左氏傳曰。趙穿侵崇是也。禹受封為夏伯。在禹貢豫州外方之南。角亢氐之分。壽星之次。於秦漢屬潁川。本韓地。今河南陽翟是也。受禪都平陽。或在安邑。或在晉陽。於漢平陽安邑皆屬河東。晉陽屬太原。在冀州大行恆山之西。太原太嶽之野。參伐之分。實沈之次。於周為晉。今司隸并州之域也。曾孫帝相遷帝丘。於周為衛。成公夢康叔曰。相奪予享是也。少康中興。還乎舊都。故春秋傳曰。復禹之迹。不失舊物是也。世本又言。夏后居陽城。本在大梁之南。於戰國大梁魏都。今陳留浚儀是也。案經傳。夏與堯舜。同在河北冀州之域。不在河南也。故五子歌曰。惟彼陶唐。有此冀方。今失厥道。亂其紀綱。乃底滅亡。言自禹至太康。與唐虞不易都域也。然則居陽城者。自謂禹避商均時非都也。故戰國策稱桀之居。左天門之險。右天谿之陽。成皋在其北。伊洛在其南。吳起對魏武侯亦言。桀之居。左河濟。右太華。伊闕在其南。羊腸在其北。案地理志。上黨高都有天井關。即天門也。壺關有羊腸坂。在太原晉陽西北九十里。為通西上郡關。即吳起之所云也。洛皆在陽城。非都審矣。御覽百五十五　史記夏本紀正義　吳起傳集解　續漢書郡國志注　初學記八

異文鯀國在秦晉之間。

在冀州太行恒山之西。以上王謨輯帝王經界紀

實沉之次。太平御覽卷一五五·州郡部一·敘京都上

今司隸并州之域也。相徙商丘。宋翔鳳集校帝王世紀卷三 王謨輯帝王經界紀

少康中興。復還舊都。太平御覽卷一五五·州郡部一·敘京都上

自為禹避商均時非都也。

左河濟。右泰華。以上宋翔鳳集校帝王世紀卷三

左河濟。右大華。王謨輯帝王經界紀

伊洛出其南。羊腸在其北。太平御覽卷一五五·州郡部一·敘京都上

上黨商都有天井關。宋翔鳳集校帝王世紀卷三

伊洛皆在陽城。非都審矣。王謨輯帝王經界紀

帝王世紀卷十·其二十*

皇甫謐帝王世紀曰。

禹自安邑都晉陽。曾孫帝相遷帝丘。子少康中興。還乎舊都。復禹之跡也。初學記卷八·州郡部·河東道

帝王世紀卷十・其二十四*

皇甫謐云。

羊腸塞。在龍山西。即晉陽西北。古西河上郡關於此。（太平御覽卷四五・地部十・萬谷根山）

帝王世紀卷十・其二十五

夏鮌封。虞夏商周。皆有崇國。崇國蓋在豐鎬之間。詩云。即伐于崇。作邑于豐。是國之地也。（史記周本紀正義）

異文 故詩稱。既伐于崇。作邑于酆。（宋翔鳳集校帝王世紀卷五）

帝王世紀卷十・其二十六

禹生石紐。廣柔縣。有石紐邑。（續漢書郡國志注）

帝王世紀卷十・其二十七

禹鑄鼎於荊山。在馮翊懷德之地。今其山下有荊渠也。（續漢書郡國志注　寰宇記三十一　長安志十九）

異文 在馮翊懷德之南。（宋翔鳳集校帝王世紀卷三）

帝王世紀卷十·其二十八

禹會諸侯於塗山。在禹貢揚州之域。今九江當塗縣有禹娶之地。則塗山在江南也。（史記夏本紀索隱　續漢書郡國志注　初學記八　寰宇記百二十八）

異文　禹會塗山。楊州之域。當塗縣有禹聚。

今九江當塗有禹廟。（以上宋翔鳳集校帝王世紀卷三）

帝王世紀卷十·其二十九

陽城有啟母冢。（續漢書郡國志注）

帝王世紀卷十·其三十

有扈與夏同姓。扈至秦改為鄠。（長安志十五　書甘誓疏）

帝王世紀卷十·其三十一

甘亭在鄠縣南。（續漢書郡國志注）

異文　鄠有甘亭。在縣南。夏啟伐扈。大戰於甘。（宋翔鳳集校帝王世紀卷三）

帝王世紀卷十・其三十二

鈞臺在陽翟縣西。續漢書郡國志注

帝王世紀卷十・其三十三

號五觀也。衛地。水經巨洋水注 史記夏本紀索隱

帝王世紀卷十・其三十四

夏太康五弟。須于洛汭。在鞏縣東北三十里。續漢書郡國志注

異文 太康失國。兄弟五人。須于洛汭。宋翔鳳集校帝王世紀卷三

帝王世紀卷十・其三十五

夏孔甲田于東陽萯山。即東首陽山也。水經河水注

異文 以為即東首陽山也。蓋是山之殊目矣。太平御覽卷四〇・地部五・首陽山

帝王世紀卷十・其三十六

夏臺地在陽翟。史記夏本紀索隱

帝王世紀卷十・其三十七

桀敗于鳴條之野。案孟子。舜卒於鳴條。乃在東夷之地。或言陳留平丘。今有鳴條亭也。唯孔安國注尚書云。鳴條在安邑西。考三說之驗。孔為近之。後漢書逸民傳注 御覽百九十四

異文　案孟子。桀卒於鳴條。後漢書卷八十三・列傳第七十三注　或云陳留平丘。今有鳴條亭也。王謨輯帝王經界紀　今有鳴條亭。在安邑之西。太平御覽卷一九四・居處部二十二・亭

帝王世紀卷十・其三十八

郡國志皇甫謐云。

鳴條之野。立鳴條亭。太平御覽卷一九四・居處部二十二・亭

帝王世紀卷十・其三十九

伊訓曰。造攻自鳴條。朕哉自亳。又曰。夏師敗績。乃伐三朡。湯誥曰。王歸自克夏。至于亳。三朡在定陶。於義不得在陳留與東夷也。今安邑見有鳴條陌昆吾亭。左氏以為昆吾與。桀同以乙卯日亡。韋顧亦爾。故詩曰。韋顧既伐。昆吾夏桀。書湯誓疏 續漢書郡國志注

附錄　河東安邑縣西有鳴條陌。湯伐桀。戰昆吾亭。宋翔鳳集校帝王世紀卷三

帝王世紀卷十・其四十

商契始封于商。在禹貢太華之陽。今上洛商縣是也。世本。契居蕃相土。徙商丘。本顓頊之墟。故陶唐氏之火正。閼伯之所居也。故春秋傳曰。閼伯居商丘。祀大火。相土因之。故商主大火。謂之辰。故辰為商星。今濮陽是也。然則契之所封商丘。商洛是也。商土。於周為衛商是也。而學者以商丘為契封。謬矣。湯始居亳。學者咸以亳本帝嚳之墟。在禹貢豫州河洛之間。今河南偃師西二十里。有尸鄉亭是也。謐以為考之事實。甚失其正。

異文

在禹貢大華之陽。（王謨輯帝王經界紀）

上洛商是也。世本。契居番相。（太平御覽卷一五五・州郡部一・敘京都上）

契本居番相。徙商丘。（宋翔鳳集校帝王世紀卷四）

閼伯居商丘。祀太火。（王謨輯帝王經界紀）

相因之。故商王大火。（太平御覽卷一五五・州郡部一・敘京都上）

謂之大辰。故辰為商星。（宋翔鳳集校帝王世紀卷四）

然則契之所封商丘。商洛是。商土。於周為三衛是也。學者以商丘為契封。謬矣。（王謨輯帝王經界紀）

商土。於周為衛是也。（宋翔鳳集校帝王世紀卷四）

在禹貢豫州洛河之間。（太平御覽卷一五五・州郡部一・敘京都上）

今河南偃師西二十里。尸鄉之陽亭是也。以為考之事實。（宋翔鳳集校帝王世紀卷四　王謨輯帝王經界紀）

以經為考之事實。甚失其正。（太平御覽卷一五五・州郡部一・敘京都上）

孟子稱。湯居亳。與葛為鄰。是即亳與葛比也。案地理志。葛。今梁國甯陵之葛鄉是也。湯地七十里。葛又伯耳。封域有制。葛伯不祀。湯使亳眾為之耕。有童子餉食。葛伯奪而殺之。計甯陵去偃師八百里。而使亳眾為耕。童子餉食。非其理也。今梁國自有二亳。南亳在穀熟。北亳在蒙。非偃師也。故古文仲虺之誥曰。乃葛伯仇餉。初征自葛。即孟子之言是也。湯又盟諸侯於景亳。然則二亳皆在梁矣。春秋會于亳是也。崔駰曰。湯冢在濟陰薄縣北。皇覽曰。薄城北郭東三里平地有湯冢。冢四方。方各十步。高七尺。上平也。漢哀帝建平元年。大司空史郤長卿按行水災。因行湯冢。在漢屬扶風。今徵之迴渠亭。有湯池徵陌是也。然不經見。難得而詳。

異文 葛。今梁國寧陵之葛鄉是也。（王謨輯帝王世紀）

計寧陵至偃師八百里。（太平御覽卷一五五・州郡部一・敘京都上）

今梁自有二亳。（宋翔鳳集校帝王世紀卷四）

附錄 南亳在穀熟。即今南京之穀熟。北亳在蒙。即今拱州之考城。古謂之蒙。漢謂之薄。非偃師也。（王謨輯帝王世紀）

按秦甯公本紀云。二年伐湯。三年與亳戰。亳王奔戎。遂滅湯。然則周桓王時。自有亳王號湯。為秦所滅。乃西戎之國。葬于徵者也。非殷湯矣。太甲既立。不明伊尹放諸桐。世本又言。太甲徙上司馬。在鄴西南。案詩書。太甲無遷都之文。桐宮其在斯乎。仲丁自亳徙囂。在河北也。或曰。敖。今河南之敖倉是也。

異文 亳王號湯。西夷之國也。宋翔鳳集校帝王世紀卷六

附錄 仲丁自亳徙囂。于河上者也。或曰。敖矣。秦置倉於其中。故亦曰。敖倉城也。水經注卷七·濟水一

故書序曰。仲丁徙于囂。河亶甲徙相。在河北。故書序曰。河亶甲居相是也。祖乙徙耿。為河所毀。故書序曰。祖乙圮于耿。今河東皮氏縣有耿鄉是也。及盤庚立。復南居亳之殷地。故書序曰。盤庚五遷。將治亳殷。今偃師是也。然則殷有三亳。二亳在梁國。一亳在河南。穀熟為南亳。即湯都也。蒙為北亳。即景亳。湯所盟地。偃師為西亳。即盤庚所徙者也。故立政篇曰。三亳阪尹是也。武丁徙朝歌。於周為衛。今河內縣也。紂自朝歌北築沙丘臺。多取飛鳥野獸置其中。沙丘。地理志。在鉅鹿東北七十里邯鄲國。屬趙。於禹貢在冀州大陸之野。昴畢之分。大梁之次。至今民俗歌謠。男女淫縱。猶有紂之餘風。世稱趙女之美是也。御覽八十三 百五十五 史記殷本紀集解 襄九年左傳疏 水經汳水注 書仲丁序疏 詩元鳥疏 寰宇記五十七 五十九 初學記二十四

異文 河亶甲居相。今相州是也。

今河東皮氏耿鄉是也。

二亳在梁國。一亳在河洛之閒。

偃師。帝嚳所都。殷盤庚徙南亳。是為西亳。

多取飛禽野獸置其中。以上宋翔鳳集校帝王世紀卷四

二亳在梁。一亳在河南。穀熟為南亳。即湯所都地。蒙為北亳。亦曰。景亳。即湯所盟地也。

於周為衛。今河內是也。紂自朝歌北築沙丘臺。按地理志。沙丘在鉅鹿東北七十里邯鄲國。以上王謨輯帝王經界紀

帝王世紀卷十・其四十一*

帝王世記曰。

鄴縣西南有上司馬。殷太甲常居焉。後漢書卷一百十・志第二十注

異文鄴西南有上司馬。太甲之居。宋・羅泌・路史卷二十六

帝王世紀卷十・其四十二*

禹自安邑都晉陽。至桀徙都安邑。至周成王時。以封弟叔虞。是為晉侯。宋翔鳳集校帝王世紀卷三

帝王世紀卷十・其四十三

自契至湯八遷。史失其傳。故不得詳。詩元鳥疏

帝王世紀卷十・其四十四

桐宮。蓋殷之墓地。有離宮可居。在鄴西南。御覽八十三

帝王世紀卷十・其四十五

白馬縣南有韋城。故豕韋國也。（史記曹相國世家正義）

帝王世紀卷十・其四十六

紂糟丘。酒池。肉林。在朝歌成西。（續漢書郡國志注）

異文 朝歌。紂所都居。紂糟丘。酒池。肉林。在城西。（宋翔鳳集校帝王世紀卷四）

帝王世紀卷十・其四十七

牧野。在朝歌南七十里。（書牧誓疏）

帝王世紀卷十・其四十八

周后稷始封邰。今扶風是也。及公劉徙邑於豳。今新平漆之東北有豳亭是也。故詩稱。篤公劉。于豳斯館。至太王避狄。循漆水。踰梁山。徙邑於岐山之陽。今美陽西北岐城舊址是也。故詩稱。率西水滸。至于岐下。南有周原。故始改號曰周。王季徙程。故周書曰。維周王季宅程是也。故孟子稱。文王生于畢郢。西夷人也。暨文王受命。徙都於酆。在今京兆之西是也。故稱伐戎於崇。作邑于酆。

異文 今扶風是也。及公劉徙居邑于豳。

徙邑於岐山之陽。今美陽西北有岐城舊址是也。以上宋翔鳳集校帝王世紀卷五

王季徙程。故書序曰。維周王季宅程是也。

故孟子稱。文王生於岐周。卒於畢郢。

故詩稱既伐于崇。以上王謨輯帝王經界紀

武王自酆居鎬。諸侯宗之。是為宗周。今灃水之東。長安之南三十里。去酆二十五里。鎬池即其故都也。及武王伐紂。營洛邑。而定鼎焉。今洛陽西南。洛水之北。有鼎中觀是也。周公相成王。以酆鎬偏處西方。職貢不均。乃使邵公卜居洛水之陽。以即土中。故援神契曰。八方之廣。周洛為中。於是遂築新邑。營定九鼎。以為王之東都之洛邑。故周書稱。我乃卜澗水東。瀍水西。唯洛食。是為王城。名曰。東周。故公羊傳曰。王城者何。東周也。地理志。王城本郟鄏之地。是以或謂之郟鄏。故春秋傳曰。成王定鼎於郟鄏。河南是也。今郟鄏東南門。名鼎門。蓋九鼎所從入也。

異文　鎬地即周之故都也。宋翔鳳集校帝王世紀卷五

以酆鄗偏處西方。王謨輯帝王經界紀

以酆鎬偏處西方。之貢不均。太平御覽卷一五五·州郡部一·敘京都上

乃使邵公卜居洛水之陽。以即中土。

以為王之東都于洛邑。以上宋翔鳳集校帝王世紀卷五

王城西有郟鄏陌。

左傳云。成王定鼎於郟鄏。（以上史記卷四・周本紀第四注）

春秋。成王定鼎于郟鄏。其南門名定鼎門。

今郟鄏東門。名鼎門。（以上宋翔鳳集校帝王世紀卷五）

成王既卜營洛邑。建明堂。朝諸侯。復還酆鄗。故書序曰。成王既黜殷命。還歸在酆。至懿王徙犬丘。秦謂之廢丘。今京兆槐里是也。世本曰。懿王居太丘。厲王淫亂出于彘。今河東永安是也。平王即位。徙居洛邑。誥所謂新邑也。國語曰。幽王滅周。乃東遷。本殷之畿內。在禹貢豫州外方之域。河洛瀍澗之間。周於南柳七星張之分。鶉火之次也。

異文 成王既黜殷命。還歸酆鄗。（王謨輯帝王經界紀）

懿王居犬丘。（宋翔鳳集校帝王世紀卷五）

本殷畿內。在禹貢豫州之域。（王謨輯帝王經界紀）

及敬王避子朝之亂。東居成周。故春秋傳曰。天王入于成周是也。後六年。王室定。遂徙都成周。是後晉又率諸侯之徒。修繕其城。以成周城小。不受王都。故壞翟泉而廣焉。翟泉本殷之墓地。在成周東北。今洛陽城中。有殷王冢是也。至赧王又徙居西周而失位。（御覽百五十五　詩二南譜疏　寰宇記二十七　長安志十四　續漢書郡國志注）

異文 故春秋經曰。天王入于成周是也。（宋翔鳳集校帝王世紀卷五）

遂徙居成周。小不受王都。故壞翟泉而廣之。（水經注卷十六・穀水）

狄泉。本殷之墓地。在成周東北。今城中有殷王冢是也。（宋翔鳳集校帝王世紀卷五）

翟泉在成周城東北。（王謨輯帝王經界紀）

翟泉在洛陽東北。周之墓地。（宋翔鳳集校帝王世紀卷五）

今洛陽城中。有周王冢是也。（宋翔鳳集校帝王世紀卷五　王謨輯帝王經界紀）

帝王世紀卷十・其四十九

豐鎬皆在長安之西南。（詩文王有聲疏）

異文 鎬在長安南二十里。（宋翔鳳集校帝王世紀卷五）

帝王世紀卷十・其五十*

豐在京兆鄠縣東。豐水之西。文王自程徙此。（宋翔鳳集校帝王世紀卷五）

帝王世紀卷十・其五十一

虢有三焉。周興封虢仲于西虢。此其地也。封虢叔于東虢。即成皋是也。今陝郡平陸縣。是北虢。（御覽百五十八　寰宇記六）

帝王世紀卷十・其五十二

居邶鄘之衆。史記劉敬傳正義

異文 居鄁鄘之衆。史記卷九十九・列傳第三十九注

帝王世紀卷十・其五十三

原公名豐。是其一也。是為文王之子。一十六國。書君奭疏

帝王世紀卷十・其五十四

召公。文王之庶子。詩甘棠疏 禮樂記釋文

異文 邵公為文王庶子。宋翔鳳集校帝王世紀卷五

帝王世紀卷十・其五十五

西鄭為友之始封。友宣王庶弟。詩鄭風譜疏 水經渭水注

異文 鄭桓公。友宣王庶弟。宋翔鳳集校帝王世紀卷五

帝王世紀卷十・其五十六

今京兆新豐東二十里。戲亭是也。詩王風譜疏　昭二十六年左傳疏

附錄魯語里革對威公云。幽王滅於戲。今京兆新豐東二十里。戲亭是也。宋翔鳳集校帝王世紀卷五

帝王世紀卷十・其五十七

秦非子始封於秦。故秦本紀稱。周孝王曰。朕分之土。邑秦。本隴西秦谷亭是也。玄孫莊公。徙廢丘。周懿王之所都。今槐里是也。及襄公。始受酆之地。列為諸侯。文公徙都汧。故秦本紀曰。公東獵至汧。乃卜居之。今扶風郿縣是也。甯公又都平陽。故秦本紀曰。甯公二年徙居平陽。今扶風郿之平陽亭是也。秦德公徙都雍。故秦本紀曰。德公元年。初居雍。今扶風雍是也。至獻公即位。徙治櫟陽。今馮翊萬年是也。孝公自櫟陽徙咸陽。秦本紀曰。作為咸陽。築冀闕徙之。及漢元年。更名新城。屬扶風。後并于長安。故太史公傳曰。長安。故咸陽也。元鼎三年。復別為渭城。今長安西北。渭水陽。有故城。故西京賦曰。秦里其朔。實為咸陽是也。御覽百五十五　史記封禪書集解　續漢書郡國志注

異文及襄公。始受岐酆之地。王謨輯帝王經界紀

列為諸侯。文公徙汧。宋翔鳳集校帝王世紀卷六　王謨輯帝王經界紀

故秦本紀曰。文公東獵至汧。王謨輯帝王經界紀

故秦本紀曰。公事獵至汧。太平御覽卷一五五・州郡部一・敘京都上

今扶風郿之平陽是也。德公徙都雍。初居雍城。今扶風雍是也。出公徙都平陽。至獻公即位。以上王謨輯帝王經界紀

左馮翊萬年。秦獻公都櫟陽是也。宋翔鳳集校帝王世紀卷六

作為咸陽。築冀闕徙都之。

故太史公曰。長安。故咸陽也。以上王謨輯帝王經界紀

帝王世紀卷十・其五十八*

帝王世紀云。

岐山。周城。大王所徙。南有鮮原。清・王夫之・詩經稗疏卷三

帝王世紀卷十・其五十九*

秦甯公都平陽。按岐山縣有陽平鄉。鄉內有平陽聚。宋翔鳳集校帝王世紀卷六

異文 秦寧公都平陽。史記卷五・秦本紀第五注

帝王世紀卷十・其六十*

秦出公徙平陽。宋翔鳳集校帝王世紀卷六

帝王世紀卷十・其六十一

秦自非子受封。至昭王滅周之歲。在大梁前後七遷。皆在禹貢雍州之域。荊山終南敦物之野。東井輿鬼之分。鶉火之次也。（御覽五十五）

異文 秦自非子受封。至始皇滅周之歲。（宋翔鳳集校帝王世紀卷六）

帝王世紀卷十・其六十二

漢高帝元年。始為漢王。都南鄭。屬漢中。秦厲公所置。在禹貢梁州之域。北達雍。南跨巴蜀。與秦同分。二年。北徙櫟陽。故秦獻公之所居。後居萬年。故屬馮翊。今京兆縣也。都長安。秦咸陽之地。今京兆所治縣也。其城狹小。至惠帝元年。始更築廣。五年乃成。光武以武信侯進封蕭王。在禹貢徐州之域。於周以封子姓之別附庸。事在春秋。於漢屬豫州。今沛國蕭是也。及即位於鄗。更名高邑。建武元年。始都洛陽。故成周之舊基。城東西六里一十步。南北九里一百步。是以時人謂洛陽為東京。長安為西京。（御覽百五十五　史記項羽紀正義疏）

異文 屬漢中。秦厲王所置。（太平御覽卷一五五・州郡部一・敘京都上）

蕭國。周封子姓之別為附庸。（以上王謨輯帝王經界紀）

今京兆縣也。七年徙都長安。

附錄 雒陽周時號成周。城東西六里十一步。（宋翔鳳集校帝王世紀卷五）

高帝居雒陽南宮。婁敬說曰。陛下都雒陽。豈欲與周室比哉。竊以為不侔。秦地被山帶河。四塞以為固。因秦之故。資甚美膏腴之地。此所謂天府。群臣皆言不如都周。帝疑未能決。留侯曰。關中左殽函。右隴蜀。沃野千里。南有巴蜀之饒。北有胡苑之利。阻三面而固守。獨以一面東制諸侯。河渭漕輓天下。西給京師。所謂金城千里。天府之國也。於是帝即日駕。西都關中。

翼奉上疏元帝曰。願徙都於成周。左據成皋。右阻黽池。前鄉崧高。後介大河。建滎陽。扶河東。南北千里以為關。而入敖倉。地方百里者八九。足以自娛。東厭諸侯之權。西遠羌胡之難。

淮陽王更始元年都宛。十月北都洛陽。二年遷都長安。

於漢屬豫州。今沛國蕭縣是也。及即位於鄗南千秋亭五城陌。建武元年。入雒陽。幸西都。卻北殿。遂定都焉。

獻帝初平元年。董卓遷都長安。建安元年還雒陽。曹操遷帝於許。以上王謨輯帝王經界紀

帝王世紀卷十·其六十三

雍初有五時壇。漢武獲麟處。御覽百八十五

異文 雍郊有五時壇。太平御覽卷一八五·居處部十三·壇

帝王世紀卷十・其六十四

魏武為魏公。都鄴。今魏郡是。後文帝因漢之舊。復都洛陽。以譙為先人本國。許昌為漢之所居。長安為西京之遺迹。鄴為王業之本基。與洛陽凡五處。故號曰。五都。（御覽百五十五）

異文　今魏郡是也。

復都雒陽。

與雒陽凡五處。（以上王謨輯帝王經界紀）

帝王世紀卷十・其六十五

魏文帝登禪於曲蠡之繁陽亭。為縣曰。繁昌。亦禹貢豫州之域。今許之封內。今潁川繁昌是也。（續漢書郡國志注）

帝王世紀卷十・其六十六

曹騰封費亭侯。酇縣有費亭是也。（續漢書郡國志注）

帝王世紀卷十・其六十七

羅有黃陵亭。（續漢書郡國志注）

異文　雋羅有黃陵亭。（後漢書卷一百十二・志第二十二注）

帝王世紀卷十·其六十八

赫連定於勝光二年。又自京兆移此。屬平涼郡。寰宇記百五十一

帝王世紀卷十·其六十九

褒國故城在縣東二百步。初學記八引皇甫謐國都城記

帝王世紀卷十·其七十

燉煌正西關外有白龍堆。寰宇記百五十三引皇甫謐郡國記　以上叢書集成據指海叢書所收顧觀光輯本

皇甫謐集卷十三・年歷 新輯

年歷・其一

日者。衆陽之宗。陽精外發。故日以晝明。名曰。曜靈。（北堂書鈔卷一百四十九　藝文類聚卷一　太平御覽卷四　開元占經卷五）

年歷・其二

月者。群陰之精。光內日影以宵耀。名曰。夜光。（北堂書鈔卷一百五十　太平御覽卷四　藝文類聚卷一　開元占經卷十一）

異文月。群陰之宗。光內日影以霄曜。名曰。夜光。（藝文類聚卷一・天部上・月）

月者。群陰之宗。月以宵曜。名曰。夜光。（太平御覽卷四・天部四・月）

年歷・其三

甘石太初歷。所以記星出不同者。以星盈縮在前。各錄後所見也。填星之精。凡六十三度。（開元占經卷三十八）

年歷・其四

辰星。

春分。立卯之月。夕效於奎婁。宋均曰。常以二月春分見奎婁。

夏至。立午之月夕。效於東井。

秋分。立酉之月夕。角亢。宋均曰。見角亢。

冬至。立子之月。晨效於斗牛。出以辰戌。入以丑未。宋均曰。二旬入。晨候之東。夕候之西。其星將出。先陰風。辰之情也。（開元占經卷五十三）

年歷·其五

營室。一名休官。（開元占經卷六十一）

年歷·其六

畢。一名天耳。一名天目。一名風口。（開元占經卷六十二）

年歷·其七

七星。一名延頸。（開元占經卷六十三）

年歷·其八

壽星。一名天庫。一名天翼。一名天正。（開元占經六十四）

年歷·其九

大火。一名天相。一名天府。開元占經卷六十四

年歷·其十

析木。一名天丞相。一名天司空。一名天冢子。一名天津。開元占經卷六十四

年歷·其十一

星紀。一名天津。一名天府。一名天狗。一名天雞。開元占經卷六十四

年歷·其十二

元枵。一名婺女。一名少府。一名河鼓。一名天機。開元占經卷六十四

年歷·其十三

諏訾。一名天府。一名北陵。一名卿中。開元占經卷六十四

年歷·其十四

降婁。一名天官。開元占經卷六十四

年歷·其十五

大梁。一名耕田。一名天倉。一名天獄。一名大軍。一名偏將軍。開元占經卷六十四

年歷·其十六

實沈。一名大唐。一名中尉。一名天路。一名天溝。一名天京。一名旄頭。開元占經卷六十四

年歷·其十七

鶉首。一名天祿。一名天子市。一名白虎將。一名斧鉞鶉火。一名致方注。開元占經卷六十四

年歷·其十八

鶉尾。一名天根。一名鳥注。一名旄。一名樹。開元占經卷六十四

年歷·其十九

斗者。天樞也。天有七紀。故斗有七星。星間相距七度百二十分。曜各百星。周七千里。分得日月五星九州之地。

自一至四曰。魁。自五至七曰。杓。

一曰。樞星。太白主之。雍州屬焉。

二曰。璇星。鎮星主之。冀州屬焉。

三曰。璣星。熒惑主之。青兖州屬焉。

四曰。權星。辰星主之。徐揚州之屬焉。

五曰。玉衡。歲星主之。荊州屬焉。

六曰。闓陽。日主之。梁州屬焉。

七曰。搖光。月主之。豫州屬焉。搖光。一名。杓。或曰。招搖。

以昏候之。左旋於天月。建一辰。晝夜一周。天日月會焉。

故孟春建辰會於大梁。孟夏建巳會於實沈。仲夏建午會於鶉首。季夏建未會於鶉火。孟秋建申會於鶉尾。仲秋建酉會於壽星。季秋建戌會於大火。孟冬建亥會於析木。仲冬建子會於星紀。季冬建丑會於元枵。開元占經卷六十七　以上見玉函山房輯佚書七

皇甫謐集卷十四・高士傳卷上

高士傳序

孔子稱舉逸民。天下之民歸心焉。是以洪崖先生創高道于上皇之世。許由善卷不降節于唐虞之朝。自三代秦漢。達乎魏興受命。中賢之主。未嘗不聘岩穴之隱。追遯世之民。是以易箸束帛之義。禮有玄纁之制。詩人發白駒之歌。春秋顯子臧之節。明堂月令以季春之月聘名士。禮賢者。然則高讓之士。王政所先。厲濁激貪之務也。史班之載。多所闕略。梁鴻頌逸民。蘇順科高士。或錄屈節。雜而不純。又近取秦漢。不及遠古。夫思其人。愛其樹。況稱其德。而贊其事哉。謐採古今八代之士。身不屈于王公。名不耗于終始。自堯至魏。凡九十餘人。雖執節若夷齊。去就若兩龔。皆不錄也。高士傳明刊本御覽五百一十

異文 天下之民歸心焉。洪崖先生創高道于上皇之代。古今逸史本高士傳

天下之人歸心焉。是以鴻先生創高於上皇之世。許由善卷不降於唐虞之朝。以上太平御覽卷五〇一・敘逸民一・敘逸民

是以易有束帛之義。

明堂月令以季春聘名士。

夫思其人。猶愛其樹。

謐采古今八代之士。以上古今逸史本高士傳

高士傳卷上·被衣

被衣者。堯時人也。堯之師曰。許由。許由之師曰。齧缺。齧缺之師曰。王倪。王倪之師曰。被衣。齧缺問道乎被衣。被衣曰。若正汝形。一汝視。天和將至。攝汝知。一汝度。神將來舍。德將為汝美。道將為汝居。汝瞳焉如新生之犢。而無求其故。言未卒。齧缺睡寐。被衣大悅。行歌而去之。曰。形若槁骸。心若死灰。真其實知不以故。自持媒媒晦晦。無心而不可與謀。彼何人哉。大道不鑿。至人秀世。被衣冠出。超然釋智。齧公聆教。無言相契。暢懌長歌。冥筌排去。

高士傳卷上·王倪

王倪者。堯時賢人也。師被衣。齧缺又學於王倪。問道焉。齧缺曰。子知物之所同是乎。曰。吾惡乎知之。子知子之所不知邪。曰。吾惡乎知之。然則物無知邪。曰。吾惡乎知之。雖然。嘗試言之。庸詎知吾所謂知之非不知邪。庸詎知吾所謂不知之非知邪。且吾嘗試問乎汝。民溼寢則腰疾偏死。鰌然乎哉。木處則惴慄恂懼。猿猴然乎哉。三者孰知正處。民食芻豢。麋鹿食薦。蝍且甘帶。鴟鴉耆鼠。四者孰知正位。猨猵狙以為雌。麋與鹿交。鰌與魚游。毛嬙麗姬。人之所美也。魚見之深入。鳥見之高飛。麋鹿見之決驟。四者孰知天下之正色哉。自我觀之。仁義之端。是非之塗。樊然殽亂。吾惡能知其辯。齧缺曰。子不知利害。則至人固不知利害乎。王倪曰。至人神矣。大澤焚而不能熱。河漢沍而不能寒。疾雷破山風振海而不能驚。若然者。乘雲氣。騎日月。而遊乎四海之外。死生無變於己。

而況利害之端乎。

王倪天士。缺也問道。育艾爾神。一綿虛抱。寒暑何侵。風雷弗毦。大準玄黃。權輿上教。

異文 鴟鴉耆鼠。四者孰知正味。宛委山堂本說郛卷五十七

則至人固不知利乎。

疾雷破山暴風振海而不能驚。

而遊天地之外。死生無變於已。而利害之間乎。以上太平御覽卷五百六・逸民部六・逸民

高士傳卷上・齧缺

齧缺者。堯時人也。許由師事齧缺。堯問於由曰。齧缺可以配天乎。吾藉王倪以要之。許由曰。殆哉。圾乎天下。齧缺之為人也。聰明睿知。給數以敏。其性過人。而又乃以人受天。彼審乎禁過。而不知過之所由生。與之配天乎。彼且乘人而無天。方且本身而異形。方且尊知而火馳。方且為緒使。方且為物絯。方且四顧而物應。方且應眾宜。方且與物化而未始有恒。夫何足以配天乎。

齧缺由師。蘊含上智。至道相延。宗王祖祓。遐言未卒。呬然睡寐。滅影山隅。弗求天配。

附錄 皇甫士安高士傳曰。齧缺。堯時人。許由師事齧缺。堯又師由。問齧缺可以配天乎。既而齧缺遇由。由曰。子將何之。曰。將逃。堯曰。何謂也。曰。夫堯知賢人之利天下。而不知其賊天下。遂逃不見。太平御覽卷五百六・逸民部六・逸民六

高士傳卷上・巢父

巢父者。堯時隱人也。山居不營世利。年老以樹為巢。而寢其上。故時人號曰。巢父。堯之讓許由也。由以告巢父。巢父曰。汝何不隱汝形。藏汝光。若非吾友也。擊其膺而下之。由悵然不自得。乃過清泠之水。洗其耳。拭其目。曰。向聞貪言。負吾之友矣。遂去。終身不相見。巢父鳥棲。弗營棟宇。由進塵言。嚴揮不與。乃臨其清。乃洗其耳。箕穎高風。千齡無已。

附錄

異文

堯時隱人。常山居不營世利。文選卷二十二・招隱詩注

皇甫謐高士傳曰。巢父聞許由為堯所讓也。以為汙。乃臨池而洗耳。文選卷四十三・移書讓太常博士注

皇甫謐高士傳曰。堯致天下讓許由。巢父聞之。以為汙。乃臨池水而洗耳。文選卷四十六・三月三日曲水詩注

皇甫謐逸士傳曰。巢父者。堯時隱人。常山居。以樹為巢。而寢其上。時人號曰。巢父也。

皇甫謐逸士傳曰。巢父者。堯時隱人也。及堯讓位乎許由也。由以告巢父焉。巢父責由曰。汝何不隱汝光。何故見若身。揚若名令聞。若汝非友也。乃擊其膺而下之。由悵然不自得。乃過清泠之水。洗其耳。文選卷五十五・演連珠五十首注　文選卷五十八・郭有道碑文一首并序注

逸士傳曰。堯讓天子於許由。許由逃。巢父聞之。而洗耳於池。藝文類聚卷九・水部下

逸士傳曰。堯讓天下於許由。由逃之。巢父聞而洗耳於池濱。樊豎。字仲父。牽牛飲之。見巢父洗耳。乃驅牛而還。恥令牛飲其下流。太平御覽卷九〇〇・獸部一一・牛下

文選卷三十四・七啟注

高士傳卷上・許由

許由。字武仲。陽城槐里人也。為人據義履方。邪席不坐。邪膳不食。後隱於之中。堯讓天下於許由。曰。日月出矣而爝火不息。其於光也不亦難乎。時雨降矣而猶浸灌。其於澤也不亦勞乎。夫子立而天下治。而我猶尸之。吾自視缺然。請致天下。許由曰。子治天下。天下既已治也。而我猶代子。吾將為名乎。名者。實之賓也。吾將為賓乎。鷦鷯巢於深林。不過一枝。偃鼠飲河。不過滿腹。歸休乎君。予無所用天下為。庖人雖不治庖。尸祝不越樽俎而代之矣。不受而逃去。齧缺遇許由。曰。子將奚之。曰。將逃堯。曰。奚謂邪。曰。夫堯知賢人之利天下也。而不知其賊天下也。夫唯外乎賢者知之矣。由於是遁耕於中岳潁水之陽。箕山之下。終身無經天下色。堯又召為九州長。由不欲聞之。洗耳於潁水濱。時其友巢父牽犢欲飲之。見由洗耳。問其故。對曰。堯欲召我為九州長。惡聞其聲。是故洗耳。巢父曰。子若處高岸深谷。人道不通。誰能見子。子故浮游。欲聞求其名譽。汚吾犢口。牽犢上流飲之。許由沒。葬箕山之巔。亦名許由山。在陽城之南十餘里。堯因就其墓。號曰。箕山公神。以配食五岳。世世奉祀。至今不絕也。

武仲潔修。毫邪不處。黃屋將歸。紫芳高舉。潁汲箕田。羞頹汗鄙。俎豆公神。綿綿無已。

異文 許由歿。葬此山。亦名許由山。在洛州陽城縣南十三里。史記卷六十一・老子伯夷列傳正義

附錄 許由。武陽城槐里人也。隨沖虛學于齧缺。許由為堯所讓。由是退隱遯。耕於中嶽下。文選卷二十一・王仲宣詠史詩注

許由。字武仲。堯聞致天下而讓焉。乃退而遁於中嶽潁水之陽。箕山之下隱。（史記卷六十一・老子伯夷列傳正義）

堯讓位於許由。由辭曰。鷦鷯巢在深林。不過一枝。偃鼠飲河。不過滿腹。隱乎沛澤。堯讓不已。於是遁於中岳潁水之陽。箕山之下。死。因葬於箕山之巔十五里。堯因就封其墓。號曰。箕公。子仲武。陽城槐里人也。（文選卷十八・琴賦注）

高士傳曰。堯聘許由為九州長。由惡聞。洗耳於河。巢父見謂之曰。豫章之木生於高山。工雖巧而不能得。子避世何不藏深。（太平御覽卷九五七・木部六・豫章）

逸士傳曰。許由。字仲武。潁川陽城人。隱於箕山。師於齧缺。依山而食。就河而飲。堯知其賢。讓以帝位。由聞之。乃臨河洗耳。有巢父者飲。犢牽而避之曰。惡吾水也。後卒。堯封其墓曰。箕公。（祖庭事苑卷三）

逸士傳。許由隱箕山。無盃器。以手捧水飲之。人遺一瓢得以操飲。飲訖。掛于木上。風吹瀝瀝有聲。由以為煩。遂去之。（蒙求集註卷上）

高士傳卷上・善卷

善卷者。古之賢人也。堯聞得道。乃北面師之。及堯受終之後。舜又以天下讓卷。卷曰。昔唐氏之有天下。不教而民從之。不賞而民勸之。天下均平。百姓安靜。不知怨。不知喜。今子盛為衣裳之服。以眩民目。繁調五音之聲。以亂民耳。丕作皇韶之樂。以愚民心。天下之亂。從此始矣。吾雖為之。

其何益乎。予立於宇宙之中。冬衣皮毛。夏衣絺葛。春耕種形足以勞動。秋收斂身足以休食。日出而作。日入而息。逍遙於天地之間。而心意自得。吾何以天下為哉。悲夫。子之不知余也。遂不受。去。入深山。莫知其處。

湯矣善卷。君堯北面。鹿衣牧世。自臻從勸。虞欽玄德。讓之赤縣。貴適心神。永棲荒巘。宛委山堂本說郛卷五十七

異文堯聞其得道之士。乃北面師之而問道焉。及舜受終之後。又以天下讓卷。

百姓安靜。民不知怒。

以觀民目。調五音之聲。以亂民耳。作皇韶之樂。以愚民心。耳目益滎。天下之亂。

予立宇宙之中。以上太平御覽卷五百六・逸民部六・逸民六

冬則衣皮毛。夏則衣絺葛。事類賦卷五・歲時部二・冬

春耕種形足以勞。秋收斂身足以休。

何以天下為哉。遂不受。以上太平御覽卷五百六・逸民部六・逸民六

高士傳卷上・子州支父

子州支父者。堯時人也。堯以天下讓許由。許由不受。又讓於子州支父。子州支父曰。以我為天子猶之可也。雖然。我適有幽憂之病。方且治之。未暇治天下也。舜又讓之。亦對之曰。予適有幽憂之病。方且治之。未暇治天下也。

休休支父。道重八埏。陰寢陽覺。神寂而恬。巍巍二帝。大器告傳。不遑長謝。繕性自全。（宛委山堂本說郛卷五十七）

異文 堯舜各以天下讓支父。支父曰。予適有勞憂之病。方且療之。未暇理天下也。（後漢書卷三十九・列傳第二十九）

高士傳卷上・壤父

壤父者。堯時人也。帝堯之世。天下太和。百姓無事。壤父年八十餘。而擊壤於道中。觀者曰。大哉。帝之德也。壤父曰。吾日出而作。日入而息。鑿井而飲。耕田而食。帝何德於我哉。

老父皤髮。愉愉壤戲。吐厥鳴歌。朝興夕憩。虛渴咸充。帝焉何利。醇和未斲。陶哉寓世。

異文 堯時人。年五十。而擊壤於道中。（太平御覽卷五〇六・逸民部六・逸民）

附錄 逸士傳曰。堯時。有八九十老人。擊壤而歌曰。吾日出而作。日入而息。鑿井而飲。耕田而食。帝何力於我哉。（太平御覽卷五七二・樂部十・歌）

逸士傳曰。堯時。有壤父五十人。擊壤於康衢。或有觀者曰。大哉。堯之為君。壤父作色曰。吾日出而作。日入而息。鑿井而飲。耕田而食。帝何力於我哉。（太平御覽卷七五五・工藝部・擊壤　金光明經文句新記卷第七）

高士傳卷上・石戶之農

石戶之農。不知何許人也。與舜為友。舜以天下讓之石戶之農。石戶之農曰。捲捲乎后之為人。葆力之士也。於是夫負妻戴。攜子以入于海。終身不反也。

虞皇御世。虛諮禪者。石戶之農。至人在野。天位以干。棄如屣捨。滅迹滄溟。清蹤莫寫。

高士傳卷上・蒲衣子

蒲衣子者。舜時賢人也。年八歲而舜師之。齧缺問於王倪。四問而四不知。齧缺因躍而大喜。行以告蒲衣子。蒲衣子曰。而乃今知之乎。有虞氏不及泰氏。有虞氏其猶臧仁以要人。亦得人矣。而未始出於非人。泰氏其臥徐徐。其覺于于。一以己為馬。一以己為牛。其知情信其德甚真。而未始入于非人也。後舜讓天下於蒲衣子。蒲衣子不受而去。莫知所終。

蒲衣妙紀。德與天侔。大舜虛襟。模範是求。發評虞泰。致一馬牛。攖勞民宰。胡可纓留。

附錄 蒲衣者。舜時賢人也。年八歲而舜師之。遂讓以天下。蒲衣不受而去。莫知所終。太平御覽卷五〇六・逸民部六・逸民

高士傳卷上・披裘公

披裘公者。吳人也。延陵季子出遊。見道中有遺金。顧披裘公曰。取彼金。公投鎌瞋目。拂手而言曰。何子處之高而視人之卑。五月披裘而負薪。豈取金者哉。季子大驚。既謝而問姓名。公曰。吾子皮相之士。何足語姓名也。

負薪炎暑。吳有一翁。粗絺弗御。冒彼茸耳。季札相逅。遺拾不從。姓名終秘。空仰高風。宛委山堂本說郛卷五十七

異文 見道中遺金。時當五月。見披裘負薪。顧令彼取金。

何子居之高。視人之卑耶。
豈取遺金哉。季子大驚。而問其姓。
何足語姓名哉。以上沙彌律儀要略述義卷上 沙彌律儀毗尼日用合參卷上

高士傳卷上・江上丈人

江上丈人者。楚人也。楚平王以費無忌之讒。殺伍奢。奢子員亡將奔吳。至江上。欲渡。無舟。而楚人購員甚急。自恐不脫。見丈人得渡。因解所佩劍以與丈人。曰。此千金之劍也。願獻之。丈人不受。曰。楚國之法。得伍胥者。爵執珪。金千鎰。吾尚不取。何用劍為。不受而別。莫知其誰。員至吳為相。求丈人不能得。每食輒祭之。曰。名可得聞而不可得見。其唯江上丈人乎。

丈人遺俗。鼓枻江隈。楚胥求濟。夜亂蘆漪。笑辭星劍。意進鮑魚。匆匆戒別。何用名為。

異文　何用劍為。不受員亦莫知其誰。宛委山堂本說郛卷五十七

高士傳卷上・小臣稷

小臣稷者。齊人也。抗厲希古。桓公凡三往而不得見。公嘆曰。吾聞布衣之士不輕爵祿。則無以助萬乘之主。萬乘之主不好仁義。則無以下布衣之士。於是五往。乃得見焉。桓公以此能致士。為五霸之長。

小臣之稷。微爾齊氓。巍崖獨拔。若節自貞。君軿數過。聊得瞻迎。區區管鮑。何足班倫。

高士傳卷上·弦高

弦高者。鄭人也。鄭穆公時。高見祝為秦晉所逼。乃隱不仕。為商人。及晉文公之返國也。與秦穆公伐鄭。圍其都。鄭人私與秦盟。而晉師退。秦又使大夫杞子等三人戍鄭。居三年。晉文公卒。襄公初立。秦穆公方強。使百里西。乞白乙帥師襲鄭。過周反滑。鄭人不知。時高將市于周。遇之。謂其友蹇他曰。師行數千里。又數經諸侯之地。其勢必襲鄭。凡襲國者。以無備也。示以知其情也。必不敢進矣。於是乃矯鄭伯之命。以十二牛犒秦師。且使人告鄭為備。杞子亡奔齊。孟明等返至都。晉人要擊。大破秦師。鄭于是賴高而存。鄭穆公以存國之賞賞高。而高辭曰。詐而得賞。則鄭國之政廢矣。為國而無信。是敗俗也。賞一人而敗國俗。智者不為也。遂以其屬徙東夷。終身不返。

弦公鄭寶。托跡遷賈。秦穆揚兵。于周邂迕。矯命犒師。陰抒國禍。辭賞居夷。飄焉弗顧。

異文 穆公高見鄭為秦晉所逼。宛委山堂本說郛卷五十七

杞子亡奔齊。孟明等返至殽。

則鄭國之信廢矣。以上太平御覽卷五百六·逸民部六·逸民

高士傳卷上·商容

商容。不知何許人也。有疾。老子曰。先生無遺教以告弟子乎。容曰。將語子。過故鄉而下車。知之乎。老子曰。非謂不忘故耶。容曰。過喬木而趨。知之乎。老子曰。非謂其敬老耶。容張口曰。吾舌

存乎。曰。存。曰。吾齒存乎。曰。亡。知之乎。老子曰。非謂其剛亡而弱存乎。容曰。嘻。天下事盡矣。

商容大道。聃也之師。形將蛻化。教庶瓊遺。三言甚寡。萬務何餘。喜編後授。屢發其規。

高士傳卷上・老子李耳

老子李耳。字伯陽。陳人也。生於殷時。為周柱下史。好養精氣。貴接而不施。轉為守藏史。積八十餘年。史記云二百餘年。時稱為隱君子。謚曰聃。仲尼至周。見老子。知其聖人。乃師之。後周德衰。乃乘青牛車去。入大秦。過西關。關令尹喜望氣先知焉。乃物色遮候之。已而老子果至。乃強使著書。作道德經五千餘言。為道家之宗。以其年老。故號其書為老子。

伯陽聖老。人貌天行。壽經億代。道冠群生。龍稱禮得。牛候書成。西關度跡。玄化冥冥。

附錄

皇甫士安高士傳云。老子為周柱下史。及周衰。乃以官隱。為周守藏室史。積八十餘年。好無名接而世莫知其真人也。至周景王十年。孔子年十七。遂適周見老聃。然幽王失道。平王東遷。關以桿移。人以職徙。尹喜候氣。非此明矣。往逕所由。茲焉或可。水經注卷十七・渭水上

皇甫謐高士傳云。尹喜與老子俱去適西戎。出流沙之表。以道化戎俗。作浮屠經。莫知所終。唐・史崇・一切道經音義妙門由起

皇甫謐高士傳云。老子。楚之相人。家于渦水之陰。師事常樅子。及常子有疾耳。往問疾焉。

廣弘明集卷十三上　唐・法琳・辯正論卷第七

皇甫謐高士傳曰。桓帝好老子之書。夜夢見老子。乃詔陳相為老子立祠。藝文類聚卷七九・靈異部下・仙道　太平御覽卷三九九・人事部四十・應夢

高士傳曰。常松子因張其口。老子曰。將非謂齒剛而亡。舌柔而存。常子曰。盡矣。唐・道宣・廣弘明集卷十三

高士傳曰。老子化戎俗為浮屠。唐・劉如璿・不毁化胡經議引高士傳

皇甫謐云。老子西之流沙。作浮屠經。以化戎俗。宋・謝守灝・混元聖紀卷九

魏書外國傳。皇甫謐高士傳並曰。桑門浮圖經。老子所作。唐・法琳・辯正論卷七

高士傳卷上・庚桑楚

庚桑楚者。楚人也。老聃弟子。偏得老聃之道。以北居畏壘之山。其居三年。畏壘大壤。畏壘之民相與言曰。庚桑子之始來。吾洒然異之。今吾日計之而不足。歲計之而有餘。庶幾其聖人乎。子胡不相與尸而祝之。社而稷之乎。庚桑子聞之。南面而不釋。然弟子異之。庚桑子曰。弟子何異於予。夫春氣發而百草生。正得秋而萬寶成。夫春與秋。豈無得而然哉。天道已行矣。吾聞至人尸居環堵之室。而百姓猖狂不知所如往。今以畏壘之細民而竊竊焉。欲俎豆予于賢人之間。我其杓之人邪。吾是以不釋于老聃之言。

庚桑耳役。晝去挈遠。息意三年。風尊翠巘。俎豆不樂。形生自晏。賢知明揚。世心何淺。

異文 其居三年。畏壘大穰。宛委山堂本說郛卷五十七

高士傳卷上・老萊子

老萊子者。楚人也。當時世亂。逃世。耕於蒙山之陽。莞葭為牆。蓬蒿為室。枝木為牀。蓍艾為席。飲水食菽。墾山播種。人或言於楚王。王於是駕至萊子之門。萊子方織畚。王曰。守國之政。孤願煩先生。老萊子曰。諾。王去。其妻樵還。曰。子許之乎。老萊曰。然。妻曰。妾聞之。可食以酒肉者。可隨而鞭棰。可擬以官祿者。可隨而鈇鉞。妾不能為人所制者。妻投其畚而去。老萊子亦隨其妻。至於江南而止。曰。鳥獸之毛。可績而衣。其遺粒足食也。仲尼嘗聞其論。而蹙然改容焉。著書十五篇。言道家之用。人莫知其所終也。

楚萊避紛。蒙陽寄耜。草宮木榻。水菽怡志。駕屈楚君。經綸將貽。內贊遐謀。相携遠逝。

異文 老萊子隱於蒙山之陽。以葭為蓋。蓬為室。岐木為床。蓍艾為席。衣縕飲水。墾山播植。楚王親至其門。方織畚。至去有間。其妻戴畚菜挾薪而至。問車馬跡之多。答曰。楚王。妻曰。可食以酒肉者。可加以鞭捶。可授以官爵者。可隨以鈇鉞。先生受人官祿。為人所制。妾不能為人所制者。妻乃畚菜而去也。太平御覽卷四二・地部七・蒙山

老萊子者。楚公室亂。逃世。太平御覽卷五〇六・逸民部六・逸民六

老萊子親沒。隱蒙山之陽。杞木為床。初學記卷十八・人部中・貧第 初學記卷二十五・器物部・席第

老萊子隱蒙山之陽。支木為床。（太平御覽卷七〇六・器物部五・牀）

枝木為床。薦芰為蓆。（太平御覽卷七〇九・服用部十一・薦蓆）

枝木為床。以蓍艾為席。（北堂書鈔卷第一三三・服飾部二・席十九　藝文類聚卷六九・服飾部上）

老萊子亦隨其妻。至於河南。以萊子為老子。人莫知其所終也。（太平御覽卷五〇六・逸民部六・逸民）

附錄

皇甫士安高士傳曰。老萊子。楚人。耕於蒙山之陽。萑葭為牆。蓬為屋。枝木為床。蓍艾為席。或言楚王。楚王遂至老萊子之門。曰。寡人愚陋。獨守宗廟。先生幸臨之。老萊子曰。僕山野之人。不足以守政。（太平御覽卷四七四・人事部一一五・禮賢）

高士傳云。老萊子。孝養親。年七十父母猶存。身着五色褊衣。為嬰兒戲於親前。取食上堂。詐跌臥地為兒啼。欲親之喜。（禪林疏語考證卷之一）

高士傳卷上・林類

林類者。魏人也。年且百歲。底春披裘。拾遺穗於故畦。竝歌竝進。孔子適衛。望之於野。顧謂弟子曰。彼叟可與言者。試往訊之。子貢請行。逆之隴端。面之而嘆曰。先生曾不悔乎。而行歌拾穗。林類行不留。歌不輟。子貢叩之不已。乃仰而應曰。吾何悔邪。子貢曰。先生少不勤行。長不競時。老無妻子。死期將至。亦有何樂。而拾穗行歌乎。林類笑曰。吾之所以為樂。人皆有之。而反以為憂。少不勤行。長不競時。故能壽若此。老無妻子。死期將至。故能樂若此。子貢曰。壽者。人之情。死者。人之惡。子以死為樂。何也。林類曰。死之與生。一往一反。故死於是者。安知不生於彼。故吾知其不相若矣。吾又安知營營而求生。非惑乎。亦又安知吾今之死。不愈昔之生乎。子貢聞之。不喻其意。還。以告夫子。夫子曰。吾知其可與言。果然。

異文 林類鰥遊。取資滯穗。踽踽行歌。蕭蕭孑影。素王載覿。令賜乞請。果得高言。不虛停軫。

夫子曰。吾知其可與言。果然。然彼得之而不盡者也。以上列子卷一・天瑞第一

林類。年且百歲。底春被裘。

高士傳卷上・榮啟期

榮啟期者。不知何許人也。鹿裘帶索。鼓琴而歌。孔子遊于泰山。見而問之曰。先生何樂也。對曰。吾樂甚多。天生萬物。唯人為貴。吾得為人矣。是一樂也。男女之別。男尊女卑。故以男為貴。吾既得為男矣。是二樂也。人生有不見日月。不免襁褓者。吾既已行年九十矣。是三樂也。貧者。士之常也。死者。民之終也。居常以待終。何不樂也。

異文 榮公何放族。弗美身隅。楊歌郕野。撫絃而嬉。清言自寬。披吐宣尼。契天符命。孤引東墟。

孔子遊於太山。見榮啟期行乎郕之野。鹿裘帶索。鼓琴而歌。孔子問曰。先生所以樂。何也。死者。人之終也。處常得終。當何憂哉。以上列子卷一・天瑞第一

高士傳卷上・荷蕢

荷蕢者。衛人也。避亂不仕。自匿姓名。孔子擊磬於衛。乃荷蕢而過孔氏之門。曰。有心哉擊磬乎。既而曰。硜硜乎莫己知也。斯己而已矣。深則厲。淺則揭。孔子聞之。曰。果哉。末之難矣。

荷蕢者何。逃名衛地。宣尼鳴樂。聞音知意。翩然出諷。比之厲揭。斯行斯言。果於忘世。

異文 孔子擊磬。有荷蕢而過門者。曰。有心哉擊磬乎。硜硜乎莫己知也。夫而已矣。（史記卷四十七・孔子世家第十七）

既而曰。鄙哉。硜硜乎莫己知也。（論語・憲問第十四）

果哉。蔑之難矣。（太平御覽卷五〇七・逸民部七・逸民）

高士傳卷上・長沮桀溺

長沮桀溺者。不知何許人也。耦而耕。孔子過之。使子路問津焉。長沮曰。夫執輿者為誰。子路曰。是孔丘。曰。是魯孔丘歟。曰。是也。是知津矣。問於桀溺。曰。子為誰。曰。為仲由。曰。是魯孔丘之徒與。對曰。然。曰。滔滔者天下皆是也。而誰與易之。且而與其從避人之士。豈若從避世之士哉。耰而不輟。子路以告孔子。孔子憮然曰。鳥獸不可與同群。吾非斯人之徒而誰與。天下有道。丘不與易也。

悠悠沮溺。竝耜荒墟。敬詢渡濟。暫駐浮車。飄然無荅。齊口致譏。物情不足。隱德有餘。

異文 滔滔者天下皆是也。而誰以易之。且而與其從辟人之士。豈若從辟世之士哉。（論語・微子第十八）

高士傳卷上・石門守

石門守者。魯人也。亦避世不仕。自隱姓名。為魯守石門。主晨夜開閉。子路從孔子。石門而宿。問子路曰。奚自。子路曰。自孔氏。遂譏孔子曰。是知其不可為而為之者與。時人賢焉。石門閽者。闔闢是尸。仲路宵投。迺詢其師。魯尼入耳。強仕致譏。閟光韜彩。百世所希。

附錄子路宿於石門。晨門曰。奚自。子路曰。自孔氏。曰。是知其不可而為之者與。（論語・憲問第十四）

高士傳卷上・荷篠丈人

荷篠丈人。不知何許人也。子路從而後。問曰。子見夫子乎。丈人曰。四體不勤。五穀不分。孰為夫子。植其杖而芸。子路拱而立。止子路宿。且享焉。而見其二子。明日。子路行以告。夫子曰。隱者也。使子路反見之。至則行矣。

丈人絕軌。倨接洙賢。天涯日暮。雞黍是延。載陳夫子。尋返客轅。先幾掃跡。虛室依然。

異文子路從而後。遇丈人以杖荷篠。子路問曰。止子路宿。殺雞為黍而食之。見其二子焉。（以上論語・微子第十八）

附錄他日。子路行。遇荷篠丈人。曰。子見夫子乎。丈人曰。四體不勤。五穀不分。孰為夫子。植其杖而芸。子路以告。夫子曰。隱者也。復往。則亡。（史記卷四十七・孔子世家第十七）

高士傳卷上・陸通

陸通。字接輿。楚人也。好養性。躬耕以為食。楚昭王時。通見楚政無常。乃佯狂不仕。故時人謂之楚狂。孔子適楚。楚狂接輿。遊其門。曰。鳳兮鳳兮。何如德之衰也。來世不可待。往世不可追也。天下有道。聖人成焉。天下無道。聖人生焉。方今之時。僅免刑焉。福輕乎羽。莫之知載。禍重乎地。莫之知避。已乎已乎。臨人以德。殆乎殆乎。畫地而趨。迷陽迷陽。無傷吾行。郤曲郤曲。無傷吾足。山木自寇也。膏火自煎也。桂可食。故伐之。漆可用。故割之。人皆知有用之用。而不知無用之用也。孔子下車。欲與之言。趨而避之。不得與之言。楚王聞陸通賢。遣使者持金百鎰。車馬二駟。往聘通。曰。王請先生治江南。通笑而不應。使者去。妻從市來。曰。先生少而為義。豈老違之哉。門外車跡何深也。妾聞義士非禮不動。妾事先生。躬耕以自食。親織以為衣。食飽衣暖。其樂自足矣。不如去之。於是夫負釜甑。妻戴紝器。變名易姓。游諸名山。食桂櫨實。服黄菁子。隱蜀峨眉山。壽數百年。俗傳以為仙云。

接輿厭濁。放隱佯狂。徵羅上士。徙適遐方。歌哀鳳德。車下道傍。洞天周涉。妙藥為糧。

異文 楚人陸通。字接輿是也。史記卷八十三・列傳第二十三・

無傷吾行。吾行郤曲。莊子・人間世第四

無傷吾行。郤曲郤曲。宛委山堂本說郛卷五十七

附錄 楚狂接輿歌而過孔子曰。鳳兮鳳兮。何如德之衰。往者不可諫。來者猶可追。已而已而。今之從政者殆而。孔子下。欲與之言。趨而辟之。不得與之言。論語・微子第十八

高士傳卷上・曾參

曾參。字子輿。南武城人也。不仕而遊。居於衛。縕袍無表。顏色腫噲。手足胼胝。三日不舉火。十年不製衣。正冠而纓絕。捉衿而肘見。納屨而踵決。曳縱而歌。天子不得臣。諸侯不得友。魯哀公賢之。致邑焉。參辭不受。曰。吾聞受人者常畏人。與人者常驕人。縱君不我驕。我豈無畏乎。終不受。後卒于魯。

孝哉子輿。領道泗濱。浩浩之氣。常驕大人。為都不樂。好爵難嬰。單居秘論。傳耀千春。

異文　曳縱而歌商頌。聲滿天地。若出金石。天子不得臣。（莊子・讓王第二十八）

附錄　曾子衣弊衣以耕。魯君使人往致邑焉。曰。請以此修衣。曾子不受。反復往。又不受。使者曰。先生非求於人。人則獻之。奚為不受。曾子曰。臣聞之。受人者畏人。予人者驕人。縱子有賜不我驕也。我能勿畏乎。終不受。（說苑卷四・立節）

高士傳卷上・顏回

顏回。字子淵。魯人也。孔子弟子。貧而樂道。退居陋巷。曲肱而寢。孔子曰。回。來家貧居卑。胡不仕乎。回對曰。不願仕。回有郭外之田五十畝。足以給饘粥。郭內之圃十畝。足以為絲麻。鼓宮商之音。足以自娛。習所聞於夫子。足以自樂。回何仕焉。孔子愀然變容。曰。善哉。回之意也。

顏氏之子。不怍簞瓢。心齋白日。志迴青霄。圃衣田食。大聖遊交。鼓琴蓬蓽。可以逍遙。

異文 郭內之田十畝。足以為絲麻。鼓琴足以自娛。所學夫子之道者。足以自樂也。回不願仕。莊子·讓王第二十八

鼓宮商之音。足以自樂。習所聞於夫子。足以自娛。太平御覽卷五〇六·逸民部六·逸民

高士傳卷上·原憲

原憲。字子思。宋人也。孔子弟子。居魯環堵之室。茨以生草。蓬戶不完。桑以為樞。而甕牖二室。褐以為塞。上漏下濕。匡坐而彈琴。子貢相衛。結駟連騎。排藜藿。入窮閭。巷不容軒。來見原憲。原憲韋冠縰履。杖藜而應門。子貢曰。嘻。先生何病也。憲應之曰。憲聞之。無財謂之貧。學道而不能行謂之病。若憲。貧也。非病也。夫希世而行。比周而友。學以為人。教以為己。仁義之慝。輿馬之飾。憲不忍為也。子貢逡巡而有慚色。終身恥其言之過也。

原生匱盎。室侵風雨。薄炊經旬。彤裘歷紀。友賜榮華。驂騑萃止。聞剖病貧。終身含恥。以上叢書集成引古今逸史本

附錄 而甕牖二室。褐以為塞。上漏下溼。匡坐而弦。子貢乘大馬。中紺而表素。軒車不容巷。往見原憲。原憲華冠縰履。杖藜而應門。子貢曰。嘻。先生何病。原憲應之曰。憲聞之。無財謂之貧。學而不能行謂之病。今憲貧也。非病也。子貢逡巡而有愧色。莊子·讓王第二十八

皇甫謐集卷十五・高士傳卷中

高士傳卷中・漢陰丈人

漢陰丈人者。楚人也。子貢適楚。過漢陰。見丈人為圃。入井抱甕而灌。用力甚多而見功寡。子貢曰。有機於此。後重前輕。挈水若抽。其名為橰。用力寡而見功多。丈人作色而笑曰。聞之吾師。有機械者必有機事。有機事者必有機心。機心存於胸中則純白不備。純白不備則神生不定。神生不定者。道之所不載也。吾非不知。羞而不為也。子貢慚。俯而不對。有間。丈人曰。子奚為者邪。曰。孔丘之徒也。丈人曰。子非夫博學以擬聖智。獨絃歌以賣名聲於天下乎。汝方將忘汝神氣。墮汝形骸。而何暇治天下乎。子往矣。勿妨吾事。子貢卑陬失色。頊頊然不自得。行三十里而後愈。丈人治圃。搰搰其勞。賜焉逢覯。進說為橰。前陳後詰。反覆見嘲。風波全德。私語其曹。

異文　子貢南遊於楚。反於晉。過漢陰。見一丈人。方將為圃畦。鑿隧而入井。抱甕而出灌。搰搰然。用力甚多。而見功寡。子非夫博學以擬聖。於于以蓋衆。獨弦哀歌。以賣名聲於天下者乎。以上莊子・天地第十二

高士傳卷中・壺丘子林

壺丘子林者。鄭人也。道德甚優。列禦寇師事之。初。禦寇好游。壺丘子曰。禦寇好游。游何所好。

列子曰。游之樂所玩無故。人之游也。觀其所見。我之游也。觀其所變。壺丘子曰。禦寇之游。固與人同。而曰固與人異。凡所見亦恒見其變。玩彼物之無物。不知我亦無故。務外游。不知務內觀。外游者。求備於物。內觀者。取足於身。取足於身。游之至也。求備於物。游之不至也。於是。列子自以為不知游。將終身不出。居鄭圃四十年。人無識者。

至哉壺子。列老下趨。龍藏鄭圃。真與道俱。側聞玄語。宣發希微。載陳生化。繼述黃書。

異文 我之游也。觀之所變。游乎游乎。未有能辨其游者。列子・仲尼第四

高士傳卷中・老商氏

老商氏者。不知何許人也。列禦寇師焉。兼友伯高子而進于其道。尹生聞之。從列子居。數月不省舍。因間請蘄其術者。十反而十不告。尹生懟而請辭。列子又不命。尹生退數月。意不已。又往從之。列子曰。汝何去來之頻。尹生曰。曩章戴有請於子。子不我告。固有憾於子。今復脫然。是以又來。列子曰。曩吾以汝為達。今汝之鄙至此乎。姬將告汝所學於夫子者矣。自吾之學也。三年之後。心不敢念是非。口不敢言利害。始得老商一眄而已。五年之後。心庚念是非。口庚言利害。老商始一解顏而笑。七年之後。從心之所念庚無是非。從口之所言庚無利害。老商始一引吾並席而坐。今女居先生之門。曾未浹時。履虛乘風。其可得乎。

老商樹教。列寇下趨。居門七載。席始相携。眼耳都融。葉幹忘機。乘風枯槁。得道而歸。

異文友伯高子。進二子之道。

口不敢言利害。始得夫子一眄而已。

今女居先生之門。曾未浹時。以上列子・黄帝第二

高士傳卷中・列禦寇

列禦寇者。鄭人也。隱居不仕。鄭穆公時。子陽為相。專任刑法。列禦寇乃絕竝窮巷。面有飢色。或告子陽曰。列禦寇蓋有道之士也。居君之國而窮。君無乃為不好士乎。子陽聞而悟。使官載粟數十乘而與之。禦寇出見使者。再拜而辭之。入見其妻。妻望之而拊心曰。妾聞為有道之妻子皆得佚樂。今有飢色。君過而遺先生食。先生不受。豈非命也哉。御寇笑曰。君非自知我也。以人之言而遺我粟。至其罪我也。又且以人之言。此吾所以不受也。居一年。鄭人殺子陽。其黨皆死。禦寇安然獨全。終身不仕。著書八篇。言道家之意。號曰。列子。

禦寇隱鄭。四十餘年。台衡大餽。頓首拒焉。麾使悟妻。保體消愆。軿風駐世。表籙蓬仙。

異文子列子窮。容貌有飢色。客有言之於鄭子陽者。

子列子見使者。再拜而辭。

先生不受。豈不命邪。以上莊子・讓王第二十八

高士傳卷中・莊周

莊周者。宋之蒙人也。少學老子。為蒙縣漆園吏。遂遺世自放。不仕。王公大人皆不得而器之。楚威王使大夫以百金聘周。周方釣於濮水之上。持竿不顧。曰。吾聞楚有神龜。死二千歲矣。巾笥而藏之於廟堂之上。此龜寧無為留骨而貴乎。寧生曳尾塗中乎。大夫曰。寧掉尾塗中耳。莊子曰。往矣。吾方掉尾於塗中。或又以千金之幣迎周為相。周曰。子不見郊祭之犧牛乎。衣以文繡。食以芻菽。及其牽入太廟。欲為孤豚。其可得乎。遂終身不仕。

莊周傲世。洸洋寓言。文窮萬妙。學守一玄。戲游自快。國聘難延。浩然就盡。弗避烏鳶。

異文 吾聞楚有神龜。死已三千歲矣。王巾笥而藏之廟堂之上。此龜者。寧其死為留骨而貴乎。寧其生而曳尾於塗中乎。莊子・秋水第十七 或聘於莊子。莊子應其使曰。子見夫犧牛乎。衣以文繡。食以芻叔。及其牽而入於太廟。雖欲為孤犢。其可得乎。莊子・列禦寇第三十二

高士傳卷中・段干木

段干木者。晉人也。少貧且賤。心志不遂。乃治清節。遊西河。師事卜子夏。與田子方。李克。翟璜。吳起等居于魏。皆為將。唯干木守道不仕。魏文侯欲見。就造其門。段干木踰墻而避文侯。文侯以客禮待之。出。過其廬而軾。其僕問曰。干木布衣也。君軾其廬。不已甚乎。文侯曰。段干木。賢

者也。不移勢利。懷君子之道。隱處窮巷。聲馳千里。吾敢不軾乎。干木先乎德。寡人先乎勢。干木富乎義。寡人富乎財。勢不若德貴。財不若義高。又請為相。不肯。後卑己固請見。與語。文侯立倦不敢息。夫文侯名過齊桓公者。蓋能尊段干木。敬卜子夏。友田子方故也。

干木自晉。萍寓西河。群賢分組。樹介巖阿。千乘登門。跳躍逃徂。騰光韋素。耿照弗磨。

異文　魏文侯欲見。造其門。干木踰牆避之。過其閭而軾。其僕曰。君何軾。曰。段干木賢者也。不趣勢利。懷君子之道。隱處窮巷。聲馳千里。吾安得勿軾。以上史記卷四十四・魏世家注

高士傳卷中・東郭順子

東郭順子者。魏人也。修道守真。田子方師事之。而為魏文侯師友。侍坐於文侯。數稱谿工。文侯曰。谿工。子之師耶。子方曰。非也。無擇之里人也。稱道數當。故無擇稱之。文侯曰。然則。子無師耶。子方曰。有。文侯曰。子師誰耶。子方曰。東郭順子也。文侯曰。然則。夫子何故未嘗稱之。子方曰。其為人也。真人貌而天虛。緣而葆真。清而容物。物無道則正容以悟之。使人之意也消。無擇何足以稱之。子方出。文侯曰。遠哉。全德之君子。始吾以聖智之言。仁義之行為至矣。吾聞子方之師。吾形解而不欲動。口鉗而不欲言。吾所學者。真土梗耳。夫魏真為我累耳。

灝灝東郭。動展如天。清虛應物。獨抱自然。迷竊高弟。欲述難言。文侯失志。爵國可捐。

異文子方出。文侯儻然。終日不言。召前立臣而語之曰。遠矣。全德之君子。始吾以聖知之言。仁義之行為至矣。莊子・田子方第二十一

高士傳卷中・公儀潛

公儀潛者。魯人也。與子思為友。穆公因子思而致命。欲以為相。子思曰。公儀子此所以不至也。君若飢渴待賢。納用其謀。雖蔬食飲水。伋亦願在下風。如以高官厚祿為釣餌。而無信用之心。公儀子智若魯者。可也。不爾。則不踰君之庭。且臣不佞。又不能為君操竿下釣。以傷守節之士。潛竟終身不屈。

魯慕公儀。崇階以釣。授意孔思。迺非誠到。面返君言。高陳友操。考槃弗諼。畢景怡道。

異文皇甫謐逸士傳曰。公儀潛。魯人也。少而厲行。樂道不事諸侯。與子思友。魯穆公聞其賢。因子思而致命。欲以為相。謂子思曰。公儀子必輔寡人。寡人將三分魯國而與之。太平御覽卷四七五・人事部一一六・侍士

高士傳卷中・王斗

王斗者。齊人也。修道不仕。與顏蜀竝時。曾造齊宣王門。欲見宣王。宣王使謁者延斗入。斗曰。斗趨見王。為好勢。王趨見斗。為好士。於王何如。謁者還報。王曰。先生徐之。寡人請從。王趨而迎之於門。曰。寡人奉先君之宗廟。守社稷。聞先生直言。正諫不諱。斗曰。王之憂國愛民。不若王之

愛尺縠也。王曰。何謂也。斗曰。王使人為冠。不使左右便辟。而使工者。何也。為能之也。今王治齊國。非左右便辟則無使也。臣故曰。不如愛尺縠也。王起謝曰。寡人有罪於國家矣。於是舉士五人。任之以官。齊國大治。王斗之力也。

卓犖王斗。抗節齊門。衮衣奔走。至訓希聞。方聆嗽規。省過以承。聊揚五彥。境庶咸寧。

異文　今王治齊。非左右便辟無使也。（戰國策卷十一・齊四）

高士傳卷中・顏斶

顏斶。齊人也。宣王見之。王曰。斶前。斶亦曰。王前。宣王不說。左右曰。王。人君也。斶。人臣也。王曰。斶前。斶亦曰。王前。可乎。斶對曰。夫斶前為慕勢。王前為趨士。與使斶為慕勢。不如使王為趨士。王忿然作色曰。王者貴乎。士貴乎。對曰。士貴耳。王者不貴。王曰。有說乎。斶曰。有。昔者秦攻齊。令曰。有敢去柳下季壟五十步而樵采者。死不赦。令曰。有能得齊王頭者。封萬戶侯。賜金千鎰。由是觀之。生王之頭。曾不若死士之壟也。宣王繼曰。顏先生與寡人遊。食太牢。乘安車。妻子衣服麗都。顏斶辭去。曰。斶願得歸。晚食以當肉。安步以當車。無罪以當貴。清淨貞正以自虞。遂辭而去。

特哉齊斶。劇折廟堂。上陳二帝。下舉三王。賓師靡諾。形神恐妨。終身不辱。野籙有光。

異文　且顏先生與寡人遊。食必太牢。出必乘車。（戰國策卷十一・齊四）

高士傳卷中・黔婁先生

黔婁先生者。齊人也。修身清節。不求進於諸侯。魯恭公聞其賢。遣使致禮。賜粟三千鍾。欲以為相。辭不受。齊王又禮之。以黃金百斤聘為卿。又不就。著書四篇。言道家之務。號黔婁子。終身不屈。以壽終。

黔婁物表。著撰存志。卻相曾公。辭卿齊使。捐世蕭條。斂衾弗備。賢矣配人。以康為謚。

高士傳卷中・陳仲子

陳仲子者。齊人也。其兄戴為齊卿。食祿萬鍾。仲子以為不義。將妻子適楚。居於陵。自謂於陵仲子。窮不苟求。不義之食。不食。遭歲飢。乏糧三日。乃匍匐而食井上李實之蟲者。三咽而能視身。自織履。妻擘纑以易衣食。楚王聞其賢。欲以為相。遣使持金百鎰。至於陵聘仲子。仲子入謂妻曰。楚王欲以我為相。今日為相。明日結駟連騎。食方丈於前。意可乎。妻曰。夫子左琴右書。樂在其中矣。結駟連騎。所安不過容膝。食方丈於前。所甘不過一肉。今以容膝之安。一肉之味。而懷楚國之憂。亂世多害。恐先生不保命也。於是出謝使者。遂相與逃去。為人灌園。

陳仲遐情。於陵控玩。輒飢覓李。螬食過半。楚相敦求。山妻了算。遂嫁雲蹤。鋤丁自竄。

異文 窮不苟求。非義之食。不食。（太平御覽卷四八六・人事部一二七・窮）

附錄 皇甫謐高士傳曰。陳仲。字子終。自齊適楚。楚王欲以為相。其妻子曰。家織履以食。淡然而

無為。樂在其中矣。謝使者。（太平御覽卷六百九十七·服章部十四·履）

皇甫謐高士傳曰。陳仲。字子終。齊人。適楚。楚王欲以為相。妻曰。子織履以為食。恬淡而無為。樂在其中矣。乃謝使者。（初學記卷二十六·器物部·履第七·事對）

陳仲子。字子終。齊人。兄戴相齊。食祿萬鍾。仲子八兄。祿為不義。乃適楚。居於陵。曾乏糧三日。匍匐而食。井李之實。三咽而後能視自身。自織履。令妻擗纑以易衣。嘗歸省母。有□其兄生鵝者。仲子嚬顣曰。惡用是鶃鶃為哉。後母殺鵝。仲子不知而食之。兄自外入曰。鶃鶃肉耶。仲子出門。哇而吐之。楚王聞其名。聘以為相。乃夫婦逃去。為人灌園。（玉函山房輯佚書續編·高士傳佚文）

高士傳卷中·漁父

漁父者。楚人也。楚亂。乃匿名隱釣於江濱。楚頃襄王時。屈原為三閭大夫。名顯於諸侯。為上官靳尚所譖。王怒。放之江濱。被髮行吟於澤畔。漁父見而問之。曰。子非三閭大夫歟。何故至於斯。原曰。舉世混濁而我清。眾人皆醉而我獨醒。是以見放。漁父曰。夫聖人不凝滯於萬物。故能與世推移。舉世混濁。何不揚其波。汨其泥。眾人皆醉。何不餔其糟。歠其釃。何故懷瑾握瑜。自令放為。乃歌曰。滄浪之水清。可以濯吾纓。滄浪之水濁。可以濯吾足。遂去深山。自閉匿。人莫知焉。

楚老垂竿。漁于煙水。族氏無彰。鱗鬐自舉。偶覿三閭。開敷數語。擊棹揚歌。冥潛何許。

異文　漁父曰。聖人不凝滯於物。而能與世推移。世人皆濁。何不淈其泥而揚其波。眾人皆醉。何不餔其糟而歠其釃。何故深思高舉。自令放為。

楚辭第七·漁父

高士傳卷中·安期生

安期生者。琅琊人也。受學河上丈人。賣藥海邊。老而不仕。時人謂之千歲公。秦始皇東遊。請與語三日三夜。賜金璧直數千萬。出置阜鄉亭而去。留赤玉舄為報。留書與始皇曰。後數十年求我於蓬萊山下。及秦敗。安期生與其友蒯通交往。項羽欲封之。卒不肯受。

安期高蹈。療俗千祀。綠海孤遊。朱顏常駐。揮璧阜亭。酬舄始帝。去矣銀臺。永遺塵世。

高士傳卷中·河上丈人

河上丈人者。不知何國人也。明老子之術。自匿姓名。居河之湄。著老子章句。故世號曰。河上丈人。當戰國之末。諸侯交爭。馳說之士咸以權勢相傾。唯丈人隱身修道。老而不虧。傳業於安期生。為道家之宗焉。

伯陽倡教。嗣流河上。句疏章鉤。宣機顯象。戰世紛紜。玄心坦蕩。鶴髮葆真。仙民景嚮。

高士傳卷中·樂臣公

樂臣公者。宋人也。其先宋公族。其後別從趙。其族樂毅。顯名於諸侯。而臣公獨好黃老。恬靜不仕。及趙為秦昭王滅。臣公東之齊。以老子顯名。齊人尊之。號稱賢師。趙人田叔等皆尊事焉。臣公貴閥。或擁旄旌。獨窮玄牝。不滑神精。兵墟故國。蓬轉揚聲。教承瑕翁。振鐸千齡。

高士傳卷中・蓋公

蓋公者。齊之膠西人也。明老子。師事樂臣公。漢之起。齊人爭往于世主。唯蓋公獨遁居不仕。及漢定天下。曹參為齊丞相。盡延問長老諸生以百數。何以治齊。人人各殊。參不知所從。聞蓋公善治黃老。乃使人厚幣聘之。公為言。治道貴清靜。而民自定。遂推此類。為參具言之。參悅。乃避正堂舍之。師事之。齊果大治。及參入相漢。導蓋公之道。故天下歌之。蓋公雖為參師。然未嘗仕。以壽終。嬴末龍爭。奮圖封拜。褘矣蓋公。遲棲東海。無為教參。齊方底泰。衍輔漢庭。玄風猶在。

高士傳卷中・四皓

四皓者。皆河內軹人也。或在汲。一曰東園公。二曰角里先生。三曰綺里季。四曰夏黃公。皆修道潔己。非義不動。秦始皇時。見秦政虐。乃退入藍田山。而作歌曰。莫莫高山。深谷逶迤。曄曄紫芝。可以療飢。唐虞世遠。吾將何歸。駟馬高蓋。其憂甚大。富貴之畏人。不如貧賤之肆志。乃共入商雒。隱地肺山。以待天下定。及秦敗。漢高聞而徵之。不至。深自匿終南山。不能屈己。皇皇四老。同襟齊志。遠虞藍田。芝糧蘿被。弗鑿天真。重歸地肺。隆準膺圖。空勞聘幣。

異文 四皓皆河內軹人。一曰在汲。文選卷十八・琴賦注
共入商洛。隱地胇山。初學記卷五・地理上・終南山第八　太平御覽卷三八・地部三・終南山　四分律拾毗尼義鈔輔要記卷第一

附錄 高士傳曰。高車山上有四皓碑及祠。皆漢惠帝所立也。漢高后使張良詣南山。迎四皓之處。因名高車山。事類賦卷七・地部二・山

高士傳卷中・黃石公

黃石公者。下邳人也。遭秦亂。自隱姓名。時人莫知者。初張良易姓為長。自匿下邳。步游沂水圯上。與黃石公相遇。未謁。黃石公故墜履圯下。顧謂良曰。孺子取履。良素不知詐。愕然欲毆之。為其老人也。強忍下取履。因跪進焉。公以足受。笑而去。良殊驚。公行里所還。謂良曰。孺子可教也。後五日平明。與我期此。良愈怪之。復跪曰。諾。五日平旦。良往。公怒曰。與老人期。何後也。後五曰早會。良雞鳴往。公又先在。復怒曰。何後也。後五日早會。良夜半往。有頃。公亦至。喜曰。當如是。乃出一編書與良。曰。讀是。則為王者師矣。後十三年。孺子見濟北穀城山下黃石。即我矣。遂去不見。良旦視其書。乃是太公兵法。良異之。因講習以說。他人皆不能用。後與沛公遇於陳留。沛公用其言。輒有功。後十三年。從高祖退濟北穀城山下。得黃石。良乃寶祠之。及良死。與石并葬焉。

何者老翁。托名黃石。蚤鑒留侯。脫屐令拾。玉弢金版。授之不惜。定帝謀王。穀城留跡。

高士傳卷中・魯二征士

魯二徵士者。皆魯人也。高祖定天下。即皇帝位。博士叔孫通白徵魯諸儒三十餘人。欲定漢儀禮。二士獨不肯行。罵通曰。天下初定。死者未葬。傷者未起。而欲起禮樂。禮樂所由起。百年之德而後可舉。吾不忍為公所為。公所為不合古。吾不行。公往矣。無汙我。通不敢致而去。

姬魯兩生。孔庭遺學。叔孫佐命。儀聲迺作。謂方荊棘。難興禮樂。弗納玄纁。翱飛寥廓。

高士傳卷中・田何

田何。字子莊。齊人也。自孔子授易。五傳至何。及秦禁學。以易為卜筮之書。獨不禁。故何傳之不絕。漢興。田何以齊諸田徙杜陵。號曰。杜田生。以易受弟子。東武王同子仲。洛陽周王孫丁寬。齊服生等。皆顯當世。惠帝時。何年老家貧。守道不仕。帝親幸其廬。以受業。終為易者宗。

商瞿授易。驕馯周孫。子莊嫡繼。孔脈繩繩。一移客土。四嗣俱興。親勞萬乘。造拜軌經。

異文 田何。年老家貧。茅居蒿床。守道不仕。（初學記卷十八・人部中・貧第六）

高士傳卷中・王生

王生者。漢文景時人也。善為黃老。退居不仕。與南陽張釋之交。當時釋之為公車令。太子與梁王共車入朝。不下司馬門。於是釋之劾奏太子。梁王不敬。文帝善之。遷至廷尉。及文帝崩。太子代立為帝。是謂景帝。釋之恐。稱病欲免去。懼大誅至。欲見謝。則未知何如。用王生計。卒乃見上謝之。景帝不過也。王生嘗與釋之及公卿召會。庭中立。王生韈解。顧謂釋之。為我結韈。釋之前跪而繫之。既退。或讓生曰。獨柰何廷辱張廷尉。使跪繫韈乎。王生曰。吾老且賤。自度終無益於張廷尉。張廷尉方今天下名臣。吾故聊辱廷尉。使跪繫韈。欲以重之。諸公聞之。皆賢王生而重張廷尉。碩矣王生。道研軒李。斐爾張公。素交一臂。韈解虛庭。趨風敬繫。凡百華裾。悉高廷尉。

高士傳卷中・摯峻

摯峻。字伯陵。京兆長安人也。少治清節。與太史令司馬遷交好。峻獨退身修德。隱於岍山。遷既親貴。乃以書勸峻進。曰。遷聞君子所貴乎道者三。太上立德。其次立言。其次立功。伏惟伯陵材能絕人。高尚其志。以善厥身。冰清玉潔。不以細行荷累其名。固已貴矣。然未盡太上之所由也。願先生少致意焉。峻報書曰。峻聞古之君子料能而行。度德而處。故悔恡去於身。利不可以虛受。名不可以苟得。漢興以來。帝王之道於斯始顯。能者見利。不肖者自屏。亦其時也。周易太君有命。小人勿用。徒欲偃仰從容。以遊餘齒耳。峻之守節不移如此。遷居太史官。為李陵遊說。下腐刑。果以悔恡被辱。峻遂高尚不仕。卒于岍。岍人立祠。號曰。岍居士。世奉祀之不絕。

京兆伯陵。岍峰屏躅。太史騰書。興言報復。知足無虞。守玄袪辱。居士靈祠。春秋自續。

異文 徒欲偃仰從容。以送餘齒耳。 太平御覽卷五〇八・逸民部八・逸民

高士傳卷中・韓福

韓福者。涿人也。以行義修潔著名。昭帝時。將軍霍光秉政。表顯義士。郡國條奏行狀。天子謂福等五人行義最高。以德行徵至京兆。病不得進。元鳳元年。詔策曰。朕愍勞福以官職之事。賜帛五十疋。遣歸。其務修孝弟。以教鄉里。福歸。終身不仕。卒于家。北郡韓福。潔白修躬。博陸調燮。迺下旌弓。疾稽中驛。帛獎幽蹤。荷衣鳩杖。陶陶令終。

異文 天子得福等五人行義最高。其務修孝悌。（以上太平御覽卷五〇八・逸民部八・逸民）

高士傳卷中・成公

成公。成帝時人。自隱姓名。常誦經。不交世利。時人號曰。成公。成帝出遊。問之。成公不屈節。上曰。朕能富貴人。能殺人。子何逆朕。成公曰。陛下能貴人。臣能不受陛下之官。陛下能富人。臣能不受陛下之祿。陛下能殺人。臣能不犯陛下之法。上不能折。使郎二人就受政事十二篇。成公全朴。稱謂不傳。途遭玉輦。峻峙幅邊。詞歸方外。克免帝愆。書郎迺遣。茅戶乞言。

異文 成公者。成帝時自隱姓名。嘗誦經。成帝時出遊。問之。（以上太平御覽卷五〇八・逸民部八・逸民）

高士傳卷中・安丘望之

安丘望之者。京兆長陵人也。少治老子經。恬靜不求進宦。號曰。安丘丈人。成帝聞。欲見之。望之辭不肯見。上以其道德深重。常宗師焉。望之不以見敬為高。愈日損退。為巫醫於民間。著老子章句。故老氏有安丘之學。扶風耿況。王汲等皆師事之。從受老子。終身不仕。道家宗焉。安丘丈人。中林自命。龍位來師。豹潛逾勁。岐業周流。老編刪定。振教玄玄。道家衡鏡。

異文 少治老子經。恬靜不求進宦。太平御覽卷五〇八・逸民部八・逸民八

附錄 皇甫謐高士傳曰。安丘望之病。弟子公沙都來看之。舉丘於庭樹下。安丘曉然有痊。開目見雙赤李着枯枝都仰手。承李安丘食之。所苦盡除。太平御覽卷七三九・疾病部二・惣敘疾病

高士傳卷中・宋勝之

宋勝之者。南陽安眾人也。少孤。年五歲失父母。家于穀城聚中。孝慕甚篤。聚中化之。少長。有禮。勝之每行見老人擔負。輒以身代之。獵得禽獸。嘗分肉與有親者。貧依姊。居數歲。乃至長安。受易。通明以信義見稱。從兄褒為東平內史。遣使召之。勝之曰。眾人所樂者。非勝之願也。乃去。遊太原。從郇越牧羊。以琴書自娛。丞相孔光聞而就太原。辟之不至。元始三年。病卒于太原。勝之敦孝。聚居風動。力施衰白。食損姻眾。附姊饔飧。拒兄錄用。獨綜絃歌。羲光是弄。

異文 宋勝之。字即子。南陽安眾人也。

年十五失父母。（以上太平御覽卷五〇八·逸民部八·逸民八）

高士傳卷中·張仲蔚

張仲蔚者。平陵人也。與同郡魏景卿俱修道德。隱身不仕。明天官博物。善屬文。好詩賦。常居窮素。所處蓬蒿。沒人閉門。養性不治榮名。時人莫識。唯劉龔知之。

仲蔚遐輪。景卿並轍。洞探乾曜。兼長槧業。闔戶棲神。荊榛掩絕。塵鑒何知。馨香不滅。

異文　明天官博物。善屬詩賦。（太平御覽卷五〇八·逸民部八·逸民八）

高士傳卷中·嚴遵

嚴遵。字君平。蜀人也。隱居不仕。常賣卜於成都市。日得百錢以自給。卜訖。則閉肆下簾。以著書為事。楊雄少從之遊。屢稱其德。李強為益州牧。喜曰。吾得君平為從事足矣。雄曰。君可備禮與相見。其人不可屈也。王鳳請交。不許。蜀有富人羅沖者。問君平曰。君何以不仕。君平曰。無以自發。沖為君平具車馬衣糧。君平曰。吾病耳。非不足也。我有餘而子不足。柰何以不足奉有餘。沖曰。吾有萬金。子無儋石。乃云有餘。不亦謬乎。君平曰。不然。吾前宿子家。人定而役未息。晝夜汲汲。未嘗有足。今我以卜為業。不下牀而錢自至。猶餘數百。塵埃厚寸。不知所用。此非我有餘而子不足邪。沖大慙。君平嘆曰。益我貨者損我神。生我名者殺我身。故不仕也。時人服之。

君平賣卜。子雲所師。聃文是闡。迺作指歸。牧不可屈。錢常有餘。真人淡泊。亶哉匪虛。

異文 楊雄少從之遊。數稱其德。李溫為益州牧。王鳳請交。不許。歎曰。益我財者。損我神。以上太平御覽卷四一〇・人事部五一・請交不許

附錄 嚴君平。成都市賣卜。詔徵不起。蜀有富人羅仲。與君平善。問何以不往。曰。無車糧。仲即為具車馬糧粈。平君曰。吾病身。非不足也。我有餘而子不足也。我有餘而子不足。柰何以不足奉有餘也。仲曰。吾一席直萬金。子無檐石。乃云有餘。謬矣。太平御覽卷七〇九・服用部一一・薦蓆

高士傳卷中・彭城老父

彭城老父者。楚之隱人也。見漢室衰。乃自隱修道。不治名利。至年九十餘。王莽時。徵故光祿大夫龔勝。欲為太子師友。祭酒恥事二姓。莽迫之。勝遂不食而死。莽使者及郡守以下會斂者數百人。老父痛勝以名致禍。乃獨入哭勝。甚悲。既而曰。嗟乎。薰以香自燒。膏以明自銷。龔先生竟夭天年。非吾徒也。哭畢而趨出。衆莫知其誰也。

彭城老父。陸沈皓首。炎鼎將移。麟摧鳳蹂。弔哭低回。曾非儕友。薰膏之規。哲士宜守。

異文 先生痛勝以名致禍。乃獨入哭勝。膏以明自煎。龔先生夭天年。哭畢而起出。衆莫知其誰。以上太平御覽卷五〇八・逸民部八・逸民

高士傳卷中・韓順

韓順。字子良。天水成紀人也。以經行清白。辟州宰。不詣。王莽末。隱於南山。地皇四年。漢起兵於南陽。順同縣隗囂等起兵。自稱上將軍。西州大震。唯順修道山居。執操不回。囂以道術深遠。使人賫璧帛。卑辭厚禮聘順。欲以為師。順因使謝囂曰。禮有來學。義無往教。即欲相師。但入深山來。囂聞矍然。不致強屈。其後囂等諸姓皆滅。唯順山棲安然。以貧潔自終焉。世道交喪。子良隱息。寧極青山。恥歌白石。求於井蛙。責之負笈。兔戮狐收。泰然林澤。

異文　辟州宰。不就。

使人賫璧帛。車辭厚禮聘順。

囂聞矍然。不敢強屈。以上太平御覽卷五〇八・逸民部八・逸民

高士傳卷中・鄭樸

鄭樸。字子真。谷口人也。修道靜默。世服其清高。成帝時。元舅。大將軍王鳳以禮聘之。遂不屈。楊雄盛稱其德。曰谷口鄭子真。耕於巖石之下。名振京師。馮翊人刻石祠之。至今不絕。谷口子真。甘恬秉默。非服弗服。非食弗食。不答徵車。為農草澤。吁嗟法言。撰其玄德。

異文　遂不出。楊雄法言盛稱其德。

馮翊人刊石祠之。以上太平御覽卷五〇九・逸民部九・逸民

高士傳卷中·李弘

李弘。字仲元。蜀人也。居成都里中化之。班白不負擔。男女不錯行。弘嘗被召為縣令。鄉人共送之。元無心就行。因共酣飲。月餘不去。刺史使人喻之。仲元遂遊奔。不之官。惟楊雄重之。曰。不夷不惠。居于可否之間。仲元所居。俗用拭新。授之百里。非其素情。中途遁絕。卒老高深。先英評許。未悉玄真。

異文 蜀人。居城都之圭里。里中化之。刺史使人喻之。仲元曰。本不之官。以上太平御覽卷五〇九·逸民部九·逸民

高士傳卷中·向長

向長。字子平。河內朝歌人也。隱居不仕。性尚中和。好通老易。貧無資食。好事者更饋焉。受之。取足而反其餘。王莽大司空王邑。辟之連年乃至。欲薦之於莽。固辭乃止。潛隱於家。讀易至損益卦。喟然歎曰。吾已知富不如貧。貴不如賤。但未知死何如生耳。建武中。男女娶嫁既畢。敕斷家事勿相關。當如我死也。於是遂肆意與同好北海禽慶。俱遊五嶽名山。竟不知所終。子平上哲。賦德淵沖。玩辭觀象。損退自崇。伉男儷女。家務不宗。周攀五嶽。禽老是同。

異文 尚長。字子平。後漢書卷八十三·列傳第七十三

高士傳卷中・閔貢

閔貢。字仲叔。太原人也。世稱節士。雖周黨之潔清。自以弗及也。黨見仲叔食無菜。遺以生蒜。仲叔曰。我欲省煩耳。今更作煩邪。受而不食。建武中。應司徒侯霸之辟。既至。霸不及政事。徒勞苦而已。仲叔恨曰。以仲叔為不足問邪。不當辟也。辟而不問。是失人也。遂辭出。投檄而去。復以博士徵。不至。客居安邑。老病家貧。不能得肉。曰。買豬肝一片。屠者或不肯與。其令聞。敕吏常給焉。仲叔怪。問知之。乃歎曰。閔仲叔豈以口腹累安邑邪。遂去。客沛。以壽終。

仲叔高棲。藏寶迷國。一介弗取。卓然貞白。投牒司徒。寄形安邑。枯槁當年。風流九域。以上叢書集成引古今逸史本

異文　黨見仲叔食無菜。遺之生蒜。・後漢書卷五十三列傳第四十三

皇甫謐集卷十六・高士傳卷下

高士傳卷下・王霸

王霸。字儒仲。太原廣武人也。少立清節。及王莽篡位。棄冠帶。絶交宦。建武中。徵到尚書。拜稱名不稱臣。有司問其故。霸曰。天子有所不臣。諸侯有所不友。司徒侯霸讓位於霸。故梁令閻陽毀之曰。太原俗黨。儒仲頗有其風。遂止。以病歸。隱居守志。茅屋蓬戶。連徵不至。以壽終。儒仲處英。放獨新世。光武中興。守禮不試。草覆野耕。甘於沉翳。賢室高明。濟成遯事。

高士傳卷下・嚴光

嚴光。字子陵。會稽餘姚人也。少有高名。同光武遊學。及帝即位。光乃變易姓名。隱逝不見。帝思其賢。乃物色求之。後齊國上言。有一男子披羊裘。釣澤中。帝疑光也。乃遣安車玄纁聘之。三反而後至。司徒霸與光素舊。欲屈光到霸所語言。遣使西曹屬侯子道奉書。光不起。於牀上箕踞抱膝發書。讀訖。問子道曰。君房素癡。今為三公。寧小差否。子道曰。位已鼎足。不癡也。光曰。遣卿來何言。子道傳霸言。光曰。卿言不癡。是非癡語也。天子徵我。三乃來。人主尚不見。當見人臣乎。子道求報。光曰。我手不能書。乃口授之。使者嫌少。可更足。光曰。買菜乎。求益也。霸封奏其書。帝笑曰。狂奴故態也。車駕即日幸其館。光臥不起。帝即臥所。撫其腹曰。咄咄子陵。不可相助為理邪。

光又眠不應。良久。乃張目而言曰。昔唐堯著德。巢父洗耳。士故有志。何至相迫乎。帝曰。子陵。我竟不能下汝邪。於是升輿。歎息而去。復引光入論道。舊故相對累日。因共偃臥。除為諫議大夫。不屈。乃耕於富春山。後人名其釣處為嚴陵瀨焉。建武十七年。復特徵。不至。年八十。終於家。吁嗟子陵。少與龍潛。飛騰天位。書玉連連。北軍親就。內榻同眠。富春之濱。客星皎懸。

附錄皇甫謐高士傳曰。光武徵嚴光至司徒。侯霸使西之。曹屬侯子道奉書。光不起。於牀上箕踞發書。讀訖。問子道曰。君房素癡。今為三公。寧小差否。子道曰。位居台鼎足。不癡也。光曰。遣卿來何言。子道曰。公聞先生至區區。欲即詣。迫於典司。是以不獲願。因日暮自屈語言。光曰。卿言不癡。是非癡語。天子徵我。三辭乃來。人主尚不見。當見人臣乎。子道求報。光曰。我手不得書。乃口授之。曰。君房足下位至鼎司。甚善。懷仁輔義天下悅。阿諛順旨要領絕。無它言。使者嫌少。可更足。光曰。買菜乎。求益耶。（太平御覽卷五九五·文部一一·書記）

高士傳卷下·牛牢

牛牢。字君直。世祖為布衣時。與牢交游。嘗夜共講說讖言云。劉秀當為天子。世祖曰。安知非我。萬一果然。各言爾志。牢獨默然。世祖問之。牢曰。丈夫立義。不與帝友。眾大笑。及世祖即位。徵牢。稱疾不至。詔曰。朕幼交牛君。真清高士也。恒有疾。州郡之官常先到家致意焉。刺史。郡守是以每輒奉詔就家存問。牢恒被髮稱疾。不答詔命。

君直峻守。恥交萬乘。清夜片言。終身為信。卯金復興。幣玉不應。葆蓋煌煌。導盧慰問。

異文 與牢遊。夜講訖。共言讖。（太平御覽卷五〇八・逸民部八・逸民）

高士傳卷下・東海隱者

東海隱者。不知何許人也。漢故司直王良之友。建武中。良以清節徵用。歷位至一年。復還。通友。不肯見。而讓之曰。不有忠信奇謀。而取大位。自知無德。曷為致此。而復遽去。何往來屑屑不憚煩也。遂距良。終身不納。論者高之。

隱者閒曠。避世滄瀛。其友樹節。迺餌華纓。進輕退促。舉動不經。交攜長絕。時議所欽。

異文 東海隱者。漢故司直王良友人。（太平御覽卷五〇八・逸民部八・逸民）

高士傳卷下・梁鴻

梁鴻。字伯鸞。扶風平陵人也。遭亂世。受業太學。博覽不為章句。學畢。乃牧豕上林苑中。曾誤遺火。延及他舍。鴻乃尋訪燒者。問其所去失。悉以豕償之。其主猶為少。鴻又以身居作。執勤不懈。鄰家耆老見鴻非恒人。乃共責讓主人。而稱鴻。長者於是始敬異焉。悉還其豕。鴻不受而去。歸鄉里。執家慕其高節。多欲女之。鴻並絕不娶。同縣孟氏有女。狀醜。擇對不嫁。父母問其故。女曰。欲得賢如梁伯鸞者。鴻聞而聘之。及嫁。始以裝飾。入門七日。而鴻不荅。妻乃下請。鴻曰。吾欲裘褐之人可與俱隱深山者。爾今乃衣綺縞。傅粉墨。豈鴻所願哉。妻曰。以觀夫子之志耳。妾自有隱居之服。乃更為椎髻。著布衣。操作而前。鴻大喜曰。此真梁鴻妻也。能奉我矣。字之曰。德曜孟光。居有頃。乃共入霸陵山中。以耕織為業。詠詩書彈琴以自娛。仰慕前世高士。而為四皓以來二十四人作頌。因東出關。過京師。作五噫之歌。肅宗求鴻不得。乃易姓運期。名燿。字侯光。與妻子居齊魯之間。有頃。又去。適吳。居皋伯通廡下。為人賃舂。每歸。妻為具食。舉案齊眉。伯通察而異之。乃方舍之於家。鴻潛閉著書十餘篇。疾。且告主人曰。昔延陵季子葬於嬴博之間。不歸鄉里。慎勿令我子持喪歸去。及卒。伯通等為求葬地於吳要離冢旁。

伯鸞者何。脩遠之子。介恥攀龍。貧資畜豕。仰頌逸民。庶追芳趾。貞配孟光。骨埋吳土。

高士傳卷下・高恢

高恢。字伯達。京兆人也。少治老子經。恬虛不營世務。與梁鴻善。隱於華陰山中。及鴻東游。思恢。作詩曰。鳥嚶嚶兮友之期。念高子兮僕懷思。想念恢兮爰集茲。二人遂不復相見。恢亦高抗匿燿。終身不仕焉。

高恢總髮。道德是求。伯鸞齊志。泉石胥遊。東飛西駐。歌以寫憂。形容萬里。遠蹈同流。

異文 高恢。字伯通。　後漢書卷八十三・列傳第七十三

高恢。字伯遠。　太平御覽卷五〇八・逸民部八・逸民

高士傳卷下・臺佟

臺佟。字孝威。魏郡鄴人也。不仕。隱武安山中峰。鑿穴而居。采藥自業。建初中。州辟不就。魏郡刺史執棗栗為贄見佟。語良久。刺史曰。孝威居身如此。甚苦。如何。佟曰。佟幸得保終正性。存神養和。不屏營於世事。以勞其精。除可欲之志。恬淡自得。不苦也。如明使君綏撫牧養。夕惕匪忒。反不苦耶。遂去隱逸。終身不見。

孝威特邁。稅趾武安。獸居土穴。不願彈冠。郡公溫勞。有語足寬。終齡超遂。大璞得完。

高士傳卷下・韓康

韓康。字伯休。京兆霸陵人也。常遊名山采藥。賣於長安市中。口不二價者三十餘年。時有女子買藥於康。怒康守價。乃曰。公是韓伯休邪。乃不二價乎。康歎曰。我欲避名。今區區女子皆知有我。何用藥為。遂遯入霸陵山中。博士公車連徵不至。桓帝時。乃備玄纁安車以聘之。使者奉詔造康。康不得已。乃佯許諾。辭安車。自乘柴車。冒晨先發至亭。亭長以韓徵君當過。方發人牛修道橋。及見康柴車幅巾。以為田叟也。使奪其牛。康即釋駕與之。有頃。使者至。奪牛翁乃徵君也。使者欲奏殺亭長。康曰。此自老子與之。亭長何罪。乃止。康因中路逃遁。以壽終。

伯休謝俗。斸藥青冥。通都樹價。細女舉名。飄然改業。遐蔽霸陵。佯隨國聘。俄蹈虛真。

異文 常採藥名山。賣於長安市。口不二價。三十餘年。時女子從康買藥。康守價不移。女子怒曰。

公是韓伯休耶。乃不二價。康歎曰。我本避名。今女子皆知有我。何用藥為。乃遁入灞陵山中。

藝文類聚卷八一・藥香草部上・藥　太平御覽卷八二八・資產部八・賣買
太平御覽卷八四八・飲食部中・食　太平御覽卷九八四・藥部一・藥

高士傳卷下・丘訢

丘訢。字季春。扶風人也。少有大材。自謂無伍。傲世不與俗人為群。郡守始召見。曰。明府欲臣訢耶。友訢邪。師訢邪。明府所以尊寵人者。極於功曹。所以榮祿人者。已於孝廉。一極一已。皆訢所不用也。郡守異之。遂不敢屈。

季春傲俗。自矜無伍。國守逢迎。翩翩鳳舉。寵祿塵如。清言爛吐。鄙爾扶風。誰攀冠屨。

異文　少有大材。傲世不能與俗人為群。郡召始見。友訢耶。師訢耶。皆訢所不用也。府君異之。

以上太平御覽卷五〇八・逸民部八・逸民

高士傳卷下・矯慎

矯慎。字仲彥。扶風茂陵人也。少慕松喬導引之術。隱遯山谷。與南郡太守馬融。并州刺史蘇章鄉里竝時。然二人純遠不及慎也。汝南吳蒼甚重之。因遺書以觀其志。曰。蓋聞黃老之言。乘虛入冥。藏身遠遯。亦有理國養人。施於為政。至如登山絕迹。神不著其證。人不覩其驗。吾從先生欲其可者。

於意何如。昔伊尹不懷道以待堯舜之君。方今明明。四海開闢。巢許無為箕山。夷齊悔入首陽。足下審能騎龍弄鳳。翔嬉雲間者。亦非狐兔燕雀所敢謀也。慎不荅。年七十年餘。竟不肯娶。後忽歸家。自言死日。及期。果卒。後人有見慎於敦煌者。故前世異之。或云神仙焉。慎同郡馬瑤隱於汧山。以兔罝為事。所居俗化。百姓美之。號馬牧先生焉。

仲彥鸞揚。孤翔不娶。友櫝殷勤。淡無應畀。入島尋仙。還家告逝。復見他邦。的然靈異。

高士傳卷下·任棠

任棠。字季卿。少有奇節。以春秋教授。隱身不仕。龐參為漢陽太守。到。先就家俟焉。棠不與言。但以薤一本。水一盂置戶屏前。自抱孫兒伏於戶下。主簿白以為倨傲。參思其微意。良久曰。棠置一盂水者。欲諭太守清也。投一本薤者。欲諭太守擊強宗也。抱孫兒當戶者。欲諭太守開門邮幼也。終。參去不言。詔徵不至。及卒。鄉人圖畫其形。至今稱任徵君也。

季真懿資。弘通卜藝。超峙區表。棄榮絕利。龐守來瞻。默形三喻。鳳色鴻姿。圖傳鄉地。

異文 龐參為漢陽太守。就家候。棠以薤一本。水一盆置戶屏前。自抱孫兒伏戶下。參曰。棠是欲諭太守也。水欲太守清也。拔一本薤。欲太守擊強宗也。抱孫兒當戶者。欲諭太守開門恤孤也。

太平御覽卷五〇八·逸民部八·逸民

高士傳卷下・摯恂

摯恂。字季直。伯陵之十二世孫也。明禮易。遂治五經。博通百家之言。又善屬文。詞論清美。渭濱弟子。扶風馬融。沛國桓驎等。自遠方至者十餘人。既通古今。而性復溫敏。不恥下問。故學者宗之。嘗慕其先人之高。遂隱於南山之陰。初馬融如恂受業。恂愛其才。因以女妻之。融後果為大儒。文魁當世。以是服恂之知人。永和中。常博求名儒。公卿薦恂。行侔顏閔。學擬仲舒。文參長卿。才同賈誼。實瑚璉器也。宜在宗廟。為國顧輔。由是公車徵。不詣。大將軍竇武舉賢良。不就。清名顯於世。以壽終。三輔稱獎。

摯氏之恂。光于祖德。博實無倫。幽潛不惑。聲薄九霄。經傳四國。樂矢弗諼。空勞物色。

異文 自遠方至十餘人。既通古今。而性溫敏。

故學者宗之。常慕其先人之高。

初馬融始從恂受業。

融後果為大儒。文冠當世。

永和中。帝博求名儒。

公卿薦恂。行侔曾閔。

宜在宗廟。為國真輔。以上太平御覽卷五〇八・逸民部八・逸民

高士傳卷下・法真

法真。字高卿。扶風郿人也。學無常家。博通內外圖典。關西號為大儒。弟子自遠而負笈嘗數百人。真性恬靜。寡欲不涉人間事。太守請見之。真乃輻巾詣謁。太守曰。昔魯哀公雖為不肖。而仲尼稱臣。太守虛薄。欲以功曹相屈。光讚本朝。何如。真曰。以明府見待有禮。故敢自同賓末。若欲吏之。真將在北山之北。南山之南矣。太守懼然。不敢復言。幾辟公府。賢良。皆不就。同郡田羽薦真。曰。處士法真。體兼四業。學窮典奧。幽居恬泊。樂以忘憂。將蹈老氏之高蹤。不為玄纁屈也。臣願聖明就加袞職。必能唱清廟之歌。致來儀之鳳矣。會順帝西巡。羽又薦之。帝虛心欲致。前後四徵。真曰。吾既不能遯形遠世。豈飲洗耳之水哉。遂深自隱絕。終不降屈。友人郭正稱之曰。法真名可得聞。身難得而見。逃名而名我隨。避名而名我追。可謂百世之師者矣。乃共刊石頌之。號曰。玄德先生。年八十九。中平五年以壽終。

高卿宿學。門眾紛如。功曹面卻。孤峻所希。再薦知己。四下鸞書。杳然長絕。德撰穹碑。

高士傳卷下・漢濱老父

漢濱老父者。不知何許人也。桓帝延熹中。幸竟陵。過雲夢。臨沔水。百姓莫不觀者。有老父獨耕不輟。尚書郎南陽張溫異之。使問曰。人皆來觀。老父獨不輟。何也。老父笑而不荅。溫下道百步。自與言。老父曰。我野人也。不達斯語。請問天下亂而立天子邪。理而立天子邪。立天子以父天下邪。

役天下以奉天子邪。昔聖王宰世。茅茨采椽。而萬人以寧。今子之君。勞人自縱。逸遊無忌。吾為子羞之。子何忍欲人觀之乎。溫大慙。問其姓名。不告而去。

漢濱老父。操鉏沔上。翠華雷動。不屑瞻仰。台臣屈問。理辯如響。府首含羞。匆匆塵鞅。

高士傳卷下・徐穉

徐穉。字孺子。豫章南昌人也。少以經行。高於南州。桓帝時。汝南陳蕃為豫章太守。因推薦稚於朝廷。由是五舉孝廉。賢良。皆不就。連辟公府。不詣。未嘗荅命。公薨。輒身自赴弔。太守黃瓊亦嘗辟穉。至。瓊薨。歸葬江夏。穉既聞。即負笈徒步。豫章三千餘里。至江夏瓊墓前。致酹而哭之。後公車三徵。不就。以壽終。

孺子清妙。超絕代俗。屢辟鴻臣。不瑕皎玉。萬里赴喪。炙雞茅束。以力粥饘。安安自足。

異文 由是三舉孝廉。賢良。皆不就。

豫章三十餘里。夏瓊墓前。（以上太平御覽卷五〇八・逸民部八・逸民）

附錄 徐稚仁讓。聞於天下。黃瓊辟公府。不詣。及瓊薨。稚負笈徒步三千餘里。到瓊墓致酹。（藝文類聚卷第三十四・人部十八・懷舊）

高士傳卷下・夏馥

夏馥。字子治。陳留圉人也。少為諸生。質直不苟。動必依道。同縣高儉及蔡氏。凡二家豪富。郡人畏事之。唯馥閉門不與高蔡通。桓帝即位。災異數發。詔百司舉直言之士各一人。太尉趙戒舉馥。不詣。遂隱身久之。靈帝即位。中常侍曹節等專朝。禁錮善士。謂之黨人。馥雖不交時官。然聲名為節等所憚。遂與汝南范滂。山陽張儉等數百人並為節所誣。悉在黨中。詔下郡縣。各捕以為黨魁。馥乃頓足而嘆曰。孽自己作。空汙良善。一人逃死。禍及萬家。何以生為。乃自翦鬚。變服易形。入林慮山中。為冶工客作。形貌毀悴。積傭三年。而無知者。後詔委放。儉等皆出。馥獨歎曰。已為人所棄。不宜復齒鄉里矣。留賃作不歸。家人求。不知處。其後。人有識其聲者。以告同郡止鄉太守濮陽潛。使人以車迎馥。馥自匿不肯。潛車三返。乃得馥。

八顧夏馥。不通紈綺。抱影煙霞。灰情辟舉。秦網載張。天形遂毀。客作將終。固迎歸止。

異文　馥於是頓足而歎曰。自己作孽。

一人逃死。禍及百家。

而無知者。後詔悉放。

留賃作不歸。家人求。不知所。

以同郡上黨太守濮陽潛。潛使人以車迎馥。以上太平御覽卷五〇八・逸民部八・逸民

高士傳卷下・郭太

郭太。字林宗。太原人也。少事父母。以孝聞。身長八尺餘。家貧。郡縣欲以為吏。嘆曰。丈夫何能執鞭斗筲哉。乃辭母。與同縣宗仲至京師。從屈伯彥學春秋。博洽無不通。又審於人物。由是名著於陳梁之間。步行遇雨。巾一角墊。衆人慕之。皆故折巾角。士爭往從之。載策盈車。凡太知之于無名之中六十餘人。皆言後驗。以母喪歸。徐穉弔。以生芻一束頓太廬前而去。太曰。此必南州高士徐孺子也。詩不云乎。生芻一束。其人如玉。吾不堪此喻耳。凡司徒辟太常。趙典舉有道。皆不就。以建寧二年卒于家。

介休林宗。行師伯彥。廬膳常虛。躬衣不掩。察觀乾象。懷珍高卷。有道之碑。揚光竹簡。

異文郭泰。字林宗。太原人也。

步行遇雨。巾一角墊。

皆先言後驗。以母喪歸。

詩曰。生芻一束。

吾不堪此喻。後辟司徒府。有道。徵皆不就。以上太平御覽卷五〇八・逸民部八・逸民

附錄皇甫謐高士傳曰。郭泰過史弼。送迎輒再屈腰。泰一傳揖而去。弼門人怪而問之。弼曰。鐵錢也。故以二當一耳。通典卷八・食貨八・錢幣

高士傳卷下・申屠蟠

申屠蟠。字子龍。陳留外黃人也。少有名節。同縣緱氏女玉為父報讎。外黃令梁配欲論殺玉。蟠時年十五。為諸生。進諫曰。玉之節義。足以感無恥之孫。激忍辱之子。不遭明時。尚當表旌廬墓。況在清聽。而不加哀矜。配善其言。乃為讞。得減死論。鄉人稱之。蟠父母卒。哀毀思慕。不飲酒食肉十餘年。遂隱居學治京氏易。嚴氏春秋。小戴禮。三業先通。因博貫五經。兼明圖緯。學無常師。始與濟陰王子居同在太學。子居病困。以身託蟠。蟠即步負其喪。至濟陰。遇司隸從事於河鞏之間。從事義之。為符傳護送蟠。蟠不肯。投傳於地而去。事畢。還家。前後凡蒲車特徵。皆不就。年七十四。以壽終。

子龍尚節。抗論生枯。博經舉贄。殯友浮河。榜標初熾。獨嘆坑虞。巢依梁碭。得以安歌。

異文同縣大女緱玉為父報仇。外黃令梁配欲論殺玉。蟠時年十五。為書生。

尚當追旌廬表。況在清聽。

乃為讞減死論。人稱之。及父母卒。蟠思慕。

前後凡一察蒲車特徵。（以上太平御覽卷五〇八・逸民部八・逸民）

附錄列女傳曰。緱氏女玉。為父報讎。吏執玉。以告外黃令梁配。欲論殺玉。申徒蟠時年十五。進諫曰。玉之節義。足以感無恥之孫。激忍辱之子。不遭明時。尚當表旌廬墓。況在清聽。而不加哀矜。配善其言。乃為減死論。（藝文類聚卷三十三・人部一七・報讎）

高士傳卷下・袁閎

袁閎。字夏甫。汝南人也。築室于庭中。閉門不見客。旦暮於室中向母禮拜。雖子往亦不得見也。子亦向戶拜而去。首不著巾。身無單衣。足著木履。母死。不列服位。公車兩徵。不詣。范滂美而稱之曰。隱不違親。貞不絕俗。可謂至賢矣。

汝南夏甫。杜門深處。日朝母氏。揮絕賓侶。科頭自放。不閑俗禮。長歌白駒。逍遙桑梓。

異文 築室於庭。首不着布。身無單衣。足着木屐。（太平御覽卷六九八・服章部一五・屐）

旦於室中向母拜。雖子往不得見也。（太平御覽卷五〇八・逸民部八・逸民）

高士傳卷下・姜肱

姜肱。字伯淮。彭城廣戚人也。家世名族。兄弟三人皆孝行著聞。肱年最長。與二弟仲海。季江同被臥。甚相親友。及長。各娶。兄弟相愛。不能相離。肱習學五經。兼明星緯。弟子自遠方至者三千餘人。聲重於時。凡一舉孝廉。十辟公府。九舉有道。至孝。賢良。公車三徵。皆不就。仲季亦不應徵辟。建寧二年。靈帝詔徵為犍為太守。肱得詔。乃告其友曰。吾以虛獲實。遂籍聲價。盛明之世尚不委質。況今政在私門哉。乃隱身遁命。乘船浮海。使者追之不及。再以玄纁聘。不就。即拜太中大夫。又逃不受詔。名振于天下。年七十七卒於家。

伯淮英朗。經通緯治。四海摳衣。多齊孔氏。天使圖形。幽房韜被。碧海浮桴。青州逃世。

異文　建寧三年。靈帝詔徵為犍為太守。（太平御覽卷五〇八·逸民部八·逸民八）
吾以為虛獲實。（太平御覽卷五〇八·逸民部八·逸民八）

附錄　靈帝時。曹節白帝特徵肱。隱身遁命。浮桴於海。名蓋天下。（太平御覽卷六十·地部二十五·海）
靈帝時。曹節白帝徵肱。肱隱身遁命。浮桴入海也。（事類賦卷六·地部一·海）

高士傳卷下·管寧

管寧。字幼安。北海朱虛人也。靈帝末。以中國方亂。乃與其友邴原涉海。依遼東太守公孫度。虛館禮之。其後中國少安。人多南歸。唯寧不還。黃初中。華歆薦寧。寧知公孫淵必亂。乃因徵辭還。以為太中大夫。固辭不就。寧凡徵命十至。輿服四賜。常坐一木榻上。積五十五年未嘗箕踞。榻上當膝皆穿。常着布裙貉裘。唯祠先人。乃著舊布單衣加首絮巾。遼東郡國。圖形於府殿。號為賢者。寧也何自。管仲之孫。片金弗顧。割席遠歆。龍德既顯。豹隱是徵。甘心玄寞。郡閣圖形。

異文　管寧自越海及歸。常坐一木榻。積五十餘年。未嘗箕股。其榻上當膝處皆穿。（三國志卷十一·魏書列傳十一注　初學記卷二十五·器物部·床第五）

高士傳卷下·鄭玄

鄭玄。字康成。北海高密人也。八世祖崇。漢尚書。玄少好學。長八尺餘。須眉美秀。姿容甚偉。習孝經。論語。兼通京氏。公羊春秋。三正曆。九章筭術。周官。禮記。左氏春秋。大將軍何進辟玄。州郡迫脅。不得已而詣。進設机杖之禮以待玄。玄以幅巾見進。一宿而逃去。公府前後十餘辟。竝不就。康成蚤顥。博極群典。得五馬門。大道是勉。几授尊高。盃崇溫儼。八尺之軀。終焉閉歛。

高士傳卷下・任安

任安。字定祖。少好學。隱山不營名利。時人稱安曰。任孔子。連辟不就。建安中。讀史記魯連傳。歎曰。性以潔白為治。情以得志為樂。性治情得。體道而不憂。彼棄我取。與時而無爭。遂終身不仕。時人號為任徵君云。

定祖儒流。世有贊言。披求遷傳。感激仲連。性情咸得。出去憂纏。清虛無染。珪組永捐。

異文 時人號安曰。任孔子。遂終身不仕。號曰。任徵君。以上太平御覽卷五〇九・逸民部九・逸民

高士傳卷下・龐公

龐公者。南郡襄陽人也。居峴山之南。未嘗入城府。夫妻相敬如賓。荊州刺史劉表延請。不能屈。乃就候之。曰。夫保全一身。孰若保全天下乎。龐公笑曰。鴻鵠巢於高林之上。暮而得所栖。黿鼉穴於深淵之下。夕而得所宿。夫趣舍行止。亦人之巢穴也。且各得其栖宿而已。天下非所保也。因釋。耕於壟上。

而妻子耘於前。表指而問曰。先生苦居畎畝。而不肯官祿。後世何以遺子孫乎。龐公曰。世人皆遺之以危。今獨遺之以安。雖所遺不同。未為無所遺也。表歎息而去。後遂攜其妻子登鹿門山。因采藥不反。

龐公真隱。志凌冰雪。弗慕榮華。自寧巢穴。遺與人殊。身於世絕。茹秀鹿門。欣怡雲月。

高士傳卷下・姜岐

姜岐。字子平。漢陽上邽人也。少失父。獨以母兄居。治書。易。春秋。恬居守道。名重西州。延熹中。沛國橋玄為漢陽太守。召岐。欲以為功曹。岐稱病不就。玄怒。敕督郵尹益收岐。若不起者。趣嫁其母而後殺岐。益爭之。玄怒益。撾之。益得杖。且諫曰。岐少修孝義。栖遲衡廬。鄉里歸仁。名宣州里。實無罪狀。益敢以死守之。玄怒。乃止。岐於是高名逾廣。其母死。喪禮畢。盡讓平水田與兄岑。遂隱居。以畜蜂。豕為事。教授者滿於天下。營業者三百餘人。辟州從事。不詣。民從而居之者數千家。後舉賢良。公府辟以為茂才。為蒲坂令。皆不就。以壽終于家。

子平幼孤。俞俞守道。功曹爰致。托疾以報。守計劫迫。尹郵宣救。牧豕調蜂。天涯嘯傲。

異文 漢陽上郡人也。少失父。獨與母兄居。

若實不起者。欲嫁其母而後殺岐。

且諫曰。岐少修學孝義。

實無罪杖。益敢以死守之。以上太平御覽卷五〇八・逸民部八・逸民

高士傳卷下·荀靖

荀靖。字叔慈。潁川人也。少有儁才。以孝著名。兄弟八人。號曰八龍。闔門悌睦。隱身修學。動止合禮。弟爽。字慈明。亦以才顯於當時。或問汝南許章曰。爽與靖孰賢。章曰。皆玉也。慈明外朗。叔慈內潤。太尉辟。不就。及卒。學士惜之。誄靖者二十六人。潁陰令丘禎追號靖曰。玄行先生。潁川太守王懷亦謚曰。昭定先生。八龍矯首。里署高陽。叔慈撫化。物外遊翔。終身肥遯。至寶含章。玄昭二謚。永世遺芳。

異文　動止以禮。靖弟爽。亦以才顯於當時。或問許子將。靖與爽孰賢。子將曰。二人皆玉也。慈明外朗。叔慈內潤。三國志卷十·魏書十　太平御覽卷三八〇·人事部二一·美丈夫

附錄　皇甫士安高士傳曰。荀靖。字叔慈。父淑有名。績靖兄弟八人。號曰八龍。靖至孝。闔門悌睦。隱身脩道。弟爽。字慈明。亦有材學。汝南許章稱二人皆玉也。慈明外朗。叔慈內潤。太尉辟。不就。及終。潁陽令丘禎號靖曰。玄行先生。潁川太守王懷亦謚曰。昭定先生。後漢書卷六十二·列傳第五十二注

逸士傳曰。靖。字叔慈。潁川人。有儁才。以孝著名。兄弟八人號八龍。隱身修學。動止合禮。太平御覽卷五〇八·逸民部八·逸民

弟爽。亦有才學。顯名當世。或問汝南許章。爽與靖孰賢。章曰。二人皆玉也。慈明外朗。叔慈內潤。太尉辟不就。年五十終。時人惜之。號玄行先生。世說新語卷中

高士傳卷下・胡昭

胡昭。字孔明。潁川人也。始避地冀州。不應袁紹之命。武帝亦辟昭。昭自陳本志。帝曰。人各有志。出處不同。勉卒高尚。義不相屈。昭乃隱陸渾山中。躬耕樂道。以經籍自娛。至嘉平初。年八十九。卒于家。

胡昭高尚。不事袁曹。陸渾之下。耕誦逍遙。樂亭相誓。由免奔騷。群賢遞薦。已入冥寥。

異文 胡昭。字孔明。棄妻子。不應袁紹之命。太平御覽卷五〇九・逸民部九・逸民

附錄 高士傳曰。初。晉宣帝為布衣時。與昭有舊。同郡周生等謀害帝。昭聞而步陟險。邀生于崤澠之間。止生。生不肯。昭泣與結誠。生感其義。乃止。昭因與斫棗樹共盟而別。昭雖有陰德於帝。口終不言。人莫知之。信行著於鄉黨。建安十六年。百姓聞馬超叛。避兵入山者千餘家。飢乏。漸相劫略。昭常遜辭以解之。是以寇難消息。眾咸宗焉。故其所居部落中。三百里無相侵暴者。幽州刺史杜恕。嘗過昭所居草廬之中。言事論理。辭意謙敬。恕甚重焉。太尉蔣濟辟。不就。朝廷以戎車未息。徵命之事。且須後之。昭以故。不即徵。後顗休復與庾嶷薦昭。有詔訪於本州評議。侍中韋誕駁曰。禮賢徵士。王政之所重也。古者考行於鄉。今顗等位皆常伯納言。嶷為卿佐。足以取信。附下罔上。忠臣之所不行也。昭宿德耆艾。遺逸山林。誠宜嘉異。乃從誕議也。三國志卷十一・魏書列傳十一注 太平御覽卷四〇三・人事部四四・陰德 太平御覽卷四八〇・人事部一二一・盟誓 事類賦卷二十六・果部一・棗

高士傳卷下・焦先

焦先。字孝然。世莫知其所出也。或言生漢末。及魏受禪。常結草為廬於河之湄。獨止其中。冬夏袒不著衣。臥不設席。又無蓐。以身親土。其體垢汗皆如泥滓。不行人間。或數日一食。行不由邪徑。目不與女子迕視。口未嘗言。雖有警急不與人語。後野火燒其廬。先因露寢。遭冬雪大至。先袒臥不移。人以為死。就視如故。後百餘歲卒。以上叢書集成引古今逸史本

孝然奇士。少避白波。食草啜水。露寓于河。色姝翳體。伐國謬歌。饑寒待盡。風節高峨。

異文　世莫知焦先所出。或言生漢末。無父母兄弟。見漢衰乃不言。常結草為廬。冬夏袒露。垢汙如泥。太平御覽卷一八一・居處部九・廬　藝文類聚卷第六四・居處部四・廬

冬夏不著衣。臥不設席。太平御覽卷二六・時序部一一・冬上　冊府元龜卷八〇九・總錄部・隱逸

附錄　高士傳曰。世莫知先所出。或言生乎漢末。自陝居大陽。無父母兄弟妻子。見漢室衰。乃自絕不言。及魏受禪。常結草為廬於河之湄。獨止其中。冬夏恆不著衣。臥不設席。又無草蓐。以身親土。其體垢污皆如泥漆。五形盡露。不行人間。或數日一食。欲食則為人賃作。人以衣衣之。乃使限功受直。足得一食輒去。人欲多與。終不肯取。亦有數日不食時。行不由邪徑。目不與女子逆視。口未嘗言。雖有驚急。不與人語。遺以食物皆不受。河東太守杜恕嘗以衣服迎見。而不與語。司馬景王聞。而使安定太守董經因事過視。又不肯語。經以為大賢。其後野火燒其廬。先因露寢。遭冬雪大至。先袒臥不移。人以為死。就視如故。不以為病。人莫能審其意。

度年可百歲餘乃卒。

或問皇甫謐曰。焦先何人。曰。吾不足以知之也。考之於表。可略而言矣。夫世之所常趣者。榮味也。形之所不可釋者。衣裳也。身之所不可離者。室宅也。口之所不能已者。言語也。心之不可絕者。親戚也。今焦先棄榮味。釋衣服。離室宅。絕親戚。閉口不言。曠然以天地為棟宇。闇然合至道之前。出群形之表。入玄寂之幽。一世之人不足以挂其意。四海之廣不能以回其顧。妙乎與夫三皇之先者同矣。結繩已來。未及其至也。豈群言之所能髣彿。常心之所得測量哉。彼行人所不能行。堪人所不能堪。犯寒暑不以傷其性。居曠野不以恐其形。遭驚急不以迫其慮。離榮愛不以累其心。損視聽不以汙其耳目。舍足於不損之地。居身於獨立之處。延年歷百。壽越期頤。雖上識不能尚也。自羲皇已來。一人而已矣。三國志卷十一・魏書・管寧傳注

皇甫謐集卷十七・高士傳佚文 *新輯者以*標之

高士傳佚文・孫期

孫期。濟陰人。少為諸生。治京氏易。古文尚書。家貧。事母至孝。牧豕於大澤中。以奉養焉。遠人往從其學者。皆執經壟畔以追之。里落化其仁讓。黄巾賊起。過其里陌。相約不犯孫先生舍。辟舉方正。遣吏賫羊酒請期。期驅豕入草不顧。司徒黄琬特辟。不就。終於家。（玉函山房輯佚書續編・高士傳佚文）

異文 孫期。字仲彧。濟陰人。與諸生講京氏易。古文尚書。郡舉方正。遣吏賫羊酒請期。（以上太平御覽卷九百三・獸部十五・豕引北史）

高士傳佚文・王郎

太守王朗。命為功曹。平機正維。指千里。風化肅穆。郡内大治。（玉函山房輯佚書續編・高士傳佚文）

異文 太守王郎。令為功曹。平機正維。指千里。化肅穆。郡内大治。（北堂書鈔卷第七七・設官部二九・功曹）

高士傳佚文・莊周

趙惠文王。好劍士。夾門而客三千人。太子悝患之。募有能止王者與千金。左右曰。莊子必能。太子使人奉周。周見王曰。臣有三劍。唯所用焉。天子之劍。賓諸侯。正天下。諸侯之劍。如雷霆之威。

震四封之內。無不賓服。庶人之劍。上絕頸領。下脫肺肝。而此。無異於鬭雞。而爭一日之命也。今大王有天子之位。而好庶人之業。臣竊為大王薄之。王不出宮。三月。劍客皆伏。玉函山房輯佚書續編·高士傳佚文

異文 無異於鬭雞。而爭一日之命也。太平御覽卷四六四·人事部一〇五·辯下

高士傳佚文·亥唐

亥唐者。晉人也。晉平公時。朝多賢臣。祁奚。趙武。師曠。叔向皆為卿大夫。名顯諸侯。唐獨守道不官。隱於窮巷。平公聞其賢。致禮與相見。而請事焉。平公待於門。唐曰。入。公乃入。唐曰。坐。公乃坐。唐曰。食。公乃食。唐之食公也。雖蔬食菜羹。公不敢不飽。玉函山房輯佚書續編·高士傳佚文

高士傳佚文·孔嵩

孔嵩。字仲山。辟公府之京師。道宿下亭。盜共竊其馬。尋問。知是嵩也。乃相責讓曰。孔仲山善士。豈宜侵盜乎。於是遂以馬還之。玉函山房輯佚書續編·高士傳佚文

高士傳佚文·東郭先生

東郭先生者。與其友梁石君俱修道。隱居不仕。曹參為齊相。尊禮之。范陽人蒯通為參客。入見參曰。婦人有夫死三日嫁者。有幽居守寡不出門者。足下即欲求婦。何取。參曰。取不嫁者。通曰。然

則求臣亦由是也。彼東郭先生。梁石君。齊之儁士也。今隱。未嘗卑節下意以求仕。願足下禮之。參遂致禮聘。二人終不仕。齊人美焉。玉函山房輯佚書續編·高士傳佚文

異文　曹參為齊相。尊禮士。太平御覽卷五百七·逸民部七·逸民七

高士傳佚文·許邵

許邵。名知人。歷客舍則虞求賢人。幘肆則援楚子昭。玉函山房輯佚書續編·高士傳佚文

高士傳佚文·毛公薛公

毛公。薛公皆趙人也。遭戰國之亂。二人俱以處士隱於邯鄲市。毛公隱為博徒。薛公隱於賣膠。玉函山房輯佚書續編·高士傳佚文

高士傳佚文·管寧

寧所居屯落。會井汲者。或男女雜錯。或爭井鬥鬩。寧患之。乃多置買器。分置井傍。汲以待之。又不使知。來者得而怪之。問。知寧所為。乃各相責。不復鬥訟。鄰有牛。暴寧田者。寧為牽牛著涼處。自為飲食。過於牛主。牛田主得牛。大慚。若犯嚴刑。是以左右無鬥訟之聲。禮讓移于海表。玉函山房輯佚書續編·高士傳佚文·文選卷三十·郡內登望詩注

異文管寧所居七落。會汲男女錯雜。爭井喧鬧。

乃多買器。分井旁。以上事類賦卷八·地部三·井

過於牛主。牛主得牛。三國志卷十一·魏書列傳十一注

自飲食。還牛主。主得牛。大慙。太平御覽卷九〇〇·獸部一二·牛下

附錄皇甫士安逸士傳曰。管寧所居屯落。會有汲者。或男女雜錯。或爭井鬭鬩。寧患之。乃買器。

分置井傍。汲以待之。各自相責。不復鬭也。太平御覽卷四九六·人事部一三七·鬭爭

高士傳佚文·黔婁

黔婁先生死。曾參與門人來弔。曾參曰。先生終。何以為謚。妻曰。以康為謚。曾子曰。先生存時。食不充虛。衣不蓋形。死則手足不斂。傍無酒肉。生不得其美。死不得其榮。何樂於此。而謚為康哉。妻曰。昔先生存時。君嘗欲授之國相。辭而不為。是所以有餘貴也。君嘗賜之粟三十鍾。先生辭不受。是其有餘富也。彼先生者。甘天下之淡味。安天下之卑位。不戚戚於貧賤。不遑遑於之富貴。求仁而得仁。求義而得義。其謚為康。不亦宜乎也。玉函山房輯佚書續編·高士傳佚文

異文列女傳·黔婁妻說郛本·列女傳　綠窗女史本·列女傳　見本書頁二五九

昔先君嘗欲授之國相。辭而不為。文選卷五十七·陶徵士誄注

黔婁先生妻謂曾子曰。先生不慼慼於貧賤。不遑遑於富貴。文選卷五十四·辯命論注

高士傳佚文・嚴君平

嚴君平既卒。蜀人至今稱之。玉函山房輯佚書續編・高士傳佚文

高士傳佚文・二叟

二叟隱德容身。不求名利。避遠亂害。安於賤役。玉函山房輯佚書續編・高士傳佚文

高士傳佚文・候孔子者客

客有候孔子者。顏淵問曰。客何人也。孔子曰。宵兮法兮。吾不測也。夫良玉徑尺。雖十仞之土。不能掩其光明。珠徑寸。雖有函丈之石。不能戢其曜。苟縕矣。自厚。容止可知矣。玉函山房輯佚書續編・高士傳佚文

附錄 袁淑真隱傳曰。客有候孔子者。顏淵問曰。客何人也。孔子曰。宵兮泛兮。吾不測也。夫良玉徑尺。雖有十仞之土。不能掩其光明。珠度寸。雖有函丈之石。不能戢其曜。苟縕美。自厚。容止可知矣。太平御覽卷五一〇・逸民部一〇・逸民一〇

高士傳佚文・袁紹

袁紹屯兵官渡。謂元隨營。不得帶病至魏郡。元病篤。卒。葬於劇東。後以墓壞。歸葬之礪阜。郡守以下縗絰者。千餘人。礪阜在高容城西北五十里。唐貞觀十一年詔。去墓面十步。禁樵採焉。玉函山房輯佚書續編・高士傳佚文

異文 袁紹屯兵官渡。請玄隨營。不得帶病至魏郡。元城病篤。卒。葬于劇東。後以墓壞。歸葬礪阜。郡守以下縗絰者。千餘人。（太平寰宇記卷二十四）

高士傳・汴隨　務光*

高士傳曰。

湯伐桀。求道于卞隨。隨不應。及滅。讓於卞隨。隨曰。君以我為食天下。遂投瀘水而死。湯又讓務光。光亦投水而死。（文選卷十八・長笛賦注）

高士傳佚文

夫蚌含珠而不剖。則不能發耀幽之明。（玉函山房輯佚書續編・高士傳佚文）

皇甫謐集卷十八・逸士傳　達士傳新輯

逸士傳・高鳳其一

皇甫士安逸士傳曰。

高鳳。鄰里有爭財鬭者。兵刃相加。鳳脫衣巾叩頭。曰。仁義遜讓。不可廢也。爭財者。投兵謝之而罷。太平御覽卷四九六・人事部一三七・鬬爭　太平御覽卷四一九・人事部六〇・仁德

逸士傳・高鳳其二

逸士傳曰。

高鳳為太守所召。恐不免。自言不應為吏。及與寡玳偽爭田。遂免仕。太平御覽卷五一七・宗親部七・嫂叔

逸士傳・王雋

皇甫謐逸士傳曰。

汝南王雋。字子文。少為范滂。許章所識。與南陽岑晊善。公之為布衣。特愛雋。雋亦稱公有治世之具。及袁紹與弟術喪母。歸葬汝南。雋與公會之。會者三萬人。公於外密語雋曰。天下將亂。為亂魁者。必此二人也。欲濟天下。為百姓請命。不先誅此二子。亂今作矣。雋曰。如卿之言。濟天下者。舍卿復誰。

相對而笑。雋為人。外靜而內明。不應州郡三府之命。公車徵。不到。避地居武陵。歸雋者。一百餘家。帝之都許。復徵為尚書。又不就。劉表見紹彊。陰與紹通。雋謂表曰。曹公。天下之雄也。必能興霸道。繼桓文之功者也。今乃釋近而就遠。如有一朝之急。遙望漠北之救。不亦難乎。表不從。雋年六十四。以壽終于武陵。公聞而哀傷。及平荊州。自臨江迎喪。改葬于江陵。表為先賢也。（三國志卷一・魏書・武帝紀第一）

逸士傳・舜七友

皇甫士安作逸士傳云。

視其友。則雄陶。方回。續牙。伯陽。東不訾。秦不虛。靈甫之徒。是為七友。（晉・陶潛・群輔錄）

逸士傳・羅威

逸士傳曰。

羅威。字德仁。南海番禺人也。母沒。盡哀墓側。白鹿乃馴擾其墓也。（白孔六帖卷九十七　宋・謝維新・古今合璧事類備要別集卷七十八）

附錄羅威。字德仁。八歲喪父。事母性至孝。母年七十。天大寒。常以身自溫席。而後授其處。（搜神記卷十一）

逸士傳・董威

董威。隱居白社。以殘絮縷帛為衣。號百結衣。（元・陰幼時・韻府群玉卷十八）

逸士傳·鄭朴

逸士傳。

鄭朴。字子真。褒中人。隱於谷口。（明·曾益·温飛卿詩集箋注卷四）

達士傳·繆斐

皇甫謐達士傳曰。

繆斐。字文雅。代脩儒學。繼踵六博士。以經行脩明。學士稱之。故時人謂之。語曰。素車白馬繆文雅。（太平御覽卷四九六·人事部一三七·諺）

皇甫謐集卷十九・列女傳 新輯

列女傳・孟光

齊孤逐女。其狀甚惡。又齊宿留女。項有大瘤。梁鴻之妻孟光。醜黑而肥。力能舉石臼。說郛本・列女傳 初學記卷十九・醜人第三・人部下・

附錄　梁鴻妻者。右扶風梁伯淳之妻。同郡孟氏之女也。其姿貌甚丑。而德行甚修。鄉里多求者。而女輒不肯。行年三十。父母問其所欲。對曰。欲節操如梁鴻者。時鴻未娶。扶風世家多願妻者。亦不許。聞孟氏女言。遂求納之。孟氏盛飾入門。七日而禮不成。妻跪問曰。竊聞夫子高義。斥數妻。妾亦已偃蹇數夫。今來而見擇。請問其故。鴻曰。吾欲得衣裘褐之人。與共遁世避時。今若衣綺繡。傅黛墨。非鴻所願也。妻曰。竊恐夫子不堪。妾幸有隱居之具矣。乃更粗衣。椎髻而前。鴻喜曰。如此者。誠鴻妻也。字之曰。德曜。名孟光。自名曰。運期。字俟光。共遯逃霸陵山中。此時王莽新敗之後也。鴻與妻深隱。耕耘織作。以供衣食。誦書彈琴。忘富貴之樂。後復相將至會稽。賃舂為事。雖雜庸保之中。妻每進食。舉案齊眉。不敢正視。以禮修身。所在敬而慕之。君子謂。梁鴻妻好道安貧。不汲汲於榮樂。論語曰。不義而富且貴。於我如浮雲。此之謂也。以上劉向・列女傳卷八・梁鴻妻

列女傳・翟素

會稽翟素者。翟氏之女也。受娉未及配適。遭賊欲犯之。臨以白刃。素婢名青。青乞代素。賊遂殺素。復欲犯青。青曰。向欲代素者。恐彼耻獲害耳。今素已死。我豈有欲哉。賊復殺之。（說郛本・列女傳）

異文　翟氏之女也。受聘未及配適。（綠窗女史本・列女傳　五朝小說大觀本・列女傳）

賊遂殺素。後欲犯青。（綠窗女史本・列女傳　五朝小說大觀本・列女傳）

今素尚死。何以生為。（綠窗女史本・列女傳　初學記卷十九・人部下・奴婢）

附錄　皇甫謐列女後傳曰。會稽翟素。受娉。未及配適。遭賊欲犯之。臨之以白刃。素曰。我可得而殺。不可得而辱。素婢名青。乞代素。賊遂殺素。復欲犯青。青曰。向欲代素者。恐被恥獲害耳。今素已死。我何以生為。賊復殺之。（藝文類聚卷三十五・人部十九・婢）

列女後傳曰。會稽翟素者。翟氏之女。受娉未及配適。遭賊欲犯之。臨以刃曰。不從者。今即死矣。素曰。可得而殺。不可得而辱。素婢名青。青乞代素。賊遂殺素。復欲犯青。青曰。向欲代素者。恐彼耻獲害耳。今素已死。我豈有欲哉。賊復殺之。（太平御覽卷五〇〇・人事部一四一・奴婢列女後傳）

列女傳・漆室女其一

魯漆室女倚柱而嘯。鄰婦謂之曰。何嘯之悲也。子欲嫁乎。吾為子求偶。女曰。吾豈嫁哉。吾憂魯君老。而太子少也。鄰婦曰。此乃魯大夫之憂也。婦人何與。女曰。子知其一。不知其

二也。（說郛本・列女傳　綠窗女史本・列女傳　五朝小說大觀本・列女傳）

列女傳・漆室女其二

魯漆室之女曰。昔有客繫馬園中。馬逸。踐葵。使予終歲不飽葵。（說郛本・列女傳　綠窗女史本・列女傳）

異文 魯漆室女曰。（五朝小說大觀本・列女傳）

附錄 漆室女者。魯漆室邑之女也。過時未適人。當穆公時。君老。太子幼。女倚柱而嘯。旁人聞之。莫不為之慘者。

其鄰人婦從之遊。謂曰。何嘯之悲也。子欲嫁耶。吾為子求偶。漆室女曰。嗟乎。始吾以子為有知。今無識也。吾豈為不嫁不樂而悲哉。吾憂魯君老。太子幼。鄰婦笑曰。此乃魯大夫之憂。婦人何與焉。漆室女曰。不然。非子所知也。昔晉客舍吾家。係馬園中。馬佚馳走。踐吾葵。使我終歲不食葵。鄰人女奔隨人亡。其家倩吾兄行追之。逢霖水出。溺流而死。令吾終身無兄。吾聞河潤九里。漸洳三百步。今魯君老悖。太子少愚。二偽日起。夫魯國有患者。君臣父子皆被其辱。禍及眾庶。婦人獨安所避乎。吾甚憂之。子乃曰婦人無與者。何哉。鄰婦謝曰。子之所慮。非妾所及。三年。魯果亂。齊楚攻之。魯連有寇。男子戰鬥。婦人轉輸不得休息。君子曰。遠矣。漆室女之思也。詩云。知我者。謂我心憂。不知我者。謂我何求。此之謂也。

頌曰。漆室之女。計慮甚妙。維魯且亂。倚柱而嘯。君子嗣幼。愚悖奸生。魯果擾亂。齊伐其城。以上劉向・列女傳卷三・魯漆室女

列女傳曰。魯七室邑之四者。過時未適人。當穆公之君老。太子幼。女倚柱而嘯。傍人聞之。心莫不為之慘慘者。鄰人婦謂曰。何嘯悲。欲嫁乎。吾為子求偶。七室女曰。豈為嫁之故。不樂而悲哉。吾憂魯君老而太子少也。太平御覽卷三九二・人事部三三・嘯

列女傳・湯妃

湯妃。有莘之女也。擇德高如伊尹者為之臣。佐湯致王。訓正後宮。嬪御有序。咸無嫉妒逆理之人。生三子。太丁。外丙。仲壬。教誨有成。太子早卒。丙壬嗣登大位。說郛本・列女傳　綠窗女史本・列女傳　五朝小說大觀本・列女傳

異文　湯娶有莘氏女。德高而明。伊尹為之媵臣。後漢書卷八〇。列傳第七〇注

附錄　湯妃有莘者。有莘氏之女也。殷湯娶以為妃。生仲壬外丙。亦明教訓。致其功。有莘之妃湯也。統領九嬪。後宮有序。咸無妒媢逆理之人。卒致王功。君子謂妃明而有序。詩云。窈窕淑女。君子好逑。言賢女能為君子和好眾妾。其有莘之謂也。

頌曰。湯妃有莘。質行聰明。媵從伊尹。自夏適殷。勤愨治中。九嬪有行。化訓內外。亦無愆殃。以上劉向・列女傳卷一・湯妃有莘

列女傳・有虞二妃

有虞二妃。帝堯之二女也。長曰娥皇。次曰女英。堯舉舜為相。攝行王政。舜每事常謀於二女。舜既受禪為天子。娥皇為后。女英為妃。事瞽瞍猶若初焉。天子稱二妃聰明貞仁。舜陟。方死蒼梧。二妃死於江湘之間。故謂之湘君。說郛本・列女傳　綠窗女史本・列女傳　五朝小說大觀本・列女傳

列女傳・杞梁妻

齊人杞梁襲莒。戰而死。其妻就夫之死。城下哭之。七日而城崩。說郛本・列女傳　綠窗女史本・列女傳　五朝小說大觀本・列女傳

附錄齊杞梁殖之妻也。莊公襲莒。殖戰而死。莊公歸。遇其妻。使使者吊之於路。杞梁妻曰。今殖有罪。君何辱命焉。若令殖免於罪。則賤妾有先人之弊廬在下。妾不得與郊吊。於是莊公乃還車詣其室。成禮。然後去。

杞梁之妻無子。內外皆無五屬之親。既無所歸。乃枕其夫之屍於城下而哭。內誠動人。道路過者。莫不為之揮涕。十日。而城為之崩。既葬。曰。吾何歸矣。夫婦人必有所倚者也。父在則倚父。夫在則倚夫。子在則倚子。今吾上則無父。中則無夫。下則無子。內無所依。以見吾誠。外無所倚。以立吾節。吾豈能更二哉。亦死而已。遂赴淄水而死。君子謂杞梁之妻。貞而知禮。詩云。我心傷悲。聊與子同歸。此之謂也。

頌曰。杞梁戰死。其妻收喪。齊莊道吊。避不敢當。哭夫於城。城為之崩。自以無親。赴淄而

薨。以上劉向・列女傳卷四・齊杞梁妻

齊人杞梁殖。襲莒戰死。其妻將赴之。道逢齊公。公將吊之。杞梁妻曰。如殖有罪。君何辱命焉。如殖無罪。有先人之弊廬在。下妾不敢郊吊。公旋車弔諸室。妻乃哭於城下。七日而城崩。水經注卷二十六・流水

列女傳・江乙母

楚江乙母者。當恭王之時。乙為大夫。有入王宮盜者。令尹以罪乙。請于王而黜之。處無幾。其母亡布八尋。言令尹盜之。王曰。令尹職上寇。寇盜在下。令尹不知。有何罪焉。母曰。昔日妾子為郢大夫。人盜王宮中之物。妾子坐之而黜。令尹獨何不以是過也。王曰。善。令吏償母之布。因賜金十鎰。母讓金曰。妾豈貪貨而干王哉。怒令尹之治也。遂不肯受。王曰。母智若此。其子必不愚。乃復召江乙用之。說郛本・列女傳

異文令尹獨何不以是為過也。五朝小說大觀本・列女傳　綠窗女史本・列女傳

母讓金而曰。妾非貪貨而干哉。五朝小說大觀本・列女傳

乃復召江乙而用之。五朝小說大觀本・列女傳　綠窗女史本・列女傳

附錄楚大夫江乙之母也。當恭王之時。乙為郢大夫。有入王宮中盜者。令尹以罪乙。請於王而絀之。處家無幾何。其母亡布八尋。乃往言於王曰。妾夜亡布八尋。令尹盜之。王方在小曲之台。令

尹侍焉。王謂母曰。令尹信盜之。寡人不為其富貴而不行法焉。若不盜而巫之。楚國有常法。母曰。令尹不身盜之也。乃使人盜之。王曰。其使人盜奈何。對曰。昔孫叔敖之為令尹也。道不拾遺。門不閉關。而盜賊自息。今令尹之治也。耳目不明。盜賊公行。是故使盜得盜妾之布。是與使人盜何以異也。王曰。令尹在上。寇盜在下。令尹不知有何罪焉。母曰。吁。何大王之言過也。昔日妾之子為郢大夫。有盜王宮中之物者。妾子坐而絀。妾子亦豈知之哉。然終坐之。令尹獨何人。而不以是為過也。昔者周武王有言曰。百姓有過。在予一人。上不明則下不治。相不賢則國不寧。所謂國無人者。非無人也。無理人者也。王其察之。王曰。善。非徒譏令尹。又譏寡人。命吏償母之布。因賜金千鎰。母讓金布曰。妾豈貪貨而失大王哉。怨令尹之治也。遂去。不肯受。王曰。母智若此。其子必不愚。乃復召江乙而用之。君子謂乙母善以微喻。詩云。猷之未遠。是用大諫。此之謂也。

頌曰。江乙失位。乙母動心。既歸家處。亡布八尋。指責令尹。辭甚有度。王複用乙。賜母金布。

以上劉向・列女傳卷六・楚江乙母

列女傳・黔婁妻

魯黔婁先生死。曾子與門人往吊焉。曰何以為謚。其妻曰。以康為謚。昔先王嘗賜之粟三十鍾。先生辭而不受。是其餘富也。君嘗欲授之以國相。先生辭而弗為。是其餘貴也。彼先生者。甘天下之淡味。安天下之卑位。不戚戚於貧賤。不急急於富貴。求仁而得仁。求義而得義。其謚為康。不亦宜乎。說郛本·列女傳 綠窗女史本·列女傳

異文君嘗欲授之以國相。先生辭而不為。五朝小說大觀本·列女傳

附錄魯黔婁先生之妻也。先生死。曾子與門人往吊之。其妻出戶。曾子吊之。上堂。見先生之屍在牖下。枕墼席稿。縕袍不表。覆以布被。首足不盡斂。覆頭則足見。覆足則頭見。曾子曰。斜引其被。則斂矣。妻曰。斜而有餘。不如正而不足也。先生以不斜之故。能至於此。生時不邪。死而邪之。非先生意也。

曾子不能應。遂哭之曰。嗟乎。先生之終也。何以為謚。其妻曰。以康為謚。曾子曰。先生在時。食不充口。衣不蓋形。死則手足不斂。旁無酒肉。生不得其美。死不得其榮。何樂於此而謚為康乎。其妻曰。昔先生君嘗欲授之政。以為國相。辭而不為。是有餘貴也。君嘗賜之粟三十鍾。先生辭而不受。是有餘富也。彼先生者。甘天下之淡味。安天下之卑位。不慼慼於貧賤。不忻忻於富貴。求仁而得仁。求義而得義。其謚為康。不亦宜乎。曾子曰。唯斯人也而有斯婦。君子謂黔婁妻為樂貧行道。詩曰。彼美淑姬。可與寤言。此之謂也。

頌曰。黔婁既死。妻獨主喪。曾子吊焉。布衣褐衾。安賤甘淡。不求豐美。屍不揜蔽。猶謚曰康。以上劉向·列女傳卷二·魯黔婁妻

列女傳・汝敦妻

廣漢汝歸者。汝敦之妻也。居世殷富。兄弟早孤。而嫂貪恪。敦以所受田宅奴婢。三百餘萬。悉讓與兄。裁留園地數十畝。起舍耕作。土中得金一器。敦以示妻。妻曰。本言讓先祖所有也。此金非其有耶。敦曰。固吾意也。乃俱擔金與兄嫂。嫂初謂叔窮乏。來欲借貸。有不悅之色。見金而喜。兄乃惻然感悟。棄妻還金。說郛本・列女傳　綠窗女史本・列女傳　五朝小說大觀本・列女傳

列女傳・孟軻母

鄒氏。孟軻之母。見孟子少而學歸。母方織。問之曰。子之廢學。若吾斷織。孟子懼。因更勤不息。遂成大儒。說郛本・列女傳　綠窗女史本・列女傳　五朝小說大觀本・列女傳

附錄　鄒孟軻之母也。號孟母。其舍近墓。孟子之少也。嬉遊為墓間之事。踴躍築埋。孟母曰。此非吾所以居處子也。乃去捨市傍。其嬉戲為賈人衒賣之事。孟母又曰。此非吾所以居處子也。復徙捨學宮之傍。其嬉遊乃設俎豆揖讓進退。孟母曰。真可以居吾子矣。遂居及。孟子長。學六藝。卒成大儒之名。君子謂孟母善以漸化。詩云。彼姝者子。何以予之。此之謂也。孟子之少也。既學而歸。孟母方績。問曰。學所至矣。孟子曰。自若也。孟母以刀斷其織。孟子懼而問其故。孟母曰。子之廢學。若吾斷斯織也。夫君子學以立名。問則廣知。是以居則安寧。動則遠害。今而廢之。是不免於厮役。而無以離於禍患也。何以異於織績而食。中道廢而不為。

寧能衣其夫子。而長不乏糧食哉。女則廢其所食。男則墮於修德。不為竊盜。則為虜役矣。孟子懼。旦夕勤學不息。師事子思。遂成天下之名儒。君子謂孟母知為人母之道矣。詩云。彼姝者子。何以告之。此之謂也。孟子既娶。將入私室。其婦袒而在內。孟子不悅。遂去不入。婦辭孟母而求去。曰。妾聞夫婦之道。私室不與焉。今者妾竊墮在室。而夫子見妾。勃然不悅。是客妾也。婦人之義。蓋不客宿。請歸父母。於是孟母召孟子而謂之。夫禮。將入門。問孰存。所以致敬也。將上堂。聲必揚。所以戒人也。將入戶。視必下。恐見人過也。今子不察於禮。而責禮於人。不亦遠乎。

孟子謝。遂留其婦。君子謂孟母知禮。而明於姑母之道。

孟子處齊。而有憂色。孟母見之曰。子若有憂色。何也。孟子曰。不敏。異日閑居。擁楹而嘆。孟母見之曰。鄉見子有憂色。曰。不也。今擁而嘆。何也。孟子對曰。軻聞之。君子稱身而就位。不為苟得而受賞。不貪榮祿。諸侯不聽。則不達其上。聽而不用。則不踐其朝。今道不用於齊。願行而母老。是以憂也。

孟母曰。夫婦人之禮。精五飯。冪酒漿。養舅姑。縫衣裳而已矣。故有閨內之修。而無境外之志。易曰。在中饋。無攸遂。詩曰。無非無儀。惟酒食是議。以言婦人無擅制之義。而有三從之道也。故年少則從乎父母。出嫁則從乎夫。夫死則從乎子。禮也。今子成人也。而我老矣。子行乎子義。吾行乎吾禮。君子謂孟母知婦道。詩云。載色載笑。匪怒匪教。此之謂也。

頌曰。孟子之母。教化列分。處子擇藝。使從大倫。子學不進。斷機示焉。子遂成德。為當世冠。（以上劉向·列女傳卷一·鄒孟軻母）

列女傳·姜敘母其一

皇甫謐列女傳曰。

姜敘母者。天水姜伯奕之母也。建安中。馬超攻冀。害涼州刺史韋康。州人悽然。莫不感憤。敘為撫夷將軍。擁兵屯歷。敘姑子楊阜。故為康從事。同等十餘人。皆略屬超。陰相結為康報仇。有閒。會阜妻死。辭超寧歸西。因過至歷。候敘母。說康被害及冀中之難。相對泣良久。姜敘舉室感悲。敘母曰。咄。伯奕。韋使君遇難。豈一州之恥。亦汝之負。豈獨義山哉。汝無顧我。事淹變生。人誰不死。死國。忠義之大者。但當速發。我自為汝當之。不以餘年累汝也。因敕敘與阜參議。許諾。分人使語鄉里尹奉。趙昂及安定梁寬等。令敘先舉兵叛超。超怒。必自來擊敘。寬等因從後閉門。約誓以定。敘遂進兵入鹵。昂奉守祁山。超聞。果自出擊敘。寬等從後閉冀門。超失據。過鹵。敘守鹵。超因進至歷。歷中見超往。以為敘軍還。又傳聞超以走奔漢中。故歷無備。及超入歷。執敘母。母怒罵超。超被罵大怒。即殺敘母及其子。燒城而去。阜等以狀聞。太祖甚嘉之。手令褒揚。（三國志卷二十五·魏書第二十五·姜敘傳）

列女傳・姜敘母其二

皇甫謐列女傳曰。

天水姜敘母者。同郡楊阜之姑也。阜為州吏。馬超殺刺史太守。敘屯歷城。阜往見之。歔欷悲悵。敘曰。何為乃爾。阜曰。守城不能完。君亡不能死。何以視息於天下乎。君擁兵專制。而無討賊之心。此趙盾所以書弒也。敘母慨然。勒敘從阜計。遂起兵於鹵城。超聞之。襲歷城。得敘母。母罵之曰。若背父之逆子。殺君之桀賊。天豈久容。若何不早死。敢以面目視人乎。超即殺之。超敗。隴右平定。魏武令曰。姜敘之母。明智乃爾。雖楊敞之妻。蓋不過也。太平御覽卷四四一・人事部八二・貞女下

異文　阜往見之。戲欷悲甚。

無討賊之心。趙盾所以書殺也。

勑敘從阜計。遂起兵於歷城。以上太平御覽卷四二二・人事部六三・義婦

列女傳・趙昂妻

謐又載趙昂妻曰。

趙昂妻異者。故益州刺史天水趙偉璋妻王氏女也。昂為羌道令。留異在西。會同郡梁雙反。攻破西城。害異兩男。異女英。年六歲。獨與異在城中。異見兩男已死。又恐為雙所侵。引刀欲自刎。顧英而歎曰。身死爾棄。當誰恃哉。吾聞西施蒙不絜之服。則人掩鼻。況我貌非西施乎。乃以溷糞涅厤而

被之。鮮食瘠形。自春至冬。雙與州郡和。異竟以是免難。昂遣吏迎之。未至三十里。止謂英曰。婦人無符信保傅。則不出房闈。昭姜沈流。伯姬待燒。每讀其傳。心壯其節。今吾遭亂不能死。將何以復見諸姑。所以偷生不死。惟憐汝耳。今官舍已近。吾去汝死矣。遂飲毒藥而絕。時適有解毒藥良湯。撅口灌之。良久迺蘇。建安中。昂轉參軍事。徙居冀。會馬超攻冀。異躬著布韝。佐昂守備。又悉脫所佩環。黼黻以賞戰士。及超攻急。城中飢困。刺史韋康素仁。愍吏民傷殘。欲與超和。昂諫不聽。歸以語異。異曰。君有爭臣。大夫有專利之義。專不為非也。焉知救兵不到關隴哉。當共勉無討賊之心。趙盾所以書殺也。卒高勳。全節致死。不可從也。比昂還。康與超和。超遂背約害康。又劫昂。質其嫡子月於南鄭。欲要昂以為己用。然心未甚信。超妻楊聞異節行。請與讌終日。異欲信昂於超無討賊之心。趙盾所以書殺也。以濟其謀。謂楊曰。昔管仲入齊。立九合之功。由余適秦。穆公成霸。方今社稷初定。治亂在於得人。涼州士馬。迺可與中夏爭鋒。不可不詳也。楊深感之。以為忠於己。遂與異重相接結。昂所以得信於超。全功免禍者。異之力也。及昂與楊阜等結謀討超。告異曰。吾謀如是。事必萬全。當奈月何。異厲聲應曰。忠義立於身。雪君父之大恥。喪元不足為重。況一子哉。夫項託。顏淵。豈復百年。貴義存耳。昂曰。善。遂共閉門逐超。超奔漢中。從張魯得兵還。異復與昂保祁山。為超所圍。三十日救兵到。乃解。超卒殺異子月。凡自冀城之難。至于祁山。昂出九奇。異輒參焉。

列女傳・夏侯令女

皇甫謐列女傳曰。

曹爽從弟文叔妻。譙郡夏侯文寧之女。名令女。文叔早死。服闋。自以年少無子。恐家必嫁己。乃斷髮以為信。其後。家果欲嫁之。令女聞。即復以刀截兩耳。居止常依爽。及爽被誅。曹氏盡死。令女叔父上書與曹氏絶婚。彊迎令女歸。時文寧為梁相。憐其少。執義。又曹氏無遺類。冀其意沮。迺微使人諷之。令女歎且泣曰。吾亦惟之。許之是也。家以為信。防之少懈。令女於是竊入寢室。以刀斷鼻。蒙被而臥。其母呼與語。不應。發被視之。血流滿床席。舉家驚惶。奔往視之。莫不酸鼻。或謂之曰。人生世間。如輕塵棲弱草耳。何至辛苦迺爾。且夫家夷滅已盡。守此欲誰為哉。令女曰。聞仁者不以盛衰改節。義者不以存亡易心。曹氏前盛之時。尚欲保終。況今衰亡。何忍棄之。禽獸之行。吾豈為乎。司馬宣王聞而嘉之。聽使乞子字養。為曹氏後。名顯于世。三國志卷九・魏書第九注

異文曹文叔妻。譙國夏侯寧之女。文叔早亡。妻斷髮自誓。其家欲嫁之。又截兩耳。司馬太傅美之。乞為曹氏後。太平御覽卷三六六・人事部七・耳

附録列女傳曰。譙國曹文叔妻者。同郡夏侯文寧之女。字令女。文叔早死。無子。喪畢斷髮。自誓不貳。其後家欲嫁之。又截兩耳。依文叔從兄爽。爽後被誅。文寧上書與曹氏絶婚。復欲嫁之。乃割鼻。其母謂曰。曹氏夷滅已盡。守此欲為誰乎。令女曰。仁者不以盛衰改節。義者不以存亡易心。曹氏前盛尚欲保終。況今衰滅。何忍棄之。太傅司馬公聞而嘉嘆。聽乞子為曹氏後。太平御覽卷四四〇・人事部八一・貞女

列女傳・龐娥親

皇甫謐列女傳曰。

酒泉烈女龐娥親者。表氏龐子夏之妻。祿福趙君安之女也。君安為同縣李壽所殺。娥親有男弟三人。皆欲報讎。壽深以為備。會遭災疫。三人皆死。壽聞大喜。請會宗族。共相慶賀。云。趙氏彊壯已盡。唯有女弱。何足復憂。防備懈弛。娥親子淯出行。聞壽此言。還以啟娥親。娥親既素有報讎之心。及聞壽言。感激愈深。愴然隕涕曰。李壽。汝莫喜也。終不活汝。戴履天地。為吾門戶。吾三子之羞也。焉知娥親不手刃殺汝。而自儌倖邪。陰市名刀。挾長持短。晝夜哀酸。志在殺壽。壽為人凶豪。聞娥親之言。更乘馬帶刀。鄉人皆畏憚之。比鄰有徐氏婦。憂娥親不能制。恐逆見中害。每諫止之。曰。李壽。男子也。凶惡有素。加今備衛在身。趙雖有猛烈之志。而彊弱不敵。邂逅不制。則為重受禍於壽。絕滅門戶。痛辱不輕也。願詳舉動。為門戶之計。娥親曰。父母之讎。不同天地共日月者也。李壽不死。娥親視息世間。活復何求。今雖三弟早死。門戶泯絕。而娥親猶在。豈可假手於人哉。若以卿心況我。則李壽不可得殺。論我之心。壽必為我所殺。明矣。夜數磨礪所持刀訖。扼腕切齒。悲涕長歎。家人及鄰里咸共笑之。娥親謂左右曰。卿等笑我。直以我女弱不能殺壽故也。要當以壽頸血污此刀刃。令汝輩見之。遂棄家事。乘鹿車伺壽。至光和二年二月上旬。以白日清時。於都亭之前。與壽相遇。便下車扣壽馬。叱之。壽驚愕。迴馬欲走。娥親奮刀斫之。并傷其馬。馬驚。壽擠道邊溝中。娥親尋復就地斫之。探中樹蘭。折所持刀。壽被創未死。娥親因前欲取壽所佩刀殺壽。壽護刀瞋目大呼。跳梁而起。娥親迺挺身奮手。左抵其額。右樁其喉。反覆盤旋。應手而倒。遂拔其刀以截壽頭。持詣都亭。歸罪有司。徐步詣獄。辭顏不變。時祿福長漢陽尹嘉不忍論娥。即解印綬去官。弛法縱之。娥親曰。讎塞身死。妾之明分也。治獄制刑。君之常典也。何敢貪生以枉官法。鄉人聞之。傾城奔往。觀者如堵焉。莫不為之悲喜慷慨嗟嘆也。守尉不敢公縱。陰語使去。以便宜自匿。娥親抗聲大言曰。枉法逃死。非妾本心。今讎人已雪。死則妾分。乞得歸法以全國體。雖復萬死。於娥親畢足。不敢貪生為明廷負也。尉故不聽所執。娥親復言曰。匹婦雖微。猶知憲制。殺人之罪。法所不縱。今既犯之。義無可逃。乞就刑戮。隕身朝市。肅明王法。娥親之願也。辭氣愈厲。面無懼色。尉知其難奪。彊載還家。涼州刺史周洪。酒泉太守劉班等並共表上。稱其烈義。刊石立碑。顯其門閭。太常弘農張奐貴尚所履。以束帛二十端禮之。海內聞之者。莫不改容贊善。高大其義。故黃門侍郎安定梁寬追述娥親。為其作傳。玄晏先生以為父母之讎。不與共天地。蓋男子之所為也。而娥親以女弱之微。念父辱之酷痛。感讎黨之凶言。奮劍仇頸。人馬俱摧。塞亡父之怨魂。雪三弟之永恨。近古已來。未之有也。詩云修我戈矛。與子同仇。娥親之謂也。三國志卷十八・魏書第十八注

附錄列女後傳曰。酒泉龐孝婦者。趙君安之女也。名俄親。君安為同縣孝壽所殺。而娥親兄弟三人一時病亡。壽乃喜。而自賀以為莫已報也。娥親聞之。陰思欲以報壽。備兵以伺壽。十數年於縣門前斫殺壽。訖詣縣自守。長義之解印綬去。欲縱娥親。娥親曰。讎怨賽身妾之分。治獄制罪。君之常理。何敢苟生以枉公法。後遇赦。得免。太常張奐聞嘉之。禮以束帛。太平御覽卷四一五・人事部五六・孝女

列女傳曰。龐娥親者。酒泉龐子夏妻。趙君安女。君安為同縣李壽所殺。三子遭疫而死。壽大喜。娥親聞曰。李壽。汝莫喜焉。知娥親不手刃汝耶。乃陰市刀。志在殺壽。後於都亭奮刀斫壽。刀折。拔壽佩刀。斷壽頭。詣獄求死。詔赦之。（太平御覽卷三四五・兵部七六・刀上　北堂書鈔卷一二三・武功部一一・刀）

列女傳曰。龐涓母者。趙氏女。字娥。父為同縣人所殺。而娥兄弟三人。俱時病物故。讎乃喜。以為莫己報。娥乃潛備刀兵。以候讎家十餘年後。遇於都亭。刺殺之。因詣縣自首曰。父仇已報。請就刑。（藝文類聚卷三三・人部一七・報讎）

列女傳・衛農妻

皇甫謐列女傳曰。

衛農與妻宿客舍。遇雷雨。妻夢虎齧其足。驚起。相謂曰。我此行未宜。天欲戮我。夫妻出。中夜。叩頭。屋壞壓殺數十人。（太平御覽卷一八一・居處部九・屋）

列女傳・羅貢羅

皇甫謐列女傳曰。

蜀景奇妻者。羅氏之女。字貢羅。奇亡無嗣。貢羅專心供養。父青以許同郡宰詩。貢羅與父母書。陳其情志。暦年不歸。後青使詩白州告縣發遣。貢羅乃由徑道詣州自訴。言意慷慨。請死不從。州嘉而

許焉。貢羅恐詩於道路迫脅。乃請吏兵自衛還家。執義終身。太平御覽卷四四〇·人事部八一·貞女

異文貢羅與父書。陳其情志。

後青受遠。使詩白州告縣發遣貢羅。貢羅乃由徑道詣州白訴。以上藝文類聚卷第一八·人部二·賢婦人

列女傳·周度

皇甫謐列女傳曰。

犍為相登妻者。周氏之女。名度。適登。一年而寡。牢令吳厚因人問度。心執匪石。引刀截髮。縣長吏復遣媒欲娉。度曰。前已斷髮。謂足表心。何誤復有斯言哉。取刀欲割鼻。左右救止。表其閭。太平御覽卷四四〇·人事部八一·貞女　藝文類聚卷第一八·人部二·賢婦人

列女傳·季珥

皇甫謐列女傳曰。

廣漢馮季宰妻者。季氏之女。名珥。字進娥。早寡無嗣。奉養繼姑。及宰兄顯。守心純固。以義自防。珥母愍其姑苦。陰有所許。珥斷髮自明。遂乞養男女各一。率道有法。鄉人稱之。太平御覽卷四四〇·人事部八一·貞女

異文李氏之女。名珥。字進。

珥母愍其孤苦。陰有所許。以上太平御覽卷三七三·人事部一四·髮

列女傳·彭非

皇甫謐列女傳曰。

廣漢王輔妻。彭氏之女也。名非。輔遊學數年。遂卒京師。迎喪葬訖。事姑孝敬彌篤。非叔父以許蘇孟。非叩。心泣血。訴情九族。猶不見聽。乃剪髮諸府。乞終供養。遂乞養子。靜居。年踰七十而卒。（太平御覽卷四四〇·人事部八一·貞女）

列女傳·劉長卿妻

皇甫謐列女傳曰。

沛國劉長卿妻者。同郡桓始春之女。少有名於桓宗。嫁於劉氏。生一男。字玉。玉五歲而長卿卒。懼見誘嫁。既不歸寧。兄弟時往。防漸遠疑。言不及外。玉年十五死。其弟會喪。援刀割耳。明己不貳。在喪側者。無不感傷。宗婦謂之曰。家未有相嫁之計。若其有也。徐可因姉妹以喻意。何貴義輕身之甚耶。荅曰。昔我君五更學為儒宗。尊為帝師。歷世不替。以忠孝顯。女以貞順稱。是以懼忝諸姑。或以我年未衰。又喪子。卒迫之間。非所能防。豈可不豫見其意哉。郡表其閭。號曰景行義桓。（太平御覽卷四四〇·人事部八一·貞女）

異文 懼見謗嫁。既不歸寧。

乃援刀割耳。明己不二。（以上藝文類聚卷一八·人部二·賢婦人）

列女傳·孫去病妻

皇甫謐列女傳曰。

沛公孫去病妻者。同郡戴元世之女。既嫁。久而無子。謂其夫曰。妾不才。得奉巾櫛歷年。無嗣。禮有七出。請願受訣。以其夫不許。復進曰。福莫大於昌熾。禍莫大於絕嗣。君不忍見遣。當更廣室。夫復不肯。夫死服除。父母欲嫁之。女遂操刀割鼻。郡表其閭。太平御覽卷四四〇·人事部八一·貞女

異文　沛國孫去病妻。同郡戴元世女。夫死。母欲嫁之。操刀割鼻。刀鈍不入。礪於石上。礪之鼻。然後斷。郡表其閭。太平御覽卷三六七·人事部八·鼻

列女傳·劉娥

皇甫謐列女傳曰。

梁夏文生妻者。沛國劉景賓之女。名娥。生一女而寡。娥誓不再嫁。父以配同郡衡氏。逼迫入門。娥謂衡氏曰。妾聞婦人不改嫁。越義失節。妾所不為。君可見遣。衡氏曰。相取有媒禮。何遣之有。衡氏妻服未闋。娥因數之曰。君衰麻在身。犯禮納室。雖顏之厚。奈相鼠何。妾必死不為君妻。相留不知辱乎。奮衣而出。衡氏不敢強留。父復以許臨睢倪氏。強扶上舩。俄陽不憂書與女別。乃以刀割耳鼻曰。所以不死者。老姑在堂。孤女尚幼。故耳執義終身。太平御覽卷四四〇·人事部八一·貞女中

異文　梁郡夏文珪妻。沛國劉景賓女。亦割鼻自誓不嫁。太平御覽卷三六七·人事部八·鼻

列女傳・留子直妻

皇甫謐列女傳曰。

留子直妻者。歷陽人。漢末擾攘。隨夫之從父客居豫章。從父通郡牧族之。妻年少有色。太守客請以為妻。守死不從。十餘日。客以還。太守夷殺之。臨死不變。口無言。郡吏及客憐之。更還救請。既得活。乃自割耳。久之。太守聞其夫在。遂還其妻。太平御覽卷四四一・人事部八一・貞女下

異文從父與賊交通。郡牧族之。妻年少有色。

付吏殺之。臨死顏色不變。口無怨言。

更還救請免。既得活。以上藝文類聚卷一八・人部二・賢婦人引作列女傳

列女傳・陳悝妻

皇甫謐列女傳曰。

下邳陳悝妻者。同郡吳氏之女。漢末喪亂。流寓東城。東城令戚奇欲北就。呂布焚城疊。虜人眾。聞女有容色。善史書。能彈琴瑟。遂殺悝。住車令僕者接女上車。女謂奇曰。君隳壞都城。虜略士女。殺人之夫。欲以人婦為妻。何酷逆之甚。願守志而死。不願無行而生。遂自刎。奇猶有哀慙。殯葬乃去。太平御覽卷四四一・人事部八一・貞女

列女傳・戴丹

皇甫謐列女傳曰。

戎士陳南妻丹者。戴氏之女。美而早寡。事舅姑恭篤。同伍之人咸樂其賢。色求者甚多。守死不嫁。後之娉者。告其軍主。軍主命之。知不得已。乃自經死。太平御覽卷四四一・人事部八一・貞女

列女傳・張禮脩

皇甫謐列女傳曰。

漢中趙高妻者。同郡張氏之女也。字禮脩。姑嚴酷無道。小怒則罵。大怒則罰。禮脩恭承。初無慍色。引過自咎。姑後知之。乃變意。厚加愛敬。後姑疾病。其女來視。臨困。卻女曰。我困矣。絕命當在賢婦之手。婦前抱持乃絕。後郡內遭賊。高死君難。禮脩以碧塗面。亂頭稱痛。懷刀在身。意氣烈決。賊不迫也。叔父矜其年壯。欲更嫁之。禮脩慷慨。至死為誓。藝文類聚卷一八・人部二・賢婦人

異文漢中趙嵩妻者。同郡張氏之女也。

遭賊。嵩死君難。

亂髮稱病。懷刀在身。

叔父矜其年少。又世方喪亂。欲更嫁。禮脩慷慨。以死為誓。以上太平御覽卷四四一・人事部八一・貞女○

列女傳・羅靜

皇甫謐列女傳曰。

丹陽羅靜者。廣德羅勤之女也。為同縣朱曠所聘。昏禮未成。勤遇病喪沒。鄰比斷絕。曠觸冒經營。尋復病亡。靜感其義。遂誓不嫁。有楊祚者。多將人眾。自往納幣。靜乃逃竄。祚劫其弟妹。靜懼為祚所害。乃出見之。曰。實感朱曠為妾父而死。是以託身亡者。自誓不貳。辛苦之人。願君哀而舍之。如其不然。請守之以死。乃舍之。藝文類聚卷一八・人部二・賢婦人

異文為同縣朱曠所婚。禮未成。勤遇疫疾喪沒。

請守之以死。乃舍之。靜守純固。年六十餘卒。以上太平御覽卷四四〇・人事部八一・貞女

列女傳・樂羊子妻藝文類聚卷十八：按，本條亦見後漢書列女傳，當亦出皇甫謐書。

列女傳曰。

河南貞義者。樂羊子之妻。羊子出學。貞義截髮賣。以供其費。後羊子得遺金一餅。以與貞義。貞義曰。妾聞君子不以利汚行。羊子慚而棄之。鄰人欲犯貞義而劫其姑。貞義操刀而出。鄰人曰。從者可。不從者。殺汝姑。貞義仰天而歎。以刀刎頸而死。太守以大夫禮葬之。號曰。貞義。藝文類聚卷十八・人部二・賢婦人

異文樂羊學書。其妻貞義。截髮以供其費。太平御覽卷三七三・人事部一四・髮

羊子慚。棄金於野。速尋師而學。唐・道世・法苑珠林卷五四

河南貞義者。樂羊子之妻。羊子出學。七年不歸。鄰人欲犯貞義。而劫其姑。貞義操刀而出。鄰人曰。從者可。不從者殺汝姑。貞義仰天而歎。以刀刎頸而死。太守以大夫葬之。號曰。貞義。太平御覽四四〇・人事部八一・貞女

附録列女傳曰。河南樂羊子妻。不知何氏。羊子嘗行路。得遺金一餅。還以與妻。妻曰。妾聞志士。不飲盜泉之水。廉者。不受嗟來之食。況拾遺求利。以汙其行乎。羊子大慙。損金於里。遠尋師學。太平御覽卷四二六・人事部六七・清廉下

列女傳附錄（以下未能確定作者為皇甫謐，附於後。）

列女傳・張芝

列女傳曰。

安定陳仲妻者。同郡張叔明之妹。名芝。字李張。年十四適仲。期年而寡。執節不嫁。叔明從軍。芝與二嫂沒賊。恐見侵略。而相謂曰。婦人以不汙身為高。不虧節為美。豈可委身待辱哉。於是自刺。二嫂既死。芝獨不死。叔明言於將軍耿弇。耿弇以駙馬負芝。芝曰。女子亡之餘汙。將軍服乘不可也。弇奇其言。更以他馬負芝。至營為致醫藥。因乃得全。郡表其閭。九十壽終。（太平御覽卷四四〇・人事部八十一・貞女）

列女傳・趙娥

列女傳曰。

巴趙娥者。趙萬之妻。郡縣遭亂。萬得足疾。不能行。為賊所殺。賊欲將娥。娥守喪不去。賊舉矛指娥。欲以怖之。娥知賊必欲劫略。乃以身赴矛。貫心達背而死。（太平御覽卷四四一・人事部八二・貞女太平御覽卷三五三・兵部八四・矛）

異文趙娥者。趙萬之妻。萬為賊所殺。欲將娥。娥守喪不去。賊舉矛指蛾。蛾知賊必欲劫掠。乃以身赴矛。貫心達背而死。（北堂書鈔卷一二三・武功部一一・矛）

列女傳・張昭儀

列女傳曰。

蜀朱叔賢妻者。張氏之女。字昭儀。賢為郡督郵軍襲郡城。城門閉。賢兄弟謀踰城出。事泄。伏誅。乃配嫁。昭儀泣曰。誅我夫而逼嫁我。此寧夫婦平生之願乎。乃竊刀割咽而死。（太平御覽卷四四一・人事部八二・貞女）

列女傳・袁次陽妻

列女傳曰。

袁次陽妻者。扶風馬季長之女也。下車禮畢。次陽問曰。為婦之道。貞而已。何輜軿僮婢。數十黼黻。玄黃珠璣之飾耶。夫人答曰。女有三從之義。在家於父母情愛無已。欲其豊麗。故不敢逆命。今君欲擬鮑子。子都之風不受。婦家之送。此乃清高異行也。妾亦欲君志。悉還所有。以成君之高。不亦可乎。次陽又問曰。弟先足猶以為鄙。高士不為也。賢姉未嫁而新婦先行。有何汲汲乎。答曰。家姉有宋伯姬之風。梁高之行。節操槩於青雲。貞介皦於白日。家君庶堯之配舜。孔子妻公冶之義。世乏此賢。故且躊躇。妾固陋不才。遭人則可。次陽嘿然。悵恨外聽者。曰。使君努力何為。新婦所困之有。（太平御覽四六四・人事部一五・辯下）

列女傳・趙阿

列女傳曰。沛周明都妻者。衛尉趙長平之女也。名阿。長平德行純粹。海內知之。阿少習儀訓。長閑婦道。而都驕淫暴躁。不式上命。都父衛謂阿曰。新婦賢者女也。當以禮法匡聟。都之不改。新婦之過也。阿既拜命。退謂左右曰。我無樊衛二姬之行。故君以責我。我言而不用。君必謂我不奉教。則罪在已。為生如此。亦何顧哉。乃自殺。（太平御覽卷四四一・人事部八二・貞女）

列女傳・皇甫規妻

列女傳曰。安定皇甫規妻。年盛色美。董卓娉以輜軿百垂。乃輕服詣卓門。跪自陳請。卓使侍者。悉杖刀圍之。妻知不免。乃立罵卓曰。君羌胡之種。毒害天下。猶未足耶。敢欲行禮於爾君夫人乎。卓乃以其頭懸車軛。鞭樸交至。遂死車下。（太平御覽卷四六六・人事部一七・罵詈）

列女傳・翟方進後母

列女傳曰。翟方進學於京師。後母憐其幼。隨之長安。織履以給之。（太平御覽卷六九七・服章部一四・履）

列女傳・桓少君

列女傳曰。

渤海鮑宣妻者。桓氏之女也。字少君。宣嘗就少君父學。父奇其清苦。故以女妻之。裝送資賄甚盛。宣不說。謂妻曰。少君生尊寵。習美飾。而吾貧賤。不敢當禮。妻曰。大人以先生修德守約。故使妾侍執巾櫛。唯命是從。宣笑曰。然如是吾志也。妻乃悉歸車馬侍御。服更着短衣裳。挽鹿車。歸鄉里。拜姑禮畢。提瓶出汲。循行婦道。禮節恭備。鄉稱之。宣哀帝時。為司校尉。子永中興初為魯郡太守。永之子昱。嘗從容問曰。太夫人寧復識挽車時不。曰。先姑有言。存不亡安。安不忘危。吾焉敢忘乎。太平御覽卷七七五・車部四・鹿車

列女傳・顧昭君

列女傳曰。

吳沈伯陽妻者。顧文宣之女。字昭君。早寡無嗣。盡禮供養。其父陰許人。姑聞之而哭。昭君乃引刀。剪髮割兩耳。以明其志。太平御覽四四〇・人事部八一・貞女

異文吳伯陽妻顧昭君。早寡。剪髮以明志。太平御覽卷三七三・人事部一四・髮

列女傳・姜詩妻

列女傳曰。

姜詩妻。事姑嗜魚膾。又不能獨味。妻與詩常力作供膾。呼鄰母共食其舍。側忽有泉。常出鯉魚一隻。以供二母之膳。（太平御覽卷八六二・飲食部二〇・膾）

列女傳・尹吉甫妻

列女傳曰。

尹吉甫子伯奇。至孝事後母。母取蜂去毒。繫於衣上。伯奇前欲去之。母便大呼曰。伯奇牽我。吉甫見疑之。伯奇自死。（太平御覽卷九五〇・蟲豸部七・蜂）

列女傳・魯潛

列女傳曰。

張氏妻者。丹陽魯輝之女。名潛。既適張氏。會其家門伏誅。以潛女弱姑老。故得不死。然資產沒官。單罄壁立。昏晨力作。供養甚謹。猶應配適士伍之限無妻者。國有常法。知終不免。每與姑言。有必死之志。姑曰。夫亡改適。悠悠皆是人。當隨時之宜。何至於此。潛曰。悠悠之為。非妾心也。後至當配。果自經死。（太平御覽卷四四一・人事部八二・貞女）

列女傳・袁貴女

列女傳曰。

九江王孝謙妻者。同郡袁氏之女。字貴女。與母俱流移。共止孝謙。好酒兇悖。無子聟之禮。貴女每涕泣。諫喻不能匡改。母怨孝謙之為。貴女輒悲哀不食。言於鄰人。曰。為子致母於辱。非孝也。事無道之人。非義也。昔秋胡之妻不忍見不義之人。我何為於世間哉。乃自殺。太平御覽卷四四一・人事部八二・貞女

列女傳・師春姜

列女傳曰。

魯師春姜者。魯師氏之母也。嫁其女。三往而三逐。春姜問故。以輕其室人也。春姜召其女。而答之曰。夫婦人以順臣之嚴。沃盥饋食。則有父子之敬。報反而行。則有兄弟之道。必期必誠。則有朋友之信。寢席之交。然後有夫婦之際。君子謂春姜曰。知陰陽之順逆也。太平御覽卷五四一・禮儀部二〇・婚姻

列女傳・河內二義

列女傳曰。

河內二義者。張伯仁仲仁之妻也。兄弟少孤。共居。伯仁敦厚謙苦。仲仁驕戾不節。二婦紡績得好枲麻。輒別異之。以為仲仁衣服。太平御覽卷九九五・百卉部二・麻

列女傳·游女

列女傳曰。

游女。漢水神。鄭大夫交甫於漢皐見之。聘之橘柚。（文選卷十八·琴賦注）

列女傳·楊子拒妻

列女傳曰。

漢中楊子拒妻。字大英。子仲珍。有高名。常請客。母盛為供具。從牕中窺。客罷讓之。曰。吾視汝所交。皆不及己。此自損之道也。後歲餘。復請賓客。皆耆德秀士。母觀之喜。曰。吾無憂矣。（以上太平御覽卷四〇五·人事部四六·賓客）

列女傳·呂軍

列女傳曰。

會稽石師安妻者。同郡呂氏之女也。名軍。其兄遂犯法。軍匿之。知不能免。乃請智者為辭。乞代兄遂之命。因自經縣門。縣官嘉有義。乃捨遂罪。（太平御覽卷四一六·人事部五七·友悌）

列女傳・段紀配

列女傳曰。

廣漢廖伯妻者。同郡段氏之女。名紀配。性聰敏。達於詩書。進退閑暇。父母將有所許。紀配曰。梁高行割鼻告誠。以全其節。求生害仁。仁者不為。紀配生見禮義。豈獨使古人擅名哉。作詩三章。以諷父母。乃援刀斷指。藝文類聚卷一八・人部二・賢婦人

列女傳・無題

又聞列女傳云。

以一身而係綱常之重者。謂之德。以一死而正綱常之重者。謂之仁。明・李詡・戒庵老人漫筆卷三

列女傳・無題

列女傳云。

怒氣開弓。息氣放箭。蓋怒氣開弓。則力雄而引滿。息氣放箭。則心定而慮周。明・戚繼光・紀效新書・射法篇第十三

列女傳・無題

列女傳曰。

孟嘗君食客三千人。廚有三列。上客食肉。中客食魚。下客食菜。齊市中有乞食人馮煖。經冬無袴。面有飢色。願得上廚。

列女傳・無題

三年。秦灌大梁。虜王假。列女傳曰。

秦殺假。（史記卷四十四・魏世家）

列女傳・無題

其後會趙王遷立。其母倡也。列女傳云。

邯鄲之倡。（史記卷一〇二・列傳第四二傳注）

列女傳・無題

荊吳鄭衛之聲。韶濩武象之樂。陰淫案衍之音。鄢郢繽紛。激楚結風。列女傳曰。

聽激楚之遺風也。（史記卷一百一十七・列傳第五十七）

異文列女傳曰。聽激楚之遺風。（文選卷十七・舞賦注）

列女傳・無題

大鴻臚劉巨公。南鄭人也。見列女傳。（華陽國志卷十一・後賢志）

列女傳・無題

列女傳曰。

生三曰超。其母是也。（一切經音義卷第二）

續列女傳・伍伯妻

續列女傳曰。

曹節弟破石為越騎校尉。越騎營伍伯妻有美色。破石從求之。伍伯不敢違。妻執意不肯行。遂自殺。

（太平御覽卷三八一・人事部二二・美婦人）

皇甫謐集卷二十・列女後傳 新輯

列女後傳・衛義姬

皇甫謐列女後傳曰。

衛義姬者。其夫有先人之讎。讎家來報。壻避之。仇家得義姬。問壻所在。乃積薪燎之。遂不言而燒死。太平御覽卷四八二・人事部一二三・仇讎 藝文類聚卷第三三・人部一七・仇讎

列女後傳・季兒

皇甫謐列女後傳曰。

郃陽友娣者。郃陽邑任延壽之妻也。字季兒。有三子。季兒兄弟季宗與延壽爭葬父之事。延壽與其友陰殺季宗。季兒曰。殺夫不義事。兄之讎亦不義。何面目以生。而戴天履地乎。遂以繩自縊死。馮翊王讓聞之。大其義。令縣復其三子而表其墓也。太平御覽卷四八二・人事部一二二・仇讎

附錄友娣者。合陽邑任延壽之妻也。字季兒。有三子。季兒兄季宗與延壽爭葬父事。延壽與其友田建陰殺季宗。建獨坐死。延壽會赦。乃以告季兒。季兒曰。嘻。獨今乃語我乎。遂振衣欲去。問曰。所與共殺吾兄者為誰。延壽曰。田建。田建已死。獨我當坐之。汝殺我而已。季兒曰。殺夫不義。事兄之讎亦不義。延壽曰。吾不敢留汝。願以車馬及家中財物盡以送汝。聽汝所之。

季兒曰。吾當安之。兄死而讎不報。與子同枕蓆而使殺吾兄。內不能和夫家。又縱兄之仇。何面目以生而戴天履地乎。延壽慚而去。不敢見季兒。季兒乃告其大女曰。汝父殺吾兄。義不可以留。又終不復嫁矣。吾去汝而死。善視汝兩弟。遂以襁自經而死。馮翊王讓聞之。大其義。令縣復其三子而表其墓。君子謂友娣善復兄仇。詩曰。不僭不賊。鮮不為則。季兒可以為則矣。頌曰。季兒樹義。夫殺其兄。欲復兄讎。義不可行。不留不去。遂以自殃。馮翊表墓。嘉其義明。（以上劉向・列女傳卷五・合陽友娣）

列女後傳・京師節女

皇甫謐列女後傳曰。

京師節女者。長安大昌里人之妻也。其夫有仇。仇家欲報夫而無道。聞其妻孝義。乃劫其妻父。使要其女為中間。父呼其女而告之。計念不聽則殺父。不孝。聽之則殺夫。不義。不孝不義。雖生不可以行於代。欲以身當之。且曰。諾。夜在樓上新沐頭。東首臥則是矣。妾請開戶。而夜半仇家果至。至斷頭持去。明視之。乃其妻之頭也。仇家痛以為義。遂釋。不殺其父。（太平御覽卷四八二・人事部一二二・仇讎）

附錄京師節女者。長安大昌里人之妻也。其夫有仇人。欲報其夫而無道徑。聞其妻之仁孝有義。乃劫其妻之父。使要其女為中譎。父呼其女告之。女計念不聽之則殺父。不孝。聽之則殺夫。不義。不孝不義。雖生不可以行於世。欲以身當之。乃且許諾。曰。旦日。在樓上新沐。東首臥則是矣。妾請開戶牖待之。還其家。乃告其夫。使臥他所。因自沐居樓上。東首開戶牖而臥。夜半。仇家果至。斷頭持去。明而視之。乃其妻之頭也。仇人哀痛之。以為有義。遂釋不殺其夫。君子謂節女仁孝厚於恩義也。夫重仁義輕死亡。行之高者也。論語曰。君子殺身以成仁。無求生以害仁。此之謂也。

頌曰。京師節女。夫讎劫父。要女間之。不敢不許。期處既成。乃易其所。殺身成仁。義冠天下。（以上劉向·列女傳卷五·京師節女）

列女後傳·珠崖二義

列女後傳曰。

珠崖二義者。珠崖令之後妻及前妻女也。女名初。生十三。珠崖多珠。繼母連大珠以為係臂。及令死。當送喪還。法內珠於奩入關者死。繼母棄之。其子男九歲。取之置其母鏡奩中。皆不知也。及關候搜索得珠奩中。吏曰。誰當坐者。初謂是其繼母取之。乃白曰。君不幸夫解係臂棄之。初心惜之。取置夫鏡奩中。夫人不知也。母亦為然鄰之。乃曰。此珠妾之係臂也。君不幸。妾解之心不忍棄。而置鏡奩中。妾當坐。因此哭。哀動傍人。關吏執筆書不能就一字。關候垂涕。終日不能。乃曰。母子有義如此。吾寧可坐之。不忍加文。後訪訊。乃九歲男兒內焉。（太平御覽卷四一五·人事部五六·孝女）

附錄二義者。珠崖令之後妻及前妻之女也。女名初。年十三。珠崖多珠。繼母連大珠以為系臂。及今死。當送喪。法內珠入於關者死。繼母棄其系臂珠。其子男年九歲。好而取之。置之母鏡奩中。皆莫之知。遂奉喪歸。至海關。關候士吏搜索。得珠十枚於繼母鏡奩中。吏曰。嘻。此值法無可柰何。誰當坐者。初在左右顧。心恐母去置鏡奩中。乃曰。初當坐之。吏曰。其狀何如。對曰。君不幸。夫人解系臂棄之。初心惜之。取而置夫人鏡奩中。夫人不知也。繼母聞之。遽疾行問初。初曰。夫人所棄珠。初復取之。置夫人奩中。初當坐之。母意亦以初為實。然憐之。乃因謂吏曰。願且待。幸無劾兒。兒誠不知也。此珠妾之系臂也。君不幸。妾解去之。而置奩中。迫奉喪。道遠。與弱小俱。忽然忘之。妾當坐之。初固曰。實初取之。繼母又曰。兒但讓耳。實妾取之。因涕泣不能自禁。女亦曰。夫人哀初之孤。欲強活初身。夫人實不知也。又因哭泣。泣下交頸。送葬者盡哭。哀動傍人。莫不為酸鼻揮涕。關吏執筆書劾。不能就一字。關候垂泣。終日不能忍決。乃曰。母子有義如此。吾寧坐之。不忍加文。且又相讓。安知孰是。遂棄珠而遣之。既去。後乃知男獨取之也。君子謂二義慈孝。論語曰。父為子隱。子為父隱。直在其中矣。若繼母與假女推讓爭死。哀感傍人。可謂直耳。

頌曰。珠崖夫人。甚有母恩。假繼相讓。維女亦賢。納珠於關。各自伏愆。二義如此。為世所傳。以上劉向・列女傳卷五・珠崖二義

列女後傳・公孫河（藝文類聚作列女傳　太平御覽作列女後傳）

列女傳曰。

穎川公孫氏女河。年十三。怨家報其父。父走得免。河與母俱亡。母先見得。仇人事欲甘心。河馳出。叩頭涕泣曰。老母常有篤疾。安足殘戮以塞忿哉。我是其兒。父母所憐。不如殺我。仇遂殺之。而捨其母。（藝文類聚卷三十三・人部一七・報讎）

異文穎川公孫何者。公孫氏之女。年十三。

何與母俱亡。母先得見。仇人甚悅。爭欲取心。何便馳出。

老母常有篤疾。垂沒之人。安足殘戮以塞忿哉。（以上太平御覽卷四一五・人事部五六・孝女引作列女後傳）

列女後傳・孟宗母其一

列女傳曰。

江夏孟宗。少遊學。與同學共處。母為作十二幅被。其鄰婦怪問之。母曰。小兒無異操。懼朋類之不顧。故大其被。以招貧生之臥。庶聞君子之言耳。（藝文類聚卷七十・服飾部下・被　太平御覽卷七〇七・服用部九・被引作列女後傳）

異文其鄰父婦怪問之。（北堂書鈔卷第一三四・服飾部三・被二七）

列女後傳・孟宗母其二

列女後傳曰。

吳光祿勳孟宗。為監魚池司馬。罷職。道作兩器鮓。以歸奉母。母怒之曰。吾老為母。戒言唯聽飲彼水。何吾言之不從也。宗曰。於道作之。非池魚也。母曰。汝為主魚吏。而獲鮓以歸。豈可家至戶告耶。乃還鮓於宗。宗伏謝罪。遂沉鮓於江。藝文類聚卷七十二・食物部・鮓

異文孟宗監魚池還。道作兩器鮏。以饋母。母見怒。宗曰。於道作之。非魚池魚也。北堂書鈔卷一四六・酒食部五・鮏

列女後傳・范姬藝文類聚作列女傳 太平御覽作列女後傳

列女傳曰。

吳孫奇妻者。廣陵范慎女。名姬。十八配奇。一年而奇亡。慎以姬少寡無子。迎還其家。姬不肯歸。迎者以父母命迫之。姬遂操刀割耳及鼻。曰。父迎我者。不過以我年少而色美。今已殘矣。行將焉如。於是迎者空反。藝文類聚卷十八・人部二・賢婦人 太平御覽卷三六七・人事部八・鼻引作列女後傳

異文起還其家。姬不肯歸。迎者以父命迫之。今已殘矣。行將焉之。以上太平御覽卷四四〇・人事部八一・貞女

列女後傳・呂榮其一

列女後傳曰。

呂榮者。吳郡許昇之妻也。昇為賊所害。榮貞固自守。黄巾賊陳寶欲干穢之。榮執節不聽。寶遂殺榮。是日疾風暴雨。雷電晦冥。寶恐懼叩頭謝。葬之而去。麋府君聞榮高行。遣主簿祭之。又出錢助縣為冢。嘉興郭里墟北。名曰。義婦阪。（太平御覽卷五三・地部一八・阪）

異文 遂煞之。是夕疾風暴雨。雷電晦冥。寶惶懼。（北堂書鈔卷一五七・地部一・阪篇九）

列女後傳・呂榮其二

列女傳曰。

吳許昇妻。呂氏之女。名榮。昇遊誕博戲。不治操行。榮躬勤家業。以養其姑。勸昇學問。未嘗不垂淚而言。榮父疾昇。呼榮。欲改嫁之。榮曰。命之所遭。義無離貳。終不肯歸。昇後感悔。尋師遠學。四年乃歸。遂致名譽。為州所辟。遇劫害。歲餘。姑亡。夫族多欲娉之。誓不肯嫁。後黄巾賊欲犯之。榮踰垣而走。賊拔刀追榮。曰。從我則生。不從立死。榮曰。義不畏死而見虜辱也。賊遂殺之。（太平御覽卷四四〇・人事部八一・貞女）

異文 為州所辟。遇劫被害。榮手刃殺升者。以首還祭。（藝文類聚一八・人部二・賢婦人）

吳許升妻者。呂氏之女也。字榮。升少為博徒。不理操行。榮嘗躬勤家業。以養其姑。數勸升修學。每有不善。輒流涕進規。榮父積忿疾升。乃呼榮。欲改嫁之。榮歎曰。命之所遭。義無離貳。終不肯歸。升感激自厲。乃尋師遠學。遂以成名。尋被本州辟命。行至壽春。道為盜所害。刺史尹耀捕盜得之。榮迎喪於路。聞而詣州。請甘心讎人。耀聽之。榮乃手斷其頭。以祭升靈。後郡遭寇賊。賊欲犯之。榮踰垣走。賊拔刀追之。賊曰。從我則生。不從我則死。榮曰。義不以身受辱寇虜也。遂殺之。是日疾風暴雨。靁電晦冥。賊惶懼叩頭謝罪。乃殯葬之。太平御覽卷四四〇・人事部八一・貞女

列女後傳・李叔卿妹

列女後傳曰。

河南李叔卿為功曹。應舉孝廉。同時應人害之。使婢宣言叔卿婬其寡妹。同舉人詣尹。以骨肉相奸。不合應孝廉。叔卿杜門自絕。女妹傷被婬之名。遂到府門自殺。叔卿亦自殺。明己無愆也。後三年。霹靂害叔卿者。以其死屍置叔卿冢前。其家收而葬之。秋又雷發其冢。太平御覽卷一三・天部一三・霹靂

異文　漢河南李叔卿。為郡工曹。應孝廉。同輩疾之。宣言曰。叔卿妻寡妹。以故不得應孝廉之目。叔卿遂閉門不出。妹悲憤。乃詣府門自經。叔卿亦自殺。以明無私。既而家人葬之。後霹靂。遂擊殺所疾者。以置叔卿之墓。所震之家。收葬其屍。葬畢。又發其塚。太平廣記卷三九三・雷引作列女傳

列女後傳・劉桃樹

列女後傳曰。

陽華穆妻者。下邳劉方之女。字桃樹。生一男。而穆早亡。吳丁諿求之。諿知名之士。家將許焉。桃樹乃操刀割耳。其子又亡。桃樹乃安身守正。動不僭禮。太平御覽卷三六六・人事部七・耳

異文丹陽華穆妻者。

吳丁謂知名之士。家將嫁許焉。桃樹聞之。乃操刀割耳。

動不踰禮。以上太平御覽四四〇・人事部八一・貞女引作列女傳

列女後傳・劉仲敬妻

列女後傳曰。

劉仲敬妻者。沛國桓林之姊也。仲敬早亡。桓乃引刀割耳。宗婦問之。桓曰。吾自五代以來。世知名。男以忠孝顯。女以貞順稱。家以我年少。必相嫁。故預自裁割。以信我心。太平御覽卷三六六・人事部七・耳

列女後傳・衡農妻

列女後傳曰。

東平衡農師太尉蕘。農欲奔赴。無糧自致。妻願從行。行止紡績。庶以自資。行到聚亭。遇天霖雨。

留獨孤母舍。母舍後有空園。農曰。此園可以種黍。從求分種之。獨孤母曰。此久廢園。唯恐生力劣手不多耳。何分之有乎。農遂與妻斬荊棘種之。黍將熟。獨孤母乃更曰。黍當分。農欲委去。妻曰。不如收斂以遺之。安其意。然後乃去。農遂從之。後還。獨孤母以昔黍歸農。遂不肯取。（太平御覽卷八四二・百穀部六・黍）

列女後傳・蔡琰

列女後傳。

琰。字昭姬也。（後漢書卷八十四・列傳第七四注）

皇甫謐集卷二十一・玄晏春秋新輯

玄晏春秋・其一

玄晏春秋曰・

衛倫過予。言及於味。稱魏故侍中劉子陽。食餅知鹽生。精味之至也。予曰。師曠識勞薪。易牙別淄澠。子陽今之妙也。定之何難。倫因命僕取糧糗以進。予嘗之曰。麥也。有杏李柰味。三果之熟也不同。子焉得兼之。倫笑而不言。退告人曰。士安之識過劉氏。吾將來家實多。故杏時將發。糅以杏汁。李柰將發。又糅以李柰汁。故兼三味。藝文類聚卷八十七・果部下　太平御覽卷八六五・飲食部二三・鹽

異文衛倫取糗進。嘗之曰。吾知之麥也。北堂書鈔卷第一四七・酒食部六・糗四〇

倫因命僕取糗進子。予曰。麦也。有杏李棕味。太平御覽卷九七〇・果部七・棕

李時將發。又棕之李汁。棕時將發。又糅以棕汁。故兼三味。太平御覽卷九六八・果部五・杏

附錄衛倫以郎應會于京師。過予而論及於味。倫稱魏故侍中劉子揚。食餅知鹽生。精味之至也。予曰。昔師曠識勞薪。易牙別淄澠。子揚之妙抑末乎。倫曰。晉師曠易牙。古之精也。魏之子揚。今之妙。子何間焉。

衛倫過予。論及於時味。倫因命僕取糗進予曰。麥也。有杏李柰味。以上說郛本玄晏春秋

玄晏春秋曰。衛倫過予。而譙論及於味。倫稱侍中劉子楊。食餅知鹽生。精味之至也。予曰。

昔師曠識勞薪。易牙別淄澠。子楊之妙抑末乎。倫曰。晉曠齊牙。古之精也。魏之子楊。今之妙也。子何間焉。（太平御覽卷八六〇・飲食部一八・餅）

命僕取糗以進予。予嘗之曰。吾知之矣。麥其主者也。有杏李柰味。三果不同。予焉得兼之。倫曰。吾之將來家實多。故杏時將發。故糅以杏汁。李柰將發。又糅之以李柰汁。故有三果之味也。（太平御覽卷八六〇・飲食部一八・糗糒）

玄晏春秋・其二

玄晏春秋曰。

十七年予長七尺四寸。未通史書。與從姑子梁柳等。或編荊為楯。執杖為戈。分陳相刺。有若習兵。母數譴予。予出得瓜果。歸以進母。母投諸地。曰。孝經稱。日用三牲之養。猶為不孝。何孝者。莫大於欣親。今爾年近乎二十。志不存教。心不入道。曾無惕怵。小慰我心。脩身篤學。爾自得之。於我何有。因對予流涕。予心少感。遂伏書史。（太平御覽卷六〇七・學部一・敘學）

異文十七年。與姑子果柳等。擊壤于路。（太平御覽卷七五五・工藝部一二・擊壤）

七年春王正月乙酉。予長七尺四寸矣。

與從姑子梁柳等。擊壤于路。或編荊為楯。執荻為戈。分陳相刺。習兵共以為樂。（以上太平御覽卷三五一・兵部八二・戈）

執枝為戈。（北堂書鈔卷一二一・武功部九・盾三三）

執杖為矛。分陳相刺。
今爾年近乎三十。志不存教。（以上說郛本・玄晏春秋）

玄晏春秋・其三

玄晏春秋曰。

余家素貧窘。晝則務作於勞。夜則甘疲寐。及二時之務。書卷生塵。篋不解緘。唯季冬裁得一旬學。或兼夜寐。或戲獨否。或對食忘飡。或不覺日夕。是以遊出之事。吉凶略絕。富陽男數以全生之道誨予。方之好色。號予為書帙。（太平御覽卷六一四・學部八・好學）

異文余家貧。晝則愍於勞作。夜則甘於寢寐。以三時之務。卷帙生塵。篋不解緘。唯季冬末才得一旬學爾。（太平御覽卷二七・時序部一二・冬下）

余學或兼夜不寐。或臨食忘飡。（北堂書鈔卷第九七・藝文部三・好學）

晝則苦於作勞。夜則甘於疲寢。三時之際。書皆生塵。（太平御覽卷三七・地部二・塵）

晝則務作。夜則甘疲寐。（說郛本・玄晏春秋）

居家遊出之事。（說郛本・玄晏春秋）

號余為書淫。（北堂書鈔卷第九七・藝文部三・好學）

玄晏春秋·其四

玄晏春秋曰。

計君又授與司馬相如傳。遂涉漢書。讀匈奴傳。不識棠災孤塗之字。有胡奴執燭。顧而問之。奴曰。棠災天子也。言匈奴之號單于。猶漢人有天子也。予於是乎曠然發寤。藝文類聚卷八十·火部·燭

異文子讀漢書匈奴傳。不識撐黎孤塗之字。

奴曰。撐黎。天子也。

予於是乎曠然發悟。以上太平御覽卷八七〇·火部三·燭

附錄玄晏春秋云。士安讀漢書。不詳此言。有胡奴在側。言之曰。此胡所謂天子。與古書所說符會也。史記卷一百十·匈奴·列傳第五十注

玄晏春秋·其五

玄晏春秋曰。

予朴訥。不好戲弄。口又不能戲談。太平御覽卷四六四·人事部一〇五·訥

玄晏春秋·其六

玄晏春秋曰。

夏四月。予瘧于河南。歸于新安。不瘳。（太平御覽卷七四三・疾病部六・瘧）

玄晏春秋・其七

玄晏春秋曰。

鄰人亡斧及雞。意予竊之。居三日。雞還。斧又自得。鄰人大愧。（太平御覽卷七六三・器物部八・斧）

玄晏春秋・其八

玄晏春秋曰。

又好桑農種藏之事。且養雞鶩園圃之事。懃不舍力焉。（太平御覽卷八二四・資產部四・園）

玄晏春秋・其九

玄晏春秋曰。

十二月乙丑夕。夢至京師。自廟出。見車騎甚眾。以物呈廟云。誅大將軍曹爽。寤以告梁析。析曰。君欲曹人之夢乎。朝無公孫彊。予曰。爽無叔振之請。苟失天機則離矣。何待於彊。（太平御覽卷四〇〇・人事部四一・凶夢）

附錄 漢晉春秋曰。安定皇甫謐以九年冬夢至洛陽。自廟出。見車騎甚眾。以物呈廟云。誅大將軍曹爽。寤而以告其邑人。邑人曰。君欲作曹人之夢乎。朝無公孫彊如何。且爽兄弟典重兵。又權尚書事。誰敢謀之。謐曰。爽無叔振鐸之請。苟失天機則離矣。何恃于彊。昔漢之閻顯。倚母后之尊。權國威命。可謂至重矣。閹人十九人。一旦尸之。況爽兄弟乎。三國志卷九・魏書・列傳九注　冊府元龜卷八九二・總錄部・夢徵

玄晏春秋・其十

玄晏春秋曰。

新安寺有槐。而鵲巢之。雄雞奪而摟為焉。永安令繁璉。予之族姑子也。其主簿以告予。予雞棲野。人必將寄次于野。縣其空乎。夏五月丙申。璉卒。喪。次子縣空縣送之。太平御覽卷八八五・妖異部一・怪

玄晏春秋・其十一

玄晏春秋云。

予常恨不能請命於天。延年累百。博極群書者也。北堂書鈔卷九十七・藝文部三・博學

中國古典數字工程叢書

皇甫謐集

卌四卷

下冊

新世界出版社

皇甫謐集卷二十二・鍼灸甲乙經卷一

黄帝三部鍼灸甲乙經序

夫醫道所興。其來久矣。上古神農始嘗草木而知百藥。黄帝咨訪岐伯。伯高。少俞之徒。內考五藏六府。外綜經絡血氣色候。參之天地。驗之人物。本性命。窮神極變。而鍼道生焉。其論至妙。雷公受業傳之於後。伊尹以亞聖之才。撰用神農本艸以為湯液。中古名醫。有俞跗。醫緩。扁鵲。秦有醫和。漢有倉公。其論皆經理識本。非徒診病而已。漢有華佗。張仲景。其他奇方異治。施世者多。亦不能盡記其本末。若知直祭酒劉季琰病發於畏惡。治之而瘥。云後九年季琰病應發。發當有感。仍本於畏惡。病動必死。終如其言。仲景見侍中王仲宣。時年二十餘。謂曰。君有病。四十當眉落。眉落半年而死。令服五石湯可免。仲宣嫌其言忤。受湯勿服。居三日。見仲宣謂曰。服湯否。仲宣曰。已服。仲景曰。色候固非服湯之診。君何輕命也。仲宣猶不言。後二十年果眉落。後一百八十七日而死。終如其言。此二事雖扁鵲。倉公無以加也。華佗性惡矜技。終以戮死。仲景論廣伊尹湯液為數十卷。用之多驗。近代太醫令王叔和。撰次仲景。選論甚精。指事施用。按。七略藝文志。黄帝內經十八卷。今有鍼經九卷。素問九卷。二九十八卷。即內經也。亦有所忘失。其論遐遠。然稱述多而切事少。有不編次。比按倉公傳。其學皆出于素問。論病精微。九卷。是原本經脈。其義深奥。不易覺也。又有明堂孔穴鍼灸治要。皆黄帝。岐伯選事也。三部同歸。文多重複。錯互非一。甘露中。吾病風加苦聾。百日方治。要皆淺近。乃撰集三部。使事類相從。刪其浮辭。除其重複。論其精要。至為十二卷。易曰。觀其所聚。而天地之情事見矣。況物理乎。事類相從。聚之義也。夫受先人之體。有八尺之軀。而不知醫事。此所謂遊魂耳。若不精通於醫道。雖有忠孝之心。仁慈之性。君父危困。赤子塗地。無以濟之。此固聖賢所以精思極論盡其理也。由此言之。焉可忽乎。其本論。其文有理。雖不切於近事。不甚刪也。若必精要。後其閒暇。當撰覈以為教經云爾。

精神五藏論第一

黃帝問曰。凡刺之法。必先本於神。血脈營氣精神。此五藏之所藏也。何謂德。氣。生。精。神。魂。魄。心。意。志。思。智。慮。請問其故。

岐伯對曰。天之在我者德也。地之在我者氣也。德流氣薄而生也。故生之來謂之精。兩精相搏謂之神。隨神往來謂之魂。並精出入謂之魄。可以任物謂之心。心有所憶謂之意。意有所存謂之志。因志存變謂之思。因思遠慕謂之慮。因慮處物謂之智。故智以養生也。必順四時而適寒暑。和喜怒而安居處。節陰陽而調剛柔。如是則邪僻不生。長生久視。是故怵惕思慮者則神傷。神傷則恐懼流淫而不正。因悲哀動中者。則竭絕而失生。喜樂者。神憚散而不藏。愁憂者。氣閉塞而不行。盛怒者。迷惑而不治。恐懼者。蕩憚而不收（太素不收作失守）。

素問曰。怒則氣逆。甚則嘔血。及食而氣逆。故氣上。喜則氣和志達。營衛通利。故氣緩。悲則心系急。肺布葉舉。兩焦不通。營衛不散。熱氣在中。故氣消。恐則神卻。卻則上焦閉。閉則氣還。還則下焦脹。故氣不行。熱則腠理開。營衛通。汗大泄。驚則心無所倚。神無所歸。慮無所定。故氣亂。勞則喘且汗出。內外皆越。故氣耗。思則心有所傷。神有所止。氣流而不行。故氣結。以上言九氣。其義小異大同。

肝藏血。血舍魂。在氣為語。在液為淚。肝氣虛則恐。實則怒。素問曰。人臥血歸於肝。肝受血而能視。足受血而能步。掌受血而能握。指受血而能攝。

心藏脈。脈舍神。在氣為吞。在液為汗。心氣虛則悲憂。實則笑不休。

脾藏營。營舍意。在氣為噫。在液為涎。脾氣虛則四肢不用。五藏不安。實則腹脹。涇溲不利。噫音作噯。

肺藏氣。氣舍魄。在氣為欬。在液為涕。肺氣虛則鼻息不利。少氣。實則喘喝。胸憑九墟作盈仰息。

腎藏精。精舍氣。在氣為欠。在液為唾。腎氣虛則厥。實則脹。五藏不安。必審察五藏之病形。以知其氣之虛實而謹調之。

肝氣悲哀動中則傷魂。魂傷則狂妄。其精不守。一本作不精。不精則不正當。令人陰縮而筋攣。兩脇肋骨不舉。毛悴色夭。死于秋。

素問曰。肝在聲為呼。在變動為握。在志為怒。怒傷肝。九卷及素問又曰。精氣并于肝則憂解。曰。肝虛則恐。實則怒。怒而不已。亦生憂矣。肝之與腎。脾之與肺。互相成也。脾者上也。四藏皆受成焉。故恐發於肝而成於腎。愛發於脾。而成於肝。肝合膽。膽者中精之府也。腎藏精。故恐同其怒。怒同其恐。一過其節。則二藏俱傷。經言若錯。其歸一也。

心。怵惕思慮則傷神。神傷則恐懼自失。破䐃音窘脫肉。毛悴色夭。死于冬。

素問曰。心在聲為笑。在變動為憂。在志為喜。喜傷心。九卷及素問又曰。精氣并于心則喜。或言。心與肺脾二經有錯。何謂也。解曰。心虛則悲。悲則憂。心實則笑。笑則喜。心之與肺。脾之與心。亦互相成也。故喜變於心而成於肺。思發於脾而成於心。一過其節。則二藏俱傷。此經互言其義耳。非有錯也。又楊上善云。心之憂在心變動。肺之憂在肺之志。是則肺主於秋。憂為正也。心主於憂。變而生憂也。

異文憂為正也。心主於夏。變而生憂也。甲乙經影印本卷一

脾。愁憂不解則傷意。意傷則悗亂。四肢不舉。毛悴色夭。死于春。

素問曰。脾在聲為歌。在變動為噦。在志為思。思傷脾。九卷及素問又曰。精氣并于脾則饑一作畏。

肺喜樂。樂極則傷魄。魄傷則狂。狂者意不存。其人皮革焦。毛悴色夭。死于夏。

素問曰。肺在聲為哭。在變動為欬。在志為憂。憂傷肺。九卷及素問又曰。精氣并于肺則悲。

腎。盛怒未止則傷志。志傷則喜忘其前言。腰脊不可俛仰。毛悴色夭。死于季夏。

異文盛怒不止則傷志。甲乙經影印本卷一

素問曰。腎在聲為呻。在變動為慄。在志為怒。怒傷腎。九卷及素問又曰。精氣并於腎則恐。故恐懼而不改一作解則傷精。精傷則骨痠痿厥。精時自下。是故五藏主藏精者也。不可傷。傷則失守陰虛。陰虛則無氣。無氣則死矣。是故用鍼者。觀察病人之態。以知精神魂魄之存亡得失之意。五者已傷。鍼不可以治也。

五藏變腧第二

黃帝問曰。五藏五腧。願聞其數。

岐伯對曰。人有五藏。藏有五變。變有五腧。故五五二十五腧。以應五時。

肝為牡藏。其色青。其時春。其日甲乙。其音角。其味酸。素問曰。肝在味為辛。於經義為未通。

心為牡藏。其色赤。其時夏。其日丙丁。其音徵。其味苦。素問曰。心在味為鹹。於經義為未通。

脾為牝藏。其色黃。其時長夏。其日戊己。其音宮。其味甘。

異文其時季夏。其日戊己。隋・蕭吉・五行大義卷三・第十四論雜配・第四論配藏府

肺為牝藏。其色白。其時秋。其日庚辛。其音商。其味辛。素問曰。肺在味為苦。於經義為未通。

異文肺為牝藏。其色白。甲乙經影印卷一 隋・蕭吉・五行大義卷三・第十四論雜配・第四論配藏府

腎為牝藏。其色黑。其時冬。其日壬癸。其音羽。其味鹹。是謂五變。

藏主冬。冬刺井。色主春。春刺榮。時主夏。夏刺腧。音主長夏。長夏刺經。味主秋。秋刺合。是謂五變。以主五腧。

曰。諸原安合。以致五腧。

曰。原獨不應五時。以經合之。以應其數。故六六三十六腧。

曰。何謂藏主冬。時主夏。音主長夏。味主秋。色主春。

曰。病在藏者取之井。病變於色者取之滎。病時間時甚者取之腧。病變於音者取之經。經滿而血一作絡

者。病在胃（一作胸）。及以飲食不節得病者。取之合。故命曰。味主合。是謂五變也。人逆春氣則少陽不生。肝氣內變。逆夏氣則太陽不長。心氣內洞。逆秋氣則太陰不收。肺氣焦滿。逆冬氣則少陰不藏。腎氣濁沉。夫四時陰陽者。萬物之根本也。所以聖人春夏養陽。秋冬養陰。以從其根。逆其根則伐其本矣。故陰陽者。萬物之終始也。順之則生。逆之則死。反順為逆。是謂內格。是故。聖人不治已病治未病。論五藏相傳所勝也。假使心病傳肺。肺未病。逆治之耳。

異文 病變於色者取之滎。（甲乙經影印本卷一）

五藏六府陰陽表裏第三

肺合大腸。大腸者傳道之府。心合小腸。小腸者受盛之府。肝合膽。膽者清淨之府。脾合胃。胃者五穀之府。腎合膀胱。膀胱者津液之府。少陰屬腎。上連肺。故將兩藏。三焦者。中瀆之府。水道出焉。屬膀胱。是孤之府。此六府之所合者也。

素問曰。夫腦。髓。骨。脈。膽。女子胞。此六者。地氣之所生也。皆藏於陰。象於地。故藏而不瀉。名曰。奇恒之府。胃。大腸。小腸。三焦。膀胱。此五者。天氣之所生也。其氣象天。故瀉而不藏。此受五藏濁氣。名曰。傳化之府。此不能久留。輸瀉者也。魄門亦為五藏使。水穀不得久藏。五藏者。藏精氣而不瀉。故滿而不能實。六府者。傳化物而不藏。故實而不能滿。水穀入口。則胃實而腸虛。食下則腸實而胃虛。故實而不滿。滿而不實也。氣口何以獨為五藏主。胃者。水穀之海。六府之大源也。（稱六腑雖少錯。於理相發為佳。）肝膽為合。故足太陰與少陽為表裏。脾胃為合。故足太陰與陽明為表裏。腎膀胱為合。故足少陰與太陽為表裏。心與小腸為合。故手少陰與太陽為表裏。肺大腸為合。故手太陰與陽明為表裏。

異文肝膽為合。故足厥陰與少陽為表裏。（甲乙經影印本卷一）五藏者。肺為之蓋。巨肩陷。咽喉見于外。心為之主。缺盆為之道。骺（音滑）骨有餘。以候內髑骭（音曷干）。肝為之主。將使之候外。欲知堅固。視目大小。脾主為胃（九虛太素作衛）。使之迎糧。視唇舌好惡。以知吉凶。腎者主為外。使之遠聽。視耳好惡。以知其性。六府者。胃為之海。廣骸（太素作胻）大頸。張胸。五穀乃容。鼻隧以長。以候大腸。唇厚人中長。以候小腸。目下裹大。其膽乃横。鼻孔在外。膀胱漏泄。鼻柱中央起。三焦乃約。此所以候六府也。上下三等。藏安且良矣。

五藏六府官第四

鼻者。肺之官。目者。肝之官。口唇者。脾之官。舌者。心之官。耳者。腎之官。凡五官者。以候五藏。肺病者。喘息鼻張。肝病者。目眥青。脾病者。唇黄。心病者。舌卷顴赤。腎病者。顴與顏黑。

故肺氣通於鼻。鼻和則能知香臭矣。心氣通於舌。舌和則能知五味矣。

附錄甲乙經云。鼻為肺之官。目為肝之官。口脣為脾之官。舌為心之官。耳為腎之官。故肺病。喘息。鼻張。肝病。目閉。眥青。脾病。口脣黄乾。心病。舌卷短。顏赤。腎病。權與顏黑黄。

耳聾。此名五官。隋・蕭吉・五行大義卷第三・第十四論雜配・第四論配藏府

素問曰。心在竅為耳一云舌。夫心者。火也。腎者。水也。水火既濟。心氣通於舌。舌非竅也。其通於竅者。寄在於耳王冰云。手少陰之絡會于耳中。故肝氣通於目。目和則能視五色矣。素問曰。諸脈者皆屬於目。又九卷曰。心藏脈。脈舍神。神明通體。故云屬目。

脾氣通於口。口和則能別五穀味矣。腎氣通於耳。耳和則能聞五音矣。

素問曰。腎在竅為耳。然則腎氣上通於耳。下通於陰也。五藏不和。則九竅不通。六府不和。則留結為癰。故邪在府。則陽脈不和。陽脈不和。則氣留之。氣留之。則陽氣盛矣。邪在藏。則陰脈不和。陰脈不和。則血留之。血留之。則陰氣盛矣。陰氣太盛。則陽氣不得相營也。故曰。格。陰陽俱盛。不得自相營也。故曰。關格。關格者。不得盡一作盡期而死矣。

五藏大小六府應候第五

黃帝問曰。人俱受氣於天。其有獨盡天壽者。不免於病者。何也。

異文其有獨盡夭壽者。甲乙經影印本卷一

岐伯對曰。五藏者固有大小高下堅脆端正偏傾者。六府亦有大小長短厚薄結直緩急者。凡此二十五變者。各各不同。或善或惡。或吉或凶也。

心小則安。邪弗能傷太素云。外邪不能傷。易傷於憂。心大則憂弗能傷。易傷於邪太素亦作外邪。心高則滿於肺。中悶而善

忘。難開以言。心下則藏外。易傷於寒。易恐以言。心堅則藏安守固。心脆則善病消癉熱中。心端正則和利難傷。心偏傾則操持不一。無守司也。

楊上善云。心藏言神有八變。後四藏但言藏變。不言神變者。以神為魂魄。意之主。言其神變。則四藏可知。故略而不言也。

肺小則少飲。不病喘（一作喘喝）。肺大則多飲。善病胸脾逆氣。肺高則上氣喘息欬逆。肺下則逼賁迫肺。善脇下痛。肺堅則不病欬逆上氣。肺脆則善病消癉易傷也（一云易傷於熱喘息鼻衄）。肺端正則和利難傷。肺偏傾則病胸脇偏痛。

肝小則安。無脇下之病。肝大則逼胃迫咽。迫咽則善（一作苦）膈中。且脇下痛。肝高則上支賁加脇下急。為息賁。肝下則逼胃。脇下空。空則易受邪。肝堅則藏安難傷。肝脆則善病消癉易傷。肝端正則和利難傷。肝偏傾則脇下偏痛。

脾小則安。難傷於邪。脾大則善腠䏚（音停）而痛。不能疾行。脾高則䏚引季脇而痛。脾下則下加於大腸。下加於大腸。則藏外易受邪。脾堅則藏安難傷。脾脆則善病消癉易傷。脾端正則和利難傷。脾偏傾則瘈瘲善脹。

腎小則安難傷。腎大則（一本云耳聾或鳴汁出）善病腰痛。不可以俛仰。易傷於邪。腎高則善病背膂痛。不可以俛仰（一本云背急綴耳膿血出。或生肉塞）。腎下則腰尻痛。不可俛仰。為狐疝。腎堅則不病腰痛。腎脆則善病消癉易傷。腎端正則和利難傷。腎偏傾則善腰尻痛。凡此二十五變者。人之所以善常病也。

曰。何以知其然。

曰。赤色小理者。心小。粗理者。心大。無髃骬者。心高。髃骬小短舉者。心下。髃骬長者。心堅。髃骬弱小以薄者。心脆。髃骬直下不舉者。心端正。髃骬（一作面）一方者。心偏傾。

白色小理者。肺小。粗理者。肺大。巨肩反（一作大）膺陷喉者。肺高。合腋張脇者。肺下。好肩背厚者。肺堅。肩背薄者。肺脆。背膺厚者。肺端正。膺偏竦（一作欹）者。肺偏傾。

青色小理者。肝小。粗理者。肝大。廣胸反骹者。肝高。合脇脆骹者。肝下。胸脇好者。肝堅。脇骨弱者。肝脆。膺腹好相得者。肝端正。脇骨偏舉者。肝偏傾。

黃色小理者。脾小。粗理者。脾大。揭唇者。脾高。唇下縱者。脾下。唇堅者。脾堅。唇大而不堅者。脾脆。唇上下好者。脾端正。唇偏舉者。脾偏傾。

黑色小理者。腎小。粗理者。腎大。耳高者。腎高。耳後陷者。腎下。耳堅者。腎堅。耳薄不堅者。腎脆。耳好前居牙車者。腎端正。耳偏高者。腎偏傾。凡此諸變者。持則安。減則病也。

曰。願聞人之有不可病者。至盡天壽。雖有深憂大恐。怵惕之志。猶弗能感也。大寒甚熱弗能傷也。其有不離屏蔽室內。又無怵惕之恐。然不免於病者。何也。

曰。五藏六府。邪之舍也。五藏皆小者。少病。善焦心。人愁憂。五藏皆大者。緩於事。難使以憂。五藏皆高者。好高舉措。五藏皆下者。好出人下。五藏皆堅者。無病。五藏皆脆者。不離于病。五藏皆端正者。和利得人心。五藏皆偏傾者。邪心善盜。不可為人。卒反復言語也。

異文少病。苦焦心。

不可為人乎。反復言語也。以上甲乙經影印本卷一

曰。願聞六府之應。

曰。肺合大腸。大腸者。皮其應也。

素問曰。肺之合皮也。其榮毛也。其主心也。下章言腎之應毫毛。於義為錯。

心合小腸。小腸者。脈其應也。

素問曰。心之合肺也。其榮色也。其主腎也。其義相順。

肝合膽。膽者。筋其應也。

素問曰。肝之合筋也。其榮爪也。其主肺也。其義相順。

脾合胃。胃者。肉其應也。

素問曰。脾之合肉也。其榮唇也。其主肝也。其義相順。

腎合三焦膀胱。三焦膀胱者。腠理毫毛。其應也。九卷又曰。腎合骨。

素問曰。腎之合骨也。其榮髮也。其主脾也。其義相同。

曰。應之。柰何。

曰。肺應皮。皮厚者。大腸厚。皮薄者。大腸薄。皮緩腹裏大者。大腸緩而長。皮急而短。皮滑者。

大腸直。皮肉不相離者。大腸結。

心應脈。皮厚者。脈厚。脈厚者。小腸厚。皮薄者。脈薄。脈薄者。小腸薄。皮緩者。脈緩。脈緩者。小腸大而長。皮薄而脈沖小者。小腸小而短。諸陽經脈皆多紆屈者。小腸結。

脾應肉。肉䐃堅大者。胃厚。肉䐃麼者。胃薄。肉䐃小而麼者。胃不堅。肉䐃不稱其身者。胃下。胃下者。小脘約不利太素作下脘未約。肉䐃不堅者。胃緩。肉䐃無小裹絫標緊一本作無小裹累者。胃急。肉䐃多小裹絫一本亦作累字者胃結。胃結者。上脘約不利。

肝應筋。爪厚色黃者。膽厚。爪薄色紅者。膽薄。爪堅色青者。膽急。爪濡色赤者。膽緩。爪直色白無約者。膽直。爪惡色黑多文者。膽結。

腎應骨。密理厚皮者。三焦膀胱厚。粗理薄皮者。三焦膀胱薄。腠理疏者。三焦膀胱緩。皮急而無毫毛者。三焦膀胱急。毫毛美而粗者。三焦膀胱直。稀毫毛者。三焦膀胱結。

曰。薄厚美惡皆有其形。願聞其所病。

曰。各視其外應以知其內藏。則知所病矣。

十二原第六

五藏有六府。六府有十二原。十二原者。出於四關。四關主治五藏。五藏有疾。當取之十二原。十二原者。五藏之所以稟三百六十五骨之氣味者也。五藏有疾。出于十二原。而原各有所出。明知其原。覩其應。知五藏之害矣。陽中之少陰肺也。其原出於大淵二。陽中之太陽心也。其原出於太陵二。陰中之少陽肝也。其原出於太衝二。陰中之太陰腎也。其原出於太谿二。陰中之至陰脾也。其原出於太白二。膏之原出於鳩尾一。肓之原出於脖胦（脖滿沒切。胦烏朗切）一。凡十二原。主治五藏六府之有病者也。脹取三陽。飧泄取三陰（一云滯取三陰）。今夫五藏之有病。譬猶刺也。猶污也。猶結也。猶閉也。刺雖久猶可拔也。污雖久。猶可雪也。結雖久。猶可解也。閉雖久。猶可決也。或言久疾之不可取者。非其說也。夫善用鍼者。取其疾也。猶拔刺也。猶雪污也。猶解結也。猶決閉也。疾雖久猶可畢也。言不可治者。未得其術也。

異文　陽中之少陰肺也。其原出於太淵二。陽中之太陽心也。其原出於大陵二。肓之原出於脖（滿沒切）胦（烏朗切）凡一。十二原。（以上甲乙經影印本卷一）

十二經水第七

黃帝問曰。經脈十二者。外合于十二經水而內屬于五藏六府。夫十二經水者。受水而行之。五藏者。合神氣魂魄而藏之。六府者。受穀而行之。受氣而揚之。經脈者。受血而營之。合而以治。柰何。刺之深淺。灸之壯數。可得聞乎。

岐伯對曰。藏之堅脆。府之大小。穀之多少。脈之長短。血之清濁。氣之多少。十二經中。多血少氣。與其少血多氣。與其皆多氣血。與其皆少血氣。皆有定數。其治以鍼灸。各調其經氣。固其常有合也。此人之參天地而應陰陽。不可不審察之也。

足陽明。外合於海。內屬於胃。

異文外合於海水。內屬於胃。甲乙經影印本卷一

足太陽。外合於清水。內屬於膀胱。而通水道焉。

足少陽。外合於渭水。內屬於膽。

足太陰。外合於湖水。內屬於脾。

足厥陰。外合於澠水。內屬於肝。

足少陰。外合於汝水。內屬於腎。

手陽明。外合於江水。內屬於大腸。

手太陽。外合於淮水。內屬於小腸。而水道出焉。

手少陽。外合於漯水。內屬於三焦。

手太陰。外合於河水。內屬於肺。

手心主。外合於漳水。內屬於心包。

手少陰。外合於濟水。內屬於心。

凡此五藏六府十二經水者。皆外有源泉。而內有所稟。此皆內外相貫。如環無端。人經亦然。故天為陽。地為陰。腰以上為天。下為地。故海以北者為陰。湖以北者為陰中之陰。漳以南者為陽。河以北至漳者為陽中之陰。漯以南至江者為陽中之陽。此一州之陰陽也。此人所以與天地相參也。

曰。夫經水之應經脈也。其遠近之淺深。水血之多少。各不同。合而刺之。柰何。

曰。足陽明。五藏六府之海也。其脈大而血多氣盛熱壯。刺此者不深。弗敢不留不寫。

足陽明多血氣。刺深六分。留十呼。

足少陽少血氣。刺深四分。留五呼。

足太陽多血氣。刺深五分。留七呼。

足太陰多血少氣。刺深三分。留四呼。

足少陰少血多氣。刺深二分。留三呼。

足厥陰多血少氣。刺深一分。留一呼。

手之陰陽。其受氣之道近。其氣之來也疾。其刺深皆無過二分。留皆無過一呼。其少長小大肥瘦。以心料之。命曰。法天之常。灸之亦然。灸而過此者。得惡火則骨枯脈濇。刺而過此者。則脫氣。

曰。夫經脈之大小。血之多少。膚之厚薄。肉之堅脆。及膕之大小。可以為度量乎。

曰。其可為量者。取其中度者也。不甚脫肉而血氣不衰者也。若失度人之痟（音消渴病）瘦而形肉脫者。烏可以度量刺乎。審切循捫按。視其寒溫盛衰而調之。是謂因適而為之真也。

異文是謂因適而謂之真也。（甲乙經影印本卷一）

四海第八

人有四海。十二經水者皆注于海。有髓海。有血海。有氣海。有水穀之海。胃者。為水穀之海。其腧上在氣街。下至三里。衝脈者。為十二經之海。其腧上在大杼。下出巨虛上下廉。膻中者。為氣之海。其腧上在柱骨之上下。前在人迎。腦者。為髓之海。其腧上在其蓋。下在風府。凡此四海者。得順者。生。得逆者。敗。知調者。利。不知調者。害。

曰。四海之逆順柰何。

曰。氣海有餘。則氣滿。胸中悗。急息面赤。不足則氣少。不足以言。血海有餘。則常想其身大怫鬱也。然不知其所病。不足則常想其身小狹。然不知其所病。水穀之海有餘。則腹脹滿。不足則饑。不受穀食。髓海有餘。則輕勁多力。自過其度。不足則腦轉耳鳴。脛胻痠。眩冒目無所見。懈怠安臥。

曰。調之。柰何。

曰。審守其腧。而調其虛實。無犯其害。順者得復。逆者必敗。

氣息周身五十營四時日分漏刻第九

黃帝問曰。五十營柰何。

岐伯對曰。周天二十八宿。宿三十六分。人氣行一週千八分。人經絡上下左右前後二十八脈。週身十六丈二尺。以應二十八宿。漏水下百刻。以分晝夜。故人一呼脈再動。氣行三寸。一吸脈亦再動。氣行三寸。呼吸定息。氣行六寸。十息脈行六尺。日行二分。二百七十息。氣行十六丈二尺。氣行交通於中。一周於身。下水二刻。日行二十分有奇。五百四十息氣。行再周於身。下水四刻。日行四十分有奇。二千七百息。氣行十周於身。下水二十刻。日行五宿二百十分有奇。一萬三千五百息。氣行五十營於身。水下百刻。日行二十八宿。漏水皆盡。脈已終矣。王冰曰。此略而言之也。細言之。則常以一千周加一分。又十分分之六。乃奇分盡也。所謂交通者。并行一數也。故五十營備。得盡天地之壽矣。氣凡行八百一十丈也。一日一夜五十營。以營五藏之精。不應數者。謂之狂生。所謂五十營者。五藏皆受氣也。此段舊在經脈根結之末。今移在此。

曰。衛氣之行。出入之會何如。

曰。歲有十二月。日有十二辰。子午為經。卯酉為緯。天一面七宿。周天四七二十八宿。房昴為緯。張虛為經。是故房至畢為陽。昴至心為陰。陽主晝。陰主夜。故衛氣之行。一日一夜五十周於身。晝日行於陽二十五周。夜行於陰亦二十五周。周於五藏一本作歲。是故。平旦陰氣盡。陽氣出於目。目張則氣行於頭。循於項。下足太陽。循背下至小指端。其散者。分於目。別一云別於目銳眥。下手太陽。下至手小指外側。其散者。別於目銳眥。下足少陽。注小指次指之間。以上循手少陽之分側。下至小指之間。別者以上至耳前。合於頷脈。注足陽明。下行至跗上。入足五指之間。其散者從耳。下手陽明入大指之間。入掌中。直至於足。入足心。出內踝下行陰分。復合於目。故為一周。是故。日行一舍。人氣行於身一周。與十分身之八。日行二舍。人氣行於身三周。與十分身之六。日行三舍。人氣行於身五周。與十分身之四。日行四舍。人氣行於身七周。與十分身之二。日行五舍。人氣行於身九周。日行六舍。人氣行於身十周。與十分身之八。日行七舍。人氣行於身十二周。在身與十分身之六。日行十四舍。人氣二十五周於身有奇分。與十分身之四。陽盡於陰。陰受氣矣。其始入於陰。常從足少陰注於腎。腎注於心。心注於肺。肺注於肝。肝注於脾。脾復注於腎。為一周。是故。夜行一舍。人氣行於身一周（一云陰藏）。與十分藏之八。亦如陽之行二十五周。而復會於目。陰陽一日一夜。舍於奇分。十分身之四與十分藏之四（一作二。上文十分藏之八。此言十分藏之四。疑有誤）。是故。人之所以臥起之時。有早晏者。以奇分不盡故也。

曰。衛氣之在身也。上下往來無已。其候氣而刺之。柰何。

曰。分有多少。日有長短。春秋冬夏。各有分理。然後常以平旦為紀。夜盡為始。是故。一日一夜。漏水百刻。二十五刻者。半日之度也。常如是無已。日入而止。隨日之長短。各以為紀。謹候氣之所在而刺之。是謂逢時。病在於陽分。必先候其氣之加在於陽分而刺之。病在於陰分。必先候其氣之加在於陰分而刺之。謹候其時。病可與期。失時反候。百病不除。

水下一刻。人氣在太陽。水下二刻。人氣在少陽。

水下三刻。人氣在陽明。水下四刻。人氣在陰分。

水下五刻。人氣在太陽。水下六刻。人氣在少陽。

水下七刻。人氣在陽明。水下八刻。人氣在陰分。

水下九刻。人氣在太陽。水下十刻。人氣在少陽。

水下十一刻。人氣在陽明。水下十二刻。人氣在陰分。

水下十三刻。人氣在太陽。水下十四刻。人氣在少陽。
水下十五刻。人氣在陽明。水下十六刻。人氣在陰分。
水下十七刻。人氣在太陽。水下十八刻。人氣在少陽。
水下十九刻。人氣在陽明。水下二十刻。人氣在陰分。
水下二十一刻。人氣在太陽。水下二十二刻。人氣在少陽。
水下二十三刻。人氣在陽明。水下二十四刻。人氣在陰分。
水下二十五刻。人氣在太陽。此少半日之度也。
從房至畢。一十四度。水下五十刻。半日之度也。從昴至心。亦十四度。水下五十刻。終日之度也。日行一舍者。水下三刻。與十分（素問作七）刻之四。大要常以日加之於宿上也。則知人氣在太陽。是故。日行一宿。人氣在三陽。與陰分。常如是無已。與天地同紀。紛紛盼盼（普巴切）。終而復始。一日一夜。水行百刻而盡矣。故曰。刺實者。刺其來。刺虛者。刺其去。此言氣之存亡之時。以候虛實而刺之也。

營氣第十

營氣之道。內穀為寶。穀入於胃。氣傳之肺。流溢於中。布散於外。精專者行於經隧。常營無已。終而復始。是謂天地之紀。故氣從太陰出。循臂內上廉。注手陽明上行至面。注足陽明下行至跗上。注大指間。與太陰合。上行抵脾。從脾注心中。循手少陰出腋下臂。注小指之端。合手太陽上行乘腋。

出顚一作項內。注目內眥。上巔下項。合足太陽。循脊下尻。下行注小指之端。循足心。注足少陰。上行注腎。從腎注心。外散於胸中。循心主脈出腋下臂。入一作出兩筋之間。入中掌。出手中指之端。還注小指次指之端。

合手少陽上行注膻中。散於三焦。從三焦注膽出脇。注足少陽下行至跗上。復從跗注大指間。合足厥陰上行至肝。從肝上注鬲上。循喉嚨。入頏顙之竅。究于畜門一作關。其支別者。上額循顚下項中。循脊入骶音氐。是督脈也。絡陰器。上過毛中。入臍中。上循腹裏。入缺盆。下注肺中。復出太陰。此營氣之行。逆順之常也。

異文下注胸中。復出太陰。甲乙經影印本卷一

營衛三焦第十一

黃帝問曰。人焉受氣。陰陽焉會。何氣為營。何氣為衛。營安從生。衛安從會。老壯不同氣。陰陽異位。願聞其會。

岐伯對曰。人受氣於穀。穀入於胃。氣傳於肺。五藏六府皆以受氣。其清者為營。濁者為衛。營行脈中。衛行脈外。營周不休。五十而復大會。陰陽相貫。如環無端。衛氣行於陰二十五度。行於陽亦二十五度。分為晝夜。故至陽而起。至陰而止。故日中而陽隴一作襲下同為重陽。夜半而陰隴為重陰。故太陰主內。太陽主外。各行二十五度。分為晝夜。夜半為陰隴。夜半後而陰衰。平旦陰盡而陽受氣。日中

為陽隴。日西而陽衰。日入陽盡。而陰受氣。夜半而大會。萬民皆臥。名曰。合陰。平旦陰盡而陽受氣。如是無已。與天地同紀。

曰。老人不夜瞑。少壯不夜寤者。何氣使然。

曰。壯者之氣血盛。其肌肉滑。氣道利。營衛之行。不失其常。故晝精而夜瞑。老者之氣血減。其肌肉枯。氣道濇。五藏之氣相薄。營氣衰少而衛氣內伐。故晝不精而夜不得瞑。

曰。願聞營衛之所行。何道從始。

曰。營出於中焦。衛出於下焦。上焦出於胃口。並咽以上貫膈。而布胸中。走腋。循足太陰之分而行。還注手陽明。上至舌。下注足陽明。常與營俱行於陰陽。各二十五度為一周。故日夜五十周而復始。大會于手太陰。

曰。人有熱飲食下胃。其氣未定。則汗出於面。或出於背。或出於身半。其不循衛氣之道而出何也。

曰。此外傷於風。內開腠理。毛蒸理泄。衛氣走之。固不得循其道。此氣悍慓滑疾。見開而出。故不得從其道。名曰。漏泄。中焦亦並於胃口。出上焦之後。此所以受氣。泌糟粕。蒸津液。化其精微。上注於肺。乃化而為血。以奉生身。莫貴於此。故獨得行於經隧。命曰。營。

異文 衛氣走之。固不得循其道。甲乙經影印本卷一

曰。血之與氣。異名同類。何也。

曰。營衛者。精氣也。血者。神氣也。故血之與氣。異名同類也。故奪血者無汗。奪汗者無血。故人

有兩死而無兩生也。下焦者。別於迴腸。注於膀胱而滲入焉。故水穀者。常并居於胃中。成糟粕而俱下於大腸。而為下焦。滲而俱下。滲泄別汁。循下焦而滲入膀胱也。

曰。人飲酒。酒亦入胃。米未熟而小便獨先下者。何也。

曰。酒者。熟穀之液也。其氣悍以滑（一作清）。故後穀而入。先穀而液出也。故曰。上焦如霧。中焦如漚。下焦如瀆。此之謂也。

陰陽清濁精氣津液血脈第十二

黃帝問曰。願聞人氣之清濁者。何也。

岐伯對曰。受穀者濁。受氣者清。清者注陰。濁者注陽。濁而清者。上出於咽。清而濁者。下行於胃。清者上行。濁者下行。清濁相干。名曰。亂氣。

曰。夫陰清而陽濁。濁中有清。清中有濁。別之。柰何。

曰。氣之大別。清者。上注於肺。濁者。下流於胃。胃之清氣。上出於口。肺之濁氣下注於經。內積於海。

曰。諸陽皆濁。何陽獨甚。

曰。手太陽獨受陽之濁。手太陰獨受陰之清。其清者。上走孔竅。其濁者下行諸經。故諸陰皆清。足太陰獨受其濁。

曰。治之。柰何。

曰。清者其氣滑。濁者其氣澀。此氣之常也。故刺陰者。深而留之。刺陽者。淺而疾取之。清濁相干者。以數調之也。

曰。人有精氣津液血脈。何謂也。

曰。兩神相搏。合而成形。常先身生。是謂精。上焦開發。宣五穀味。熏膚充身澤毛。若霧露之溉。是謂氣。腠理發洩。汗出腠理（一作溱溱）。是謂津。穀入氣滿。淖澤注於骨。骨屬屈伸。出洩。補益腦髓。皮膚潤澤。是謂液。中焦受汁。變化而赤。是謂血。擁遏營氣。令無所避。是謂脈也。

曰。六氣者。有餘不足。氣之多少。腦髓之虛實。血脈之清濁。何以知之。

異文 汗出腠理（一作溱溱）。是謂津。（甲乙經影印本卷一）

曰。精脫者。耳聾。氣脫者。目不明。津脫者。腠理開。汗大泄。液脫者。骨痹。屈伸不利。色夭。腦髓消。胻痠。耳數鳴。血脫者。色白。夭然不澤。脈脫者。其脈空虛。此其候也。

曰。六氣貴賤何如。

曰。六氣者。各有部主也。其貴賤善惡可為常主。然五穀與胃為大海也。

津液五別第十三

黃帝問曰。水穀入于口。輸于腸胃。其液別為五。天寒衣薄。則為溺與氣。天暑衣厚。則為汗。悲哀氣并。則為泣。中熱胃緩。則為唾。邪氣內逆。則氣為之閉塞而不行。不行則為水脹。不知其何由生。岐伯對曰。水穀皆入於口。其味有五。分注其海。津液各走其道。故上焦三焦一作出氣。以溫肌肉。充皮膚者為津。其留而不行者為液。天暑衣厚。則腠理開。故汗出。寒留于分肉之間。聚沫則為痛。天寒則腠理閉。氣濇不行。水下流于膀胱。則為溺與氣。五藏六府。心為之主。耳為之聽。目為之候。肺為之相。肝為之將。脾為之衛。腎為之主外。故五藏六府之津液。盡上滲於目。心悲氣并。則心系急。急則肺葉舉。舉則液上溢。夫心系急。肺不能常舉。乍上乍下。故欬而涎出矣。中熱則胃中消穀。消穀則蟲上下作矣。腸胃克郭故胃緩。緩則氣逆。故唾出矣。五穀之津液和合而為膏者。內滲入于骨空。補益腦髓。而下流於陰股。陰陽不和。則使液溢而下流於陰。髓液皆減而下。下過度則虛。虛則腰脊痛而胻痠。陰陽氣道不通。四海閉塞。三焦不瀉。津液不化。水穀并于腸胃之中。別於迴腸。留于下焦。不得滲於膀胱。則下焦脹。水溢則為水脹。此津液五別之順逆也。

異文 腸胃充郭故胃緩。甲乙經影印本卷一

奇邪血絡第十四

黃帝問曰。願聞其奇邪而不在經者。何也。

岐伯對曰。血絡是也。

曰。刺血絡而仆者。何也。血出而射者。何也。血出黑而濁者。血出清而半為汁者。何也。發鍼而腫

者。何也。血出若多若少而面色蒼蒼然者。何也。發鍼而面色不變而煩悶者。何也。血出多而不動搖者。何也。願聞其故。

曰。脈氣甚而血虛者。刺之則脫氣。脫氣則仆。血氣俱盛。而陰氣多者。其血滑。刺之則射。陽氣積蓄久留不瀉者。其血黑以濁。故不能射。新飲而液滲於絡。而未和合於血。故血出而汁別焉。其不新飲者。身中有水。久則為腫。陰氣積於陽。其氣因於絡。故刺之血未出而氣先行。故腫。陰陽之氣。其新相得而未和合。因而瀉之。則陰陽俱脫。表裏相離。故脫色而蒼蒼然也。刺之不變而煩悶者。刺絡而虛經。虛經之屬於陰者。陰氣脫。故煩悶。陰陽相得而合為痹者。此為內溢於經。而外注於絡。如是陰陽皆有餘。雖多出血。弗能虛也。

曰。相之奈何。

曰。血脈盛堅橫以赤。上下無常處。小者如鍼。大者如筯。刺而瀉之萬全。故無失數。失數而返。各如其度。

曰。鍼入肉著。何也。

異文 鍼入肉者。何也。甲乙經影印本卷一

曰。熱氣因於鍼。則熱。熱則肉著於鍼。故堅焉。

五色第十五

雷公問曰。聞風者。百病之始也。厥逆寒濕之所起也。別之。柰何。

黃帝答曰。當候眉間（太素作闕中）。薄澤為風。沖濁為痺。在地為厥。此其常也。各以其色。言其病也。

曰。人有不病卒死。何以知之。

曰。大氣入於藏府者。不病而卒死矣。

曰。凡病少愈而卒死者。何以知之。

曰。赤色出於兩顴。大如拇指者。病雖少愈。必卒死。黑色出於顏（太素作庭）。大如拇指。不病亦必卒死矣。

曰。其死有期乎。

曰。察其色以言其時。顏者。首面也。眉間以上者。咽喉也。（太素眉間以上作闕上。）眉間以中（太素亦作闕中）者。肺也。下極者。心也。直下者。肝也。肝左者。膽也。下者。脾也。方上者。胃也。中央者。大腸也。俠傍者。腎也。當腎者。臍也。面王以上者（王古本作壬字）。小腸也。面王以下者。膀胱字子處也。顴者。肩也。後顴者。臂也。臂以下者。手也。目內眥上者。膺乳也。俠繩而上者。背也。循牙車以上者。股也。中央者。膝也。膝以下者。胻也。當胻以下者。足也。巨分者。股裏也。巨屈者。膝臏也。此五藏六府支局（一作節）之部也。五藏五色之見者。皆出其部也。其部骨陷者。必不免於病也。其部色乘襲者。雖病甚不死也。

曰。五官具五色。何也。

曰。青黑為痛。黃赤為熱。白為寒。是謂五官。

曰。以色言病之間甚。柰何。

曰。其色麤以明者。為間。沉堊(一作夭下同)者。為甚。其色上行者。病亦甚。其色下行如雲徹散者。病方已。五色各有藏部。有外部。有內部。其色從外部走內部者。其病從外走內。其色從內部走外部者。其病從內走外。病生於內者。先治其陰。後治其陽。反者益甚。病生於外者。先治其陽。後治其陰。(太素云。病生於陽者。先治其外。後治其內。與此文異。義同。)反者益甚。用陽和陰。用陰和陽。審明部分。萬舉萬當。能別左右。是謂大通。男女異位。故曰陰陽。審察澤堊。謂之良工。沉濁為內。浮清為外。黃赤為風。青黑為痛。白為寒。黃而膏澤者。為膿。赤甚者。為血。痛甚者。為攣。寒甚者。為皮不仁。各見其部。察其浮沉以知淺深。審其澤堊以觀成敗。察其散浮以知近遠。視色上下以知病處。積神於心以知往今。故相氣不微。不知是非。屬意勿去。乃知新故。色明不粗。沉堊為甚。不明不澤。其病不甚。其色散駒駒。然未有聚。其病散而氣痛。聚未成也。腎乘心。心先病。腎為應。色其(一作皆)如是。男子色在面王。為少腹痛。下為卵痛。其圜直為莖痛。高為本。下為首。狐疝㿗陰病之屬也。女子色在面王。為膀胱字子處病。散為痛。薄為聚。方圓左右各如其色形。其隨而下至骶為淫。有潤如膏狀。為暴食不潔。左為右(一作左)。右為左(一作右)。其色有邪。聚空滿而不端。面色所指者也。色者。青黑赤白黃。皆端滿有別鄉。別鄉赤者。其色亦赤。大如榆筴。在面王為不月。其色上銳首空上向。下銳下向。在左右如法。以五色命藏。青為肝。赤為心。白為肺。黃為脾。黑為腎。肝合筋。青當筋。心合脈。赤當脈。脾合肉。黃當肉。肺合皮。白當皮。腎合骨。黑當骨。夫精明五色者。氣之華也。赤欲如白裹朱。不欲如赭色也。白欲如白璧之澤（一云鵝羽）。不欲如堊（一云鹽）也。青欲如蒼璧之澤。不欲如藍也。黃欲如羅裹雄黃。不欲如黃土也。黑欲如重漆色。不欲如炭（素問作地蒼）也。五色精微象見。其壽不久也。青如草滋。黑如炱煤。黃如枳實。赤如衃（音披）血。白如枯骨。此五色見而死也。青如翠羽。黑如烏羽。赤如雞冠。黃如蟹腹。白如豕膏。此五色見而生也。生於心。如以縞裹朱。生於肺。如以縞裹紅。生於肝。如以縞裹紺。生於脾。如以縞裹括蔞實。生於腎。如以縞裹紫。此五藏所生之外營也。凡相五色。面黃目青。面黃目赤。面黃目白。面黃目黑者。皆不死也。面青目赤（一作青）。面赤目白。面青目黑。面黑目白。面赤目青者。皆死也。

異文有外部。有中部。

女子色在面王。為膀胱子處病。（以上甲乙經影印本卷一）

青如草滋。黑如水苔。

白如枯骨。此五色為死氣見。

白如豕膏。此五色為生氣見。（以上隋・蕭吉・五行大義卷第三・第十四論雜配・第一論配五色）

此五藏所生之外榮也。（甲乙經影印本卷一）

陰陽二十五人形性血氣不同第十六

黃帝問曰。人有陰陽。何謂陰人。何謂陽人。

少師對曰。天地之間。不離於五。人亦應之。非徒一陰一陽而已。蓋有太陰之人。少陰之人。太陽之人。少陽之人。陰陽和平之人。凡此五人者。其態不同。其筋骨血氣亦不同也。

太陰之人。貪而不仁。下濟湛湛。好內而惡出。心抑而不發。不務於時。動而後人。此太陰之人也。

少陰之人。少貪而賊心。見人有亡。常若有得。好傷好害。見人有榮。乃反慍怒。心嫉而無恩。此少陰之人也。

太陽之人。居處于于。好言大事。無能而虛說。志發于四野。舉措不顧是非。為事如常自用。事雖敗而無改悔一作。此太陽之人也。

少陽之人。諟諦好自貴。有小小官。則高自宣。好為外交而不內附。此少陽之人也。

陰陽和平之人。居處安靜。無為懼懼。無為欣欣。婉然從物。或與不爭。與時變化。尊而謙讓。卑而不諂。是謂至治。古之善用鍼灸者。視人五態乃治之。盛者瀉之。虛者補之。

太陰之人。多陰而無陽。其陰血濁。其衛氣濇。陰陽不知。緩筋而厚皮。不之疾瀉。不能移之。

少陰之人。多陰而少陽。小胃而大腸。六府不調。其陽明脈小而太陽脈大。必審而調之。其血易脫。其氣易敗。

太陽之人。多陽而無陰。必謹調之。無脫其陰而寫其陽。陽重脫者。易狂。陰陽皆脫者。暴死不知人。

少陽之人。多陽而少陰。經小而絡大。血在中而氣在外。實陰而虛陽。獨寫其絡脈則強。氣脫而疾。中氣重不足。病不起矣。

陰陽和平之人。其陰陽之氣和。血脈調。宜謹審其陰陽。視其邪正。安其容儀。審其有餘。察其不足。盛者寫之。虛者補之。不盛不虛。以經取之。此所以調陰陽。別五態之人也。

太陰之人。其狀黮黮（音朕）然黑色。念然下意。臨臨然長大。䐃（音窘）然未僂。

少陰之人。其狀清然竊然。固以陰賊。立而躁險。行而似伏。

太陽之人。其狀軒軒儲儲。反身折膕。

少陽之人。其狀立則好仰。行則好搖其兩臂。兩臂肘皆出於背。

陰陽和平之人。其狀逶逶然。隨隨然。顒顒然。袞袞然。豆豆然。衆人皆曰。君子。（一本多愉愉然。睶睶然。）

黃帝問曰。余聞陰陽之人於少師。

少師曰。天地之間不離於五。故五五二十五人之形。血氣之所生別而以候。從外知內何如。

岐伯對曰。先立五形金木水火土。別其五色。異其五聲。而二十五人具也。

木形之人。比於上角蒼色。小頭長面。大肩平背直身。小手足。好有材。好勞心。少力多憂。勞於事。柰春夏。不柰秋冬。感而成病。主足厥陰。佗佗然。大角（一曰左角）之人。比於左足少陽。少陽之上遺遺然。右角（一曰少角）之人。比於右足少陽。少陽之下隨隨然。鈦角（音太一曰右角）之人。比於右足少陽。少陽之上鳩鳩然（一曰推推然）。判角之人。比於左足少陽。少陽之下括括然。

火形之人。比於上徵。赤色廣䏶。兌面小頭。好肩背髀腹。小手足。行安地。疾心。行搖。肩背肉滿有氣。輕財少信。多慮。見事明了。好顏。急心。不壽暴死。柰春夏。不柰秋冬。感而生病。主手少陰竅竅然（一曰核核然）。太徵之人。比於左手太陽。太陽之上肌肌然。少徵之人。比於右手太陽。太陽之下慆慆然（慆音剔又音倘）。右徵之人。比於右手太陽。太陽之上鮫鮫然（一曰熊熊然）。判徵之人。比於左手太陽。太陽之下支支然。熙熙然。

異文 赤色廣䏶。銳面小頭。（甲乙經影印本卷一）

土形之人。比于上宮。黃色。大頭圓面。美肩背。大腹。好股脛。小手足。多肉。上下相稱。行安地。舉足浮。安心。好利人。不喜權勢。善附人。柰秋冬。不柰春夏。春夏感而生病。主足太陰敦敦然。太宮之人。比於左足陽明。陽明之上婉婉然。加宮之人。比於左足陽明。陽明之下烗烗（音欬）然（一曰坎坎然）。少宮之人。比於右足陽明。陽明之上樞樞然。左宮之人。比於右足陽明。陽明之下兀兀然（一曰眾之人一曰陽明之上）。

金形之人。比於上商。白色。小頭方面。小肩背。小腹。小手足。如骨發踵外。骨輕。身（一曰發動輕身）清廉。急心。靜悍。善為吏。柰秋冬。不柰春夏。春夏感而生病。主手太陰敦敦然。太商之人。比於左手陽明。陽明之上廉廉然。右商之人。比於左手陽明。陽明之下脫脫然。左商之人。比於右手陽明。陽明之上監監然。少商之人。比於右手陽明。陽明之下嚴嚴然。

水形之人。比於上羽。黑色。大頭。面不平（一云曲面）。廣頤。小肩。大腹。小手足（小作大）。發行搖身。下尻長。背延延然。不敬畏。善欺紿人。殆戮死。柰秋冬。不柰春夏。春夏感而生病。主足少陰污污然。大羽之人。比於右足太陽。太陽之上頰頰然。少羽之人。比於左足太陽。太陽之下紆紆然。眾之為人。比於右足太陽。太陽之下潔潔然。桎之為人。比於左足太陽。太陽之上安安然。

異文太羽之人。比於右足太陽。甲乙經影印本卷一

曰。得其形。不得其色。何如。

曰。形勝色。色勝形者。至其勝時年加。害則病行。失則憂矣。形色相得。富貴大樂。

曰。其形色相勝之時。年加可知乎。

曰。凡人之大忌常加七歲。九歲。十六歲。二十五歲。三十四歲。四十三歲。五十二歲。六十一歲。皆人之忌。不可不自安也。感則病。失則憂矣。

曰。脈之上下血氣之候。以知形氣柰何。

曰。足陽明之上。血氣盛則髯美長。血多氣少則髯短。氣多血少則髯少。血氣俱少則無髯。兩吻多畫。髯字一本俱作髯字。吻音穩。足陽明之下。血氣盛則下毛美長至胸。血多氣少則下毛美短至臍。行則善高舉足。足大指少肉。足善寒。血少氣多則肉善瘃。瘃音斸。血氣皆少則無毛。有則稀而枯瘁。善痿厥足痹。足少陽之上。血氣盛則通髯美長。血多氣少則通髯美短。血少氣多則少髯。血氣皆少則無髯。感於寒濕。則善痹骨痛爪枯。足少陽之下。血氣盛則脛毛美長。外踝肥。血多氣少則脛毛美短。外踝皮堅而厚。血少氣多則胻毛少。外踝皮薄而軟。血氣皆少則無毛。外踝瘦而無肉。足太陽之上。血氣盛則美眉。眉有毫毛。血多氣少則惡眉。面多小理。血少氣盛則面多肉。血氣和則美色。足太陰之下。血氣盛則跟肉滿。踵堅。氣少血多則瘦。跟空。血氣皆少則善轉筋。踵下痛。手陽明之上。氣血盛則上髭美。血少氣多則髭惡。血氣皆少則善轉筋。無髭。手陽明之下。血氣盛則腋下毛美。手魚肉以溫。氣血皆少。

則手瘦以寒。手少陽之上。血氣盛則眉美以長。耳色美。血氣皆少。則耳焦惡色。手少陽之下。血氣盛則手拳多肉以溫。血氣皆少則瘦以寒。氣少血多則瘦以多脈。手太陽之上。血氣盛則多髯。面多肉以平。血氣皆少。則面瘦黑色。手太陽之下。血氣盛則掌肉充滿。血氣皆少則掌瘦以寒。黃赤者。多熱氣。青白者。少熱氣。黑色者。多血少氣。美眉者。太陽多血。通髯極鬚者。少陽多血。美鬚者。陽明多血。此其時然也。夫人之常數。太陽常多血少氣。少陽常多氣少血。陽明常多血多氣。厥陰常多氣少血。少陰常多血少氣。太陰常多血少氣。此天之常數也。

曰。二十五人者。刺之有約乎。

曰。美眉者。足太陽之脈血氣多。惡眉者。血氣少。其肥而澤者。血氣有餘。肥而不澤者。氣有餘。血不足。瘦而無澤者。血氣俱不足。審察其形。氣有餘不足而調之。可以知順逆矣。

曰。刺其陰陽柰何。

曰。按其寸口人迎以調陰陽。切循其經絡之凝泣結而不通者。此於身皆為痛痹。甚則不行故凝泣。凝泣者。致氣以溫之。血和乃止。其結絡者。脈結血不行。決之乃行。故曰。氣有餘於上者。導而下之。氣不足於上者。推而往之。其稽留不至者。因而迎之。必明於經隧。乃能持之。寒與熱爭者。導而行之。其宛陳血不結者。即而取之。必先明知二十五人。別血氣之所在。左右上下。則刺約畢矣。

異文 此於身背為痛痺。（甲乙經影印本卷一）

曰。或神動而氣先鍼行。或氣與鍼相逢。或鍼已出。氣獨行。或數刺之乃知。或發鍼而氣逆。或數刺病益甚。凡此六者。各不同形。願聞其方。曰。重陽之盛人。其神易動。其氣易往也。矯矯蒿蒿（一本作熇熇高高）。言語善疾。舉足喜高。心肺之藏氣有餘。陽氣滑盛而揚。故神動而氣先行。此人頗有陰者也。多陽者多喜。多陰者多怒。數怒者易解。故曰。頗有陰。其陰陽之離合難。故其神不能先行。陰陽和調者。血氣淖澤滑利。故鍼入而氣出。疾而相逢也。其陰多而陽少。陰氣沉而陽氣浮者。內藏。故鍼已出。氣乃隨其後。故獨行也。其多陰而少陽者。其氣沉而氣往難。故數刺之乃知。其氣逆與其數刺病益甚者。非陰陽之氣也。沉浮之勢也。此皆粗之所敗。工之所失。其形氣無過也。（以上古今醫統正脈全書排印本）

皇甫謐集卷二十三・鍼灸甲乙經卷二

十二經脈絡脈支別第一上

雷公問曰。禁脈之言。凡刺之理。經脈為始。願聞其道。

黄帝答曰。經脈者。所以決死生。處百病。調虛實。不可不通也。

肺。手太陰之脈。起於中焦。下絡大腸。還循胃口。上膈屬肺。從肺系。横出腋下。下循臑內。行少陰心主之前。下肘中。循臂內上骨下廉。入寸口。上魚循魚際。出大指之端。其支者。從腕後直出次指內廉。出其端。是動。則病肺脹滿。膨膨然而喘咳。缺盆中痛。甚則交兩手而瞀音務又音茂。是謂臂厥。是主肺所生病者。咳。上氣。喘喝。煩心。胸滿。臑音如臂內前廉痛厥。掌中熱。氣盛有餘。則肩背痛。風寒。汗出中風。小便數而欠。氣虛。則肩背痛。寒。少氣。不足以息。溺色變一云卒遺矢無變。為此諸病。凡十二經之病。盛則寫之。虛則補之。熱則疾之。寒則留之。陷下則灸之。不盛不虛。以經取之。盛者則寸口大三倍於人迎。虛者則寸口反小於人迎也。

大腸。手陽明之脈。起於大指次指之端外側。循指上廉。出合骨兩骨之間。上入兩筋之中。循臂上廉。入肘外廉。上循臑外廉上肩。出髃音隅骨之前廉。上出柱骨之會上。下入缺盆。絡肺下鬲。屬大腸。其支者。從缺盆直上至頸。貫頰。下入齒中。還出俠口。交人中。左之右。右之左。上俠鼻孔。是動。則病齒痛。頰腫。是主津液所生病者。目黄。口乾。鼽音求衄。喉痹。肩前臑痛者。大指次指痛不用。氣盛有餘。則當脈所過者熱腫。虛則寒慄不復。為此諸病。盛者則人迎大三倍於寸口。虛者則人迎反小於寸口也。

異文 出合谷兩骨之間。（甲乙經影印本卷二）

胃。足陽明之脈。起於鼻交頞中。傍約大腸之脈。下循鼻外。上入齒中。還出俠口環唇。下交承漿。卻循頤後下廉。出大迎。循頰車。上耳前。過客主人。循髮際至額顱。其支者。從大迎前下人迎。循喉嚨。入缺盆下鬲。屬胃絡脾。其直者。從缺盆下乳內廉。下俠臍。入氣街中。其支者。起于胃口。下循腹裏。下至氣街中而合。以下髀關。抵伏兔。下入膝臏中。下循胻外廉。下足跗。入中指內間。其支者。下膝三寸而別。以下入中指外間。其支者。別跗上入大指間。出其端。是動。則病淒淒然振寒。善伸數欠。顏黑。病至則惡人與火。聞木音則惕然驚。心欲動。獨閉戶塞牖而處。甚則欲上高而歌。棄衣而走。賁響腹脹。是為臂（一作骭）厥。是主血所生病者。狂瘈（一作瘧）溫淫汗出。鼽衄。口喎唇緊。脛腫。喉痹。大腹。水腫。膝臏腫痛。循膺。乳。氣街。股。伏兔。胻。外廉。足跗上皆痛。中指不用。氣盛則身以前皆熱。其有餘于胃。則消穀善饑。溺色黃。氣不足則身以前皆寒慄。胃中寒則脹滿。為此諸病。盛者人迎大三倍于寸口。虛者人迎反小于寸口也。

異文 口喎唇緊。頸腫。喉痺。（甲乙經影印本卷二）

脾。足太陰之脈。起於大指之端。循指內側白肉際。過核骨後。上內踝前廉。上腨內。循胻骨後。交出厥陰之前。上循膝股內前廉。入腹。屬脾絡胃。上鬲俠咽。連舌本。散舌下。其支者。復從胃別上鬲注心中。是動。則病舌本強。食則嘔。胃脘痛。腹脹善噫。得後與氣。則快然如衰。身體皆重。是主脾所病者。舌本痛。體不能動搖。食不下。煩心心下急。寒瘧溏瘕音加泄。水閉。黃疸。不能食。唇青。強立。股膝內腫痛厥。足大指不用。為此諸病。盛者則寸口大三倍於人迎。虛者則寸口反小於人迎也。

異文 是主脾所生病者。甲乙經影印本卷二

心。手少陰之脈。起于心中。出屬心系。下鬲絡小腸。其支者。從心系。上俠咽。繫目系。一本作循胸出脇。其直者。復從心系卻上肺。上出腋下。下循臑內後廉。循太陰心主之後。下肘中內廉。循臂內後廉。抵掌後兌骨之端。入掌內後廉。循小指內出其端。是動。則病嗌乾。心痛。渴而欲飲。是為臂厥。是主心所生病者。目黃脇滿痛。臑臂內後廉痛厥。掌中熱痛。為此諸病。盛者則寸口大再倍於人迎。虛者則寸口反小於人迎也。

小腸。手太陽之脈。起于小指之端。循手外側上腕。出踝中。直上循臂骨下廉。出肘內側兩骨之間。上循臑外後廉。出肩解。繞肩胛。交肩上。入缺盆。向腋下。絡心。循咽下鬲抵胃。屬小腸。其支者。從缺盆循頸上頰。至目銳眥。卻入耳中。其支者。別頰上䪼音拙抵鼻。至目內眥。斜絡於顴。是動。則病嗌痛。頷腫。不可以顧。肩似拔。臑似折。是主液所生病者。耳聾目黃。頰腫。頸頷肩臑肘臂外後廉痛。為此諸病。盛者則人迎大再倍於寸口。虛者則人迎反小於寸口也。

異文 是主液所生病者。甲乙經影印本卷二

膀胱。足太陽之脈。起于目內眥。上額交巔。其支者。從巔至耳上角。其直者。從巔入絡腦。還出別

下項。循肩髆內。挾脊抵腰中。入循膂。絡腎屬膀胱。其支者。從腰中下會于後陰。貫臀入膕中。其支者。從髆內左右別下貫胛（一作髖）。挾脊內過髀樞。循髀外後廉。下合膕中。以下貫踹（足跟也）內。出外踝之後。循京骨。至小指外側。是動。則病衝頭痛。目似脫。項似拔。脊腰似折。不可以曲。膕如結。踹如裂。是謂踝厥。是主筋所生病者。痔瘧狂顛疾。頭顖（音信）項頸間痛。目黃淚出。鼽衄。項背腰尻膕踹腳皆痛。小指不用。為此諸病。盛者則人迎大再倍于寸口。虛者則人迎反小於寸口也。

腎。足少陰之脈。起於小指之下。斜趣足心。出然谷之下。循內踝之後。別入跟中。以上踹內。出膕中內廉。上股內後廉。貫脊屬腎絡膀胱。其直者。從腎上貫肝膈。入肺中。循喉嚨。俠舌本（一本云從橫骨中。挾臍。循腹裏上行而入肺）。其支者。從肺出絡心。注胸中。是動則病饑不欲食。面黑如炭色。咳唾則有血。喝喝而喘（一作喉鳴）。坐而欲起。目䀮䀮無所見。心如懸。苦饑狀。是為骨厥。是主腎所病者。口熱舌乾。咽腫上氣。嗌乾及痛。煩心。心痛。黃疸。腸澼。脊股內後廉痛。痿厥。嗜臥。足下熱而痛。灸則強食生肉。緩帶被髮。大杖重履而步。為此諸病。盛者則寸口大再倍於人迎。虛者則寸口反小於人迎也。

異文從肺出絡心。主胸中。

是主腎所生病者。

黃疸。腸辟。（以上甲乙經影印本卷二）

心。主手厥陰之脈。起于胸中。出屬心包絡。下鬲。歷絡三焦。其支者。循胸出脇下腋三寸。上抵腋下。循臑內行太陰。少陰之間。入肘中。下循臂。行兩筋之間。循中指出其端。其支者。別掌中。循小指次指出其端。是動。則病手心熱。臂肘攣急。腋腫。甚則胸脇支滿。心中憺憺大動。面赤目黃。喜笑不休。是主脈（一作心包絡）所生病者。煩心。心痛。掌中熱。為此諸病。盛者則寸口大一倍於人迎。虛者則人仰反大。寸口反小于人迎也。

三焦。手少陽之脈。起于小指次指之端。上出兩指之間。循手表腕出臂外兩骨之間。上貫肘。循臑外上肩。而交出足少陽之後。入缺盆。布膻中。散絡心包。下鬲。偏屬三焦。其支者。從膻中。上出缺盆。上項俠耳後。直上。出耳上角。以屈下額（一作頰）。至䪼。其支者。從耳後入耳中。出走耳前。過客主人。前交頰。至目兌眥。是動。則病耳聾。渾渾焞焞。嗌腫喉痹。是主氣所生病者。汗出。目兌眥痛。頰耳後肩臑肘臂外皆痛。小指次指不為用。為此諸病。盛者則人迎大一倍於寸口。虛者則人迎反小于寸口也。

膽。足少陽之脈。起于目兌眥。上抵頭角。下耳後。循頸行手少陽之前。至肩上。卻交出手少陽之後。入缺盆。其支者。從耳後。入耳中。出走耳前。至目兌眥後。其支者。別兌眥。下大迎。合手少陽。抵於䪼下。（一本云別兌眥上迎手少陽於頞。）加頰車下頸。合缺盆。以下胸中。貫膈絡肝屬膽。循脇裏。出氣街。繞毛際。橫入髀厭中。其直者。從缺盆下腋。循胸中。過季脇。下合髀厭中。以下循髀陽。出膝外廉。下外輔骨之前。直下抵絕骨之端。下出外踝之前。循足跗上。入小指次指之端。其支者。別跗上。入大指之間。循大指岐骨內出其端。還貫入爪甲。出三毛。是動。則病口苦。善太息。心脇痛不能反側。甚則面微塵。體無膏澤。足外反熱。是為陽厥。是主骨所生病者。頭面頷痛。目兌眥痛。缺盆中腫

痛。腋下腫痛。馬刀挾癭。汗出振寒。瘧。胸中脇肋髀膝外至胻絕骨外踝前及諸節皆痛。小指次指不
用。為此諸病。盛者則人迎大倍於寸口。虛者人迎反小於寸口也。

肝。足厥陰之脈。起於大指叢毛之際。上循足跗上廉。去內踝一寸。外踝八寸。交出太陰之後。上膕
內廉。循股陰。入毛中。環陰器。抵少腹。俠胃屬肝絡膽。上貫膈。布脇肋。循喉嚨之後。上入頏
顙。連目系。上出額。與督脈會於巔。（一云。其支者。從小腹與太陰。少陽結於腰髁夾脊下第三第四骨孔中。）其支者。從目系下頰裏環唇內。其支
者。復從肝。別貫膈上注肺中。是動。則病腰痛。不可以俛仰。丈夫㿉疝。婦人少腹腫。甚則嗌乾。
面塵。脫色。是主肝所生病者。胸滿嘔逆。洞泄。狐疝。遺精癃閉。為此諸病。盛者則寸口大一倍於
人迎。虛者則寸口反小於人迎也。

足少陰氣絕。則骨枯。少陰者。冬脈也。伏行而濡骨髓者也。故骨不濡（一作軟）則肉不能著骨也。骨肉不相
親。則肉濡而卻。肉濡而卻。故齒長而垢。髮無潤澤。無潤澤者。骨先死。戊篤己死。土勝水也。

手少陰氣絕。則脈不通。脈不通。則血不流。血不流。則髮色不澤。故面色如黧（一作漆柴）者。血先死。壬篤
癸死。水勝火也。靈樞云。少陰終者。面黑齒長而垢。腹脹閉。上下不通而終矣。

足太陰氣絕。則脈不營其口唇。口唇者。肌肉之本也。脈弗營。則肌肉濡。肌肉濡。則人中滿（一作舌痿）。人
中滿。則唇反。唇反者。肉先死。甲篤乙死。木勝土也。

異文 甲篤乙死。木勝土也。（甲乙經影印本卷二）

手太陰氣絕。則皮毛焦。太陰者。行氣溫於皮毛者也。氣弗營。則皮毛焦。皮毛焦。則津液去。津液

去。則皮節著。皮節著。前爪枯毛折。毛折者。毛先死。丙篤丁死。火勝金也。九卷云。腹脹閉不得息。善噫。善嘔。嘔則逆。逆則面赤。不逆。上下不通。上下不通。則面黑皮毛焦而終矣。

足厥陰氣絕。則筋弛。厥陰者。肝脈也。肝者。筋之合也。筋者。聚於陰器。而脈絡於舌本。故脈弗營。則筋縮急。筋縮急。則引卵與舌。故脣青舌卷卵縮。則筋先死。庚篤辛死。金勝木也。九卷云。中熱嗌乾。喜溺煩心。甚則舌卷卵上縮而終矣。

異文皮節著。則爪枯毛折。甲乙經影印本卷二

五陰俱絕。則目系轉。轉則目運。運為志先死。故志先死。則遠一日半而死矣。

太陽脈絕。其終也。戴眼。反折瘈瘲。其色白。絕汗乃出。則終矣。

少陽脈絕。其終也。耳聾。百節盡縱。目橐一作睘。一本無此字系絕。系絕一半日死。其死也。目白乃死。一作色青白。

陽明脈絕。其絕也。口目動作。善驚妄言。色黃。其上下經盛而不行一作不仁。則終矣。

六陽俱絕。則陰陽相離。陰陽相離。則腠理發泄。絕汗乃出。大如貫珠。轉出不流。則氣先死矣。故旦占夕死。夕占旦死。此十二經之敗也。

十二經脈絡脈支別第一下

黃帝問曰。經脈十二。而手太陰之脈獨動不休。何也。

岐伯對曰。足陽明。胃脈也。胃者。五藏六府之海。其清氣上注於肺。肺氣從太陰而行之。其行也以

息往來。故人脈一呼再動。一吸脈亦再動。呼吸不已。故動而不止。

曰。氣口何以獨為五藏主。

曰。胃者。水穀之海。六府之大源也。五味入於口。藏於胃。以養五藏氣。氣口亦太陰也。是以五藏六府之氣味皆出於胃。變見於氣口。故五氣入於鼻。藏於心肺。肺有病而鼻為之不利也。九卷言其動。素問論其氣。此言其為五藏之所主。相發明也。

曰。氣之過於寸口也。上出焉息。下出焉伏。何道從還。不知其極也。

曰。氣之離於藏也。卒然如弓弩之發。如水岸之下。上於魚以反衰。其餘氣。衰散以逆上。故其行微也。

曰。足陽明因何而動。

曰。胃氣上注於胃。其悍氣上衝頭者。循喉上走空竅。循眼系入絡腦。出顉下客主人。循牙車。合陽明。并下人迎。此胃氣走於陽明者也。故陰陽上下。其動也若一。故陽病而陽脈小者為逆。陰病而陰脈大者為逆。陰陽俱盛。與其俱動。若引繩相傾者。病。

曰。足少陰因何而動。

曰。衝脈者。十二經脈之海也。與少陰之絡起於腎下。出于氣街。循陰股內廉。斜入膕中。循胻骨內廉。並少陰之經。下入內踝之後足下。其別者。斜入踝內。出屬跗上。入大指之間。以注諸絡。以溫足跗。此脈之常動者也。

曰。衛氣之行也。上下相貫。如環無端。今有卒遇邪氣。及逢大寒。手足不隨其脈。陰陽之道。相腧之會。行相矢也。氣何由還。

曰。夫四末陰陽之會。此氣之大絡也。四衝者。氣之經也。經一作徑。故絡絕。則經通四末。解則氣從合。相輸如環。

黃帝曰。善。此所謂如環無端。莫知其紀。終而復始。此之謂也。

十二經脈。伏行於分肉之間。深而不見。其常見者。足太陰脈過於外踝之上。無所隱。故諸脈之浮而常見者。皆絡脈也。六經絡。手陽明。少陰之大絡起五指間。上合肘中。飲酒者。衛氣先行皮膚。先充絡脈。絡脈先盛。則衛氣以平。營氣乃滿。而經脈大盛也。脈之卒然動者。皆邪氣居之。留於本末。不動則熱。不堅則陷且空。不與眾同。是以知其何脈之動也。

雷公問曰。何以知經脈之與絡脈異也。

黃帝答曰。經脈者。常不可見也。其虛實也。以氣口知之。脈之見者。皆絡脈也。諸絡脈。皆不能經大節之間。必行絕道而出入。復合於皮中。其會皆見於外。故諸刺絡脈者。必刺其結上。甚血者。雖無血結。急取之。以寫其邪。而出其血。留之發為痹也。

凡診絡脈。脈色青則寒且痛。赤則有熱。胃中有寒。則手魚際之絡多青。胃中有熱。則魚際之絡赤。其暴黑者。久留痹也。其有赤有青有黑者。寒熱也。其青而小短者。少氣也。凡刺寒熱者。皆多血絡。必間日而取之。血盡乃止。調其虛實。其小而短者。少氣甚者。寫之則悶。悶甚則仆。不能言。悶則急坐之也。

手太陰之別。名曰列缺。起於腕上分間。並太陰之經直入掌中。散入於魚際。其病實則手兌骨掌熱。虛則欠坎（音掐開口也）。小便遺數。取之去腕一寸。別走陽明。

手少陰之別。名曰通里。在腕一寸半。別而上行。循經入於心中。繫舌本。屬目系。實則支膈。虛則不能言。取之腕後一寸。別走太陽。

異文其病實則手兌骨掌熱。虛則欠㰦（音掐開口也）。（甲乙經影印本卷二）

手心主之別。名曰內關。去腕二寸。出於兩筋之間。循經以上。系於心包絡。心系。實則心痛。虛則為煩心。取之兩筋間。

手太陽之別。名曰支正。上腕五寸。內注少陰。其別者上走肘。絡肩髃。實則筋弛肘廢。虛則生肬。小者如指痂疥。取之所別。

手陽名之別。名曰偏歷。去腕三寸。別走太陰。其別者上循臂。乘肩髃。上曲頰偏齒。其別者入耳。會於宗脈。實則齲（音禹）齒耳聾。虛則齒寒痹鬲。取之所別。

異文手陽明之別。名曰偏歷。（甲乙經影印本卷二）

手少陽之別。名曰外關。去腕二寸。外繞臂。注胸中。合心主。實則肘攣。虛則不收。取之所別。

足太陽之別。名曰飛揚。去踝七寸。別走少陰。實則窒鼻（一云鼽窒）頭背痛。虛則鼽衄。取之所別。

足少陽之別。名曰光明。去踝上五寸。別走厥陰。並經下絡足跗。實則厥。虛則痿躄。坐不能起。取之所別。

足陽明之別。名曰豐隆。去踝八寸。別走太陰。其別者。循脛骨外廉上絡頭項。合諸經之氣。下絡喉嗌。其病氣逆。則喉痹瘁瘖。實則顛狂。虛則足不收。脛枯。取之所別。

足太陰之別。名曰公孫。去本節後一寸。別走陽明。其別者。入絡腸胃。厥氣上逆。則霍亂。實則腸中切痛。虛則鼓脹。取之所別。

足少陰之別。名曰大鍾。當踝後繞跟。別走太陽。其別者。並經上走於心包下。外貫腰脊。其病氣逆。則煩悶。實則癃閉。虛則腰痛。取之所別。

足厥陰之別。名曰蠡溝。去內踝上五寸。別走少陽。其別者。循經上睾。結於莖。其病氣逆。則睾腫卒疝。實則挺長熱。虛則暴癢。取之所別。

任脈之別。名曰尾翳。下鳩尾。散於腹。實則腹皮痛。虛則搔癢。取之所別。

督脈之別。名曰長強。俠脊上項散頭。上下當肩胛左右。別走太陽。入貫膂。實則脊強。虛則頭重。高搖之。挾脊之有過者（九墟無此九字）。取之所別。

脾之大絡。名曰大包。出淵腋下三寸。布胸脇。實則一身盡痛。虛則百脈皆縱。此脈若羅絡之血者。皆取之。凡此十五絡者。實則必見。虛則必下。視之不見。求之上下。人經不同。絡脈異所。別也。

黃帝問曰。皮有分部。脈有經紀。願聞其道。

岐伯對曰。欲知皮部以經脈為紀者。諸經皆然。陽明之陽。名曰害蜚。十二經上下同法。視其部中有浮絡者。皆陽明之絡也。其色多青則痛。多黑則痹。黃赤則熱。多白則寒。五色皆見。則寒熱也。絡盛則入客於經。陽主外。陰主內。

少陽之陽。名曰樞杼一作持。視其部中有浮絡者。皆少陽之絡也。絡盛則入客於經。故在陽者主內。在陰者主外。以滲於內也。諸經皆然。

太陽之陽。名曰關樞。視其部中有浮絡者。皆太陽之絡也。絡盛則入客於經。

少陰之陰。名曰樞儒。視其部中有浮絡者。皆少陰之絡也。絡盛則入客於經。其入於經也。從陽部注於經。其出者。從陰部。內注於骨。

心主之陰。名曰害肩。視其部中有浮絡者。皆心主之絡也。絡盛則入客於經。

太陰之陰。名曰關蟄。視其部中有浮絡者。皆太陰之絡也。絡盛則入客於經。凡此十二經絡脈者。皮之部也。是故百病之始生也。必先客於皮毛。邪中之。則腠理開。開則入客於絡脈。留而不去。傳入於經。留而不去。傳入於腑。稟於腸胃。邪之始入於皮也。淅然起毫毛。開腠理。其入於絡也。則絡脈盛。色變。其入客於經也。則盛。虛乃陷下。其留於筋骨之間。寒多則筋攣骨痛。熱多則筋弛骨消肉爍。䐃破毛直而敗也。

異文留而不去。傳入於府。甲乙經影印本卷二

曰。十二部。其生病何如。

曰。皮者。脈之部也。邪客於皮則腠理開。開則邪入客於絡脈。絡脈滿則注于經脈。經脈滿則入舍於府藏。故皮有分部。不愈而生大病也。

曰。夫絡脈之見。其五色各異。其故何也。
曰。經有常色。而絡無常變。
曰。經之常色何如。
曰。心赤肺白肝青脾黃腎黑。皆亦應其經脈之色也。
曰。其絡之陰陽亦應其經乎。
曰。陰絡之色應其經。陽絡之色變無常。隨四時而行。寒多則凝泣。凝泣則青黑。熱多則淖澤（音皋）。淖澤則黃赤。此其常色者。謂之無病。五色俱見。謂之寒熱。
曰。余聞人之合於天地也。內有五藏。以應五音。五色。五味。五時。五位。外有六府。以合六律。主持陰陽諸經。而合之十二月。十二辰。十二節。十二時。十二經水。十二經脈。此五藏六府所以應天道也。夫十二經脈者。人之所以生。病之所以成。人之所以治。病之所以起。學之所始。工之所止。粗之所易。上之所難也。其離合出入柰何。
曰。此粗之所過。上之所悉也。請悉言之。
足太陽之正。別入於膕中。其一道下尻五寸。別入於肛。屬於膀胱。散之腎。循膂當心入散。直者從膂上出於項。復屬於太陽。此為一經也。
足少陰之正。至膕中。別走太陽而合。上至腎。當十四椎。出屬帶脈。直者。系舌本。復出於項。合於太陽。此為一合。（九墟云。或以諸陰之別者。皆為正也。）

足少陰之正。或以諸陰別者為正。一本云繞髀入於毛際。合於厥陰。別者。入季脇之間。循胸裏。屬膽散之。上肝貫心。以上俠咽。出頤頷中。散於面。繫目系。合少陽於外眥。

足厥陰之正。別跗上。上至毛際。合於少陽。與別俱行。此為二合。

足陽明之正。上至髀。入於腹裏。屬於胃。散之脾。上通於心。上循咽。出於口。上頞䪼。還繫目。合於陽明。

足太陰之正。則別上至髀。合於陽明。與別俱行。上絡於咽。貫舌本。此為三合。

手太陽之正。指地別入於肩解。入腋走心。繫小腸。

手少陰之正。別下於淵腋兩筋之間。屬心主。上走喉嚨。出於面。合目內眥。此為四合。

手少陽之正。指天別於巔。入於缺盆。下走三焦。散於胸中。

手心主之正。別下淵腋三寸。入胸中。別屬三焦。出循喉嚨。出耳後。合少陽完骨之下。此為五合。

手陽明之正。從手循膺乳。別于肩髃。入柱骨。下走大腸。屬於肺。上循喉嚨。出缺盆。合於陽明。

手太陰之正。別入淵腋少陰之前。入走肺。散之太陽。上出缺盆。循喉嚨。復合陽明。此為六合。

奇經八脈第二

黃帝問曰。脈行之逆順柰何。

岐伯對曰。手之三陰。從藏走手。手之三陽。從手走頭。足之三陽。從頭走足。足之三陰。從足走腹。

曰。少陰之脈獨下行。何也。

曰。衝脈者。五藏六府之海也。五藏六府督稟焉。其上者出於頏顙。滲諸陽。灌諸陰。其下者注少陰之大絡。出於氣衝。循陰股內廉。斜入膕中。伏行骭骨內。下至內踝之後。屬而別。其下者。至於少陰之經。滲三陰。其前者。伏行出屬跗下。循跗入大指間。滲諸絡而溫肌肉。故別絡結則跗上不動。不動則厥。厥則寒矣。

異文 五藏六府皆稟焉。（甲乙經影印本卷二）

曰。何以明之。

曰。以言道之。切而驗之。其非必動。然後可以明逆順之行也。

衝脈任脈者。皆起於胞中。上循脊裏。為經絡之海。其浮而外者。循腹上（一作右）行。會於咽喉。別而絡脣口。血氣盛則充膚熱肉。血獨盛則滲灌皮膚。生毫毛。婦人有餘於氣。不足於血。以其月水下。數脫血。任衝並傷故也。任衝之交。脈不營其脣。故髭鬚不生焉。任脈者。起於中極之上。以下毛際。循腹裏。上關元。至咽喉。上頤。循目入面。衝脈者。起於氣衝。並少陰之經（難經作陽明之經。）俠臍上行。至胸中而散。（其言衝脈與九卷異。）任脈為病。男子內結七疝。女子帶下瘕聚。衝脈為病。逆氣裏急。督脈為病。脊強反折。（亦與九卷互相發也。）

曰。人有傷於陰。陰氣絕而不起。陰不為用。髭鬚不去。宦者獨去。何也。

曰。宦者。去其宗筋。傷其衝脈。血瀉不復。皮膚內結。脣口不營。故無髭鬚。夫宦者。其任衝之脈不盛。宗筋不成。有氣無血。口唇不營。故髭鬚不生。

附錄黄帝鍼經曰。有具傷於陰。陰氣絶而不起。陰不能用。然其鬚不去。宦者之獨去。何也。願聞其故。

岐伯曰。宦者去其宗筋。傷其衝脈。血瀉不復。皮膚內結。唇口不榮。故鬚不生。

黄帝曰。有具天宦者。未嘗被傷。不脱於血。然其鬚不生。何耶。

岐伯曰。此天之所不足。其任衝不盛。宗筋不成。有氣無血。唇口不榮。故鬚不生。宋・周密・齊東野語卷十六・黄門

素問曰。督脈者。起於少腹以下骨中央。女子入繫廷孔。其孔溺孔之端也。其絡循陰器。合纂間。繞纂後。別繞臀。至少陰。與巨陽中絡者。合少陰上股內後廉。貫脊屬腎。與太陽起於目內眥。上額交巔上。入絡腦。還出別下項。循肩髆內。俠脊抵腰中。入循膂絡腎。其男子循莖下至纂。與女子等。其小腹直上者。貫臍中中央。上貫心。入喉。上頤環唇。上繫兩目之中。此生病從小腹上衝心而痛。不得前後為衝疝。其女子不孕。癃痔遺溺。嗌乾。督脈生病。治督脈。

難經曰。督脈者。起於下極之俞。並於脊裏。上至風府。入屬於腦。上巔循額。至鼻柱。陽脈之海也。督脈者經缺不具。見於營氣。曰。上額循巔。下項中。循脊入。骶是督脈也。九卷言營氣之行於督脈。故從上下。難經言其脈之所起。故從下上。所以互相發也。素問言督脈。似謂在衝。多聞闕疑。故并載以貽後之長者云。

曰。蹻脈安起安止。何氣營也。

曰。蹻脈者。少陰之別。起於然骨之後。上內踝之上。直上循陰骨入陰。上循胸裏。入缺盆。上循人迎之前。上入鼽靈樞作頄字。屬目內眥。合於太陽。陽蹻而上行。氣相并相還。則為濡一作深。目氣不營則目不合也。

曰。氣獨行五藏。不營六府。何也。

曰。氣之不得無行也。如水之流。如日月之行不休。故陰脈營其藏。陽脈營其府。如環之無端。莫知其紀。終而復始。其流溢之氣。內溉藏府。外濡腠理。

異文直上循陰股入陰。（甲乙經影印本卷二）

曰。蹻脈有陰陽。何者當其數。

曰。男子數其陽。女子數其陰。其陰（一本無此二字）當數者為經。不當數者為絡也。

難經曰。陽蹻脈者。起於跟中。循外踝上行。入風池。陰蹻脈者。亦起於跟中。循內踝上行。入喉嚨。交貫衝脈。此所以互相發明也。

又曰。陽維陰維者。維絡於身。溢畜不能環流溉灌也。故陽維起於諸陽會。陰維起於諸陰交也。

又曰。帶脈起於季脇。迴身一周。（自衝脈已下。是謂奇經八脈。）

異文溢蓄不能環流溉灌也。（甲乙經影印本卷二）

又曰。陰蹻為病。陽緩而陰急。陽蹻為病。陰緩而陽急。陽維維於陽。陰維維於陰。陰陽不能相維。為病腰腹縱容。如囊水之狀。（一云腹滿腰溶溶如坐水中狀。）此八脈之診也。（維脈帶脈皆見如此。詳素問病論。及見於九卷。）

脈度第三

黃帝問曰。願聞脈度。

岐伯對曰。手之六陽。從手至頭。長五尺。五六合三丈。手之六陰。從手至胸中。長三尺五寸。三六一丈八尺。五六合三尺。凡二丈一尺。足之六陽。從頭至足。長八尺。六八合四丈八尺。足之六陰。從足至胸中。長六尺五寸。六六合三丈六尺。五六三尺。凡三丈九尺。蹻脈從足至目。長七尺五寸。二七一丈四尺。二五合一尺。凡一丈五尺。督脈。任脈各長四尺五寸。二四合八尺。二五合一尺。凡九尺。凡都合一十六丈二尺。此氣之大經隧也。經脈為裏。支而橫者為絡。絡之別者為孫絡。孫絡之盛而有血者疾誅之。盛者瀉之。虛者飲藥以補之。

十二經標本第四

黃帝問曰。五藏者。所以藏精神魂魄也。六府者。所以受水穀而化物者也。其氣內循於五藏。而外絡支節。其浮氣之不循於經者為衛氣。其精氣之行於經者為營氣。陰陽相隨。外內相貫。如環無端。亭亭淳淳乎。熟能窮之。然其分別陰陽。皆有標本虛實所離之處。能別陰陽十二經者。知病之所生。候虛實之所在者。能得病之高下。知六經之氣街者。能知解結。紹於門戶。能知虛實之堅濡者。知補瀉之所在。能知六經標本者。可以無惑於天下也。

岐伯對曰。博哉聖帝之論。臣請悉言之。

足太陽之本。在跟上五寸中。標在兩絡命門。命門者目也。

足少陰之本。在內踝下上三寸中。標在背腧與舌下兩脈。

異文標在背腧與舌下兩脈。甲乙經影印本卷二

足少陽之本。在竅陰之間。標在窗籠之前。窗籠者耳也。千金云。窗籠者。耳前上下脈。以手按之動者是也。

足陽明之本。在厲兌。標在人迎上頰頏顙。九卷云。標在人迎頰上俠頏顙。

足厥陽之本。在行間上五寸所。標在背腧。

異文足厥陰之本。甲乙經影印本卷二

足太陰之本。在中封前四寸之中。標在背腧與舌本。

足太陽之本。在外踝之後。標在命門之上一寸。千金云。命門在心上一寸。

手少陽之本。在小指次指之間上三寸一作二寸。標在耳後上角下外眥。

手陽明之本。在肘骨中。上至別陽。標在顏下合鉗上。

異文標在腋下合鉗上。甲乙經影印本卷二

手太陰之本。在寸口之中。標在腋下內動脈是也。

手少陽之本。在兌骨之端。標在背腧。

手心主之本。在掌後兩筋之間。標在腋下三寸。

凡候此者。主下虛則厥。下盛則熱。上虛則眩。上盛則熱痛。故實者。絕而止之。虛者。引而起之。

請言氣街。胸氣有街。腹氣有街。頭氣有街。胻氣有氣。故氣在頭者。上一作止下同之於腦。在胸中者。上之膺與背腧。氣在腹者。上之於背腧。與衝脈於臍左右之動脈者。氣在胻者。上之氣街。與承山踝上

以下。取此者用毫鍼。必先按而久存之。應於手乃刺而予之。所刺者。頭痛眩仆。腹痛中滿暴脹。及有新積可移者。易已也。積不痛者。難已也。

異文 䯒氣有街。故氣在頭者。（甲乙經影印本卷二）

經脈根結第五

黄帝曰。天地相感。寒熱相移。陰陽之數。孰少孰多。陰道偶而陽道奇。發於春夏。陰氣少而陽氣多。陰陽不調。何補何瀉。發於秋冬。陽氣少至陰氣多。陰氣盛陽氣衰。故莖葉枯槁。濕雨下歸。陰陽相離。何補何瀉。奇邪離經。不可勝數。不知根結。五藏六府。折關敗樞。開闔而走。陰陽大失。不可復取。九鍼之要。在於終始。能知終始。一言而畢。不知終始。鍼道絕矣。

異文 陽氣少而陰氣多。陰氣盛陽氣衰。（甲乙經影印本卷二）

太陽根於至陰。結於命門。命門者。目也。陽明根於厲兑。結於頏顙。頏顙者。鉗大。鉗大者。耳也。少陽根於竅陰。結於窗籠。窗籠者。耳也。

異文 太陽根於至陰。結於命門。（甲乙經影印本卷二）

太陽為開。陽明為闔。少陽為樞。故開折則內節瀆緩。而暴病起矣。故候暴病者。取之太陽。視有餘不足。瀆緩者。皮肉緩膲而弱也。闔折則氣無所止息。而痿病起矣。故痿病者。皆取之陽明。視有餘不足。無所止息者。真氣稽留。邪氣居之也。樞折則骨搖而不能安於地。故骨搖者。取之少陽。視有餘不足。節緩而不收者。當覈其本。
太陰根於隱白。結於大倉。厥陰根於大敦。結於玉英。絡於膻中。
少陰根於湧泉。結於廉泉。
太陰為開。厥陰為闔。少陰為樞。故開折則倉廩無所輸膈洞。膈洞者。取之太陰。視有餘不足。故開折者。則氣不足而生病。闔則氣弛而善悲。善悲者。取之厥陰。視有餘不足。樞折則脈有所結而不通。不通者。取之少陰。視有餘不足。有結者。皆取之。

異文 闔折則氣弛而善悲。甲乙經影印本卷二

足太陽根於至陰。流於京骨。注於崑崙。入於天柱。飛揚。
足少陽根於竅陽。流於丘墟。注於陽輔。入於天容誤疑。光明。
足陽明根於厲兑。流於衝陽。注於下陵。入於人迎。豐隆。
手太陽根於少澤。流於暘谷。注於少海。入於天窗誤疑。支正。
手少陽根於關衝。流於陽池。注於支溝。入於天牖。外關。
手陽明根於商陽。流於合谷。注於陽谿。入於扶突。偏歷。
此所謂十二經絡也。絡盛者。當取之。

經筋第六

足太陽之筋起於足小指。上結於踝。斜上結於膝。其下者。從足外側。結於踵。上循跟結於膕。其別者。結於腨外。上膕中內廉。與膕中並上結於臀。上俠脊上項。其支者。別入結於舌本。其直者。結於枕骨。上頭下額（一作顏）。結於鼻。其支者。為目上網。下結於鼽（靈樞作頄字）。其下支者。從腋後外廉。結於肩髃。其支者。入腋下。出缺盆。上結於完骨。其支者。出缺盆。斜上入於鼽。其病小指支踵跟痛（一作小指支踵痛）。膕攣急。脊反折。項筋急。肩不舉。腋支缺盆中紐痛。不可左右搖。治在燔鍼劫刺。以知為數。以痛為腧。名曰。仲春痹。

異文 以痛為輸。名曰。仲春痺。（甲乙經影印本卷二）

足少陽之筋。起於小指次指之上。結於外踝。上循胻外廉。結于膝外廉。其支者。別起於外輔骨。上走髀。前者結于伏菟。後者結於尻。其直者。上乘眇季脇。上走腋前廉。繫于膺乳。結于缺盆。直者。上出腋。貫缺盆。出太陽之前。循耳後。上額角。交巔上。下走頷。上結於鼽。其支者。結於目外眥。為外維。其病小指次指支轉筋。引膝外轉筋。膝不可屈伸。膕筋急。前引髀。後引尻。上乘眇季脇痛。上引缺盆膺乳頸。維筋急。從左之右。右目不開。上過右角。并蹻脈而行。左絡於右。故傷左角。右足不用。命曰維筋相交。治在燔鍼劫刺。以知為數。以痛為輸。名曰。孟春痹。

異文 上循骱外廉。結于膝外廉。
上太陽之前。循耳後。（以上甲乙經影印本卷二）

足陽明之筋。起於中三指。結於跗上。斜外上加於輔骨。上結於膝外廉。直上結於髀樞。上循脇屬脊。其直者。上循骭。結於膝。其支者。結於外輔骨。合少陽。其直者。上循伏菟。上結於髀。聚於陰器。上腹而布。至缺盆而結。上頸上俠口。合於鼽。下結於鼻。上合於太陽。太陽為目上綱。陽明為目下綱。其支者。從頰結於耳前。其病足中指支脛轉筋。腳跳堅。伏菟轉筋。髀前腫。㿗疝。腹筋乃急。引缺盆及頰。卒口僻急者目不合。熱則經弛縱不勝。目不開。頰筋有寒則急。引頰移口。有熱則筋弛縱不勝收。故僻。治之以馬膏。膏其急者。以白酒和桂塗其緩者。以桑鉤鉤之。即以生桑灰置之坎中。高下與坐等。以膏熨急頰。且飲美酒。啖炙肉。不飲酒者。自強也。為之三拊而已。治在燔鍼劫刺。以知為數。以痛為輸。名曰。季春痹。

異文有熱則經弛縱不勝收。（甲乙經影印本卷二）

附錄足躄筋急。桂末。白酒和塗之。一日一上。皇甫謐甲乙經。（明・李時珍・本草綱目卷三十四・木部・桂）

足太陰之筋。起於大指之端內側。上結於內踝。其直者。上絡於膝內輔骨。上循陰股。結於髀。聚於陰器。上腹結於臍。循腹裏。結於脇。散於胸中。其內者。著於脊。其病足大指支內踝痛。轉筋。內輔骨痛。陰股引髀而痛。陰器紐痛。上臍兩脇痛。膺中脊內痛。治在燔鍼劫刺。以知為數。以痛為輸。名曰。孟秋痹。

足少陰之筋。起於小指之下。入足心。並足太陰而斜走內踝之下。結於踵。則與太陽之筋合而上結於內輔之下。並太陰之經而上循陰股。結於陰器。循膂內俠脊上至項。結於枕骨。與足太陽之筋合。其病。足下轉筋。及所過而結者皆痛及轉筋。病在此者。主癇瘛及痓病。在外者。不能俛。在內者。不能仰。故陽病者。腰反折。不能俛。陰病者。不能仰。治在燔鍼劫刺。以知為數。以痛為輸。在內者。熨引飲藥。此筋折紐。紐發數甚者。死不治。名曰。仲秋痹。

足厥陰之筋。起於大指之上。結於內踝之前。上衝胻。上結內輔之下。上循陰股。結於陰器。絡諸經(一作筋)。其病。足大指支內踝之前痛。內輔痛。陰股痛。轉筋。陰器不用。傷於內則不起。傷於寒則陰縮入。傷於熱則縱挺不收。治在行水清陰器。其病轉筋者。治在燔鍼劫刺。以知為數。以痛為輸。名曰。季秋痹。

手太陽之筋。起於小指之上。結於腕。上循臂內廉。結於肘內兌骨之後。彈之應小指之上。入結於腋下。其支者。從腋走後廉。上繞臑外廉。上肩胛。循頸出足太陽之筋。前結於耳後完骨。其支者。入耳中。直者。出耳上。下結於頷。上屬目外眥。其病。小指及肘內兌骨後廉痛。循臂陰。入腋下。腋下痛。腋後廉痛。繞肩胛。引頸而痛。應耳中鳴。痛引頷。目瞑良久乃能視。頸筋急則為筋瘻。頸腫寒熱在頸者。治在燔鍼劫刺。以知為數。以痛為輸。其為腫者。復而兌之。名曰。仲夏痹。(原本復而兌之下。有本支者。上曲牙。循耳前屬目外眥。上頷。結于角。其痛當所過者。支轉筋。治在燔針卻刺。以知為數。以痛為輸一段。)

手少陽之筋。起於小指次指之端。結於腕。上循臂。結於肘。上繞臑外廉。上肩走頸。合手太陽。其支者。上當曲頰入。繫於舌本。其支者。上曲牙。循耳前。屬目外眥。上乘頷。結於角。其病。當所過者。即支轉筋。舌卷。治在燔鍼劫刺。以知為數。以痛為輸。名曰。季夏痹。

手陽明之筋。起於大指次指之端。結於腕。上循臂。上結於肘。上繞臑。結於髃。其支者。繞肩胛。俠脊。其直者。從肩髀上頸。其支者。上頰。結於頄。其直者。上出手太陽之前。上左角。絡頭。下右頷。其病。當所過者。支（一本下有痛字及字）轉筋痛。肩不舉。頸不可左右視。治在燔鍼劫刺。以知為數。以痛為輸。名曰。孟夏痹。

異文其直者。從肩髃上頸。

其病。所當過者。（以上甲乙經影印本卷二）

手太陰之筋。起於大指之上。循指上行。結於魚際後。行寸口外側。上循臂。結肘中。上臑內廉。入腋下。上出缺盆。結肩前髃。上結缺盆。下結於胸裏。散貫賁。合脇下。抵季肋。其病。當所過者。支轉筋痛。甚成息賁。脇急吐血。治在燔鍼劫刺。以知為數。以痛為輸。名曰。仲冬痹。

手心主之筋。起于中指。與太陰之經並行。結於肘內廉。上臂陰。結腋下。下散前後俠脇。其支者。入腋散胸中。結於臂。其病。當所過者。支轉筋痛。手心主前及胸痛息賁。治在燔鍼劫刺。以知為數。以痛為輸。名曰。孟冬痹。

手少陰之筋。起於小指之內側。結於兌骨上。結肘內廉。上入腋。交太陰。挾乳裏。結於胸中。循臂下。繫於臍。其病。內急。心承伏梁。下為肘綱。其病。當所過者。支轉筋痛。治在燔鍼劫刺。以知為數。以痛為輸。其成伏梁吐膿血者。死不治。凡經筋之病。寒則反折筋急。熱則筋縱緩不收。陰痿不用。陽急則反折。陰急則俛不伸。焠刺者。刺寒急也。熱則筋縱不收。無用燔鍼劫刺。名曰。季冬痹。

足之陽明。手之太陽筋。急則口目為之僻。目眥急不能卒視。治此皆如右方也。

骨度腸度腸胃所受第七

黃帝問曰。脈度言經脈之長短。何以立之。

伯高對曰。先度其骨節之大小廣狹長短。而脈度定矣。

曰。人長七尺五寸者。其骨節之大小長短。知各幾何。

曰。頭（一作頸）之大骨圍二尺六寸。胸圍四尺五寸。腰圍四尺二寸。髮所覆者顱至項一尺二寸。髮以下至頤長一尺。君子參（又作三又作終）折。結喉以下至缺盆中。長四寸。至缺盆下至髑骬長九寸。過則肺大。不滿則肺小。髑骬以下至天樞長八寸。過則胃大。不及則胃小。天樞以下至橫骨長六寸半。過則迴腸廣長。不滿則狹短。橫骨長六寸半。橫骨上廉以下至內輔之上廉長一尺八寸。內輔之上廉以下至下廉長三寸半。內輔下廉至內踝長一尺三寸。內踝以下至地長三寸。膝膕以下至跗屬長一尺六寸。跗屬以下至地長三寸。故骨圍大則大過。小則不及。角以下至柱骨長一尺（一作寸）。行腋中不見者長四寸。腋以下至季脇長一尺二寸。季脇以下至髀樞長六寸。髀樞以下至膝中長一尺九寸。膝以下至外踝長一尺六寸。外踝以下至京骨長三寸。京骨以下至地長一寸。耳後當完骨者。廣九寸。耳前當耳門者。廣一尺二寸。（一作三寸。）兩顴之間廣九寸半（九墟作七寸）。兩乳之間廣九寸半。兩髀之間廣六寸半。足長一尺二寸。廣四寸半。肩至肘長一尺七寸。肘至腕長一尺二寸半。腕至中指本節長四寸。本節至其末長四寸半。項髮以下至脊骨長三寸半（一作二寸）。脊骨以下至尾骶二十一節長三尺。上節長一寸四分分之七奇分之一。奇分在下。故上七節下至膂骨。九寸八分分之七。此衆人骨之度也。所以立經脈之長短也。是故。視其經脈之在於身也。其見浮而堅。其見明而大者。多血。細而沉者。多氣。乃經之長短也。

異文過則胃腸廣長。（甲乙經影印本卷二）

曰。願聞六府傳穀者。腸胃之大小長短。受穀之多少。柰何。

曰。穀之所從出入淺深遠近長短之度。唇至齒長九分。廣二寸半。齒以後至會厭。深三寸半。大容五合。舌重十兩。長七寸。廣二寸半。咽門重十兩。廣二寸半。至胃長一尺六寸。胃紆曲屈。伸之長二尺六寸。大一尺五寸。徑五寸。大容三（一作二）斗五升。小腸後附脊。左環迴周葉（一作疊下同）積。其注於迴腸者。外附於臍上。迴運環及十六曲。大二寸半。徑八分分之少半。長三丈二尺（一作三尺）。迴腸當臍。左環迴周葉。積而下。迴運環反十六曲。大四寸。徑一寸寸之少半。長二丈一尺。廣腸脂（一作傳）脊以受迴腸。左環葉積（一作脊）上下辟。大八寸。徑二寸寸之大半。長二尺八寸。腸胃所入至所出。長六丈四寸四分。迴曲環反三十二曲。

曰。人不食七日而死者。何也。

曰。胃大一尺五寸。徑五寸。長二尺六寸。横屈受水穀三斗五升。其中之穀常留者二斗。水一斗五升而滿。上焦泄氣。出其精微。慓悍滑疾。下焦下漑。泄諸小腸。小腸大二寸半。徑八分分之少半。長三丈二尺。受穀二斗四升。水六升三合合之大半。迴腸大四寸。徑一寸寸之少半。長二丈一尺。受穀一斗。水七升半。廣腸大八寸。徑二寸寸之大半。長二尺八寸。受穀九升三合八分合之一。腸胃之長凡五丈八尺四寸。受水穀九斗二升一合合之大半。此腸胃所受水穀之數也。平人則不然。胃滿則腸虚。腸滿則胃虚。更滿更虚。故氣得上下。五藏安定。血脈和利。精神乃居。故神者。水穀之精氣也。故腸胃之中常留穀二斗四升。水一斗五升。故人一日再至後。後二升半。一日中五升。五七三斗五升。而留水穀盡矣。故平人不飲不食七日而死者。水穀精氣津液皆盡。故七日死矣。以上古今醫統正脈全書排印本

異文腸胃凡長丈六尺四寸四分。史記卷一百五・倉公列傳第四十五注

皇甫謐集卷二十四・鍼灸甲乙經卷三

頭直鼻中髮際傍行至頭維凡七穴第一

黄帝問曰。氣穴三百六十五。以應一歲。願聞孫絡谿谷。亦各有應乎。

岐伯對曰。孫絡谿谷。三百六十五穴會。以應一歲。以洒（素問作溢）奇邪。以通榮衛。肉之大會為谷。肉之小會為谿。肉分之間。谿谷之會。以行榮衛。以舍（素問作會）大氣也。

神庭。在髮際直鼻。督脈。足太陽。陽明之會。禁不可刺。令人癲疾。目失精。灸三壯。

曲差。一名鼻衝。俠神庭兩傍各一寸五分。在髮際。足太陽脈氣所發。正頭取之。刺入三分。灸五壯。

本神。在曲差兩傍各一寸五分。在髮際□（一曰直耳上入髮際四分）足少陽。陽維之會。刺入三分。灸三壯。

頭維。在額角髮際。俠本神兩傍。各一寸五分。足少陽。陽維之會。刺入五分。禁不可灸。

頭直鼻中入髮際一寸循督脈卻行至風府凡八穴第二

上星一穴。在顱上。直鼻中央。入髮際一寸陷者中。可容豆。督脈氣所發。刺入三分。留六呼。灸三壯。

顖會。在上星後一寸骨間陷者中。督脈氣所發。刺入四分。灸五壯。

前頂。在顖會後一寸五分。骨間陷者中。督脈氣所發。刺入四分。灸五壯。

百會。一名三陽五會。在前頂後一寸五分。頂中央旋毛中陷。可容指。督脈。足太陽之會。刺入三分。灸三壯。

後頂。一名交衝。在百會後一寸五分。枕骨上。督脈氣所發。刺入四分。灸五壯。

強間。一名大羽。在後頂後一寸五分。督脈氣所發。刺入三分。灸五壯。

腦戶。一名匝風。一名會額。在跳骨上強間後一寸五分。督脈。足太陽之會。此別腦之會。不可灸。令人瘖。素問禁刺論云。刺頭中腦戶。入腦立死。王冰註云。灸五壯。又骨空論云。不可妄灸。銅人經云。禁不可灸。灸之令人瘂。

風府。一名舌本。在頂上。入髮際一寸。大筋內穴。穴中疾言。其肉立起。言休其肉立下。督脈。陽維之會。禁不可灸。灸之令人瘖。刺入四分。留三呼。

異文大筋內穴中疾言。其肉立起。甲乙經影印本卷三

頭直俠督脈各一寸五分卻行至玉枕凡十穴第三

五處。在督脈傍。去上星一寸五分。足太陽脈氣所發。刺入三分。不可灸素問水熱穴註云灸三壯。

承光。在五處後二寸。足太陽脈氣所發。刺入三分。禁不可灸。

通天。一名天臼。在承光後一寸五分。足太陽脈氣所發。刺入三分。留七呼。灸三壯。

絡卻。一名強陽。一名腦蓋。在通天後一寸三分。足太陽脈氣所發。刺入三分。留五呼。灸三壯。

玉枕。在絡卻後七分。俠腦戶傍一寸三分。起肉枕骨。入髮際三寸。足太陽脈氣所發。刺入三分。留三呼。灸三壯。

頭直目上入髮際五分卻行至腦空凡十穴第四

臨泣。當目上眥。直入髮際五分陷者中。足太陽。少陽。陽維之會。刺入三分。留七呼。灸五壯。

目窗。一名至榮。在臨泣後一寸。足少陽。陽維之會。刺入三分。灸五壯。

正營。在目窗後一寸。足少陽。陽維之會。刺入三分。灸五壯。

承靈。在正營後一寸五分。足少陽。陽維之會。刺入三分。灸五壯。

腦空。一名顳（音熱）顬（音儒）。在承靈後一寸五分。俠玉枕骨下陷者中。足少陽。陽維之會。刺入四分。灸五壯。（素問氣府論註云。俠枕骨後枕骨上。）

頭緣耳上卻行至完骨凡十二穴第五

天衝。在耳上如前三分。刺入三分。灸三壯。（氣府論註云。足太陽。少陽之會。）

率谷。在耳上。入髮際一寸五分。足太陽。少陽之會。嚼而取之。刺入四分。灸三壯。

曲鬢。在耳上。入髮際曲隅陷者中。鼓頷有空。足太陽。少陽之會。刺入三分。灸三壯。

浮白。在耳後。入髮際一寸。足太陽。少陽之會。刺入三分。灸二壯。（氣穴註云。灸三壯。刺入三分。）

竅陰。在完骨上。枕骨下。搖動應手。足太陽。少陽之會。刺入四分。灸五壯。（氣穴註云。灸三壯。刺入三分。）

完骨。在耳後。入髮際四分。足太陽。少陽之會。刺入二分。留七呼。灸七壯。（氣穴註云。刺入三分。灸三壯。）

頭自髮際中央傍行凡五穴第六

瘖門。一名舌橫。一名舌厭。在後髮際宛宛中。入繫舌本。督脈。陽維之會。仰頭取之。刺入四分。不可灸。灸之令人瘖。氣府論註云。去風府一寸。

天柱。在俠項後髮際。大筋外廉陷者中。足太陽脈氣所發。刺入二分。留六呼。灸三壯。

風池。在顳顬後髮際陷者中。足少陽。陽維之會。刺入三分。留三呼。灸三壯。氣府論註云。在後陷者中。按之引耳。手足少陽脈之會。刺入四分。

背自第一椎循督脈行至脊骶凡十一穴第七

氣府論註云。第六椎下有靈臺。十椎下有中樞。十六椎下有陽關。

大椎。在第一椎陷者中。三陽督脈之會。刺入五分。灸九壯。

陶道。在大椎節下間。督脈。足太陽之會。俛而取之。刺入五分。留五呼。灸五壯。

身柱。在第三椎節下間。督脈氣所發。俛而取之。刺入五分。留五呼。灸三壯。氣府論註云。灸五壯。

神道。在第五椎節下間。督脈氣所發。俛而取之。刺入五分。留五呼。灸三壯。氣府論註云。灸五壯。

至陽。在第七椎節下間。督脈氣所發。俛而取之。刺入五分。灸三壯。

筋縮。在第九椎節下間。督脈氣所發。俛而取之。刺入五分。灸三壯。氣府論註云。灸五壯。

脊中。在第十一椎節下間。督脈氣所發。俛而取之。刺入五分。不可灸。灸則令人瘻。

懸樞。在第十三椎節下間。督脈氣所發。伏而取之。刺入三分。灸三壯。

命門。一名屬累。在十四椎節下間。督脈氣所發。伏而取之。刺入五分。灸三壯。

腰俞。一名背解。一名髓空。一名腰戶。在第二十一椎節下間。督脈氣所發。刺入三分。留七呼。灸五壯。氣府論註云。刺入三分。熱註。水穴註同。熱穴註作二寸。繆刺論同。

長強。一名氣之陰郄。督脈別絡。在脊骶端。少陰所結。刺入三分。留七呼。灸三壯。氣府論註及水穴註云。刺入二分。

背自第一椎兩傍俠脊各一寸五分下至節凡四十一穴第八

凡五藏之腧出於背者。按其處。應在中而痛解。乃其腧也。灸之則可。刺之則不可。盛則瀉之。虛則補之。以火補之者。無吹其火。須自滅也。以火瀉之者。疾吹其火。拊其艾。須其火滅也。

大杼。在項第一椎下。兩傍各一寸五分陷者中。足太陽。手太陽之會。刺入三分。留七呼。灸七壯。氣穴論註云。督脈別絡。手足太陽三脈之會。

風門熱府。在第二椎下。兩傍各一寸五分。督脈。足太陽之會。刺入五分。留五呼。灸三壯。

肺俞。在第三椎下。兩傍各一寸五分。刺入三分。留七呼。灸三壯。氣府論註云。五藏腧並足太陽脈之會。

心俞。在第五椎下。兩傍各一寸五分。鍼入三分。留七呼。禁灸。

膈俞。在第七椎下。兩傍各一寸五分。鍼入三分。留七呼。灸三壯。

肝俞。在第九椎下。兩傍各一寸五分。鍼入三分。留六呼。灸三壯。

膽俞。在第十椎下。兩傍各一寸五分。足太陽脈所發。正坐取之。刺入五分。灸三壯。氣府論註云。留七呼。痹論云。膽。胃。三焦。大小腸。膀胱俞。並足太陽脈氣所發。

脾俞。在第十一椎下。兩傍各一寸五分。刺入三分。留七呼。灸三壯。

胃俞。在第十二椎下。兩傍各一寸五分。刺入三分。留七呼。灸三壯。

三焦俞。在第十三椎下。兩傍各一寸五分。足太陽脈氣所發。刺入五分。灸三壯。

腎俞。在第十四椎下。兩傍各一寸五分。刺入三分。留七呼。灸三壯。

大腸俞。在第十六椎下。兩傍各一寸五分。刺入三分。留六呼。灸三壯。

小腸俞。在第十八椎下。兩傍各一寸五分。刺入三分。留六呼。灸三壯。

膀胱俞。在第十九椎下。兩傍各一寸五分。刺入三分。留六呼。灸三壯。

中膂俞。在第二十椎下。兩傍各一寸五分。俠脊胂而起。刺入三分。留六呼。灸三壯。

白環俞。在第二十一椎下。兩傍。各一寸五分。足太陽脈氣所發。伏而取之。刺入八分。得氣則瀉。瀉訖多補之。不宜灸。水穴註云。刺入五分。灸三壯。自大腸俞至此五穴。並足太陽脈氣所發。

上窌。在第一空腰髁下一寸。俠脊陷者中。足太陽。少陽之絡。刺入三分。留七呼。灸三壯。

次窌。在第二空。俠脊陷者中。刺入三分。留七呼。灸三壯。銅人經云。刺入三分。灸七壯。

中窌。在第三空。俠脊陷者中。刺入二寸。留十呼。灸三壯。銅人經云。針入二分。

下窌。在第四空。俠脊陷者中。刺入二寸。留十呼。灸三壯。銅人經云。鍼入三分。素問繆刺論云。足太陽。厥陰。少陽所結。

會陽。一名利機。在陰毛骨兩傍。督脈氣所發。刺入八分。灸五壯。氣府註云。灸三壯。

背自第二椎兩傍俠脊各三寸行至二十一椎下兩傍俠脊凡二十六穴第九

附分。在第二椎下。附項內廉兩傍。各三寸。足太陽之會。刺入八分。灸五壯。

魄戶。在第三椎下。兩傍各三寸。足太陽脈氣所發。刺入三分。灸五壯。

異文刺入二分。灸五壯。（甲乙經影印本卷三）

神堂。在第五椎下。兩傍各三寸陷者中。足太陽脈氣所發。刺入三分。灸五壯。

譩譆。在肩髆內廉。俠第六椎下。兩傍各三寸。以手痛按之。病者言譩譆。是穴。足太陽脈氣所發。刺入六分。灸五壯。（骨空註云。令病人呼譩譆之言。則指下動矣。灸三壯。）

膈關。在第七椎下。兩傍各三寸陷者中。足太陽脈氣所發。正坐開肩取之。刺入五分。灸三壯。（氣府論註云。灸五壯。）

魂門。在第九椎下。兩傍各三寸陷者中。足太陽脈氣所發。正坐取之。刺入五分。灸五壯。

陽綱。在第十椎下。兩傍各三寸陷者中。足太陽脈氣所發。正坐取之。刺入五分。灸三壯。

意舍。在第十一椎下。兩傍各三寸陷者中。足太陽脈氣所發。刺入五分。灸三壯。

胃倉。在第十二椎下。兩傍各三寸陷者中。足太陽脈氣所發。刺入五分。灸三壯。

肓門。在第十三椎下。兩傍各三寸。入肘間。足太陽脈氣所發。刺入五分。灸三壯。（經云。與鳩尾相值。）

志室。在第十四椎下。兩傍各三寸陷者中。足太陽脈氣所發。正坐取之。刺入五分。灸三壯。（氣府註云灸五壯。）

胞肓。在第十九椎下。兩傍各三寸陷者中。足太陽脈氣所發。伏而取之。刺入五分。灸三壯。（氣府註云灸五壯。）

秩邊。在第二十一椎下。兩傍各三寸陷者中。足太陽脈氣所發。伏而取之。刺入五分。灸三壯。

面凡二十九穴第十

懸顱。在曲周顳顬中。足少陽脈氣所發。刺入三分。留七呼。灸三壯。氣府註云。曲周上。顳顬中。

頷厭。在曲周顳顬上廉。手少陽。足陽明之會。刺入七分。留七呼。灸三壯。氣府註云。在曲周顳顬之上。刺深令人耳無聞。

懸釐。在曲周顳顬下廉。手足少陽。陽明之會。刺入三分。留七呼。灸三壯。氣府註云。在曲周顳顬之上刺深令人耳無聞。

陽白。在眉上一寸直瞳子。足少陽。陽維之會。刺入三分。灸三壯。氣府註云足陽明。陰維二脈之會。今詳陽明之經不到於此。又陰維不與陽明會。疑素問註非是。

攢竹。一名員在。一名始光。一名夜光。又名明光。在眉頭陷者中。足太陽脈氣所發。刺入三分。留六呼。灸三壯。

絲竹空。一名巨窌。在眉後陷者中。足少陽脈氣所發。刺入三分。留三呼。不宜灸。灸之不幸令人目小及盲。氣府論註云。手少陽。又云留六呼。

睛明。一名泪孔。在目內眥外。手足太陽。足陽明之會。刺入六分。留六呼。灸三壯。氣府論註云。手足太陽。足陽明。陰陽蹻五脈之會。

瞳子窌。在目外去眥五分。手太陽。手足少陽之會。刺入三分。灸三壯。

異文 瞳子髎。在目外去眥五分。甲乙經影印本卷三

承泣。一名鼷穴。一名面窌。在目下七分。直目瞳子。陽蹻。任脈。足陽明之會。刺入三分。不可灸。

四白。在目下一寸。向頄骨（即顴骨）顴空。足陽明脈氣所發。刺入三分。灸七壯。（氣府論註云。刺入四分。不可灸。）

顴窌。一名兌骨。在面頄骨下廉陷者中。手少陽。太陽之會。刺入三分。

異文 顴髎。一名兌骨。（甲乙經影印本卷三）

素窌。一名面王。在鼻柱上端。督脈氣所發。刺入三分。禁灸。

異文 素髎。一名面王。（甲乙經影印本卷三）

迎香。一名衝陽。在禾窌上鼻下孔傍。手。足陽明之會。刺入三分。

巨窌。在俠鼻孔旁八分。直瞳子。蹻脈。足陽明之會。刺入三分。

異文 巨髎。在俠鼻孔旁八分。（甲乙經影印本卷三）

禾窌。在直鼻孔下俠谿水溝傍五分。手陽明脈氣所發。刺入三分。

水溝。在鼻柱下人中。督脈。手足陽明之會。直唇取之。刺入三分。留七呼。灸三壯。

兌骨。在唇上端。手陽明脈氣所發。刺入三分。留六呼。灸三壯。

齗交。在唇內齒上齗縫中。刺入三分。灸三壯。（氣府論註云。在督脈二經之會）

地倉。一名會維。俠口傍四分。如近下是。蹻脈。手足陽明之會。刺入三分。

承漿。一名天池。在頤前唇之下。足陽明任脈之會。開口取之。刺入三分。留六呼。灸三壯。（氣府論註云。作五呼。）

頰車。在耳下曲頰端陷者中。開口有孔。足陽明脈氣所發。刺入三分。灸三壯。

大迎。一名髓孔。在曲頷前一寸三分骨陷者中。動脈。足太陽脈氣所發。刺入三分。留七呼。灸三壯。

耳前後凡二十穴第十一

上關。一名客主人。在耳前上廉起骨端。開口有孔。手少陽。足陽明之會。刺入三分。留七呼。灸三壯。刺太深令人耳無聞。氣府論註云。手足太陽少陽足陽明三脈之會。氣穴刺註與甲乙經同。

下關。在客主人。下耳前運脈下空下廉。合口有孔。張口即閉。足陽明。少陽之會。刺入三分。留七呼。灸三壯。

耳中。有乾𦝫音適抵。不可灸。𦝫抵一作適之。不可灸。一作鍼久留針。

耳門。在耳前起肉當耳缺者。刺入三分。留三呼。灸三壯。

禾窌。在耳前兌髮下橫動脈。手足少陽。手太陽之會。刺入三分。灸三壯。氣府論註云。手。足少陽二脈之會。

聽會。在耳前陷者中。張口得之。動脈應手。少陽脈氣所發。刺入四分。灸三壯。繆刺註云。正當手陽明脈之分。

聽宮。在耳中。珠子大。明如赤小豆。手足少陽。手太陽之會。刺入三分。灸三壯。氣穴註云。刺入一分。

角孫。在耳廓中間。開口有孔。手足少陽。手陽明之會。刺入三分。灸三壯。氣府論註云。在耳上廓表之間髮際之下。手太陽。手足少陽三脈之會。

瘈脈。一名資脈。在耳本後雞足青絡脈。刺出血如豆汁。刺入一分。灸三壯。

顱息。在耳後間青絡脈。足少陽脈氣所發。刺入一分。出血多則殺人。灸三壯。

翳風。在耳後陷者中。按之引耳中。手足少陽之會。刺入四分。灸三壯。

頸凡十七穴第十二

廉泉。一名本池。在頷下。結喉上。舌本下。陰維。任脈之會。刺入二分。留三呼。灸三壯。氣府論註云。刺入三分。

人迎。一名天五會。在頸大脈。動應手。俠結喉。以候五藏氣。足陽明脈氣所發。禁不可灸。刺入四分。過深不幸殺人。素問陰陽類論註云。人迎在結喉旁一寸五分。動脈應手。

天窗。一名窗籠。在曲頰下。扶突後。動脈應手陷者中。手太陽脈氣所發。刺入六分。灸三壯。

天牖。在頸筋間。缺盆上。天容後。天柱前。完骨後。髮際上。手少陽脈氣所發。刺入一分。灸三壯。

天容。在耳曲頰後。手少陽脈氣所發。刺入一寸。灸三壯。

水突。一名水門。在頸大筋前。直人迎下。氣舍上。足陽明脈氣所發。刺入一寸。灸三壯。

氣舍。在頸。直人迎下。俠天突陷者中。足陽明脈氣所發。刺入三分。灸五壯。

扶突。在人迎後一寸五分。手陽明脈氣所發。刺入三分。灸三壯。鍼經云。在氣舍後一寸五分。

天鼎。在缺盆上。直扶突。氣舍後一寸五分。手陽明脈氣所發。刺入四分。灸三壯。氣府論註云。在氣舍後半寸。

肩凡二十六穴第十三

肩井。在肩上陷者中。缺盆上大骨前。手少陽。陽維之會。刺入五分。灸三壯。氣府論註云。灸三壯。

異文 肩井。在井上陷者中。甲乙經影印本卷三

肩貞。在肩曲胛下。兩骨解間。肩髃後陷者中。手太陽脈氣所發。刺入八分。灸三壯。

巨骨。在肩端上行兩叉骨間陷者中。手陽明。蹻脈之會。刺入一寸五分。灸五壯。氣府論註云。灸三壯。

天窌。在肩缺盆中毖骨之間陷者中。手少陽。陽維之會。刺入八分。灸三壯。

肩髃。在肩端兩骨間。手陽明。蹻脈之會。刺入六分。留六呼。灸三壯。

肩窌。在肩端臑上。斜舉臂取之。刺入七分。灸三壯。氣府論註云。手少陽脈氣所發。

臑腧。在肩臑後大骨下胛上廉陷者中。手太陽。陽維。蹻脈之會。舉臂取之。刺入八分。灸三壯。

秉風。俠人窌在外肩上小髃骨後。舉臂有空。手陽明太陽。手足少陽之會。舉臂取之。刺入五分。灸五壯。氣府論註云。灸三壯。

異文秉風。俠肩窌在外肩上小髃骨後。甲乙經影印本卷三

天宗。在秉風後大骨下陷者中。手太陽脈氣所發。刺入五分。留六呼。灸三壯。

肩外俞。在肩甲上廉。去脊三寸陷者中。刺入六分。灸三壯。

肩中俞。在肩甲內廉。去脊二寸陷者中。刺入三分。留七呼。灸三壯。

曲垣。在肩中央曲甲陷者中。按之動脈應手。刺入八九分。灸十壯。

缺盆。一名天蓋。在肩上橫骨陷者中。刺入三分。留七呼。灸三壯。刺太深。令人逆息。骨空論註云。手陽明脈氣所發。氣府論註云。足陽明脈氣所發。

臑會。一名臑窌。在臂前廉。去肩頭三寸。手陽明之絡。刺入五分。灸五壯。氣府論註云。手陽明。手少陽結脈之會。

胸自天突循任脈下行至中庭凡七穴第十四

天突。一名玉戶。在頭結喉下二寸（氣府論註云。五寸）中央宛宛中。陰維。任脈之會。低頭取之。刺入一寸。留七呼。灸三壯。（氣府論註云。灸五壯。）

璇璣。在天突下一寸中央陷者中。任脈氣所發。仰頭取之。刺入三分。灸五壯。

華蓋。在璇璣下一寸陷者中。任脈氣所發。仰頭取之。刺入三分。灸五壯。

紫宮。在華蓋下一寸六分陷者中。任脈氣所發。仰頭取之。刺入三分。灸五壯。

玉堂。一名玉英。在紫宮下一寸六分陷者中。任脈氣所發。仰頭取之。刺入三分。灸五壯。

膻中。一名元兒。在玉堂下一寸六分陷者中。任脈氣所發。仰而取之。刺入三分。灸五壯。

中庭。在膻中下一寸六分陷者中。任脈氣所發。仰而取之。刺入三分。灸五壯。

胸自輸府俠任脈兩傍各二寸下行至步廊凡十二穴第十五

輸府。在巨骨下。去璇璣傍各二寸陷者中。足少陰脈氣所發。仰而取之。刺入四分。灸五壯。

彧中。在輸府下一寸六分陷者中。足少陰脈氣所發。仰而取之。刺入四分。灸五壯。

神藏。在彧中下一寸六分陷者中。足少陰脈氣所發。仰而取之。刺入四分。灸五壯。

靈墟。在神藏下一寸六分陷者中。足少陰脈氣所發。仰而取之。刺入四分。灸五壯。

神封。在靈墟下一寸六分陷者中。足少陰脈氣所發。仰而取之。刺入四分。灸五壯。

步廊。在神封下一寸六分陷者中。足少陰脈氣所發。仰而取之。刺入四分。灸五壯。

胸自氣戶俠輸府兩傍各二寸下行至乳根凡十二穴第十六

氣戶。在巨骨下。輸府兩傍各二寸陷者中。足陽明脈氣所發。仰而取之。刺入四分。灸五壯。氣府論註云。去膺窗上四寸八分。灸三壯。

庫房。在氣戶下一寸六分陷者中。足陽明脈氣所發。仰而取之。刺入四分。灸五壯。氣府論註云。灸三壯。

屋翳。在庫房下一寸六分。刺入四分。灸五壯。氣府論註云。在氣戶下三寸二分。灸三壯。

膺窗。在屋翳下一寸六分。刺入四分。灸五壯。氣府論註云。在胸兩傍俠中行各四寸。巨骨下四寸八分陷者中。足陽明脈氣所發。仰而取之。

乳中。禁不可刺灸。灸刺之。不幸生蝕瘡。瘡中有膿血清汁者。可治。瘡中有息肉若蝕瘡者。死。

乳根。在乳下一寸六分陷者中。足陽明脈氣所發。仰而取之。刺入四分。灸五壯。氣府論註云。灸一壯。

胸自雲門俠氣戶兩傍各二寸下行至食竇凡十二穴第十七

雲門。在巨骨下。氣戶兩傍各二寸陷者中。動脈應手。太陰脈氣所發。舉臂取之。刺入七分。灸五壯。刺太深令人逆息。氣府論註云。在巨骨下。任脈兩傍各六寸。刺熱穴論註云。手太陽脈氣所發。

中府。肺之募也。一名膺中俞。在雲門下一寸。乳上三肋間陷者中。動脈應手。仰而取之。手太陰之會。刺入三分。留五呼。灸五壯。

周營。在中府下一寸六分陷者中。足太陰脈氣所發。仰而取之。刺入四分。灸五壯。

異文 周榮。甲乙經影印本卷三

胸鄉。在周榮下一寸六分陷者中。足太陰脈氣所發。仰而取之。刺入四分。灸五壯。

天谿。在胸鄉下一寸六分陷者中。足太陰脈氣所發。仰而取之。刺入四分。灸五壯。

食竇。在天谿下一寸六分陷者中。足太陰脈氣所發。仰而取之。刺入四分。灸五壯。氣穴論註云。手太陰脈氣所發。

腋脇下凡八穴第十八

淵腋。在腋下三寸宛宛中。舉臂取之。刺入三分。不可灸。灸之不幸生腫蝕馬刀。傷內潰者死。寒熱生馬瘍可治。氣穴論註云。足少陽脈氣所發。

大包。在淵腋下三寸。脾之大絡。布胸脇中。出九肋間。及季脇端。別絡諸陰者。刺入三分。灸三壯。

異文 太包。甲乙經影印本卷三

輒筋。在腋下三寸。復前行一寸。著脇。足少陽脈氣所發。刺入六分。灸三壯。

異文 轍筋。甲乙經影印本卷三

天池。一名天會。在乳後一寸。氣府論註云二寸。腋下三寸。著脇直掖撅肋間。手厥陰。足少陽脈之會一作手心足少陽脈之會。刺入七分。灸三壯。氣府論註云。刺入三分。

腹自鳩尾循任脈下行至會陰凡十五穴第十九

鳩尾。一名尾翳。一名髑骬。在臆前。蔽骨下五分。任脈之別。不可灸刺。鳩尾蓋心上。人無蔽骨者。當從上岐骨度下行一寸半。氣府論註云。一寸為鳩尾處。若不為鳩尾處。則針巨闕者中心。人有鳩尾短者少饒。今強一寸。

巨闕。心募也。在鳩尾下一寸。任脈氣所發。刺入六分。留七呼。灸五壯。氣府論註云。刺入一寸六分。

上脘。在巨闕下一寸五分。去蔽骨三寸。任脈。足陽明。手太陽之會。刺入八分。灸五壯。

中脘。一名太倉。胃募也。在上脘下一寸。居心蔽骨與臍之中。手太陽。少陽。足陽明所生。任脈之會。刺入二分。灸七壯。九卷云。髑骬至臍八寸。太倉居其中為臍上四寸。呂廣撰募腧經云。太倉在臍上三寸。非也。

異文 任脈之會。刺入三分。甲乙經影印本卷三

建里。在中脘下一寸。刺入五分。留十呼。灸五壯。氣府論註云。刺入六分。留七呼。

下脘。在建里下一寸。足太陰。任脈之會。刺入一寸。灸五壯。

臍中。禁不可刺。刺之令人惡瘍。遺矢者。死不治。

異文 遺矢者死不治。甲乙經影印本卷三

水分。在下脘下一寸。臍上一寸。任脈氣所發。刺入一寸。灸五壯。

陰交。一名少關。一名橫戶。在臍下一寸。任脈。氣衝之會。刺入八分。灸五壯。

氣海。一名脖胦。一名下肓。在臍下一寸五分。任脈氣所發。刺入一寸三分。灸五壯。

石門。三焦募也。一名利機。一名精露。一名丹田。一名命門。在臍下二寸。任脈氣所發。刺入五

分。留十呼。灸三壯。女子禁不可刺。灸中央。不幸使人絕子。氣府論註云。刺入六分。留七呼。灸五壯

關元。小腸募也。一名次門。在臍下三寸。足三陰。任脈之會。刺入二寸。留七呼。灸七壯。氣府論註云。刺入一寸二分。

中極。膀胱募也。一名氣原。一名玉泉。在臍下四寸。足三陰。任脈之會。刺入二寸。留七呼。灸三壯。氣府論註云。刺入一寸二分。

異文足二陰。任脈之會。甲乙經影印本卷三

曲骨。在橫骨上。中極下一寸。毛際陷者中。動脈應手。任脈。足厥陰之會。刺入一寸五分。留七呼。灸三壯。氣府論註云。自鳩尾至曲骨十四穴。並任脈氣所發。

會陰。一名屏翳。在大便前。小便後。兩陰之間。任脈別絡。俠督脈衝脈之會。刺入二寸。留三呼。灸三壯。氣府論註云。留七呼。

腹自幽門俠巨闕兩傍各半寸循衝脈下行至橫骨凡二十一穴第二十

幽門。一名上門。在巨闕兩傍各五分陷者中。衝脈。足少陰之會。刺入五分。灸五壯。氣府論註云。刺入一寸。

通谷。在幽門下一寸陷者中。衝脈。足少陰之會。刺入五分。灸五壯。氣府論註云。刺入一寸。

陰都。一名食宮。在通谷下一寸。衝脈。足少陰之會。刺入一寸。灸五壯。

石闕。在陰都下一寸。衝脈。足少陰之會。刺入一寸。灸五壯。

商曲。在石闕下一寸。衝脈。足少陰之會。刺入一寸。灸五壯。

肓俞。在商曲下一寸。直臍傍五分。衝脈。足少陰之會。刺入一寸。灸五壯。

中注。在肓俞下五分。衝脈。足少陰之會。刺入一寸。灸五壯。素問水穴論註云。在臍下五分。兩旁相去任脈各五分。

四滿。一名髓府。在中注下一寸。衝脈。足少陰之會。刺入一寸。灸五壯。

氣穴。一名胞門。一名子戶。在四滿下一寸。衝脈。足少陰之會。刺入一寸。灸五壯。

大赫。一名陰維。一名陰關。在氣穴下一寸。衝脈。足少陰之會。刺入一寸。灸五壯。

橫骨。一名下極。在大赫下一寸。衝脈。足少陰之會。刺入一寸。灸五壯。

腹自不容俠幽門兩傍各一寸五分至氣衝凡二十三穴第二十一

不容。在幽門傍各一寸五分。去任脈三寸。至兩肋端相去四寸。足陽明脈氣所發。刺入五分。灸五壯。氣府論註云。刺入八分。又云。下至太乙各上下相去一寸。

承滿。在不容下一寸。足陽明脈氣所發。刺入八分。灸五壯。

梁門。在承滿下一寸。足陽明脈氣所發。刺入八分。灸五壯。

關門。在梁門下。太乙上。足陽明脈中間穴外延。足陽明脈氣所發。刺入八分。灸五壯。

太乙。在關門下一寸。足陽明脈氣所發。刺入八分。灸五壯。

滑肉門。在太乙下一寸。足陽明脈氣所發。刺入八分。灸五壯。

天樞。大腸募也。一名長谿。一名谷門。去肓俞一寸五分。俠臍兩傍各二寸陷者中。足陽明脈氣所發。刺入五分。留七呼。灸五壯。氣府論註云。在滑肉門下一寸。正當臍。

外陵。在天樞下。大巨上。足陽明脈氣所發。刺入八分。灸五壯。氣府論註云。在臍下一寸。兩傍去衝脈各一寸五分。水穴論註云。在天樞下一寸。

大巨。一名腋門。在長谿下二寸。足陽明脈氣所發。刺入八分。灸五壯。氣府論註云。在外陵下一寸。

水道。在大巨下三寸。足陽明脈氣所發。刺入二寸五分。灸五壯。

歸來。一名谿穴。在水道下二寸。刺入八分。灸五壯。水穴論註云。足陽明脈氣所發。

氣衝。在歸來下。鼠鼷上一寸。動脈應手。足陽明脈氣所發。刺入三分。留七呼。灸三壯。灸之不幸。使人不得息。氣府論註云。在腹臍下。橫骨兩端鼠鼷上一寸。刺禁論註云。在腹下。俠臍兩傍相去四寸鼠鼷上一寸。動脈應手。骨空註云。在毛際兩傍。鼠鼷上一寸。

腹自期門上直兩乳俠不容兩傍各一寸五分下行至衝門凡十四穴第二十二

期門。肝募也。在第二肋端。不容傍各一寸五分。上直兩乳。足太陰。厥陰。陰維之會。舉臂取之。刺入四分。灸五壯。

日月。膽募也。在期門下一寸五分。足太陰。少陽之會。刺入七分。灸五壯。氣府論註云。在第三肋端。橫直心蔽骨傍各二寸五分。上直兩乳。

異文 膽募也。在期門下五分。宋·林億·孫真人備急千金要方卷五十二注

腹哀。在日月下一寸五分。足太陰。陰維之會。刺入七分。灸五壯。

大橫。在腹哀下三寸。直臍傍。足太陰。陰維之會。刺入七分。灸五壯。

腹屈。一名腹結。在太橫下一寸三分。刺入七分。灸五壯。

府舍。在腹結下三寸。足太陰。陰維。厥陰之會。此脈上下入腹絡胸。結心肺。從脇上至肩。比太陰郄。三陰陽明支別。刺入七分。灸五壯。

衝門。一名慈宮。上去大横五寸。在府舍下。横骨兩端約文中。動脈。足太陰。厥陰之會。刺入七分。灸五壯。

腹自章門下行至居窌凡十二穴第二十三

章門。脾募也。一名長平。一名脇窌。在大横外。直臍季脇端。足厥陰。少陽之會。側臥屈上足。伸下足。舉臂取之。刺入八分。留六呼。灸三壯。

帶脈。在季脇下一寸八分。刺入六分。灸五壯。氣府論註云。足少陽。帶脈二經之會。

五樞。在帶脈下三寸。一曰在水道傍一寸五分。刺入一寸。灸五壯。氣府論註云。足少府。帶脈二經之會。

京門。腎募也。一名氣府。一名氣俞。在監骨下腰中。挾脊季肋下一寸八分。刺入三分。留七呼。灸三壯。

維道。一名外樞。在章門下五寸三分。足少陽。帶脈之會。刺入八分。灸三壯。

居窌。在章門下八寸三分。監骨上陷者中。陽蹻。足少陽之會。刺入八分。灸三壯。氣府論註云。監骨作髂骨。

手太陰及臂凡一十八穴第二十四

黃帝問曰。願聞五藏六府所出之處。

岐伯對曰。五藏五俞。五五二十五俞。六府六俞。六六三十六俞。經脈十二。絡脈十五。凡二十七氣。上下行。所出為井。所留為滎。所注為俞。所過為原。所行為經。所入為合。別而言之。則所注為俞。揔而言之。則手太陰井也。滎也。原也。經也。合也。皆為之俞。非此六者。謂之間。凡穴手太陰之脈出於大指之端。內側循白肉際。至本節後太淵溜以澹外屈本指以下。（一作本於上節。）內屈與諸陰絡。會於魚際。數脈并注。（疑此處有缺文。）其氣滑利。伏行壅骨之下。外屈（一本下有出字）於寸口而行。上至於肘內廉。入於大筋之下。內屈上行。臑陰入腋下。內屈走肺。此順行逆數之屈折也。

肺出少商。少商者。木也。在手大指端內側。去爪甲如韭葉。手太陰脈之所出也為井。刺入一分。留一呼。灸一壯。（氣府論註云。作三壯。）

魚際者。火也。在手大指本節後內側。散脈中。手太陰脈之所溜也。為滎。刺入二分。留三呼。灸三壯。

太淵者。水也。在掌後陷者中。手太陰脈之所注也。為俞。刺入二分。留二呼。灸三壯。

經渠者。金也。在寸口陷者中。手太陰之所行也。為經。刺入三分。留三呼。不可灸。灸之傷人神明。

列缺。手太陰之絡。去腕上一寸五分。別走陽明者。刺入三分。留三呼。灸五壯。

孔最。手太陰之郄。去腕七寸。專（此處缺文）金二七水之父母。刺入三分。留三呼。灸五壯。

天澤者。水也。在肘中約上動脈。手太陰之所入也為合。刺入三分。灸五壯。（素問氣穴論註云。留三呼。）

俠白。在天府下去肘五寸動脈中。手太陰之別。刺入四分。留三呼。灸五壯。

天府。在腋下三寸。臂臑內廉動脈中。手太陰脈氣所發。禁不可灸。灸之令人逆氣。刺入四分。留三呼。

手厥陰心主及臂凡一十六穴第二十五

手心主之脈。出于中指之端。內屈中指內廉。以上留於掌中。伏（一本下有行字）行兩骨之間。外屈兩筋之間。骨肉之際。其氣滑利。上二寸外屈（一本下有出字）行兩筋之間。上至肘內廉。入於小筋之下（一本下有留字）。兩骨之會上。入於胸中。內絡心胞。

異文 入於少筋之下（一本下有留字）。（甲乙經影印本卷三）

心主出中衝。中衝者。木也。在手中指之端。去爪甲如韭葉陷者中。手心主脈之所出也。為井。刺入一分。留三呼。灸一壯。

異文 中衝者。水也。（甲乙經影印本卷三）

勞宮者。火也。一名五里。在掌中央動脈中。手心主脈之所溜也。為滎。刺入三分。留六呼。灸三壯。

大陵者。土也。在掌後兩筋間陷者中。手心主脈之所注也。為俞。刺入六分。留七呼。灸三壯。

內關。手心主絡在掌後去腕二寸。別走少陽。刺入二分。灸五壯。

間使者。金也。在掌後三寸。兩筋間陷者中。手心主脈之所行也。為經。刺入六分。留七呼。灸三壯。

郄門。手心主郄去腕五寸。刺入三分。灸三壯。

曲澤者。水也。在肘內廉下陷者中。屈肘得之。手心主脈之所入也。為合。留七呼。灸三壯。

天泉。一名天溫。在曲腋下去臂二寸。舉臂取之。刺入六分。灸三壯。

手少陰及臂凡一十六穴第二十六

黃帝問曰。手少陰之脈獨無俞。何也。

岐伯對曰。少陰者。心脈也。心者。五藏六府之大主也。為帝王。精神之舍也。其藏堅固。邪弗能容也。容之則心傷。心傷則神去。神去則死矣。故諸邪之在於心者。皆在心之包絡。包絡者。心主之脈也。故獨無俞焉。

曰。少陰脈獨無俞者。心不病乎。

曰。其外經脈病而藏不病。故獨取其經於掌後兌骨之端。其餘脈出入曲折皆如手少陰。少陰少字。宜作太字。同人經作厥字。心主之脈行也。故本俞者。皆因其氣之虛實疾徐以取之。是謂因衝而泄。因衰而補。如是者。邪氣得去。真氣堅固。是謂因天之敘。

心出少衝。少衝者。木也。一名經始。在手小指內廉之端。去爪甲如韭葉。手少陰脈之所出也。為井。刺入一分。留一呼。灸一壯。少陰八穴。其七有治。一無治者。邪弗能容也。故曰無俞焉。

少府者。火也。在小指本節後陷者中。直勞宮。手少陰脈之所溜也。為榮。刺入三分。

神門者。土也。一名兌衝。一名中都。在掌後兌骨之端陷者中。手少陰脈之所注也。為俞。刺入三分。留七呼。灸三壯。素問陰陽論註云。神門在掌後五分當小指間。

手少陰郄在掌後脈中。去腕五分。刺入三分。灸三壯。陰陽論註云。當小指之後。

通里。手少陰經在腕後一寸。別走太陽。刺入三分。灸三壯。

靈道者。金也。在掌後一寸五分。或曰一寸。手少陰脈之所行也。為經。刺入三寸。灸三壯。

少海者。水也。一名曲節。在肘內廉節後陷者中。動脈應手。手少陰脈之所入也。為合。刺入五分。灸三壯。

極泉。在腋下筋間動脈。入胸中。手少陰脈氣所發。刺入三分。灸五壯。

手陽明及臂凡二十八穴第二十七

大腸。合手陽明。出於商陽。商陽者。金也。一名絕陽。在手大指次指內側。去爪甲如韭葉。手陽明脈之所出也。為井。刺入一分。留一呼。灸三壯。

二間者。水也。一名間谷。在手大指次指本節前。內側陷者中。手陽明脈之所溜也。為滎。刺入三分。留六呼。灸三壯。

三間者。木也。一名少谷。在手大指次指本節後。內側陷者中。手陽明脈之所注也。為俞。刺入三分。留三呼。灸三壯。

合谷。一名虎口。在手大指次指間。手陽明脈之所過也。為原。刺入三分。留六呼。灸三壯。

陽谿者。火也。一名中魁。在腕中上側兩傍間陷者中。手陽明脈之所行也。為經。刺入三分。留七呼。灸三壯。

偏歷。手陽明絡在腕後三寸。別走太陰者。刺入三分。留七呼。灸三壯。

溫溜。一名逆注。一名蛇頭。手陽明郄在腕後少士五寸。大士六寸。刺入三分。灸三壯。大士少士謂大人小兒也。

下廉。在輔骨下去上廉一寸。恐疑誤輔齊兌肉其分外邪。刺入五分。留五呼。灸三壯。

上廉。在三里下一寸。其分抵陽之會外邪刺入五分。灸五壯。

手三里。在曲池下二寸。按之。肉起兌肉之端。刺入三分。灸三壯。

曲池者。土也。在肘外輔骨肘骨之中。手陽明脈之所入也。為合。以手按胸取之。刺入五寸。留七呼。灸三壯。

肘窌。在肘大骨外廉陷者中。刺入四分。灸三壯。

五里。在肘上三寸。行向裏大脈中央。禁不可刺。灸三壯。

臂臑。在肘上七分。䐃肉端。手陽明絡之會。刺入三分。灸三壯。

異文行向裏大脈中央。甲乙經影印本卷三

手少陽及臂凡二十四穴第二十八

三焦。上合手少陽。出於關衝。關衝者。金也。在手小指次指之端。去爪甲角如韭葉。手少陽脈之所

出也。為井。刺入一分。留三呼。灸三壯。

腋門者。水也。在小指次指間陷者中。手少陽脈之所溜也。為榮。刺入三分。灸三壯。

中渚者。木也。在手小指次指本節後陷者中。手少陽脈之所注也。為俞。刺入二分。留三呼。灸三壯。

陽池。一名別陽。在手表上腕上陷者中。手少陽脈之所過也。為原。刺入二分。留三呼。灸五壯。同人

外關。手少陽絡。在腕後二寸陷者中。別走心者。刺入三分。留七呼。灸三壯。經云。不可灸。

支溝者。火也。在腕後三寸兩骨之間陷者中。手少陽脈之所行也。為經。刺入二分。留七呼。灸三壯。

三陽絡。在臂上大交脈支溝上一寸。不可刺。灸五壯。

四瀆。在肘前五寸外廉陷者中。刺入六分。留七呼。灸三壯。

天井者。土也。在肘外大骨之後。兩筋間陷者中。屈肘得之。手少陽脈之所入也。為合。刺入一分。留七呼。灸三壯。

清泠淵。在肘上一寸。一本作二寸。伸肘舉臂取之。刺入三分。灸三壯。

消濼。在肩下臂外開腋斜肘分下䏿。一本無䏿字。刺入六分。灸三壯。氣府論註云。手少陽脈之會。

會宗二穴。手少陽郄在腕後三寸空中。刺入三分。灸三壯。

手太陽凡一十六穴第二十九

小腸。上合手太陽。出於少澤。少澤者。金也。一名小吉。在手少指之端。去爪甲一分陷者中。手太陽脈之所出也。為井。刺入一分。留二呼。灸一壯。

異文 在手少指之端。甲乙經影印本卷三

前谷者。水也。在手小指外側。本節前陷者中。手太陽脈之所溜也。為榮。刺入一分。留三呼。灸三壯。

後谿者。木也。在手小指外側。本節後陷者中。手太陽脈之所注也。為俞。刺入二分。留二呼。灸一壯。

腕骨。在手外側腕前。起骨下陷者中。手太陽脈之所過也。為原。刺入二分。留三呼。灸三壯。

陽谷者。火也。在手外側腕中。兌骨下陷者中。手太陽脈之所行也。為經。刺入二分。留二呼。灸三壯。氣穴論註云。留三呼。

養老。手太陽郄。在手踝骨上一空腕後一寸陷者中。刺入三分。灸三壯。

支正。手太陽絡。在肘後一本作腕後五寸。別走少陰者。刺入三分。留七呼。灸三壯。

小海者。土也。在肘內大骨外。去肘端五分陷者中。屈肘乃得之。手太陽脈之所入也。為合。刺入二分。留七呼。灸七壯。氣穴論註云。作少海。

足太陰及股凡二十二穴第三十

脾在隱白。隱白者。木也。在足大指端內側。去爪甲如韭葉。足太陰脈之所出也。為井。刺入一分。

留三呼。灸三壯。

異文在足大趾端內側。（甲乙經影印本卷三）

大都者。火也。在足大指本節後陷者中。足太陰脈之所溜也。為榮。刺入三分。留七呼。灸一壯。

太白者。土也。在足內側核骨下陷者中。足太陰脈之所注也。為俞。刺入三分。留七呼。灸三壯。

公孫。在足大指本節後一寸。別走陽明。太陰絡也。刺入四分。留二十呼。灸三壯。

商丘者。金也。在足內踝下微前陷者中。足太陰脈之所行也。為經。刺入三分。留七呼。灸三壯。

（氣穴論註云。刺入四分。）

三陰交。在內踝上三寸。骨下陷者中。足太陰。厥陰。少陰之會。刺入三分。留七呼。灸三壯。

漏谷。在內踝上六寸骨下陷者中。足太陰絡。刺入三分。留七呼。灸三壯。

地機。一名脾舍。足太陰郄。別走上一寸空。在膝下五寸。刺入三分。灸三壯。

陰陵泉者。水也。在膝下內側輔骨下陷者中。伸足乃得之。足太陰脈之所入也。為合。刺入五分。留七呼。灸三壯。

血海。在膝髕上內廉白肉際二寸半。足太陰脈氣所發。刺入五分。灸五壯。

箕門。在魚腹上越兩筋間。動脈應手。太陰內市。足太陰脈氣所發。刺入三分。留六呼。灸三壯。（素問三部九候論註云。直五里下。寬鞏足單衣。沉取乃得之。動脈應於手。）

足厥陰及股凡二十二穴第三十一

肝出大敦。大敦者。木也。在足大指端。去爪甲如韭葉及三毛中。足厥陰脈之所出也。為井。刺入三分。留十呼。灸三壯。

行間者。火也。在足大指間動脈陷者中。足厥陰之所溜也。為榮。刺入六分。留十呼。灸三壯。

太衝者。土也。在足大指本節後二寸。或曰一寸五分陷者中。足厥陰脈之所注也。為俞。刺入三分。留十呼。灸三壯。（素問刺腰痛論註云。在足大指本節後內間二寸陷者中。動脈應手。）

中封者。金也。在足內踝前一寸。仰足取之。陷者中。伸足乃得之。足厥陰脈之所注也。為經。刺入四分。留七呼。灸三壯。（氣穴論註云。在內踝前一寸五分。）

蠡溝。足厥陰之絡。在足內踝上五寸。別走少陽。刺入二分。留三呼。灸三壯。

中都。足厥陰郄。在內踝上七寸䯒中。與少陰相直。刺入三分。留六呼。灸五壯。

膝關。在犢鼻下二寸陷者中。足厥陰脈氣所發。刺入四分。灸五壯。

曲泉者。水也。在膝內輔骨下。大筋上。小筋下。陷者中。屈膝得之。足厥陰脈之所入也。為合。刺入六分。留十呼。灸三壯。

陰包。在膝上四寸股內廉兩筋間。足厥陰別走（此處有缺）。刺入六分。灸三壯。

異文在膝上四寸股內廉兩傍間。（甲乙經影印本卷三）

五里。在陰廉下。去氣衝三寸。陰股中動脈。刺入六分。灸五壯。（外臺秘要作去氣衝三寸。去外廉二寸。）

陰廉。在羊矢下。去氣衝二寸動脈中。刺入八分。灸三壯。

足少陰及股并陰蹻陰維凡二十穴第三十二

腎出湧泉。湧泉者。木也。一名地衝。在足心陷者中。屈足捲指宛宛中。足少陰脈之所出也。為井。刺入三分。留三呼。灸三壯。

異文湧泉者。水也。甲乙經影印本卷三

然谷者。火也。一名龍淵。在足內踝前起大骨下陷者中。足少陰脈之所溜也。為榮。刺入三分。留三呼。灸三壯。刺之多見血。使人立饑欲食。

太谿者。土也。在足內踝後跟骨上動脈陷者中。足少陰脈之所注也。為俞。刺入三分。留七呼。灸三壯。

大鍾。在足跟後衝中。別走太陽足少陰絡。刺入二分。留七呼。灸三壯。素問水熱穴論註云。在足跟後衝中。動脈應手。刺腰痛論註云。在內踝後。

照海。陰蹻脈所生。在足內踝下一寸。刺入四分。留六呼。灸三壯。

水泉。足少陰郄。去太谿下一寸。在足內踝下。刺入四分。灸五壯。

復溜者。金也。一名伏白。一名昌陽。在足內踝上二寸陷者中。足少陰脈之所行也。為經。刺入三分。留三呼。灸五壯。刺腰痛論註云。在內踝上二寸動脈。

交信。在足內踝上二寸。少陰前。太陰後。筋骨間。陰蹻之郄。刺入四分。留三呼。灸三壯。

築賓。陰維之郄。在足內踝上腨分中。刺入三分。灸五壯。刺腰痛論註云。在內踝後。

陰谷者。水也。在膝下內輔骨後。大筋之下。小筋之上。按之應手。屈膝得之。足少陰脈之所入也。為合。刺入四分。灸三壯。

足陽明及股凡三十穴第三十三

胃出厲兌。厲兌者。金也。在足大指次指之端。去爪甲角如韭葉。足陽明脈之所出也。為井。刺入一分。留一呼。灸三壯。

內庭者。水也。在足大指次指外間陷者中。足陽明脈之所溜也。為榮。刺入三分。留二十呼。灸三壯。氣穴論註云。留十呼。灸三壯。

陷谷者。木也。在足大指次指間本節後陷者中。去內庭二寸。足陽明脈之所注也。為俞。刺入五分。留七呼。灸三壯。

衝陽。一名會原。在足趺上五寸骨間動脈。上去陷谷三寸。足陽明脈之所過也。為原。刺入三分。留十呼。灸三壯。

解谿者。火也。在衝陽後一寸五分腕上陷者中。足陽明脈之所行也。為經。刺入五分。留五呼。灸三壯。氣穴論註云。二寸五分。刺瘧論註云。三寸五分。

異文留五呼。灸三壯。甲乙經影印本卷三

豐隆。足陽明絡也。在外踝上八寸。下廉胻外廉陷者中。別走太陰者。刺入三分。灸三壯。

巨虛下廉。足陽明與小腸合。在上廉下三寸。刺入三分。灸三壯。氣穴論註云。足陽明脈氣所發。

條口。在下廉上一寸。足陽明脈氣所發。刺入八分。灸三壯。

巨虛上廉。足陽明與大腸合。在三里下三寸。刺入八分。灸三壯。氣穴論註云。在犢鼻下六寸。足陽明脈氣所發。

三里。土也。在膝下三寸。䯒外廉。足陽明脈氣所入也。為合。刺入一寸五分。留七呼。灸三壯。素問云。在膝下三寸䯒外廉兩筋間分間。

犢鼻。在膝下䯒上俠解大筋中。足陽明脈氣所發。刺入六分。灸三壯。

異文在膝下胻上俠解大筋中。甲乙經影印本卷三

梁丘。足陽明郄。在膝上二寸。刺入三分。灸三壯。

陰市。一名陰鼎。在膝上三寸。伏兔下。若拜而取之。足陽明脈氣所發。刺入三分。留七呼。禁不可灸。刺腰痛論註云。伏兔下陷者中。灸三壯。

伏兔。在膝上六寸起肉間。足陽明脈氣所發。刺入五分。禁不可灸。

髀關。在膝上伏兔後交分中。刺入六分。灸三壯。

足少陽及股并陽維四穴凡二十八穴第三十四

膽出於竅陰。竅陰者。金也。在足小指次指之端。去爪甲如韭葉。足少陽脈之所出也。為井。刺入三分。留三呼。灸三壯。氣穴論註云。作一呼。

俠谿者。水也。在足小指次指二岐骨間。本節前陷者中。足少陽脈之所溜也。為榮。刺入三分。留三呼。灸三壯。

地五會。在足小指次指本節後間陷者中。刺入三分。不可灸。灸之令人瘦。不出三年死。

臨泣者。木也。在足小指次指本節後間陷者中。去俠谿一寸五分。足少陽脈之所注也。為俞。刺入二分。灸三壯。

丘墟。在足外廉踝下如前陷者中。去臨泣一寸。足少陽脈之所過也。為原。刺入五分。留七呼。灸三壯。

懸鍾。在足外踝上三寸動者脈中。足三陽絡。按之。陽明脈絕乃取之。刺入六分。留七呼。灸五壯。

光明。足少陽絡。在足外踝上五寸。別走厥陰者。刺入六分。留七呼。灸五壯。（骨空論註云。刺入七分。留十呼。）

異文 留七呼。灸三壯。（甲乙經影印本卷三）

外丘。足少陽郄。少陽所生。在外踝上七寸。刺入三分。灸三壯。

異文 在內踝上七寸。（甲乙經影印本卷三）

陽輔者。火也。在足外踝上四寸（氣穴論註無四寸二字）輔骨前。絕骨端。如前三分。去丘墟七寸。足少陽脈之所行也。為經。刺入五分。留七呼。灸三壯。

陽交。一名別陽。一名足窌。陽維之郄。在外踝上七寸。斜屬三陽分肉間。刺入六分。留七呼。灸三壯。

陽陵泉者。土也。在膝下一寸。䯒外廉陷者中。足少陽脈之所入也。為合。刺入六分。留十呼。灸三壯。

異文 䯒外廉陷者中。（甲乙經影印本卷三）

陽關。在陽陵泉上三寸。犢鼻外陷者中。刺入五分。禁不可灸。

中犢。在髀骨外。膝上五寸。分肉間陷者中。足少陽脈氣所發也。刺入五分。留七呼。灸五壯。

環跳。在髀樞中。側臥伸下足。屈上足取之。足少陽脈氣所發。刺入一寸。留二十呼。灸五十壯。氣穴論註云。髀樞後。足少陽。太陽二脈之會。灸三壯。

足太陽及股并陽蹻六穴凡三十四穴第三十五

膀胱出於至陰。至陰者。金也。在足小指外側。去爪甲如韭葉。足太陽脈之所出也。為井。刺入三分。留五呼。灸五壯。

通谷者。水也。在足小指外側。本節前陷者中。足太陽脈之所溜也。為榮。刺入二分。留五呼。

束骨者。木也。在足小指外側。本節後陷者中。足太陽脈之所注也。為俞。刺入三分。灸三壯。氣穴論註云。本節後赤白肉際。

京骨。在足外側大骨下。赤白肉際陷者中。按而得之。足太陽脈之所過也。為原。刺入三分。留七呼。灸三壯。

申脈。陽蹻所生也。在足外踝下陷者中。容爪甲許。刺入三分。留六呼。灸三壯。刺腰痛論註云。外踝下五分

金門。在足太陽郄。一空在足外踝下。一名關梁。陽維所別屬也。刺入三分。灸三壯。

僕參。一名安邪。在跟骨下陷者中。拱足得之。足太陽脈之所行也。為經。刺入五分。留十呼。灸三

壯。刺腰痛論註云。陷者中細脈動應手。

跗陽。陽蹻之郄。在足外踝上三寸。太陽前。少陽後。筋骨間。刺入六分。留七呼。灸三壯。氣穴論註作付陽。

飛揚。一名厥陽。在足外踝上七寸。足太陽絡。別走少陰者。刺入三分。灸三壯。

承山。一名魚腹。一名肉柱。在兌腨腸下分肉間陷者中。刺入七分。灸三壯。

承筋。一名腨腸。一名直腸。在腨腸中央陷者中。足太陽脈氣所發。禁不可刺。灸三壯。刺腰痛論註云。在腨中央。

合陽。在膝約文中央下二寸。刺入六分。灸五壯。

委中者。土也。在膕中央。約文中動脈。足太陽脈之所入也。為合。刺入五分。留七呼。灸三壯。素問骨空論註云。膕謂膝解之後。曲腳之中。背面取之。刺腰痛論注云。在足膝後屈處。

崑崙。火也。在足外踝後。跟骨上陷中。細脈動應手。足太陽脈之所行也。為經。刺入五分。留十呼。灸三壯。

委陽。三焦下輔俞也。在足太陽之前。少陽之後。出於膕中外廉兩筋間。扶承下六寸。此足太陽之別絡也。刺入七分。留五呼。灸三壯。屈身而取之。

浮郄。在委陽上一寸。屈膝得之。刺入五分。灸三壯。

殷門。在肉郄下六寸。刺入五分。留七呼。灸三壯。

承扶。一名肉郄。一名陰關。一名皮部。在尻臀下。股陰腫上約文中。刺入二寸。留七呼。灸三壯。

欲令灸發者。灸履鞴音偏熨之。三日即發。以上古今醫統正脈全書排印本

皇甫謐集卷二十五·鍼灸甲乙經卷四

經脈第一上

雷公問曰。外揣言渾束為一。未知其所謂。敢問約之柰何。

黃帝答曰。寸口主內。人迎主外。兩者相應。俱往俱來。若引繩。大小齊等。春夏人迎微大。秋冬寸口微大。如是者。名曰。平人。人迎大一倍於寸口。病在少陽。再倍。病在太陽。三倍。病在陽明。盛則為熱。虛則為寒。緊則為痛痺。代則乍甚乍間。盛則瀉之。虛則補之。緊則取之分肉。代則取之血絡。且飲以藥。陷下者。則從而灸之。不盛不虛者。以經取之。名曰經刺。人迎四倍。名曰。外格。外格者。且大且數。則死不治。必審按其本末。察其寒熱。以驗其藏府之病。寸口大一倍於人迎。病在厥陰。再倍。病在少陰。盛則脹滿。寒則食不消化。虛則熱中出糜少氣。溺色變。緊則為痛痺。代則乍寒乍熱。下熱上寒（太素作代則乍痛乍止）。盛則瀉之。虛則補之。緊則先刺之。而後灸之。代則取血絡而後調（太素作泄字）之。陷下者。則從灸之。陷下者。其脈血結於中。中有着血。血寒。則故宜灸。不盛不虛。以經取之。寸口四倍者。名曰。內關。內關者。且大且數。則死不治。必審按其本末。察其寒熱。以驗其藏府之病。通其榮俞。乃可傳於大數。大曰。盛則從瀉。小曰。虛則從補。緊則從灸刺之。且飲藥。陷下則從灸之。不盛不虛。以經取之。所謂經治者。飲藥。亦用灸刺。脈急則引。脈代（一本作脈大以弱）則欲安靜。無勞用力。

異文陷下者。則從而灸之。甲乙經影印本卷四
黃帝問曰。病之益甚。與其方衰。何如。
岐伯對曰。外內皆在焉。切其脈口。滑小緊以沉者。病益甚在中。人迎氣大緊以浮者。病益甚在外。其脈口浮而滑者。病日進。人迎沉而滑者。病日損。其脈口滑而沉者。病日進在內。其人迎脈滑盛以浮者。病日進在外。脈之浮沉及人迎與氣口氣大小齊等者。其病難已。病在藏。沉而大者。其病易已。以小為逆。病在腑。浮而大者。其病易已。人迎盛緊者。傷於寒。脈口盛緊者。傷於食。其脈滑大以代而長者。病從外來。目有所見。志有所存。此陽之并也。可變而已。
曰。平人。何如。
曰。人一呼脈再動。一吸脈亦再動。呼吸定息。脈五動。閏疑誤以太息。名曰。平人。平人者。不病也。常以不病之人。以調病人。醫不病。故為病人平息以調之。人一呼脈一動。一吸脈一動者。曰少氣。人一呼脈三動而躁。尺熱曰。病溫。尺不熱脈滑曰。病風素作脈墻為痺。人一呼脈四動以上曰。死。脈絕不至曰。死。乍疏乍數曰。死。人常稟氣於胃。脈以胃氣為本。無胃氣曰。逆。逆者死。持其脈口。數其至也。五十動而不一代者。五藏皆受氣矣。四十動而一代者。一藏無氣。三十動而一代者。二藏無氣。二十動而一代者。三藏無氣。十動而一代者。四藏無氣。不滿十動而一代者。五藏無氣。與之短期。要在終始。所謂五十動而一代者。以為常也。以知五藏之期也。與之短期者。乍數乍疏也。
肝脈弦。心脈鉤。脾脈代。肺脈毛。腎脈石。

心脈來。累累然如連珠。如循琅玕曰。平。累累（素作喘喘）連屬。其中微曲曰。病。前鉤後居。如操帶鉤曰。死。

肺脈來。厭厭聶聶。如循（素問作落）榆葉曰。平。不上不下。如循雞羽曰。病。如物之浮。如風吹毛曰。死。

肝脈來。耎弱招招。如揭長竿末稍曰。平。盈實而滑。如循長竿曰。病。急而益勁。如新張弓弦曰。死。

異文　如揭長竿末梢曰。平。（甲乙經影印本卷四）

脾脈來。和柔相離。如雞足踐地曰。平。實而盈數。如雞舉足曰。病。堅兌如鳥之喙。如鳥之距。如屋之漏。如水之流曰。死。

異文　堅兌如烏之啄。（甲乙經影印本卷四）

腎脈來。喘喘累累如鉤。按之堅曰。平。來如引葛。按之益堅曰。病。發如奪索。辟辟如彈石曰。死。

脾脈虛浮似肺。腎脈小浮似脾。肝脈急沉散似腎。

曰。見真藏曰。死。何也。

曰。五藏者。皆稟氣於胃。胃者。五藏之本。藏氣者。皆不能自致於手太陰。必因於胃氣。乃能至於手太陰。故五藏各以其時。自為而至於手太陰。故邪氣勝者。精氣衰也。故病甚者。胃氣不能與之俱至於手太陰。故真藏之氣獨見。獨見者。病勝藏也。故曰。死。

春脈。肝也。東方木也。萬物之所始生也。故其氣耎弱輕虛而滑。端直以長。故曰。弦。反此者。

病。其氣來實而強。此謂太過。病在外。其氣來不實而微。此謂不及。病在中。太過則令人善忘。忽忽眩冒而癲疾。不及則令人胸滿（一作痛）引背。下則兩脇胠滿。

夏脈。心也。南方火也。萬物之所盛長也。故其氣來盛去衰。故曰。鉤。反此者。病。其氣來盛。去亦盛。此謂太過。病在外。其氣來不盛。去反盛。此謂不及。病在內。太過則令人身熱而骨痛（一作膚痛）。為浸淫。不及則令人煩心。上見咳唾。下為氣泄。

秋脈。肺也。西方金也。萬物之所收成也。故其氣來。輕虛以浮。來急去散。故曰。浮。反此者。病。其來毛而中央堅。兩傍虛。此謂太過。病在外。其氣來毛而微。此謂不及。病在中。太過則令人逆氣而背痛。慍慍然。不及則令人喘呼。少氣而欬。上氣見血。下聞病音。

冬脈。腎也。北方水也。萬物之所合藏也。故其氣來沉以濡（素問作摶）。故曰。營。反此者。病。其氣來如彈石者。此謂太過。病在外。其去如數者。此謂不及。病在中。太過則令人解㑊。脊脈痛而少氣。不欲言。不及則令人心懸如病饑。（素問下有眇中清。脊中痛。小腹滿。小便變赤黄四句。）

脾脈。土也。孤藏。以灌四傍者也。其善者不可見。惡者可見。其來如水之流者。此謂太過。病在外。如烏之喙者。此謂不及。病在中。太過則令人四肢不舉。不及則令人九竅不通。名曰。重強。

異文以灌四旁者也。

如烏之喙者。（以上甲乙經影印本卷四）

經脈第一 中

春得秋脈。夏得冬脈。長夏得春脈。秋得夏脈。冬得長夏脈。名曰。陰出之陽。病善怒不治。是謂五邪。皆同。死不治。

春胃微弦曰。平。弦多胃少曰。肝病。但弦無胃曰。死。胃而有毛曰。秋病。毛甚曰。今病。藏真散於肝。肝藏筋膜之氣也。

夏胃微鉤曰。平。鉤多胃少曰。心病。但鉤無胃曰。死。胃而有石曰。冬病。石甚曰。今病。藏真通於心。心藏血脈之氣也。

長夏。胃微耎弱曰。平。胃少耎弱多曰。脾病。但代無胃曰。死。耎弱有石曰。冬病。耎(素作弱)甚曰。今病。藏真濡於脾。脾藏肌肉之氣也。

秋胃微毛曰。平。毛多胃少曰。肺病。但毛無胃曰。死。毛而有弦曰。春病。弦甚曰。今病。藏真高於肺。肺行營衛陰陽也。

冬胃微石曰。平。胃少石多曰。腎病。但石無胃曰。死。石而有鉤曰。夏病。鉤甚曰。今病。藏真下於腎。腎藏骨髓之氣也。

胃之大絡。名曰。虛里。貫膈絡肺。出於左乳下。其動應手。脈之宗氣也。盛喘數絕者。則病在中。結而橫有積矣。絕不至曰。死。診得胃脈則能食。虛則泄也。

心脈揣(素問作摶)堅而長。病舌卷不能言。其耎而散者。病消渴(素作煩)。自已。

肺脈揣（素作搏下同）堅而長。病唾血。其耎而散者。病灌汗。至令不復散發。
肝脈揣堅而長。色不青。病墜若搏。因血在脇下。令人喘逆。其耎而散。色澤者。病溢飲。溢飲者。
渴渴多飲。而易（一本作溢）入肌皮腸胃之外也。
胃脈揣堅而長。其色赤。病折髀。其耎而散者。病食痺痛髀。
脾脈揣堅而長。其色黃。病少氣。其耎而散。色不澤者。病足胻腫。若水狀。
腎脈揣堅而長。其色黃而赤者。病折腰。其耎而散者。病少血。至令不復。
夫脈者。血氣之府也。長則氣和。短則氣病。數則煩心。大則病進。上盛則氣高。下盛則氣脹。代則氣衰。細則氣少。濇則心痛。渾渾革革至如涌泉。病進而色。弊之綽綽（一本作綿綿）其去如弦絕者。死。

異文 長則氣和。短則病。（甲乙經影印本卷四）

寸口脈中手短者。曰。頭痛。寸口脈中手長者。曰。足脛痛。寸口脈沉而堅者。病在中。寸口脈浮而盛者。病在外。寸口脈中手促上數（素問作擊）者。曰。肩背痛。寸口脈緊而橫堅（素問作沉而橫）者。曰。脇下腹中有橫積痛。寸口脈浮而喘（素問作沉而弱）者。曰。寒熱。寸口脈盛滑堅者。曰。病在外。寸口脈小實而堅者。曰。病在內。脈小弱以濇者。謂之久病。脈浮滑而實大（素問作浮而疾）者。謂之新病。病甚有胃氣而和者。曰。病無他。脈急者。曰。疝瘕少腹痛。脈滑曰。風。脈濇曰。痺。盛而緊曰。脹。緩而滑曰。熱中。按寸口得四時之順。曰。病無他。反四時及不間藏曰。死。
太陽脈至。洪大以長。少陽脈至。乍數乍疏。乍短乍長。陽明脈至。浮大而短。

厥陰有餘。病陰痺。不足。病生熱痺。滑則病狐疝風。濇則病少腹積氣（一本作積厥）。

少陰有餘。病皮痺癮疹。不足。病肺痺。滑則病肺風疝。濇則病積溲血。

太陰有餘。病肉痺寒中。不足。病脾痺。滑則病脾風疝。濇則病積心腹時滿。

陽明有餘。病脈痺身時熱。不足。病心痺。滑則病心風疝。濇則病積時善驚。

太陽有餘。病骨痺身重。不足。病腎痺。滑則病腎風疝。濇則病積時善癲疾。

少陽有餘。病筋痺脇滿。不足。病肝痺。滑則病肝風疝。濇則病積時筋急目痛。

太陰厥逆。胻急攣。心痛引腹。治主病者。

少陰厥逆。虛滿嘔變。下泄清。治主病者。

厥陰厥逆。攣。腰痛。虛滿前閉讝語。治主病者。

異文　虛滿前閉譫語。（甲乙經影印本卷四）

三陰俱逆。不得前後。使人手足寒。三日死。

太陽厥逆。僵仆嘔血善衄。治主病者。

少陽厥逆。機關不利。機關不利者。腰不可以行。項不可以顧。發腸癰。不可治。驚者。死。

陽明厥逆。喘欬身熱。善驚。衄血嘔血。不可治。驚者。死。

手太陰厥逆。虛滿而欬。善嘔吐沫。治主病者。

手心主少陰厥逆。心痛引喉。身熱者。死。不熱者。可治。

手太陽厥逆。耳聾泣出。項不可以顧。腰不可以俛仰。治主病者。
手陽明少陽厥逆。發喉痺。嗌腫痛。治主病者。

來疾去徐。上實下虛。為厥癲疾。來徐去疾。上虛下實。中惡風也。故中惡風者。陽氣受也。有脈俱沉細數者。少陰厥也。沉細數散者。寒熱也。浮而散者。為眴(音順)仆。諸浮而不躁者。皆在陽。則為熱。其有躁者。在手。諸細而沉者。皆在陰。則為骨痛。其有靜者。在足。數動一代者。病在陽之脈也。其濇者。陽氣有餘也。滑者。陰氣有餘也。陽氣有餘則為身熱無汗。陰氣有餘則為多汗身寒。陰陽有餘則為無汗而寒。推而外之。內而不外者。有心腹積也。推而內之。外而不內者。中有熱也。推而上之。下而不上者。腰足清也。推而下之。上而不下者。頭項痛也。按之至骨。脈氣少者。腰脊痛而身有痺也。

異文 上虛下實。為惡風也。(甲乙經影印本卷四)

經脈第一下

三陽為經。二陽為維。一陽為遊部。三陽者。太陽也。至手太陰而弦。浮而不沉。決以度。察以心。合之陰陽之論。二陽者。陽明也。至手太陰弦而沉急不鼓。靈至以病皆死。一陽者。少陽也。至手太陰上連人迎弦急懸不絕。此少陽之病也。摶陰則死。三陰者。六經之所主也。交於太陰。伏鼓不浮。上空至心。二陰至肺。其氣歸於膀胱。外連脾胃。一陰獨至。經絕氣浮不鼓。鉤而滑。此六脈者。乍陰乍陽。交屬相并。繆通五藏。合於陰陽。先至為主。後至為客。三陽為父。二陽為衛。一陽為紀。

三陰為母。二陰為雌。一陰為獨使。二陽一陰。陽明主脾一本無脾字病不勝。一陰。脈耎而動。九竅皆沉。三陽一陰。太陽脈勝。一陰不能止。內亂五藏。外為驚駭。二陰二陽。病在肺。少陽一作陰脈沉。勝肺傷脾。故外傷四肢。二陰二陽皆交至。病在腎。罵詈妄行。癲疾為狂。二陰一陽。病出於腎。陰氣客遊於心。脘下空竅。隄閉塞不通。四支別離。一陰一陽代絕。此陰氣至心。上下無常。出入不知。喉嗌乾燥。病在土脾。二陽三陰。至陰皆在。陰不過陽。陽氣不能止陰。陰陽並絕。浮為血瘕。沉為膿胕也。三陽獨至者。是三陽并至。并至如風雨。上為癲疾。下為漏血病。三陽者。至陽也。積并則為驚。病起如風礔礰。九竅皆塞。陽氣滂溢。嗌乾喉塞。并於陰則上下無常。薄為腸澼。此謂三陽直心。坐不得起臥者。身重。三陽之病也。

黃帝問曰。脈有四時動。柰何。

岐伯對曰。六合之內。天地之變。陰陽之應。彼春之暖。為夏之暑。彼秋之忿。為冬之怒。四變之動。脈與之上下。以春應中規。夏應中矩。秋應中衡。冬應中權。是故。冬至四十五日。陰氣微上。陽氣微下。夏至四十五日。陰氣微上。陽氣微下。陰陽有時。與脈為期。期而相失。如脈所分。分之有期。故知死時。微妙在脈。不可不察。察之有紀。從陰陽始。是故。聲合五音。色合五行。脈合陰陽。持脈有道。虛靜為寶。春日浮。如魚之遊在波。夏日在膚。泛泛乎萬物有餘。秋日下膚。蟄蟲將去。冬日在骨。蟄蟲周密。君子居室。故曰。知內者。按而紀之。知外者。終而始之。此六者。持脈之大法也。

赤脈之至也。喘而堅。診曰。有積氣在中。時害於食。名曰。心痺。得之外疾。思慮而心虛。故邪從之。

白脈之至也。喘而浮。上虛下實。驚。為積氣在胸中。喘而虛。名曰。肺痺。寒熱。得之醉而使內也。

黃脈之至也。大而虛。有積氣在腹中。有厥氣。名曰。厥疝。女子同法。得之疾使四肢汗出當風。

青脈之至也。長而弦。左右彈。有積氣在心下支胠。名曰。肝痺。得之寒濕。與疝同法。腰痛。足清。頭痛（一本云頭脈緊）。

黑脈之至也。上堅而大。有積氣在少腹與陰。名曰。腎痺。得之沐浴。清水而臥。

形氣有餘。脈氣不足。死。脈氣有餘。形氣不足。生。形氣相得。謂之可治。脈弱以滑。是有胃氣。命曰。易治。治之趨之。無後其時。形氣相失。謂之難治。色夭不澤。謂之難已。脈實以堅。謂之益甚。脈逆四時。謂之不治。所謂逆四時者。春得肺脈。夏得腎脈。秋得心脈。冬得脾脈。其至皆懸絕沉濇者。名曰。逆。四時未有藏形。於春夏而脈沉濇。秋冬而脈浮大。病熱脈靜。泄而脈大。脫血而脈實。病在中而脈實堅。病在外而脈不實堅者。皆為難治。名曰。逆四時也。

曰。願聞虛實之要。

曰。氣實形實。氣虛形虛。此其常也。反此者。病。穀盛氣盛。穀虛氣虛。此其常也。反此者。病。脈實血實。脈虛血虛。此其常也。反此者。病。氣盛身寒。氣虛身熱曰。反。穀入多而氣少曰。反。穀不入而氣多曰。反。脈盛血少曰。反。脈少血多曰。反。氣盛身寒。得之傷寒。氣虛身熱。得之傷暑。穀入多而氣少者。得之有所脫血。濕居其下也。穀入少而氣多者。邪在胃及與肺也。脈少血多者。飲中熱也。脈大血少者。脈有風氣。水漿不入。此謂反也。夫實者。氣入也。虛者。氣出也。氣實者。熱也。氣虛者。寒也。入實者。左手開鍼孔也。入虛者。左手閉鍼孔也。

脈小色不奪者。新病也。脈不奪色奪者。久病也。脈與五色俱奪者。久病也。脈與五色俱不奪者。新病也。肝與腎脈並至。其色蒼赤。當病毀傷。不見血。已見血。濕若中水也。尺內兩傍則季脇也。尺外以候腎。尺裏以候腹。中附上。左外以候肝。內以候鬲。右外以候胃。內以候脾。上附上。右外以候肺。內以候胸中。左外以候心。內以候膻中。前以候前。後以候後。上竟上者。胸喉中事也。下竟下者。少腹腰股膝脛中事也。粗大者。陰不足。陽有餘。為熱中也。

異文尺內兩旁則季脇也。（甲乙經影印本卷四）

腹脹身熱脈大（一作小）。是一逆也。腹鳴而滿。四肢清泄脈大者。是二逆也。血衄不止脈大者。是三逆也。欬且溲血脫形。脈小而勁者。是四逆也。欬脫形。身熱脈小而疾者。是五逆也。如是者。不過十五日死矣。腹大脹。四末清。脫形泄甚。是一逆也。腹脹便（一作後）血。其脈大時絕。是二絕也。欬溲血。形肉脫。喘。是三逆也。嘔血胸滿引背。脈小而疾。是四逆也。欬嘔腹脹。且飧泄。其脈絕。是五逆也。如是者。不及一時而死矣。工不察此者而刺之。是謂逆治。

異文腹大脹。四末清。

其脈大時絕。是二逆也。（以上甲乙經影印本卷四）

治熱病。脈靜汗已出。脈盛躁。是一逆也。病泄脈洪大。是二逆也。着痺不移。䐃肉破。身熱。脈偏絕。是三逆也。淫而奪形。身熱色夭然白。及後下血衃。篤重。是四逆也。寒熱奪形。脈堅摶。是五逆也。

五實死。五虛死。脈盛。皮熱。腹脹。前後不通。悶瞀。是謂五實。脈細。皮寒。氣少。泄利前後。飲食不入。是謂五虛。漿粥入胃。泄注止。則虛者。活。身汗得後利。則實者。活。此其候也。

心脈滿大。癇痓筋攣。　肝脈小急。癇痓筋攣。　肝脈騖暴。有所驚駭。脈不至若瘖。不治自已。

腎脈小急。肝脈小急。心脈小急。不鼓。皆為瘕。　腎脈大急沉。肝脈大急沉。皆為疝。　肝腎脈并沉為石水。并浮為風水。并虛為死。并小弦欲為驚。心脈揣滑急為心疝。（素問揣作摶。下同。）　肺脈沉揣為肺疝。　三陽急為瘕。　二陰急為癇厥。（一本作二陰急為疝。）　二陽急為驚。　脾脈外鼓沉為腸澼。久自已。　肝脈小緩為腸澼。易治。　腎脈小揣沉為腸澼下血。血濕（素問作溫）身熱者。死。　心肝澼亦下血。二藏同病者。可治。其脈小沉濇為腸澼。其身熱者。死。熱甚七日死。（素作熱見。）　胃脈沉鼓濇。胃外鼓大。心脈小堅急。皆鬲偏枯。男子發左。女子發右。不瘖舌轉者。可治。三十日起。其從者。瘖三歲起。年不滿二十者。三歲死。　脈至而揣。衄血身有熱者。死。　脈來懸鉤浮者。為熱（素作常脈）。　脈至而揣名曰。暴厥。暴厥者。不知與人言。　脈至而數。使人暴驚。三四日自已。　脈至浮合。浮合如數。一息十至已上。是經氣予不足也。微見九十日死。脈至如火薪然。是心精予奪也。草乾而死。　脈至如叢棘（素作如散葉）。是肝氣予虛也。木葉落而死。　脈至如省客。省客者脈寒（一本作塞）如故也。是腎氣予不足也。懸去棗華而死。　脈至如丸泥。是胃精予不足也。榆莢落而死。　脈至如橫格。是膽氣予不足也。禾熟而死。

脈至如弦縷。是胞精予不足也。病善言。下霜而死。不言可治。　脈至如交棘(素作交漆)。交棘者。左右傍至也。微見三十日而死。　脈至如湧泉。浮鼓肌中。是太陽氣予不足也。少氣味。韭花生而死。　脈至如頹土之狀。按之不足。是肌氣予不足也。五色見黑白。累發而死。　脈至如懸離。懸離者。浮揣切之益大。是十二俞之氣予不足也。水凍而死。　脈至如偃刀。偃刀者。浮之小急。按之堅大。五藏寒熱(素作菀熟)。寒熱獨并於腎。如此其人不得坐。立春而死。　脈至如丸。滑不著(素作手不直)手。丸滑不著者。按之不可得也。是大腸氣予不足也。棗葉生而死。　脈至如春者。令人善恐。不欲坐臥。行立常聽。是小腸氣予不足也。季秋而死。

異文肝脈瞀悶。有所驚駭。(甲乙經影印本卷四)

病形脈診第二上

黃帝問曰。邪氣之中人柰何。高下有度乎。

岐伯對曰。身半已上者。邪中之。身半已下者。濕中之。中於陰則留腑。中於陽則留藏。

曰。陰之與陽。異名同類。上下相會。經絡之相貫也。如環之無端。夫邪之中人也。或中於陰。或中於陽。上下左右。無有恆常。

曰。諸陽之會。皆在於面。人之方乘虛時及新用力。若熱飲食汗出。腠理開而中於邪。中於面則下陽明。中於面則下太陽。中於頰則下少陽。中於膺背兩脇。亦中其經。中於陰者。常從臂胻始。夫臂與胻。其陰皮薄。其肉淖澤。故俱受於風。獨傷於其陰也。

異文中於首則下陽明。（甲乙經影印本卷四）

曰。此故傷其藏乎。

曰。身之中於風也。不必動藏。故邪入於陰經。其藏氣實。邪氣入而不能容。故還之於腑。是故陽中則留於經。陰中則留於腑。

曰。邪之中藏者。柰何。

曰。恐懼憂愁則傷心。形寒飲冷則傷肺。以其兩寒相感。中外皆傷。故氣迎而上行。有所墮墜。惡血留內。有所大怒。氣上而不能下。積於脇下則傷肝。有所擊仆。若醉以入房。汗出當風則傷脾。有所用力舉重。若入房過度。汗出浴水則傷腎。

異文故氣逆而上行。（甲乙經影印本卷四）

曰。五藏之中風。柰何。

曰。陰陽俱相感。邪乃得往。十二經脈。三百六十五絡。其血氣皆上於面而走空竅。其精陽之氣。上走於目而為睛。其別氣走於耳而為聽。其宗氣上出於鼻而為臭。其濁氣下出於胃走唇舌而為味。其氣之津液皆上熏於面。而皮又厚。其肉堅。故大熱甚寒。不能勝之也。虛邪之中身也。洒淅動其形。正邪之中人也微。先見於色。不知於身。若存若亡。有形無形。莫知其情。夫色脈與尺之皮膚相應。如桴鼓影響之相應。不得相失。此亦本末根葉之出候也。根死則葉枯矣。故色青者。其脈弦。色赤者。

其脈鉤。色黃者。其脈代。色白者。其脈毛。色黑者。其脈石。見其色而不得其脈。反得相勝之脈則死矣。得其相勝之脈則病已矣。

異文洒淅動其形。甲乙經影印本卷四

曰。五藏之所生。變化之病形。何如。

曰。先定其五色五脈之應。其病乃可別也。

曰。色脈已定。別之。柰何。

曰。調其脈之緩急大小滑濇。而病形定矣。

曰。調之何如。

曰。脈急者。尺之皮膚亦急。脈緩者。尺之皮膚亦緩。脈小者。尺之皮膚亦減而少氣。脈大者。尺之皮膚亦大。脈沉者。尺之皮膚亦沉。脈滑者。尺之皮膚亦滑。脈濇者。尺之皮膚亦濇。凡此變者。有微有甚。故善調尺者。不待於寸。善調脈者。不待於色。能參合而行之者。可以為上工。十全其九。行二者。為中工。十全其七。行一者。為下工。十全其六。尺膚溫一作滑以淖澤者。風也。尺肉弱者。解㑊也。安臥脫肉者。寒熱也一本下作不治。尺膚濇者。風痹也。尺膚粗如枯魚鱗者。水泆飲也。尺膚寒甚脈急一作小者。泄少氣也。尺膚熱甚脈盛躁者。病溫也。其脈盛而滑者。汗且出也。一作病且出。尺膚燒炙人手一作炬然。先熱後寒者。寒熱也。尺膚先寒。久持之而熱者。亦寒熱也。尺膚炬然熱。人迎大者。當奪血也。尺堅大脈小甚則少氣。悗有加者。立死。脈經云。尺緊於人迎者少氣。肘所獨熱者。腰已上熱。肘後獨熱者。肩背熱。肘

前獨熱者。膺前熱。肘後廉已下三四寸熱者。腸中有蟲。手所獨熱者。腰已上(一作下)熱。臂中獨熱者。腰腹熱。掌中熱者。腹中熱也。掌中寒者。腹中寒也。魚際白肉有青血脈者。胃中有寒也。

曰。人有尺膚緩甚(一云又存瘦甚)筋急者見。此為何病。

異文 人有尺膚緩甚(一云又存瘦甚)筋急而見。(甲乙經影印本卷四)

曰。此所謂狐筋。狐筋者。是人腹必急。白色黑色見。則病甚。(素問狐作疹。)

病形脈診第二下

黃帝問曰。脈之緩急小大滑濇之病形何如。

岐伯對曰。心脈急甚為瘈瘲。微急為心痛引背。食不下。緩甚為狂笑。微緩為伏梁。在心下。上下行。有時唾血。大甚為喉吤吤。微大為心痺引背。善淚。小甚為善噦。微小為消癉。滑甚為善渴。微滑為心疝。引臍少腹鳴。濇甚為瘖。微濇為血溢維(經絡有陽維陰維)厥。耳鳴癲疾。

肺脈急甚為癲疾。微急為肺寒熱怠惰。欬唾血。引腰背胸。若鼻息肉不通。緩甚為多汗。微緩為痿瘻偏風。頭已下汗出不止。大甚為脛腫。微大為肺痺。引胸背。起惡日光。小甚為泄。微小為消癉。滑甚為息賁上氣。微滑為上下出血。濇甚為嘔血。微濇為鼠瘻(一作漏)。在頸支腋之間。下不勝其上。甚能善酸。

肝脈急甚為惡言(一作忘言)。微急為肥氣。在脇下若覆杯。緩甚為善嘔。微緩為水瘕痺。大甚為內癰。善嘔衄。微大為肝痺陰縮。欬引少腹。小甚為多飲。微小為消癉。滑甚為㿉疝。微滑為遺溺。濇甚為溢飲。微濇為瘈瘲攣筋。

異文 欬引小腹。小甚為多飲。甲乙經影印本卷四

脾脈急甚為瘈瘲。微急為鬲中。食飲入而還出。後沃沫。緩甚為痿厥。微緩為風痿。四肢不用。心慧然若無病。大甚為擊仆。微大為疝氣。腹裏大膿血在腸胃之外。小甚為寒熱。微小為消癉。滑甚為癀癃。微滑為蟲毒蛕蝎腹熱。濇甚為腸㿗一作潰。微濇為內潰。多下膿血。

腎脈急甚為骨痿癲疾。微急為奔豚沉厥。足不收。不得前後。緩甚為折脊。微緩為洞泄。洞泄者。食不化。下嗌還出。大甚為陰痿。微大為石水。起臍下至小腹垂垂然。上至胃脘。死不治。小甚為洞泄。微小為消癉。滑甚為癃㿗一作癃癀。微滑為骨痿。坐不能起。起則目無所見。視黑丸。濇甚為大癰。微濇為不月沉痔。

曰。病亦有甚變一作病之六變者。刺之。柰何。

曰。諸急者。多寒。緩者。多熱。大者。多氣少血。小者。血氣皆少。滑者。陽氣盛而微有熱。濇者。多血少氣而微有寒。是故刺急者。深內而久留之。刺緩者。淺內而疾發鍼。以去其熱。刺大者。微瀉其氣。無出其血。刺滑者。疾發鍼而淺內之。以瀉其陽氣。去其熱。刺濇者。必中其脈。隨其逆順而久留之。必先按而循之。已發鍼。疾按其痏。無令出血。以和其諸脈。小者陰陽形氣俱不足。勿取以鍼。而調之以甘藥。

曰。五藏六府之氣。滎俞所入為合。今何道從入。入安從道。

曰。此陽明之別。入於內。屬於府者也。
曰。滎俞與合。各有名乎。
曰。滎俞治外藏。經合治內府。
曰。治內府柰何。
曰。取之於合。
曰。合各有名乎。
曰。胃合入於三里。大腸合入於巨虛上廉。小腸合入於巨虛下廉。三焦合入於委陽。膀胱合入於委中央。膽合入於陽陵泉。按大腸合於曲池。小腸合於小海。三焦合於天井。今此不同者。古之別法也。又詳巨虛上廉乃足陽明與小腸相合之穴也。與胃三里。膀胱合委中。膽合陽陵泉。以脈之所入為令。不同三焦合委陽。委陽者乃三焦下輔腧也。亦未見有為合之說。
曰。取之。柰何。
曰。取之三里者。低跗取之。巨虛者。舉足取之。委陽者。屈伸而取之。委中者。屈膝而取之。陽陵泉者。正立豎膝子之齊。下至委陽之陽取之。諸外經者。揄伸而取之。
曰。願聞六府之病。
曰。面熱者。足陽明病。魚絡血者。手陽明病。兩跗之上。脈堅若陷者。足陽明病。此胃脈也。

三部九候第三

黃帝問曰。何謂三部。

岐伯對曰。上部中部下部。其部各有三候。三候者。有天。有地。有人。上部天。兩額之動脈。上部地。兩頰之動脈。上部人。耳前之動脈。中部天。手太陰。中部地。手陽明。中部人。手少陰。下部天。足厥陰。下部地。足少陰。下部人。足太陰。下部之天以候肝。地以候腎。人以候脾胃之氣。中部之天以候肺。地以候胸中之氣。人以候心。上部之天以候頭角之氣。地以候口齒之氣。人以候耳目之氣。此三部者。三而成天。三而成地。三而成人。三而三之。合為九。九分為九野。九野為九藏。故神藏五。形藏四。合為九藏。五藏已敗。其色必夭。夭必死矣。

曰。以候柰何。

曰。必先度其形之肥瘦。以調其氣之虛實。實則寫之。虛則補之。必先去其血脈而後調之。無問其病。以平為期。

曰。決死生柰何。

曰。形盛脈細。少氣不足以息者。危。形瘦脈大。胸中多氣者。死。形氣相得者。生。參伍不調者。病。三部九候皆相失者。死。上下左右之脈相應如參舂者。病甚。上下左右相失不可數者。死。中部之候雖獨調。與眾藏相失者。死。中部之候相減者。死。目內陷者。死。曰。何以知病之所在。曰。察九候。獨小者。病。獨大者。病。獨疾者。病。獨遲者。病。獨熱者。病。獨寒者。病。獨陷下者。病。以左手於左足上去踝五寸而按之。以右手當踝而彈之。其應過五寸已上。蠕蠕然者。不病。其應疾中手渾渾然者。病。中手徐徐然者。病。其應上不能至五寸。彈之不應者。死。脫肉身不去者。死。中部乍疏乍數者。死。代脈而鉤者。病在絡脈。九候之相應也。上下若一。不得相失。一候後則病。二候後則病甚。三候後則病危。所謂後者。應不俱也。察其府藏。以知死生之期。必先知經脈而後知病脈。真藏脈見者。邪勝。死也。（素問無死字。）足太陽之氣絕者。其足不可以屈伸。死必戴眼。

曰。冬陰夏陽。柰何。

曰。九候之脈皆沉細懸絕者。為陰。主冬。故以夜半死。盛躁喘數者。為陽。主夏。故以日中死。寒熱病者。以平旦死。熱中及熱病者。以日中死。病風者。以日夕死。病水者。以夜半死。其脈乍數乍疏。乍遲乍疾者。以日乘四季死。形肉已脫。九候雖調者。猶死。七診雖見。九候皆順者。不死。所言不死者。風氣之病。及經月之病。似七診之病而非也。故言不死。若有七診之病。其脈候亦敗者。死矣。必發噦噫。必審問其所始病。與今之所方病。而後（素問下有各字）切循其脈。視其經絡浮沉。以上下逆從循之。其病疾者。不病。其脈遲者。病。不往不來者。死。（素問作不往來者。）皮膚著者。死。

曰。其可治者。柰何。

曰。經病者。治其經。絡病者。治其絡。（素問二絡上有孫字。）身有痛者。治其經絡。其病者。在奇邪。奇邪之脈則繆刺之。留瘦不移。節而刺之。上實下虛。切而順之。索其結絡脈。刺出其血。以通其氣。瞳子高者。太陽不足。戴眼者。太陽已絕。此決死生之要。不可不察也。（以上古今醫統正脈全書排印本）

皇甫謐集卷二十六・鍼灸甲乙經卷五

鍼灸禁忌第一上

黄帝問曰。四時之氣。各不同形。百病之起。皆有所生。灸刺之道。何者為寶。

岐伯對曰。四時之氣。各有所在。灸刺之道。氣穴為寶。

故春刺絡脈諸滎大經分肉之間。甚者。深取之。間者。淺取之。素問曰。春刺散俞。及與分理。血出而止。又曰。春者木始治。肝氣始生。肝氣急。其風疾。經脈常深。其氣少不能深入。故取絡脈分肉之間。九卷云。春刺滎者正同。於義為是。又曰。春取絡脈治皮膚。又曰。春取經與脈分肉之間。二者義亦略同。又曰。春氣在經脈。夏取諸俞孫絡肌肉皮膚之上。又曰。春刺俞。二者正同。於義為是。

長夏刺經。又曰。取盛經絡。取分間。絕皮膚。又曰。夏取分腠。治肌肉。義亦略同。素問曰。夏刺絡俞。見血而止。又曰。夏者火始治。心氣始長。脈瘦氣弱。陽氣流溢一作留。血溫於腠。內至於經。故取盛經。分腠絕膚而病去者。邪居淺也。所謂盛經者。陽脈也。義亦略同。又曰。夏氣在孫絡。長夏氣在肌肉。秋刺諸合。餘如春法。

秋取經俞。邪氣在府。取之於合。素問曰。秋刺皮膚循理。上下同法。又曰。秋者金始治。肺將收殺。金將勝火。陽氣在合。陰初勝。濕氣及體。陰氣未盛。未能深入。故取俞以瀉陰邪。取合以虛陽邪。陽氣始衰。故取於合。是謂始秋之治變也。又曰。秋氣在膚。閉腠者是也。九卷又曰。秋取氣口。治筋脈。於義不同。

冬取井諸俞之分。欲深而留之。又曰。冬取井滎。素問曰。冬取俞竅。及於分理。甚者直下。間者散下。俞竅與諸俞之分。義亦略同。又曰。冬者水始治。腎方閉。陽氣衰少。陰氣堅盛。巨陽伏沉。陽脈乃去。取井以下陰逆。取滎以通氣。（一云以實陽氣。）又曰。冬取井滎。春不鼽衄。是謂末冬之治變也。又曰。冬氣在骨髓。又曰。冬刺井。病在藏取之井。二者正同。於義為是。又曰。冬取經俞。治骨髓五藏。五藏則同。經俞有疑。

異文 是謂末冬之治變也。（甲乙經影印本卷五）

春刺夏分。脈亂氣微。入淫骨髓。病不得愈。令人不嗜食。又且少氣。春刺秋分。筋攣逆氣。環為欬嗽。病不愈。令人時驚。又且笑（一作哭）。春刺冬分。邪氣着藏。令人腹脹。病不愈。又且欲言語。

夏刺春分。病不愈。令人解墮。夏刺秋分。病不愈。令人心中悶。無言。惕惕如人將捕之。夏刺冬分。病不愈。令人少氣。時欲怒。

異文 令人懈惰。（甲乙經影印本卷五）

秋刺春分。病不愈。令人惕然。欲有所為。起而忘之。秋刺夏分。病不愈。令人益嗜臥。又且善夢。謂立秋之後。秋刺冬分。病不愈。令人悽悽時寒。

冬刺春分。病不愈。令人欲臥不能眠。眠而有見。謂十二月中旬以前。冬刺夏分。病不愈。令人氣上。發為諸痺。冬刺秋分。病不愈。令人善渴。

足之陽者。陰中之少陽也。足之陰者。陰中之太陰也。手之陽者。陽中之太陽也。手之陰者。陽中之少陰也。

正月。二月。三月。人氣在左。無刺左足之陽。

四月。五月。六月。人氣在右。無刺右足之陽。

七月。八月。九月。人氣在右。無刺右足之陰。

十月。十一月。十二月。人氣在左。無刺左足之陰。

刺法曰。無刺熇熇之熱。無刺漉漉之汗。無刺渾渾魂音之脈。無刺病與脈相逆者。上工刺其未生者也。其次刺其未成者也。其次刺其已衰者也。下工刺其方襲者。與其形之盛者。與其病之與脈相逆者也。故曰。方其盛也。勿敢毀傷。刺其已衰。事必大昌。故曰。上工治未病。不治已病。　大寒無刺。大溫無凝。月生無寫。月滿無補。月郭空無治。　新內無刺。已刺勿內。大怒無刺。已刺勿怒。大勞無刺。已刺勿勞。大醉無刺。已刺勿醉。大飽無刺。已刺勿飽。大饑無刺。已刺勿饑。已渴無刺。已刺勿渴。乘車來者。臥而休之。如食頃乃刺之。步行來者。坐而休之。如行十里頃乃刺之。大驚大怒。必定其氣。乃刺之。

凡禁者。脈亂氣散。逆其榮衛。經氣不次。因而刺之。則陽病入於陰。陰病出為陽。則邪復生。粗工不察。是謂伐形。身體淫濼。反消骨髓。津液不化。脫其五味。是謂失氣也。

曰。願聞刺淺深之分。

曰。刺骨者無傷筋。刺筋者無傷肉。刺肉者無傷脈。刺脈者無傷皮。刺皮者無傷肉。刺肉者無傷筋。刺筋者無傷骨。

曰。余不知所謂。願聞其詳。

曰。刺骨無傷筋者。鍼至筋而去。不及骨也。刺筋無傷肉者。至肉而去。不及筋也。刺肉無傷脈者。至脈而去。不及肉也。刺脈無傷皮者。至皮而去。不及脈也。刺皮無傷肉者。病在皮中。鍼入皮。無中肉也。刺肉無傷筋者。過肉中筋。刺筋無傷骨者。過筋中骨。此之謂反也。

刺中心。一日死。其動為噫。刺中肺。三日死。其動為欬。刺中肝。五日死。其動為穴。（素問作語）刺中脾。十五日死。（素問作十日。一作五日。）其動為吞。刺中腎。三日死。（素問作六日。一作七日。）其動為嚏。刺中膽。一日半死。其動為嘔。刺中膈。為傷中。其病雖愈。不過一歲必死。刺跗上中大脈。血出不止死。刺陰股中大脈。血出不止死。刺面中流脈。不幸為盲。刺客主人。內陷中脈。為漏為聾。刺頭中腦戶。入腦立死。刺膝臏出液為跛。刺舌下中脈太過。出血不止為瘖。刺腎中太陰脈。出血多立死。刺足下布絡中脈。血不出為腫。刺足少陰脈。重虛出血。為舌難以言。刺郄中大脈。令人仆脫色。刺膺中陷脈。（素問作刺膺中陷中肺。）為喘逆仰息。刺氣街中脈血不出為腫鼠鼷（音卜）。刺肘中內陷。氣歸之。為不屈伸。刺脊間中髓。為傴。刺陰股中陰三寸內陷。令人遺溺。刺乳上中乳房。為腫根蝕。刺腋下脇間內陷。令人欬。刺缺盆中內陷氣泄。令人喘欬逆。刺少腹中膀胱。溺出。令人少腹滿。刺手魚腹內陷。為腫。刺腨腸內陷。為腫。刺匡上陷骨中脈。為漏為盲。刺關節中液出。不得屈伸。

異文刺眶上陷骨中脈。（甲乙經影印本卷五）

鍼灸禁忌第一下

黃帝問曰。願聞刺要。

岐伯對曰。病有浮沉。刺有淺深。各至其理。無過其道。過之則內傷。不及則生外壅。壅則邪從之。淺深不及。反為大賊。內傷五藏。後生大病。故曰。病有在毫毛腠理者。有在皮膚者。有在肌肉者。有在脈者。有在筋者。有在骨者。有在髓者。是故。刺毫毛腠理無傷皮。皮傷則內動肺。肺動則秋病溫瘧。熱厥。淅然寒慄。刺皮無傷肉。肉傷則內動脾。脾動則七十二日四季之月。病腹脹煩滿。不嗜食。刺肉無傷脈。脈傷則內動心。心動則夏病心痛。刺脈無傷筋。筋傷則內動肝。肝動則春病熱而筋弛。刺筋無傷骨。骨傷則內動腎。腎動則冬病脹腰痛。刺骨無傷髓。髓傷則消濼胻痠。體解㑊然不去矣。

神庭禁不可刺。上關禁不可刺深。（深則令人耳無所聞。）顱息刺不可多出血。左角刺不可久留。人迎刺過深殺人。雲門刺不可深。（深則使人逆息不能食。）臍中禁不可刺。伏菟禁不可刺。（本穴云刺入五分。）三陽絡禁不可刺。復溜刺無多見血。承筋禁不可刺。然谷刺無多見血。乳中禁不可刺。鳩尾禁不可刺。

異文淅然寒慄。

伏兔禁不可刺。（以上甲乙經影印本卷五）

右刺禁。

頭維禁不可灸。承光禁不可灸。腦戶禁不可灸。風府禁不可灸。瘖門禁不可灸。（灸之令人瘖。）下關耳中有乾擿。禁不可灸（一作擿）。耳門耳中有膿。禁不可灸。人迎禁不可灸。絲竹空禁不可灸。（灸之不幸令人目小或昏。）承泣禁不可灸。脊中禁不可灸。（灸之使人僂。）白環俞禁不可灸。乳中禁不可灸。石門女子禁不可灸。氣街禁不可灸。（灸之不幸不得息。）淵腋禁不可灸。（灸之不幸生腫蝕。）經渠禁不可灸。（傷人神。）鳩尾禁不可灸。陰市禁不可灸。陽關禁不可灸。天府禁不可灸。（使人逆息。）伏菟禁不可灸。地五會禁不可灸。（使人瘦。）瘈脈禁不可灸。

右禁灸。

異文 右灸禁。（甲乙經影印本卷五）

凡刺之道。必中氣穴。無中肉節。中氣穴則鍼游於巷。中肉節則皮膚痛。補寫反則病益篤。中筋則筋緩。邪氣不出。與真相薄。亂而不去。反還內著。用鍼不審。以順為逆也。

凡刺之理。補寫無過其度。病與脈逆者。無刺。形肉已奪。是一奪也。大奪血之後。是二奪也。大奪汗之後。是三奪也。大泄之後。是四奪也。新產及大下血。是五奪也。此皆不可瀉也。

曰。鍼能殺生人。不能起死人乎。

曰。能殺生人不起死。生者是人之所受氣穀。穀之所注者胃也。胃者。水穀氣血之海也。海之所行雲雨者。天下也。胃之所出氣血者。經隧也。經隧者。五藏六府之大絡也。逆而奪之而已矣。迎之五里。中道而止。五里而已。五往（一作注）而藏之氣盡矣。故五五二十五而竭其俞矣。此所謂奪其天氣。故曰。闔門而刺之者。死於家。入門而刺之者。死於堂。

帝曰。請傳之後世。以為刺禁。

九鍼九變十二節五刺五邪第二

黃帝問曰。九鍼安生。

岐伯對曰。九鍼者。天地之數也。天地之數。始於一。終於九。故一以法天。二以法地。三以法人。四以法四時。五以法五音。六以法六律。七以法七星。八以法八風。九以法九野。

曰。以鍼應九之數柰何。

曰。一者天。天者。陽也。五藏之應天者。肺也。肺者。五藏六府之蓋也。皮者。肺之合也。人之陽也。故為之治鑱鍼。鑱鍼者。取法於布巾（一作）。鍼去末半寸。卒兑之。長一寸六分。大其頭而兑其末。令無得深入而陽氣出。主熱在頭身。故曰。病在皮膚。無常處者。取之鑱鍼於病所。膚白勿取。

二者地。地者土也。人之所以應土者。肉也。故為之治員鍼。員鍼者。取法於絮鍼。筩其身而員其末。其鋒如卵。長一寸六分。以寫肉分之氣。令不傷肌肉。則邪氣得竭。故曰。病在分肉間。取以員鍼。

三者。人也。人之所以成生者。血脈也。故為之治鍉（音兑）鍼。鍉鍼者。取法於黍粟。大其身而員其末。如黍粟之兑。長三寸五分。令可以按脈勿陷。以致其氣。使邪獨出。故曰。病在脈。少氣。當補之以鍉鍼。鍼於井營分俞。

四者。時也。時者。人於四時八正之風。客於經絡之中。為痼病者也。故為之治鋒鍼。鋒鍼者。取法於絮鍼。筩其身而鋒其末。其刃三隅。長一寸六分。令可以寫熱出血。發泄痼病。故曰。病在五藏固居者。取以鋒鍼。寫於井滎分俞。取以四時也。

五者。音也。音者。冬夏之分。分於子午。陰與陽別。寒與熱爭。兩氣相薄。合為癰腫者。故為之治鈹鍼。鈹鍼者。取法於劍。令末如劍鋒。廣二分半。長四寸。可以取大膿出血。故曰。病為大膿血。取以鈹鍼。

異文令末如劍鋒。（甲乙經影印本卷五）

六者。律也。律者。調陰陽四時。合十二經脈。虛邪客於經絡。而為暴痺者也。故為之治員利鍼。員利鍼者。取法於氂鍼。且員且兌。身中微大。長一寸六分。以取癰腫暴痺。一曰。尖如氂。微大其末。反小其身。令可深內也。故曰。痺氣暴發者。取以員利鍼。

異文取法於毫鍼。

一曰。尖如毫。（以上甲乙經影印本卷五）

七者。星也。星者。人之七竅。邪之所客於經。舍於絡。而為痛痹者也。故為之治毫鍼。毫鍼者。取法於毫毛。長一寸六分。令尖如蚊虻喙。靜以徐往。微以久留。正氣因之。真邪俱往。出鍼而養。主以治痛痺在絡也。故曰。病痺氣補而去之者。取之毫鍼。

八者。風也。風者。人之股肱八節也。八正之虛風傷人。內舍於骨解。腰脊。節腠之間為深痺者也。故為之治長鍼。長鍼者。取法於綦鍼。長七寸。其身薄而鋒其末。令可以取深邪遠痺。故曰。病在中者。取以長鍼。

九者。野也。野者。人之骨解。虛風傷人。內舍於骨解皮膚之間也。淫邪流溢於身。如風水之狀。不能過於機關大節者也。故為之治大鍼。大鍼者。取法於鋒鍼（一作鍉針）。其鋒微員。長四寸。以寫機關內外大氣之不能過關節者也。故曰。病水腫不能過關節者。取以大鍼。凡刺之要。官鍼最妙。九鍼之宜。各有所為。長短大小。各有所施。不得其用。病不能移。疾淺鍼深。內傷良肉。皮膚為癰。疾深鍼淺。病氣不寫。反為大膿。病小鍼大。氣寫大甚。病後必為害。病大鍼小。大氣不寫。泄亦為後敗。夫鍼之宜。大者大寫。小者不移。以言其過。請言其所施。

凡刺有九。以應九變。一曰腧刺。腧刺者。刺諸經榮俞藏俞也。二曰道刺。道刺者。病在上。取之下。刺府俞也。三曰經刺。經刺者。刺大經之結絡經分也。四曰絡刺。絡刺者。刺小絡之血脈也。五曰分刺。分刺者。刺分肉之間也。六曰大瀉刺（一作太刺）。大瀉刺者。刺大膿以鈹鍼也。七曰毛刺。毛刺者。刺浮痺於皮膚也。八曰巨刺。巨刺者。左取右。右取左也。九曰焠刺。焠刺者。燔鍼取痺氣也。

凡刺有十二節。以應十二經。一曰偶刺。偶刺者。以手直心若背。直痛所。一刺前。一刺後。以刺心痺。刺此者。傍鍼之也。二曰報刺。報刺者。刺痛無常處。上下行者。直內拔鍼。以左手隨病所按之。乃出鍼復刺之也。三曰恢刺。恢刺者。直刺傍之舉之。前後恢筋急。以治筋痺也。四曰齊刺。齊刺者。直入一。傍入二。以治寒熱氣小深者。或曰參刺。參刺者。治痺氣小深者也。五曰揚刺。揚刺者。正內一。傍內四而浮之。以治寒熱之博大者也。六曰直鍼刺。直鍼刺者。引皮乃刺之。以治寒氣之淺者也。七曰腧刺。腧刺者。直入直出。稀發鍼而深之。以治氣盛而熱者也。八曰短刺。短刺者。刺骨痺。稍搖而深之。致鍼骨所。以上下摩骨也。九曰浮刺。浮刺者。傍入而浮之。此治肌急而寒者也。十曰陰刺。陰刺者。左右率刺之。此治寒厥中寒者。取踝後少陰也。十一曰傍刺。傍刺者。直刺傍刺各一。此治留痺久居者也。十二曰贊刺。贊刺者。直入直出。數發鍼而淺之出血。此治癰腫者也。脈之所居深不見者刺之。微內鍼而久留之。致其脈空。脈氣之淺者。勿刺。按絕其脈刺之。無令精出。獨出其邪氣耳。所謂三刺之則穀氣出者。先淺刺絕皮以出陽邪。再刺則陰邪出者。少益深。絕皮致肌肉。未入分肉之間。後刺深之。已入分肉之間。則穀氣出矣。故刺法曰。始刺淺之。以逐陽邪之氣。後刺深之。以致陰邪之氣。最後刺極深之。以下穀氣。此之謂也。此文解乃後鍼道終始篇三刺及至穀邪之文也。故用鍼者。不知年之所加。氣之盛衰。虛實之所起。不可以為工矣。

凡刺有五。以應五藏。一曰半刺。半刺者。淺內而疾發鍼。無鍼傷肉。如拔髮一作毛狀。以取皮氣。此肺之應也。二曰豹文刺。豹文刺者。左右前後鍼之。中脈為故。以取經絡之血者。此心之應也。三曰關刺。關刺者。直刺左右盡筋上以取筋痺。慎無出血。此肝之應也。四曰合谷刺。或曰淵刺。又曰豈刺。合谷刺者。左右雞足鍼於分肉之間以取肌痺。此脾之應也。五曰腧刺。腧刺者。直入直出。深內之至骨。以取骨痺。此腎之應也。

曰。刺有五邪。何謂五邪。

曰。病有持癰者。有大者。有小者。有熱者。有寒者。是謂五邪。凡刺癰邪。用鈹鍼。無迎隴。易俗移性不得膿。越道更行去其鄉。不安處所乃散亡。諸陰陽遇癰所者。取之其俞。寫也。凡刺大邪。用鋒鍼。曰。以少泄。奪其有餘。乃益虛。標其道。鍼其邪。於肌肉。視之無有。乃自直道。刺諸陽分肉之間。凡刺小邪用員鍼。曰。以大補。益其不足。乃無害。視其所在。迎之界。遠近盡至。不得外侵而行之。乃自貴(一作費)刺分肉之間。凡刺熱邪用鑱鍼。越而滄出游不歸。乃無病為開道乎。闢門戶。使邪得出。病乃已。凡刺寒邪用毫鍼。曰。以溫。徐往疾去。致其神。門戶已閉。氣不分。虛實得調。真氣存。

繆刺第三

黄帝問曰。何謂繆刺。

岐伯對曰。夫邪之客於形也。必先舍於皮毛。留而不去。入舍於絡脈。留而不去。入舍於經脈。內連五藏。散於腸胃。陰陽俱感。五藏乃傷。此乃邪之從皮毛而入。極於五藏之次也。如此則治其經焉。今邪客於皮毛。入舍於孫脈。留而不去。閉塞不通。不得入經。溢於大絡而生奇病焉。夫邪客大絡者。左注右。右注左。上下左右。與經相干。而布於四末。其氣無常處。不及於經俞。名曰繆刺。

曰。以左取右。以右取左。其與巨刺。何以別之。

曰。邪客於經也。左盛則右病。右盛則左病。亦有易且移者。左痛未已而右脈先病。如此者。必巨刺之。必中其經。非絡脈也。故絡病者。其痛與經脈繆處。故曰。繆刺。巨刺者刺其經。繆刺者刺其絡。

曰。繆刺取之。何如。

曰。邪客於足少陰之絡。令人卒心痛。暴脹。胸脇反滿。無積者。刺然谷之前出血。如食頃而已。左取右。右取左。病新發者。五日已。

邪客於手少陰一作陽之絡。令人喉痺舌卷。口乾心煩。臂外廉痛。手不及頭。刺手中指當作小指。次指。爪甲上去端如韭葉。各一痏音悔。壯者立已。老者有頃已。左取右。右取左。此新病。數日已。

邪客於足厥陰之絡。令人卒疝暴痛。刺足大指。爪甲上與肉交者各一痏。男子立已。女子有頃已。左取右。右取左。

邪客於足太陽之絡。令人頭項痛。肩痛。刺足小指。爪甲上與肉交者各一痏。立已。不已。刺外踝上三痏。左取右。右取左。如食頃已。

邪客於手陽明之絡。令人氣滿胸中。喘急而支胠胸中熱。刺手大指。次指。爪甲上去端如韭葉。各一痏。左取右。右取左。如食頃已。

邪客於臂掌之間。不得屈。刺其踝後。先以指按之。痛乃刺之。以月死生為數。月生一日一痏。二日二痏。十五日十五痏。十六日十四痏。

邪客於足陽蹻之脈。令人目痛。從內皆始。刺外踝之下半寸所。各二痏。左取右。右取左。如行十里頃而已。人有所墮墜。惡血留於內。腹中脹滿。不得前後。先飲利藥。此上傷厥陰之脈。下傷少陰之絡。刺足內踝之下。然骨之前。血脈出血。刺跗上動脈。不已。刺三毛上各一痏。見血立已。左取右。右取左。善驚善悲不樂。刺如右方。

邪客於手陽明之絡。令人耳聾。時不聞音。刺手大指。次指。爪甲上端如韭葉。各一痏。立聞。不已。刺中指。爪甲上與肉交者。立聞。其不時聞者。不可刺也。耳中生風者。亦刺之如此數。右取左。左取右。凡痺行往來無常處者。在分肉間痛而刺之。以月生死為數。用鍼者。隨氣盛衰。以為痏數。鍼過其日數則脫氣。不及其日數則氣不寫。左刺右。右刺左。病如故。復刺之如法。以月死生為數。月生一日一痏。二日二痏。漸多之。十五日十五痏。十六日十四痏。漸少之。

邪客於足陽明之絡。（素問作經。王冰云。以其脈左右交於面部。故舉經脈之病。以明繆刺之類。）令人鼽衄。上齒寒。刺足中指。（素問註云。刺大指次指。）爪甲上與肉交者。各一痏。左取右。右取左。

邪客於足少陽之絡。令人脇痛不得息。欬而汗出。刺足小指。（素有次指二字。）爪甲上與肉交者。各一痏。不得息立已。汗出立止。欬者溫衣飲食。一日已。左刺右。右刺左。病立已。不已。復刺如法。

邪客於足少陰之絡。令人咽痛。不可內食。無故善怒。氣上走賁上。刺足中央之絡。各三痏。凡六刺立已。左刺右。右刺左。

邪客於足太陰之絡。令人腰痛。引少腹控眇。不可以仰息。刺其腰尻之解。兩胂之上。是腰俞。以月死生為痏數。發鍼立已。左刺右。右刺左。

邪客於足太陽之絡。令人拘攣背急。引脇而痛。內引心而痛。刺之從項始。數脊椎俠脊。疾按之應手而痛。刺入傍。三痏立已。

邪客於足少陽之絡。令人留於樞中痛。髀不得氣（一作髀不可舉）。刺樞中以毫鍼。寒則留鍼。以月死生為痏數立已。諸經刺之。所過者不病則繆刺之。耳聾刺手陽明不已。刺其過脈出耳前者。齒齲刺手陽明立已。不已。刺其脈入齒中者立已。

邪客於五藏之間。其病也。脈引而痛。時來時止。視其病脈。繆刺之。於手足爪甲上。視其脈。出其血。間日一刺。一刺不已。五刺已。繆傳引上齒。齒唇寒（素多一痛字）。視其手背。脈血者。去之。刺足陽明。中指。爪甲上一痏。手大指。次指。爪甲上各一痏。立已。左取右。右取左。嗌中腫。不能內唾。不能出唾者。繆刺然骨之前。出血立已。左取右。右取左。（自嗌腫至此二十九字。素問王冰註。原在邪客足少陰絡之下。今移在此。）

邪客於手足少陰。太陰（一作陽）。足陽明之絡。此五絡者。皆會於耳中。上絡左角。五絡俱竭。令人身脈皆動而形無知也。其狀若尸。或曰尸厥。刺足大指內側。爪甲上去端如韭葉。後刺足心。後刺足中指。爪甲上各一痏。後刺手大指內側。爪甲上端如韭葉。後刺手少陰兌骨之端各一痏。立已。（素問又云後刺手心主者。非也）。不已。以竹筒吹其兩耳中。鬄其左角之髮方寸。燔治。飲以美酒一杯。不能飲者。灌之。立已。

凡刺之數。先視其經脈。切而循之。審其虛實而調之。不調者。經刺之。有痛而經不病者。繆刺之。目視其皮部有血絡者。盡取之。此繆刺之數也。

鍼道第四

夫鍼之要。易陳而難入。粗守形。上守神。神乎神。客在門。未覩其病。惡知其原。刺之微。在速遲。粗守關。上守機。機之不動。不離其空。空中之機。清靜以微。其來不可逢。其往不可追。知機道者。不可掛以髮。不知機者。叩之不發。知其往來。要與之期。粗之闇乎。妙哉。上獨有之也。往者為逆。來者為順。明知逆順。正行無間。迎而奪之。惡得無虛。追而濟之。惡得無實。迎而隨之。以意和之。鍼道畢矣。

凡用鍼者。虛則實之。滿則泄之。宛陳則除之。邪勝則虛之。大要曰。徐而疾則實。疾而徐則虛。言其實與虛。若有若無。察後與先。若存若亡。為虛為實。若得若失。虛實之妙。

九鍼最妙。補寫之時。以鍼為之。

寫曰。迎之。迎之意。必持而內之。放而出之。排揚出鍼。疾氣得泄。按而引鍼。是謂內溫。血不得散。氣不得出。

補曰。隨之。隨之意。若忘之。若行若按。如蚊蝱止。如留如環。去如絕絃。令左屬右。其氣故止。外門已閉。中氣乃實。必無留血。急取誅之。持鍼之道。堅者為實（素問作寶）。

正指直刺。無鍼左右。神在秋毫。屬意病者。審視血脈。刺之無殆。方刺之時。心在懸陽。及與兩衡（一作衛）。神屬勿去。知病存亡。取血脈者。在俞橫居。視之獨滿。切之獨堅。

夫氣之在脈也。邪氣在上。濁氣在中。清氣在下。故鍼陷脈則邪氣出。鍼中脈則濁氣出。鍼太深則邪反沉。病益甚。故曰。皮肉筋脈。各有所處。病各有所舍。鍼各有所宜。各不同形。各以任其所宜。無實實虛虛。損不足。益有餘。是為重病。病益甚。取五脈者。死。取三脈者。恇。奪陰者。厥。奪陽者。狂。鍼害畢矣。

知其所苦。鬲有上下。知其氣之所先。得其道布而涿之。（太素作希而疏之。）

稍深而留之。故能徐入之。大熱在上者。推而下之。從下上者。引而去之。視前痛者。常先取之。大寒在外。留而補之。入於中者。從合寫之。鍼所不為。灸之所宜。上氣不足。推而揚之。下氣不足。積而從之。陰陽皆虛。火自當之。厥而寒甚。骨廉陷下。寒過於膝。下陵三里。陰絡所過。得之留止。寒入於中。推而行之。經陷下者。即火當之。結絡堅緊。火之所治。不知其苦。兩蹻之下。男陽女陰。良工所禁。鍼論畢矣。　凡刺虛者。實之。滿者。泄之。此皆眾工之所共知也。若夫法天則地。隨應而動。和之若響。隨之若影。道無鬼神。獨來獨往。　凡刺之真。必先治神。五藏已定。九候已明。後乃存鍼。眾脈所(素作不)見。眾凶所(素作弗)聞。外內相得。無以形先。可玩往來。乃施於人。虛實之要。五虛勿近。五實勿遠。至其當發。間不容瞚。手動若務。鍼耀而匀。靜意視義。觀適之變。是謂冥冥。莫知其形。見其烏烏。見其稷稷。從見其飛。不知其誰。伏如橫努。起若發機。刺虛者。須其實。刺實者。須其虛。經氣已至。慎守勿失。深淺在志。遠近若一。如臨深淵。手如握虎。神無營於眾物。

異文　明知逆順。正行無問。

要與之期。粗之闇乎。

滿則泄之。菀陳則除之。

伏如橫弩。起若發機。(以上甲乙經影印本卷五)

黃帝問曰。願聞禁數。

岐伯對曰。藏有要害。不可不察。肝生於左。肺藏於右。心部於表。腎治於裏。脾為之使。胃為之市。膈肓之上。中有父母。七節之傍。中有志心(素作小心)。順之有福。逆之有咎。

寫必用方(太素作員)。切而轉之。其氣乃行。疾入徐出。邪氣乃出。伸而迎之。搖大其穴。氣出乃疾。

補必用員(太素作方)。外引其皮。令當其門。左引其樞。右推其膚。微旋而徐推之。必端以正。安以靜。堅心無解。欲微以留。氣下而疾出之。推其皮。蓋其外門。真氣乃存。用鍼之要。無忘養神。

寫者。以氣方盛。以月方滿。以日方溫。以身方定。以息方吸而內鍼。乃復候其方吸而轉鍼。乃復候其方呼而徐引鍼。補者。行也。行者。移也。刺必中其榮。復以吸排鍼也。必知形之肥瘦。榮衛血氣之衰盛。血氣者。人之神。不可不謹養。形乎形。目瞑瞑。捫其所痛(素問作其所痛)。索之於經。慧然在前。按之弗得。不知其情。故曰。形乎神神耳不聞。目明心開而志光。慧然獨覺。口弗能言。俱視獨見。象若昏。昭然獨明。若風吹雲。故曰。神。三部九候為之原。九鍼之論不必存。

凡刺之而氣不至。無問其數。刺之而氣至。乃去之。勿復鍼。鍼各有所宜。各不同形。各任其所為。刺之要。氣至而效。效之信。若風吹雲。昭然於天。凡刺之道畢矣。

節之交。凡三百六十五會。知其要者。一言而終。不知其要者。流散無窮。所言節者。神氣之所遊行出入也。非皮肉筋骨也。覩其色。察其目。知其散。復一其形。聽其動靜。知其邪正。右主推之。左持而禦之。氣至而去之。凡將用鍼。必先視脈氣之劇易。乃可以治病。五藏之氣已絕於內。而用鍼者反實其外。是謂重竭。重竭必死。其死也靜。治之者輒反其氣。取腋與膺。五藏之氣已絕於外。而用鍼者反實其內。是謂逆厥。逆厥則必死。其死也躁。治之者反取四末。刺之害中而不去則精泄。害中而去則致氣。精泄則病甚。而恇致氣則生為癰瘍。 刺鍼必肅。刺腫搖鍼。經刺勿搖。此刺之道也。 刺諸熱者。如手探湯。刺寒清者。如人不欲行。刺虛者。刺其去。刺實者。刺其來。刺上關者。故不能欠。刺下關者。欠不能故。刺犢鼻者。屈不能伸。刺內關者。伸不能屈。病高而內者。取之陰陵泉。病高而外者。取之陽陵泉。陰有陽疾者。取之下陵三里。正往無殆。下氣乃止。不下復始矣。

異文形乎形。目瞑瞑。

形乎神。耳不聞。

治之者反取四末。

而惟致氣則生為癰瘍。以上甲乙經影印本卷五

鍼道終始第五

凡刺之道。畢於終始。明知終始。五藏為紀。陰陽定矣。陰者。主藏。陽者。主府。陽受氣於四肢。陰受氣於五藏。故寫者。迎之。補者。隨之。知迎知隨。氣可令和。和氣之方。必通陰陽。五藏為陰。六府為陽。謹奉天道。請言終始。終始者。經脈為紀。持其脈口人迎。以知陰陽有餘不足。平與不平。天道畢矣。所謂平人者。不病也。不病者。脈口人迎應四時也。上下相應而俱往來也。六經之脈不結動也。本末相遇。寒溫相守司。形肉血氣必相稱也。是謂平人。若少氣者。脈口人迎俱少而不

稱尺寸。如是者。則陰陽俱不足。補陽則陰竭。寫陰則陽脫。如是者。可將以甘藥。不可飲以至劑。如此者。弗灸。不已者。因而寫之。則五藏氣壞矣。

人迎一盛。病在足少陽。一盛而躁在手少陽。人迎二盛。病在足太陽。二盛而躁在手太陽。人迎三盛。病在足陽明。三盛而躁在手陽明。人迎四盛。且大且數。名曰溢陽。溢陽為外格。脈口一盛。病在足厥陰。一盛而躁在手心主。脈口二盛。病在足少陰。二盛而躁在手少陰。脈口三盛。在足太陰。三盛而躁在手太陰。脈口四盛。俱大且數。名曰。溢陰。溢陰為內關。不通者死不治。人迎與太陰脈口俱盛。四倍已上。名曰。關格。關格者與之短期。

人迎一盛。寫足少陽。而補足厥陰。二寫一補。日一取之。必切而驗之。疏取之。上氣和乃止。人迎二盛。寫足太陽。而補足少陰。二寫一補。二日一取之。必切而驗之。疏取之。上氣和乃止。人迎三盛。寫足陽明。而補足太陰。二寫一補。日一取之。必切而驗之。疏取之。上氣和乃止。脈口一盛。寫足厥陰。而補足少陽。二補一寫。日一取之。必切而驗之。氣和乃止。疏取之。脈口二盛。寫足少陰。而補足太陽。二寫一補。二日一取之。必切而驗之。氣和乃止。疏取之。脈口三盛。寫足太陰。而補足陽明。二補一寫。日二取之。必切而驗之。氣和乃止。疏取之。所以日二取之者。太陰主胃。大富於穀。故可日二取之也。人迎脈口俱盛。四倍已上靈樞作三倍。名曰。陰陽俱溢。如是者。不開則血脈閉塞。氣無所行。流淫於中。五藏內傷。如此者。因而灸之。則變易為他病矣。

凡刺之道。氣和乃止。補陰寫陽。音聲益彰。耳目聰明。反此者。血氣不行。所謂氣至而有效者。寫則脈虛。虛者。脈大如其故而不堅也。大如故而益堅者。適雖言故。病未去也。補則益實。實者。脈大如其故而益堅也。大如故而不堅者。適雖言快。病未去也。故補則實。寫則虛。病雖不隨鍼減。病必衰去矣。必先通十二經之所生病。而後可傳於終始。故陰陽不相移。虛實不相傾。取之其經。凡刺之屬。三刺至穀氣。邪澼妄合。陰陽移居。逆順相反。浮沉異處。四時不相得。稽留淫泆。須鍼而去。故一刺陽邪出。再刺陰邪出。三刺則穀氣至而止。所謂穀氣至者。已補而實。已寫而虛。故知穀氣至也。邪氣獨去者。陰與陽未能調而病知愈也。故曰。補則實。寫則虛。病雖不隨鍼減。病必衰去矣。此文似解前第三篇中。

陽盛而陰虛。先補其陰。後寫其陽而和之。陰盛而陽虛。先補其陽。後寫其陰而和之。三脈動於足大指之間。必審其虛實。虛而寫之。是謂重虛。重虛病益甚。凡刺此者。以指按之。脈動而實且疾者。則寫之。虛而徐者。則補之。反此者。病益甚。三脈動一作重於大指者。謂陽明在上。厥陰在中。少陰在下。膺腧中膺。背腧中背肩髀。虛者取之上。重舌。刺舌柱以鈹鍼也。手屈而不伸者。其病在筋。伸而不可屈者。其病在骨。在骨守骨。在筋守筋。補須一方實。深取之。稀按其痏。以極出其邪氣。一方虛。淺刺之。以養其脈。疾按其痏。無使邪氣得入。邪氣之來也緊而疾。穀氣之來也徐而和。脈實者。深刺之以泄其氣。脈虛者。淺刺之使精氣無得出。以養其脈。獨出其邪氣。刺諸痛者。深刺之。諸痛者。其脈皆實。從腰以上者。手太陰。陽明主之。從腰以下者。足太陰。陽明主之。病在下者。高取之。病在上者。下取之。病在頭者。取之足。病在腰者取之膕。病生於頭者。頭重。生於手者。

臂重。生於足者。足重。治病者。先刺其病所從生者也。春氣在毫毛。夏氣在皮膚。秋氣在分肉。冬氣在筋骨。刺此病者。各以其時為齊。刺肥人者。以秋冬為之齊。刺瘦人者。以春夏為之齊。刺之痛者。陰也。痛而以手按之不得者。亦陰也。深刺之。癢者。陽也。淺刺之。病在上者。陽也。在下者。陰也。病先起於陰者。先治其陰而後治其陽。病先起於陽者。先治其陽而後治其陰。久病者。邪氣入深。刺此病者。深內而久留之。間日復刺之。必先調其左右。去其血脈。刺道畢矣。

異文外病者。邪氣入深。甲乙經影印本卷五

凡刺之法。必察其形氣。形氣未脫。少氣而脈又躁。躁厥者一作疾字。必為繆刺之。散氣可收。聚氣可布。深居靜處。占神往來。閉戶塞牖。魂魄不散。專意一神。精氣之分。無聞人聲。以收其精。必一其神。令志在鍼。淺而留之。微而浮之。以移其神。氣至乃休。男女內外。堅拒勿出。謹守勿內。是謂得氣。

鍼道自然逆順第六前係逆順肥瘦文後係根結文

黃帝問曰。願聞鍼道自然。

岐伯對曰。用自然者。臨深決水。不用功力。而水可竭也。循掘決衝。不顧堅密。而經可通也。此言氣之滑濇。血之清濁。行之逆順也。

曰。人之黑白肥瘦少長。各有數乎。

曰。年質壯大。血氣充盛。皮膚堅固。因加以邪。刺此者。深而留之。此肥人也。廣肩腋項。肉薄厚皮而黑色。唇臨臨然者。其血黑以濁。其氣濇以遲。其貪於取予。刺此者。深而留之。多益其數。

曰。刺瘦人柰何。

曰。瘦人者。皮薄色少。肉廉廉然。薄唇輕言。其血清。其氣滑。易脫於氣。易損於血。刺此者。淺而疾之。

曰。刺常人。柰何。

曰。視其黑白。各為調之。端正純厚者。其血氣和調。刺此者。無失其常數。

曰。刺壯士真骨者。柰何。

曰。刺壯士真骨。堅肉緩節驗驗(一作監監)然。此人重則氣濇血濁。刺此者。深而留之。多益其數。勁則氣滑血清。刺此者。淺而疾之也。

曰。刺嬰兒。柰何。

曰。嬰兒者。其肉脆血少氣弱。刺此者以毫鍼。淺刺而疾發鍼。日再。可也。

曰。臨深決水。柰何。

曰。血清氣濁。疾寫之。則氣竭矣。

曰。循掘決衝。柰何。

曰。血濁氣濇。疾寫之。則氣可通也。

曰。逆順五體經絡之數。此皆布衣匹夫之士也。食血者九墟作血食之君。身體空虛。膚肉耎弱。血氣慓悍滑利。刺之豈可同乎。

曰。夫膏粱菽藿之味。何可同也。氣滑則出疾。氣濇則出遲。氣悍則鍼小而入淺。氣濇則鍼大而入深。深則欲留。淺則欲疾。故刺布衣者。深以留。刺王公大人者。微以徐。此皆因其氣之慓悍滑利者也。

曰。形氣之逆順。柰何。

曰。形氣不足。病氣有餘。是邪勝也。急寫之。形氣有餘。病氣不足。急補之。形氣不足。病氣不足。此陰陽俱不足。不可復刺之。刺之則重不足。重不足則陰陽俱竭。血氣皆盡。五藏空虛。筋骨髓枯。老者絕滅。壯者不復矣。形氣有餘。病氣有餘者。此謂陰陽俱有餘也。急寫其虛。調其虛實。故曰。有餘者寫之。不足者補之。此之謂也。故曰。刺不知逆順。真邪相薄。實而補之。則陰陽血氣皆溢。腸胃充郭。肺肝內脹。陰陽相錯。虛而寫之。則經脈空虛。血氣枯竭。腸胃懾辟。皮膚薄著。毛腠夭焦。予之死期。故曰。用鍼之要。在於知調。調陰與陽。精氣乃充合形與氣。使神內藏。故曰。上工平氣。中工亂經。下工絕氣。危生不可不慎也。必察其五藏之變化。五脈之相應。經脈之虛實。皮膚之柔麤。而後取之也。

鍼道外揣縱舍第七

黃帝問曰。夫九鍼少則無內。大則無外。恍惚無窮。流溢無極。余知其合於天道人事四時之變也。余願渾求為一可乎。

岐伯對曰。夫唯道焉。非道何可。大小淺深。離合為一乎哉。故遠者。司外揣內。近者。司內揣外。是謂陰陽之極。天地之蓋。

曰。持鍼縱舍。柰何。

曰。必先明知十二經之本末。皮膚之寒熱。脈之盛衰滑濇。其脈滑而盛者。病日進。虛而細者。久以持。大以濇者。為痛痺。陰陽如一者。病難治。察其本末上下。有熱者。病常在。其熱已衰者。其病亦去矣。因持其尺。察其肉之堅脆。大小。滑濇。寒熱。燥濕。因視目之五色。以知五藏而決死生。視其血脈。察其五色。以知寒熱痺痛。

曰。持鍼縱舍。余未得其意也。

曰。持鍼之道。欲端以正。安以靜。先知虛實。而行疾徐。左手執骨。右手循之。無與肉裹。寫欲端正。補必閉膚。轉鍼導氣。邪氣不得淫泆。真氣以居。

曰。扞皮開腠理。柰何。

曰。因其分肉。左別其膚。微內而徐端之。適神不散。邪氣得去也。以上古今醫統正脈全書排印本

異文因其分肉。左別其膚。甲乙經影印本卷五

皇甫謐集卷二十七・鍼灸甲乙經卷六

八正八虛八風大論第一

黄帝問曰。歲之所以皆同病者。何氣使然。

少師對曰。此八症之候也。候此者。常以冬至之日。風從南方來者。名曰。虛風。賊傷人者也。其以夜半至者。萬民皆臥而不犯。故其歲民少病。其以晝至者。萬民懈墮而皆中於邪風。故民多病。虛邪入客於骨而不發於外。至其立春。陽氣大發。腠理開。有因立春之日。風從西方來。萬民皆中虛風。此兩邪相搏。經氣結代。故諸逢其風而遇其雨者。名曰。遇歲露焉。因歲之和而少賊風者。民少病而少死。歲多賊風邪氣。寒溫不和。則民多病而死矣。

異文此八正之候也。

萬民懈惰而皆中於邪風。以上甲乙經影印本卷六

曰。虛邪之風。其所貴賤何如。候之。柰何。

曰。正月朔日。風從西方來而大。名曰。白骨。將國有殃。人多死亡。正月朔日。平旦西北風行。民病多。十有三也。正月朔日。日中北風。夏。民多死者一作多病。正月朔日。平旦北風。春。民多死者。正月朔日。夕時北風。秋。民多死者。正月朔日。天時和溫不風。民無病。大寒疾風。民多病。二月丑不風。民多心腹病。三月戌不溫。民多寒熱病。四月巳不暑。民多癉病。十月申不寒。民多暴死。諸

所謂風者。發屋拔樹。揚沙石。起毫毛。發腠理者也。風從其衝後來者。名曰。虛風。賊傷人者也。主殺害。必謹候虛風而謹避之。避邪之道。如避矢石然。後邪弗能害也。

風從南方來。名曰。大弱風。其傷人也。內舍於心。外在於脈。其氣主為熱。

風從西南方來。名曰。謀風。其傷人也。內舍於脾。外在於肌肉。其氣主為弱。

風從西方來。名曰。剛風。其傷人也。內舍於肺。外在於皮膚。其氣主為燥。

風從西北方來。名曰。折風。其傷人也。內舍於小腸。外在於手太陽之脈。脈絕則泄。脈閉則結。不通。善暴死。

風從北方來。名曰。大剛風。其傷人也。內舍於腎。外在於骨與肩背之膂筋。其氣主為寒。

風從東北方來。名曰。凶風。其傷人也。內舍於大腸。外在於兩脇腋骨下及肢節。

風從東方來。名曰。嬰兒風。其傷人也。內舍於肝。外在於筋紐。其氣主為濕。

風從東南方來。名曰。弱風。其傷人也。內舍於胃。外在於肌。其氣主為體重。

凡此八風者。皆從其虛之鄉來。乃能病人。三虛相薄。則為暴病卒死。兩虛一實。則為淋露寒熱。犯其雨濕之地則為痿。故聖人避邪。如避矢石。其三虛偏中於邪風。則為擊仆偏枯矣。

曰。四時八風之中人也。因有寒暑。寒則皮膚急。腠理閉。暑則皮膚緩。腠理開。賊風邪氣。因得以入乎。將必須八正風邪。乃能傷人乎。

曰。賊風邪氣之中人也。不得以時。然必因其開也。其入深。其內亟（一作極）也疾。其病人也卒暴。因其閉也。其入淺以留。其病人也徐以遲。

曰。其有寒溫和適。腠理不開。然有卒病者。其故何也。

曰。人雖平居。其腠理開閉緩急。固常有時也。夫人與天地相參。與日月相應。故月滿則海水西盛。人血氣積。肌肉充。皮膚緻。毛髮堅。腠理郄。煙垢著。當是之時。雖遇賊風。其入淺。亦不深。到其月郭空。則海水東盛。人血氣虛。其衛氣去。形獨居。肌肉減。皮膚緩。腠理開。毛髮薄。胭垢澤。當是之時。遇賊風。其入深。其病人卒暴。

異文腠理郄。胭垢著。甲乙經影印本卷六

曰。人有卒然暴死者。何邪使然。

曰。得三虛者。其死疾。得三實者。邪不能傷也。乘年之衰。逢月之空。失時之和。人氣乏少。因為賊風邪氣所傷。是謂三虛。故論不知三虛。工反為粗。若逢年之盛。遇月之滿。得時之和。雖有賊風邪氣。不能傷也。

異文失時之和。人氣之少。甲乙經影印本卷六

逆順病本末方宜形志大論第二

黃帝問曰。治民治身。可得聞乎。

岐伯對曰。治民與自治。治彼與治此。治小與治大。治國與治家。未有逆而能治者。夫惟順而已矣。

故入國問其俗。臨病人問所便。

曰。便病。奈何。

曰。中熱消癉則便寒。寒中之屬則便熱。胃中熱則消穀。令人懸心善饑。臍已上皮熱。腸中熱。則出黃如糜色。臍已下皮寒。胃中寒則填脹。腸中寒則腸鳴飧泄。胃中寒。腸中熱。則脹且泄。胃中熱。腸中寒。則疾饑。少腹痛脹。

曰。胃欲寒飲。腸欲熱飲。兩者相逆。治之。奈何。

曰。春夏先治其標。後治其本。秋冬先治其本。後治其標。

曰。便其相逆者。奈何。

曰。便此者。食飲衣服。欲適寒溫。寒無悽愴。暑無出汗。食飲者。熱無灼灼。寒無滄滄。寒溫中適。故氣搏持。乃不致邪僻。先病而後逆者治其本。先逆而後病者治其本。先寒而後生病者治其本。先病而後生寒者治其本。先熱而後生病者治其本。先病而後生熱者治其本。先病而後生中滿者治其標。先病而後泄者治其本。先泄而後生他病者治其本。必先調之。乃治其他病。先病而後中滿者治其標。先中滿而後煩心者治其本。人有客氣同氣（同一作固）。小大不利治其標。小大便利治其本。病發而有餘。本而標之。先治其本。後治其標。病發而不足。標而本之。先治其標。後治其本。謹察間甚而調之。間者并行。甚者獨行。小大不利而後生他病者。治其本。

東方濱海傍水。其民食魚嗜鹹。魚者使人熱中。鹹者勝血。其民皆黑色。疏理其病多壅腫。其治宜砭石。

西方水土剛強。其民華食而脂肥。故邪不能傷其形體。其病生於內。其治宜毒藥。北方風寒冰冽。其民樂野處而乳食。藏寒生滿病。其治宜灸焫。南方其地下水土弱。霧露之所聚也。其民嗜酸而食腺。故緻理而赤色。其病攣痺。其治宜微鍼。中央其地平以濕。天地所生物者衆。其民食雜而不勞。故其病多痿厥寒熱。其治宜導引按蹻。故聖人推合以治。各得其宜。

異文故聖人離合以治。甲乙經影印本卷六

形樂志苦。病生於脈。治之以灸刺。形苦志樂。病生於筋。治之以熨引。形樂志樂。病生於肉。治之以鍼石。形苦志苦。病生於咽喝一作困竭。治之以甘藥。形數驚恐。經絡不通。病生於不仁。治之以按摩醪醴。是謂五形。故志曰。刺陽明出血氣。刺太陽出血惡氣。刺少陽出氣惡血。刺太陰出氣惡血。刺少陰出血惡血。刺厥陰出血惡氣。

五藏六府虛實大論第三

黃帝問曰。刺法言。有餘寫之。不足補之。何謂也。

岐伯對曰。神有有餘。有不足。氣有有餘。有不足。血有有餘。有不足。形有有餘。有不足。志有有餘。有不足。心藏神。肺藏氣。肝藏血。脾藏肉。腎藏志。志意通達。內連骨髓。而成形。五藏之道。皆出於經渠。以行血氣。血氣不和。百病乃變化而生。故守經渠焉。

神有餘則笑不休。不足則憂（素問作悲。王冰曰。作憂者誤。）。血氣未并。五藏安定。邪客於形。悽厥（素問作洒淅）起於毫毛。未入於經絡。故命曰。神之微。神有餘則寫其小絡之血。出血勿之深斥。無中其大經。神氣乃平。神不足者。視其虛絡。切而致之。刺得和之。無出其血。無泄其氣。以通其經。神氣乃平。

曰。刺微。柰何。

曰。按摩勿釋。著鍼勿斥。移氣於足（素問作不足）。神氣乃得復。氣有餘則喘欬上氣。不足則息利少氣。血氣未并。五藏安定。皮膚微病。命曰。白氣。微泄有餘。則寫其經渠。無傷其經。無出其血。無泄其氣。不足則補其經渠。無出其氣。

曰。刺微。柰何。

曰。按摩勿釋。出鍼視之。曰。我將深之。適人必革。精氣自伏。邪氣亂散。無所休息。氣泄腠理。真氣乃相得。血有餘則怒。不足則悲（素問作恐）。血氣未并。五藏安定。孫絡外溢。則經有留血。有餘則刺其盛經。出其血。不足則視其虛。內鍼其脈中久留之。血至（素問作而視）脈大。疾出其鍼。無令血泄。

異文 故將深之。適人必革。

血有餘則怒。不足則慧（素問作恐）。

孫絡外溢。則絡有留血。（以上甲乙經影印本卷六）

曰。刺留血。柰何。

曰。視其血絡。刺出其血。無令惡血得入於經。以成其病。形有餘則腹脹。涇溲不利。不足則四肢不用。血氣未并。五藏安定。肌肉蠕（一作溢）動。名曰。微風。有餘則寫其陽經。不足則補其陽絡。

曰。刺微。柰何。

曰。取分肉間。無中其經。無傷其絡。衛氣得復。邪氣乃索。志有餘則腹脹飧泄。不足則厥。血氣未并。五藏安定。骨節有動。有餘則寫。然筋血者出其血。不足則補其復溜。

異文骨節有傷。有餘則寫。（甲乙經影印本卷六）

曰。刺未并。柰何。

曰。即取之無中其經。以去其邪。乃能立虛。

曰。虛實之形。不知其何以生。

曰。血氣已并。陰陽相傾。氣亂於衛。血逆於經。血氣離居。一實一虛。血并於陰。氣并於陽。故為驚狂。血并於陽。氣并於陰。乃為靈中。血并於上。氣并於下。心煩悶。善怒。血并於下。氣并於上。亂而喜忘（素作善忘）。

曰。血并於陰。氣并於陽。如是血氣離居。何者為實。何者為虛。

曰。血氣者。喜溫而惡寒。寒則泣不流。溫則消而去之。是故氣之所并為血虛。血之所並為氣虛。

曰。人之所有者。血與氣耳。乃言血并為虛。氣并為虛。是無實乎。

曰。有者為實。無者為虛。故氣并則無血。血并則無氣。今血與氣相失。故為虛焉。絡之與孫脈。俱注（一作輸）於經。血與氣并。則為實焉。血之與氣并走於上。則為大厥。厥則暴死。氣復反則生。不反則死。

曰。實者何道從來。虛者何道從去。

曰。夫陰與陽。皆有輸會。陽注於陰。陰滿之外。陰陽紃（音巡）平（素作均平）。以充其形。九候若一。名曰。平人。夫邪之所生。或生於陽。或生於陰。其生於陽者。得之風雨寒暑。其生於陰者。得之飲食起居。陰陽喜怒。

曰。風雨之傷人。奈何。

曰。風雨之傷人也。先客於皮膚。傳入於孫脈。孫脈滿。則傳入於絡脈。絡脈滿。乃注於大經脈。血氣與邪氣并客於分腠之間。其脈堅大。故曰。實。實者外堅。充滿不可按。按之則痛。

曰。寒濕之傷人。奈何。

曰。寒濕之中人也。皮膚收（素問作不收）。肌肉堅緊。營血濇。衛氣去。故曰。虛。虛者攝辟氣不足。血濇。按之則氣足溫之。故快然而不痛。

曰。陰之生實。奈何。

曰。喜怒不節。則陰氣上逆。上逆則下虛。下虛則陽氣走乏。故曰。實。

異文 下虛則陽氣走之。（甲乙經影印本卷六）

曰。陰之生虛。奈何。

曰。喜則氣下。悲則氣消。消則脈空虛。因寒飲食。寒氣動藏（一作重滿）。則血泣氣去。故曰。虛。

曰。陽虛則外寒。陰虛則內熱。陽盛則外熱。陰盛則內寒。不知所由然。

曰。陽受氣於上焦。以溫皮膚分肉之間。今寒氣在外。則上焦不通。不通則寒獨留於外。故寒慄。有所勞倦。形氣衰少。穀氣不盛。上焦不行。下焦（素問作下脘）不通。胃氣熱。熏胸中。故內熱。上焦不通利。皮膚緻密。腠理閉塞（素問下有玄府二字）不通。衛氣不得泄越。故外熱。厥氣上逆。寒氣積於胸中而不寫。不寫則溫氣去。寒獨留。則血凝泣。凝則腠理不通。其脈盛大以濇。故中寒。

曰。陰與陽并。血氣已并。病形已成。刺之奈何。

曰。刺此者取之經渠。取血於營。取氣於衛。用形哉。因四時多少高下。

曰。血氣已并。病形已成。陰陽相傾。補寫奈何。

曰。寫實者氣盛乃內鍼。鍼與氣俱內。以開其門。如利其戶。鍼與氣俱出。精氣不傷。邪氣乃下。外門不閉。以出其疾。搖大其道。如利其路。是謂大寫。必切而出。大氣乃屈。

曰。補虛。奈何。

曰。持鍼勿置。以定其意。候呼內鍼。氣出鍼入。鍼空四塞。精無從去。方實而疾出鍼。氣入鍼出。熱不得還。閉塞其門。邪氣布散。精氣乃得存。動後時（素問作動氣後時）。近氣不失。遠氣乃來。是謂追之。

曰。虛實有十。生於五藏五脈耳。夫十二經脈者。皆生百（素作其）病。今獨言五藏。夫十二經脈者。皆絡三百六十五節。節有病。必被經脈。經脈之病者。皆有虛實。何以合之乎。

異文皆絡之百六十五節。（甲乙經影印本卷六）

曰。五藏與六府為表裏。經絡肢節。各生虛實。視其病所居。隨而調之。病在脈調之血。病在血調之絡。病在氣調諸衛。病在肉調之分肉。病在筋調之筋。病在骨調之骨。燔鍼劫刺其下。及與急者病在骨。焠鍼藥熨。病不知所痛。兩蹻為上。身形有痛。九候莫病。則繆刺之。病在於左而右脈病者。則巨刺之。必謹察其九候。鍼道畢矣。

陰陽清濁順治逆亂大論第四

黃帝問曰。經脈十二者。別為五行。分為四時。何失而亂。何得而治。

岐伯對曰。五行有序。四時有分。相順而治。相逆而亂。

曰。何謂相順而治。

曰。經脈十二。以應十二月。十二月者。分為四時。四時者。春夏秋冬。其氣各異。營衛相隨。陰陽相合。清濁不相干。如是則順而治矣。

曰。何謂相逆而亂。

曰。清氣在陰。濁氣在陽。營氣順脈。衛氣逆行。清濁相干。亂於胸中。是謂大悗。故氣亂於心。則煩心密默。俛首靜伏。亂於肺。則俛仰喘喝。按手以呼。亂於腸胃。則為霍亂。亂於臂脛。則為四厥。亂於頭。則為厥逆。頭痛（一作頭重）眩仆。氣在心者。取之手少陰心主之俞。氣在於肺者。取之手太陰滎足少陰俞。氣在於腸胃者。取之手足太陰。陽明。不下者。取之三里。氣在於頭者。取之天柱。大杼。不知取足（靈樞作手）大陽之滎俞。氣在臂足者。先去血脈。後取其陽明。少陽之滎俞。徐入徐出。是謂之導氣。補寫無形。是謂之同精。是非有餘不足也。亂氣之相逆也。

異文是謂大悗。故氣亂於心。

不知取足（靈樞作手）太陽之滎俞。（以上甲乙經影印本卷六）

四時賊風邪氣大論第五

黄帝問曰。有人於此。並行並立。其年之長少等也。衣之厚薄均也。卒然遇烈風疾雨。或病或不病或皆死。其故何也。

岐伯對曰。春溫風。夏陽風。秋涼風。冬寒風。凡此四時之風者。其所病各不同形。黄色薄皮弱肉者。不勝春之虛風。白色薄皮弱肉者。不勝夏之虛風。青色薄皮弱肉者。不勝秋之虛風。赤色薄皮弱肉者。不勝冬之虛風。

曰。黑色不病乎。

曰。黑色而皮厚肉堅固。不能傷於四時之風。其皮薄而肉不堅。色不一者。長夏至而有虛風者。病矣。其皮厚而肌肉堅者。長夏至而有虛風者。不病矣。其皮厚而肌肉堅者。必重感於寒。內外皆然。乃病也。

曰。賊風邪氣之傷人也。令人病焉。今有不離屏蔽。不出室穴之中。卒然而病者。其故何也。

曰。此皆嘗有所傷於濕氣。藏於血脈之中。外肉之間。久留而不去。若有所墜墮。惡血在內而不去。卒然喜怒不節。飲食不適。寒溫不時。腠理閉不通（素下有其開二字）。而適遇風寒。則血氣凝結。與故邪相襲。

則為寒痺。其有熱則汗出。汗出則受風。雖不遇賊風邪氣。必有因加而發矣。

曰。夫子之所言皆病人所自知也。其無遇邪風。又無怵惕之志。卒然而病。其故何也。唯有因鬼神之事乎。

曰。此亦有故。邪留而未發也。因而志有所惡。及有所慕。血氣內亂。兩氣相薄。其所從來者微。視之不見。聽之不聞。故似鬼神。

曰。其有祝由而已者。其故何也。

曰。先巫者。因知百病之勝。先知百病之所從者。可祝由而已也。

內外形診老壯肥瘦病旦慧夜甚大論第六

黃帝問曰。人之生也。有剛有柔。有弱有強。有短有長。有陰有陽。願聞其方。

岐伯對曰。陰中有陽。陽中有陰。審知陰陽。刺之有方。得病所始。刺之有理。謹度病端。與時相應。內合於五藏六府。外合於筋骨皮膚。是故。內有陰陽。外有陰陽。在內者。五藏為陰。六府為陽。在外者。筋骨為陰。皮膚為陽。故曰。病在陰之陰者。刺陰之滎俞。病在陽之陽者。刺陽之合。病在陽之陰者。刺陰之經。病在陰之陽者。刺陽之絡。病在陽者。名曰。風。病在陰者。名曰。痺。陰陽俱病。名曰。風痺。病有形而不痛者。陽之類。無形而痛者。陰之類。無形而痛者。其陽完（九墟完作緩。下同。）而陰傷。急治其陽。無攻其陰。（九墟作急治其陰。無攻其陽。）有形而不痛者。其陰完而陽傷。急治其陰。無攻其陽。（九墟作急治其陽。無攻其陰。）

陰陽俱動。乍有乍無。加以煩心。名曰。陰勝其陽。此謂不表不裏。其形不久也。

曰。形氣病之先後。內外之應奈何。

曰。風寒傷形。憂恐忿怒傷氣。氣傷藏。乃病藏。寒傷形。乃應形。風傷筋脈。筋脈乃應。此形氣內外之相應也。

曰。刺之。奈何。

曰。病九日者。三刺而已。病一月者。十刺而已。多少遠近。以此衰之。久痺不去身者。視其血絡。盡去其血。

曰。外內之病。難易之治。奈何。

曰。形先病而未入藏者。刺之半其日。藏先病而形乃應者。刺之倍其日。此外內難易之應也。

曰。何以知其皮肉血氣筋骨之病也。

曰。色起兩眉間薄澤者。病在皮。唇色青黄赤白黑者。病在肌肉。營氣濡然者。病在血氣千金方作脈。目色青黄赤白黑者。病在筋。耳焦枯受塵垢者。病在骨。

曰。形病何如。取之。奈何。

曰。皮有部。肉有柱。氣血有俞。千金翼下有筋有結。骨有屬。皮之部俞在於四末。肉之柱在臂䯒。諸陽肉分間。與足少陰分間。氣血之俞在於諸絡脈。氣血留居。則盛而起。筋部無陰無陽。無左無右。候病所在。骨之屬者。骨空之所以受液而溢腦髓者也。

曰。取之。奈何。

曰。夫病之變化。浮沉淺深。不可勝窮。各在其處。病間者淺之。甚者深之。間者少之。甚者眾之。隨變而調氣。故曰。上工也。

曰。人之肥瘦小大寒溫。有老壯少小之別奈何。

曰。人年五十已上為老。三十已上為壯。十八已上為少。六歲已上為小。

曰。何以度其肥瘦。

曰。人有脂。有膏。有肉。

曰。別此。奈何。

曰。䐃肉堅。皮滿者。脂䐃肉不堅。皮緩者。膏。皮肉不相離者。肉。

曰。身之寒溫何如。

曰。膏者其肉淖。而粗理者身寒。細理者身熱。脂者其肉堅。細理者和（靈作熱）。粗理者寒。（少肉者寒溫之症未詳。）

曰。其肥瘦大小。奈何。

曰。膏者。多氣而皮縱緩。故能縱腹垂腴。肉者。身體容大。脂者。其身收小。

曰。三者之氣血多少何如。

曰。膏者多氣。多氣者熱。熱者耐寒也。肉者多血。多血者則形充。形充者則平也。脂者。其血清。氣滑少。故不能大。此別於眾人也。

曰。眾人如何。

曰。眾人之皮肉脂膏不能相加也。血與氣不能相多也。故其形不小不大。各自稱其身。名曰。眾人。

曰。治之。奈何。

曰。必先別其五形。血之多少。氣之清濁。而後調之。治無失常經。是故。膏人者縱腹垂腴。肉人者上下容大。脂人者雖脂不能大。

曰。病者多以旦慧晝安。夕加夜甚者。何也。

曰。春生夏長。秋收冬藏。是氣之常也。人亦應之。以一日一夜分為四時之氣。朝為春。日中為夏。日入為秋。夜為冬。朝則人氣始生。病氣衰。故旦慧。日中則人氣長。長則勝邪。故安。夕則人氣始衰。邪氣始生。故加。夜半人氣入藏。邪氣獨居於身。故甚。

曰。其時有反者何也。

曰。是不應四時之氣。藏獨主其病者。是必以藏氣之所不勝時者甚。以其所勝時者起也。

曰。治之。奈何。

曰。順天之時。而病可與期。順者為工。逆者為粗也。

陰陽大論第七

陰靜陽躁。陽生陰長。陽殺陰藏。陽化氣。陰成形。寒極生熱。熱極生寒。寒氣生濁。熱氣生清。清氣在下。則生飧泄。濁氣在上。則生䐜脹。此陰陽反作。病之逆順也。故清陽為天。濁陰為地。地氣上為雲。天氣下為雨。雨出地氣。雲出天氣。故清陽出上竅。濁陰出下竅。清陽發腠理。濁陰走五藏。清陽實四肢。濁陰歸六府。水為陰。火為陽。陽為氣。陰為味。味歸形。形歸氣。氣歸精。精歸化。精食氣。形食味。化生精。氣生形。味傷形。氣傷精。精化為氣。氣傷於味。陰味出下竅。陽氣出上竅。味厚者為陰。薄為陰之陽。氣厚者為陽。薄為陽之陰。味厚則泄。薄則通。氣薄則發泄。厚則發熱。壯火之氣衰。少火之氣壯。壯火食氣。氣食少火。壯火散氣。少火生氣。氣味辛甘。發散為陽。酸苦涌泄為陰。陰勝則陽病。陽勝則陰病。陰病則熱。陽病則寒。（素問作陽勝則熱。陰勝則寒。）重寒則熱。重熱則寒。寒傷形。熱傷氣。氣傷痛。形傷腫。故先痛而後腫者。氣傷形也。先腫而後痛者。形傷氣也。風勝則動。熱勝則腫。燥勝則乾。寒勝則浮。濕勝則濡泄。天有四時五行以生長收藏。以生寒暑燥濕風。人有五藏。化為五氣。以生喜怒悲憂恐。故喜怒傷氣。寒暑傷形。暴怒傷陰。暴喜傷陽。厥氣上行。滿脈去形。故曰。喜怒不節。寒暑過度。生乃不固。重陰必陽。重陽必陰。此陰陽之變也。夫陰在內。陽之守也。陽在外。陰之使也。陽勝則身熱。腠理閉。喘息麄。為之後悶（素問作俛仰）。汗不出而熱。齒乾。以煩悶腹脹死。耐冬不耐夏。陰勝則身寒。汗出。身常清。數慄而寒。寒則厥。厥則腹滿死。耐夏不耐冬。此陰陽更勝之變。病之形能也。

曰。調此二者奈何。

曰。能知七損八益。則二者可調也。不知用此。則早衰矣。清陽上天。濁陰歸地。天氣通於肺。地氣通於咽。風氣通於肝。雷氣通於心。穀氣通於脾。雨氣通於腎。六經為川。腸胃為海。九竅為水注之氣。暴風象雷。逆氣象陽。故治不法天之紀。不用地之理。則災害至矣。邪風之至。疾如風雨。故善治者治皮毛。其次治肌膚。其次治筋脈。其次治六府。其次治五藏。治五藏者。半生半死矣。故天之邪氣。感則害五藏。水穀之寒熱。感則害六府。地之濕氣。感則害皮肉筋脈。故善用鍼者。從陰引陽。從陽引陰。以右治左。以左治右。以我知彼。以表知裏。以觀過與不及之理。見微則過。用之不殆。善診者。察色按脈。先別陰陽。審清濁。而知部分。視喘息。聽聲音。而知病所苦。觀權衡。視規矩。而知病所生。按尺寸。觀浮沉滑濇。而知病所生。以治則無過。以診則無失矣。故曰。病之始起。可刺而已。其盛也。可待衰而已。故因其輕而揚之。因其重而減之。因其衰而彰之。形不足者。溫之以氣。精不足者。補之以味。其高者。因而越之。其下者。引而竭之。中滿者。寫之於內。其有形者。漬形以為汗。其在皮者。汗而發之。其慓悍者。按而收之。其實者。散而寫之。審其陰陽。以別柔剛。陽病治陰。陰病治陽。定其血氣。各守其鄉。血實宜決之。氣實宜掣之引之。陽從右。陰從左素問作陽從左。陰從右。。老從上。少從下。是以春夏歸陽為生。歸秋冬為死。反之則歸秋冬為生。是以氣之多少逆順。皆為厥。有餘者。厥也。一上不下。寒厥到膝。少者。秋冬死。老者。秋冬生。氣上不下。頭痛巔疾。求陽不得。求之於陰素問作求陰不審。五部隔無徵。若居曠野。若伏空室。綿綿乎屬不滿目。

異文見微知過。用之不殆。

血上不下。寒厥到膝。以上甲乙經影印本卷六春三月之病。在理已盡。草與柳葉皆殺。春陰陽皆絕。期在孟春。冬三月之病。病合陽者。至春正月。脈有死徵。皆歸於春（素問作始春）。春三月之病。曰。陽殺。陰陽皆絕。期在草乾。夏三月之病。至陰不過十日。陰陽交期。在濂水。秋三月之病。三陽俱起。不治自已。陰陽交合者。立不能坐。坐不能起。三陽獨至。期在石水。二陰獨至。期在盛水。

正邪襲內生夢大論第八

黃帝問曰。淫邪泮衍柰何。

岐伯對曰。正邪從外襲內。未有定舍。反淫於藏。不得定處。與榮衛俱行。而與魂魄飛揚。使人臥不得安而喜夢。凡氣淫於府。則夢有餘於外。不足於內。氣淫於藏。則夢有餘於內。不足於外。

曰。有餘不足有形乎。

曰。陰盛則夢涉大水而恐懼。陽盛則夢大火而燔焫。陰陽俱盛則夢相殺毀傷。上盛則夢飛。下盛則夢墮。甚飽則夢予。甚饑則夢取。肝氣盛則夢怒。肺氣盛則夢哭泣。恐懼飛揚。心氣盛則夢喜笑及恐怖。脾氣盛則夢歌樂體重。手足不舉。腎氣盛則夢腰脊兩解而不屬。凡此十二盛者。至而寫之。立已。厥氣客於心。則夢見丘山煙火。客於肺。則夢飛揚。見金鐵之器及奇物。客於肝。則夢見山林樹木。客於脾。則夢見丘陵大澤。壞屋風雨。客於腎。則夢臨淵。沒居水中。客於膀胱。則夢遊行。客於胃。則夢飲食。客於大腸。則夢見田野。客於小腸。則夢見聚邑行街（一作衝衢）。客於膽。則夢見鬬訟自剄。客於陰器。則夢接內。客於項。則夢斬首。客於胻。則夢行走不能前。及居深地窌苑中。客於股肱。則夢禮節拜跪。客於胞脯。則夢溲便利。凡此十五不足者。至而補之。立已。

五味所宜五藏生病大論第九

黄帝問曰。穀氣有五味。其入藏分别奈何。

岐伯對曰。胃者。五藏六府之海。皆入於胃。五藏六府皆稟於胃。五味各走其所喜。故穀味酸。先走肝。九卷又曰。△酸入胃。其氣濇（一作濇以收）。不能出入。不出則留於胃中。胃中和溫。則下注於膀胱之胞。膀胱之胞薄以耎。得酸則縮綣。約而不通。水道不行。故癃。陰者。積筋之所終聚也。故酸入胃而走於筋。素問曰。酸走筋。筋病無多食酸。其義相順。又曰。肝欲辛。多食酸。則肉胝䐢而唇揭。謂木勝土也。（木辛與九卷義錯。素問肝欲辛作欲酸。）

附錄△針經云。多食酸令人癃。酸入於胃。其氣濇。以收兩焦之氣。不能出入。流入胃中。下去膀胱。胞薄以軟。得酸則縮卷。約而不通。故水道不利而癃濇也。（明·李時珍·本草綱目卷三十·果部·木瓜）

苦先走心。九卷又曰。苦入胃。五穀之氣皆不能勝苦。苦入下脘。下脘者。三焦之路。皆閉而不通。故氣變嘔也。齒者。骨之所絡也。故苦入胃而走骨。入而復出。必黧疏。是知其走骨也。水火既濟。骨氣通於心。素問曰。苦走骨。骨病無多食苦。其義相順。又曰。心欲酸。食苦則皮稿而毛拔。謂火勝金也。（火酸與九卷義錯）

異文骨氣痛於心。

食苦則皮槁而毛拔。（以上甲乙經影印本卷六）

甘先走脾。九卷又曰。甘入脾。其氣弱少。不能上。至上焦。而與穀俱留於胃中。甘者。令人柔潤也。胃柔則緩。緩則蟲動。蟲動則令人心悶。其氣通於皮。故曰。甘走皮。皮者。肉之餘。蓋皮雖屬肺。與肉連體。故甘潤肌肉并皮也。素問曰。甘走肉。肉病無多食甘。其義相順。又曰。多食甘。則骨痛而髮落。謂土勝水也。（與九卷不錯。）

異文其氣弱少。不能上。至上焦。（甲乙經影印本卷六）

辛先走肺。九卷又曰。辛入胃。其氣走於上焦。上焦者。受諸氣而營諸陽者也。薑韭之氣。熏至營衛。營衛不時受之。久留於心下。故洞（一作熅）心。辛者。與氣俱行。故辛入胃。則與汗俱出矣。（千金云。辛入胃而走氣。與氣俱出。故氣盛。）素問曰。辛走氣。氣病無多食辛。其義相順。又曰。肺欲苦。多食辛。則筋急而爪枯。謂金勝木也。（肺欲苦與九卷義錯。）

鹹先走腎。九卷又曰。鹹入胃。其氣上走中焦。注於諸氣。血者。血之所走也。血與鹹相得則血涘（一作凝下同）。血涘則胃中竭。竭則咽路焦。故舌乾而善渴。血脈者。中焦之道。故鹹入而走血矣。腎合三焦。血脈雖屬肝心。而為中焦之道。故鹹入而走血也。素問曰。鹹走血。血病無多食鹹。其義相順。又曰。多食鹹。則脈涘泣而變色。謂水勝火也。（雖俱言血脈。其義不同。）穀氣營衛俱行。津液已行。營衛大通。乃糟粕以次傳下。

異文注於諸脈。脈者血之所走也。（甲乙經影印本卷六）

曰。營衛俱行。奈何。

曰。穀始入於胃。其精微者。先出於胃之兩焦。以溉五藏。別出兩焦。行於營衛之道。其大氣之搏而不行者。積於胸中。名曰。氣海。出於肺。循於喉嚨。故呼則出。吸則入。天地之精氣。其大數常出三而入一。故穀不入。半日則氣衰。一日則氣少矣。

曰。穀之五味。可得聞乎。

曰。五穀。粳米甘。麻（素問作小豆）酸。大豆鹹。小麥苦。黃黍辛。五果。棗甘。李酸。栗鹹。杏苦。桃辛。五畜。牛肉甘。犬肉酸。豕肉鹹。羊肉苦。雞肉辛。五菜。葵甘。韭酸。藿鹹。薤苦。蔥辛。五色。黃宜甘。青宜酸。黑宜鹹。赤宜苦。白宜辛。脾病者。宜食粳米。牛肉。棗。葵。甘者入脾用之。心病者。宜食麥。羊肉。杏。薤苦者。入心用之。腎病者。宜食大豆。豕肉。栗。藿鹹者。入腎用之。肺病者。宜食黍。雞肉。桃。蔥辛者。入肺用之。肝病者。宜食麻。犬肉。李。韭酸者。入肝用之。

肝病禁辛。心病禁鹹。脾病禁酸。肺病禁苦。腎病禁甘。

肝足厥陰。少陽。主治。肝苦急。食甘以緩之。心。手少陰。太陽主治。心苦緩。食鹹以收之。脾足太陰陽明。主治。脾苦濕。急食苦以燥之。肺手太陰陽明。主治。肺苦氣上逆。急食苦以泄之。腎足少陰太陽。主治。腎苦燥。急食辛以潤之。開腠理。致津液。通氣墜也。毒藥攻邪。五穀為養。五果為助。五畜為益。五菜為充。氣味合而服之。以補精益氣。此五味者。各有所利。辛散。酸收。甘緩。苦堅。鹹耎。

異文肝苦急。食甘以緩之。甲乙經影印本卷六

肝病者。兩脇下痛引少腹。令人善怒。虛則目䀮䀮無所見。耳無所聞。善恐。如人將捕之。取其經厥陰與少陽血者。氣逆則頭痛。耳聾不聰。頰腫。取血者。又曰。徇蒙招尤。目瞑耳聾。下實上虛。過在足少陽。厥陰。甚則入肝。

心病者。胸中痛。脇支滿。兩胠下痛。膺背肩甲間痛。兩臂內痛。虛則胸腹大。脇下與腰相引而痛。取其經少陰。太陽血者。素問云。舌下血者。其變病。刺郄中血者。又曰。胸中痛。支滿腰脊相引而痛。過在手少陰太陽。素問云。心煩頭痛。病在鬲中。過在手巨陽。少陰。

脾病者。身重善饑。肌肉萎。足不收行。善瘈瘲。腳下痛。虛則腹脹。腸鳴飧泄。食不化。取其經太陰。陽明。少陰血者。又曰。腹滿䐜脹。支滿胠脇。下厥上冒。過在足太陰。陽明。

肝病者。喘逆咳氣。肩背痛。汗出。尻陰股膝攣。髀腨胻足皆痛。虛則少氣不能報息。耳聾。喉嚨乾。取其經手太陰。足太陽外厥陰內少陰血者。又曰。欬嗽上氣。病素問作厥在胸中。過在手陽明。太陰。

腎病者。腹大脛腫痛。欬喘身重。寢汗出憎風。虛則胸中痛。大腸小腸素作大腹小腹痛。清厥。意不樂。取其經少陰。太陽血者。又曰。頭痛癲疾。下實上虛。過在足少陰。太陽。甚則入腎。

五藏傳病大論第十

病在肝。愈於夏。夏不愈。甚於秋。秋不死。持於冬。起於春。病在肝。愈於丙丁。丙丁不愈。加於

庚辛。庚辛不加（素問作不死。下同）。持於壬癸。起於甲乙。禁當風。病在肝。平旦慧。下晡甚。夜半靜。

病在心。愈於長夏。長夏不愈。甚於冬。冬不死。持於春。起於夏。病在心。愈於戊己。戊己不愈。加於壬癸。壬癸不加。持於甲乙。起於丙丁。禁衣溫食熱。病在心。日中慧。夜半甚。平旦靜。

病在脾。愈於秋。秋不愈。甚於春。春不死。持於夏。起於長夏。病在脾。愈於庚辛。庚辛不愈。加於甲乙。甲乙不加。持於丙丁。起於戊己。禁溫衣濕地。（素問云。禁溫衣飽食濕地濡衣。）病在脾。日昳慧。平旦甚（素作日出）。下晡靜。

異文 病在脾。目昳慧。（甲乙經影印本卷六）

病在肺。愈於冬。冬不愈。甚於夏。夏不死。持於長夏。起於秋。病在肺。愈於壬癸。壬癸不愈。加於丙丁。丙丁不加。持於戊己。起於庚辛。禁寒衣。冷飲食。病在肺。下晡慧。日中甚。夜半靜。

病在腎。愈於春。春不愈。甚於長夏。長夏不死。持於秋。起於冬。病在腎。愈於甲乙。甲乙不愈。加於戊己。戊己不死。持於庚辛。起於壬癸。禁犯焠㶼。無食熱。無溫衣。（素問作犯焠㶼。熱食。溫炙衣。）病在腎。夜半慧。日乘四季甚。下晡靜。

邪氣之客於身也。以勝相加。至其所生而愈。至其所不勝而甚。至其所生而持。自得其位而起。

腎移寒於脾。癰腫少氣。脾移寒於肝。癰腫筋攣。肝移寒於心。狂鬲中。心移寒於肺。為肺消。肺消者。飲一溲二。死不治。肺移寒於腎。為涌水。涌水者。按其腹不堅。水氣客於大腸。疾行腸鳴濯濯。如囊裹漿。治主肺者。（素問作水之病也。）

脾移熱於肝。則為驚衄。肝移熱於心則死。心移熱於肺。傳為膈消。肺移熱於腎。傳為柔痓。腎移熱於脾。傳為虛。腸澼死。不可治。胞移熱於膀胱。則癃溺血。膀胱移熱於小腸。膈腸不便。上為口麋。小腸移熱於大腸。為虙瘕。為沉。大腸移熱於胃。善食而瘦。名曰。食㑊。又胃移熱於膽。亦名。食㑊。膽移熱於腦。則辛頞鼻淵。鼻淵者。濁涕下不止也。傳為衄䁾瞑目。故得之厥也。

五藏受氣於其所生。傳之於其所勝。氣舍於其所生。死於其所不勝。病之且死。必先傳其所行。至不勝乃死。此言氣之逆行也。故死。

肝受氣於心。傳之於脾。氣舍於腎。至肺而死。心受氣於脾。傳之於肺。氣舍於肝。至腎而死。脾受氣於肺。傳之於腎。氣舍於心。至肝而死。肺受氣於腎。傳之於肝。氣舍於脾。至心而死。腎受氣於肝。傳之於心。氣舍於肺。至脾而死。此皆逆死也。一日一夜。五分之此。所以占死者之早暮也。

黃帝問曰。余受九鍼於夫子。而私覽於諸方。或有導引行氣。按摩灸熨。刺爇飲藥。一者可獨守耶。將盡行之乎。

異文 一日一夜。五藏之此。甲乙經影印本卷六

岐伯對曰。諸人者。眾人之方也。非一人之所盡行也。

曰。此乃所謂守一勿失。萬物畢者也。余已聞陰陽之要。虛實之理。傾移之過。可治之屬。願聞病之變化。淫傳絕敗而不可治者。可得聞乎。

曰。要乎哉問道。昭乎其如旦醒。窘乎其如夜瞑。能被而服之。神與俱成。畢將服之。神自得之。生

神之理。可著于竹帛。不可傳之于子孫也。

曰。何謂旦醒。

曰。明於陰陽。如惑之解。如醉之醒。

曰。何謂夜瞑。

曰。瘖乎其無聲。漠乎其無形。折毛發理。正氣横傾。淫邪泮衍。血脈傳留。大氣入藏。腹痛下淫。可以致死。不可以致生。

曰。大氣入藏。奈何。

曰。病先發於心。心痛。一日之肺而欬。三日之肝肋支滿。五日之脾閉塞不通。身體重。三日不已。死。冬夜半。夏日中。病發先於肺。喘咳。三日之肝脇支滿。一日之脾而身體痛。五日之胃而脹。十日不已。死。冬日入。夏日出。病先發於肝。頭痛目眩。肋多滿。一日之脾而身體痛。五日之胃而腹脹。三日之腎。腰脊少腹痛。胻痠。三日不已。死。冬日中（素問作日入）。夏早食。病先發於脾。身痛體重。一日之胃而脹。二日之腎。少腹腰脊痛。胻痠。三日之膀胱。背膂筋痛。小便閉。十日不已。死。冬人定。夏晏食。病先發於胃。脹滿。五日之腎。少腹腰脊痛。胻痠。三日之膀胱。背膂筋痛。小便閉。五日而上之心。身重。六日不已。死。冬夜半。夏日昳。病先發於腎。少腹腰脊痛。胻痠。三日之膀胱。背膂筋痛。小便閉。三日而上之心。心脹。三日之小腸。兩脇支痛。三日不已。死。冬大晨。夏晏晡。（按靈樞。素問云。三日而上之心。乃皇甫士安合二書為此篇文也。）病先發於膀胱。小便閉。五日之腎。少腹脹。腰脊痛。胻痠。一日之小腸而腹脹。二日之脾而身體痛。二日不已。死。冬雞鳴。夏下晡。諸病以次相傳。如是者。皆有死期。不可刺也。

異文 病先發於肺。喘咳。

冬夜半。夏日昳。

病先發於腎。少腹腰脊痛。胻痠。

冬太晨。夏晏晡。以上甲乙經影印本卷六

壽夭形診病候耐痛不耐痛大論第十一

黃帝問曰。形有緩急。氣有盛衰。骨有大小。肉有堅脆。皮有厚薄。其以立壽夭奈何。

伯高對曰。形與氣相任則壽。不相任則夭。皮與肉相裹則壽。不相裹則夭。血氣經絡勝形則壽。不勝形則夭。

曰。何謂形緩急。

曰。形充而皮膚緩者。則壽。形充而皮膚急者。則夭。形充而脈堅大者。順也。形充而脈小以弱者。氣衰也。衰則危矣。形充而顴不起者。腎小也。小則夭矣。形充而大。肉䐃堅而有分者。肉堅。堅則壽矣。形充而大。皮肉無分理不堅者。肉脆。脆則夭矣。此天之生命。所以立形定氣而視壽夭者也。必明於此。以立形定氣。而後可以臨病人。決死生也。

曰。形氣之相勝。以立壽夭奈何。

曰。平人而氣勝形者。壽。病而形肉脫氣勝形者。死。形勝氣者。危也。凡五藏者。中之府。中盛藏滿。氣勝傷恐者。聲如從室中言。是中氣之濕也。言而微。終日乃復言者。此奪氣也。衣被不斂。言語善惡不避親疏者。此神明之亂也。倉廩不藏者。是門戶不要也。水泉不止者。是膀胱不藏也。得守者生。失守者死。夫五藏者。身之強也。頭者。精明之府。頭傾視深。神將奪矣。背者。胸中之府。背曲肩隨。府將壞矣。腰者。腎之府。轉搖不能。腎將憊矣。膝者。筋之府。屈伸不能。行則僂附。筋將憊矣。骨者。髓之府。不能久立。行則掉慄。骨將憊矣。得強則生。失強則死。

岐伯曰。反四時者。有餘者為精。不足為消。應太過。不足為精。應不足。有餘為消。陰陽不相應。病名曰。關格。人之骨強筋勁。肉緩皮膚厚者。耐痛。其於鍼石之痛。火爇亦然。加以黑色而善（一本作美）骨者。耐火爇。堅肉薄皮者。不耐鍼石之痛。於火爇亦然。同時而傷其身。多熱者易已。多寒者難已。胃厚色黑。大骨肉肥者。皆勝毒。其瘦而薄者。皆不勝毒也。

異文其於鍼石之痛。大爇亦然。（甲乙經影印本卷六）

形氣盛衰大論第十二

黃帝問曰。氣之盛衰。可得聞乎。

岐伯對曰。人年十歲（一作十六）。五藏始定。血氣已通。其氣在下。故好走。二十歲。血氣始盛。肌肉方長。故好趨。三十歲。五藏大定。肌肉堅固。血脈盛滿。故好步。四十歲。五藏六府十二經脈皆大盛平定。腠理始開。榮華剝落。鬢髮頒白。平盛不搖。故好坐。五十歲。肝氣始衰。肝葉始薄。膽汁始減。目始不明。六十歲。心氣始衰。乃善憂悲。血氣懈墮。故好臥。七十歲。脾氣虛。皮膚始枯。故四肢不舉。八十歲。肺氣衰。魂魄離散。故言善誤。九十歲。腎氣焦。藏乃萎枯。經脈空虛。至百歲。五藏皆虛。神氣皆去。形骸獨居而終盡矣。

異文 血氣惰懈。故好臥。（甲乙經影印本卷六）

女子七歲。腎氣盛。齒更髮長。二七天水至（素問作天癸至）。任脈通。太衝脈盛。月事以時下。故有子。三七腎氣平均。故真牙生而長極。四七筋骨堅。髮長極。身體盛壯。五七陽明脈衰。面始焦。髮始墮。六七三陽脈衰於上。面皆焦。髮始白。七七任脈虛。太衝（一作伏衝）脈衰少。天水竭。地道不通。故形壞而無子耳。

丈夫八歲。腎氣實。髮長齒更。二八腎氣盛。天水至而精氣溢寫。陰陽和。故能有子。三八腎氣平均。筋骨勁強。故真牙生而長極。四八筋骨隆盛。肌肉滿壯。五八腎氣衰。髮墮齒槁。六八陽氣衰竭於上。面焦。鬢髮頒白。七八肝氣衰。筋不能動。天水竭。精少。腎氣衰。形體皆極。八八則齒髮去。腎者主水。受五藏六府之精而藏之。故五藏盛乃能瀉。今五藏皆衰。筋骨懈墮。天水盡矣。故髮鬢白。體重。行步不正而無子耳。

異文 六八陽氣衰於上。

今五藏皆衰。筋懈骨墮。（以上甲乙經影印本卷六）

皇甫謐集卷二十八・鍼灸甲乙經卷七

六經受病發傷寒熱病第一上

黄帝問曰。夫熱病者。皆傷寒之類也。或愈或死。其死皆以六七日之間。其愈皆以十日已上者。何也。

岐伯對曰。太陽者。諸陽之屬也。其脈連於風府。故為諸陽主氣。人之傷於寒也。則為病熱。熱雖甚。不死。其兩感於寒而病者。必不免於死矣。傷寒一日。太陽受之。故頭項痛。腰脊背強。（素問無背字。）二日。陽明受之。陽明主肉。其脈俠鼻。絡於目。故身熱目疼而鼻乾。不得臥。三日。少陽受之。少陽主骨（素問作膽）。其脈循脇。絡於耳。故胸脇痛而耳聾。三陽（素下有經絡二字）皆受病而未入於府（素問作藏）者。故可汗而已。四日。太陰受之。太陰脈布胃中。絡於嗌。故腹滿而嗌乾。五日。少陰受之。少陰脈貫腎。絡肺。繫舌本。故口燥舌乾而渴。六日。厥陰受之。厥陰脈循陰器而絡於肝。故煩滿而囊縮。三陰三陽五藏六府皆受病。營衛不行。五藏不通。則死矣。其不兩感於寒者。七日。太陽病衰。頭痛少愈。八日。陽明病衰。身熱少愈。九日。少陽病衰。耳聾微聞。十日。太陰病衰。腹減如故。則思飲食。十一日。少陰病衰。渴止（素問下有不滿二字）。舌乾乃已。十二日。厥陰病衰。囊縱少腹微下。大氣皆下。其病日已矣。治之各通其藏脈。病日衰已矣。其未滿三日者。可汗而已。其滿三日者。可泄而已。

曰。熱病已癒。時有所遺者。何也。

曰。諸遺者。熱甚而強食。故有所遺。若此者。皆病已衰而熱有所藏。因其穀氣相薄。兩熱相合。故有所遺。治遺者。視其虛實。調其逆順。可使立已。病熱少愈。食肉則復。多食則遺。此其禁也。其兩感於寒者。一日。太陽與少陰俱病。則頭痛口乾煩滿。二日。陽明與太陰俱病。則腹滿身熱。不欲食。譫語。三日。少陽與厥陰俱病。則耳聾囊縮而厥。水漿不入。不知人者。故六日而死矣。曰。五藏已傷。六府不通。營衛不行。如是後。三日乃死。何也。曰。陽明者。十二經脈之長。其血氣盛。故不知人。三日其氣乃盡。故死。

肝熱病者。小便先黃。腹痛多臥。身熱。熱爭則狂言及驚。胸中（素問無胸中二字）脇滿痛。手足躁。不得安臥。庚辛甚。甲乙大汗。氣逆則庚辛死。刺足厥陰。少陽。其逆則頭疼貢貢（素問作員字）。脈引衝頭痛也。

心熱病者。先不樂。數日乃熱。熱爭則心煩悶（素又有卒心痛三字）。善嘔。頭痛面赤。無汗。壬癸甚。丙丁大汗。氣逆則壬癸死。刺手少陰太陽。

脾熱病者。先頭重頰痛。煩心（素下有顏青二字）欲嘔。身熱。熱爭則腰痛不可用俛仰。腹滿泄。兩頷（一本作額）痛。甲乙甚。戊己大汗。氣逆則甲乙死。刺足太陰陽明。

肺熱病者。先悽悽然厥。起皮毛。惡風寒。舌上黃。身熱。熱爭則喘咳。痛走胸膺背。不得大息。頭痛不甚（素作堪）。汗出而寒。丙丁甚。庚辛大汗。氣逆則丙丁死。刺手太陰。陽明。出血如大豆。立已。

腎熱病者。先腰痛胻痠。苦渴。數飲。身熱。熱爭。則項痛而強。胻寒且痠。足下熱。不欲言。其逆則項痛員員（素問下有澹澹二字）然。戊己甚。壬癸大汗。氣逆則戊巳死。刺足少陰。太陽。諸當汗者。至其所勝日。汗甚。

異文不得太息。頭痛不甚。甲乙經影印本卷七

肝熱病者。左頰先赤。心熱病者。顏頷先赤。脾熱病者。鼻先赤。肺熱病者。右頰先赤。腎熱病者。頤先赤。病雖未發者。見赤色者。刺之。名曰。治未病。熱病從部所起者。至期而已。其刺之反者。三周而已。重逆則死。諸治熱病。先飲之寒水。乃刺之。必寒衣之。居止寒處。身寒而止。病甚者。為五十九刺。熱病先胸脇痛滿。手足躁。刺足少陽。補足太陰。病甚者為五十九刺。熱病。先身重骨痛。耳聾好瞑。刺足少陰。病甚者為五十九刺。熱病先眩冒而熱。胸脇滿。刺足少陰。少陽。太陽之脈。色榮顴骨。熱病也。榮未夭素問作未交下同。曰。今且得汗。待時自已。與厥陰脈爭見者。死。其死不過三日。熱病氣內連腎。少陽之脈。色榮頰前。熱病也。榮未夭。曰。今且得汗。待時自已。與手少陰脈爭見者。死。其死不過三日。其熱病氣穴。三椎下間主胸中熱。四椎下間主胃中熱。五椎下間主肝熱。六椎下間主脾熱。七椎下間主腎熱。榮在骶也。項上三椎骨陷者。中也。頰下逆顴為大瘕。下牙車為腹滿。顴後為脇痛。頰上者。鬲上也。

冬傷於寒。春必溫病。夏傷於暑。秋必病瘧。凡病傷寒而成溫者。先夏至日者。為病溫。後夏至日者。為病暑。暑當與汗皆出勿止。所謂玄府者。汗孔也。

曰。刺節言徹衣者。盡刺諸陽之奇俞。未有常處。願卒聞之。

曰。是陽氣有餘而陰氣不足。陰氣不足則內熱。陽氣有餘則外熱。兩熱相薄。熱於懷炭。衣熱不可近身。身熱不可近席。腠理閉塞而不汗。舌焦唇稿臘黃帝古針經作槁腊。嗌乾。欲飲。取天府。大杼三痏。刺中膂

以去其熱。補手足太陰以去其汗。熱去汗晞。疾於徹衣。

八十一難曰。陽虛陰盛。汗出而愈。下之即死。陽盛陰虛。汗出而死。下之即愈。與經乖錯。於義反倒。不可用也。

曰。人有四肢熱。逢風寒如灸如火者。何也。

曰。是人陰氣虛。陽氣盛。四肢熱者。陽也。兩陽相得。而陰氣虛少。少水不能滅盛火。而陽氣獨治。獨治者。不能生長也。獨盛而止耳。故逢風如灸如火者。是人當肉爍也。

曰。人身非常溫也。非常熱也。而煩滿者。何也。

曰。陰氣少。陽氣勝。故熱而煩滿。

曰。足太陰。陽明為表裏。脾胃脈也。生病異者。何也。

曰。陰陽異位。更實更虛。更逆更順。或從內。或從外。所從不同。故病異名。陽者。天氣也。主外。陰者。地氣也。主內。陽道實。陰道虛。故犯賊風虛邪者。陽受之。則入府。食飲不節。起居不時者。陰受之。則入藏。入六府則身熱不得眠。上為喘呼。入五藏則䐜滿閉塞。下為飧泄。久為腸澼。故喉主天氣。咽主地氣。故陽受風氣。陰受濕氣。故陰氣從足上行至頭。而下行循臂至指端。陽氣從手上行至頭。而下行至足。故曰陽病者。上行極而下。陰病者。下行極而上。故傷於風者。上先受之。傷於濕者。下先受之也。

六經受病發傷寒熱病第一 中

黃帝問曰。病熱有所痛者。何也。

岐伯對曰。病熱者。陽脈也。以三陽之盛也。人迎一盛在少陽。二盛在太陽。三盛在陽明。夫陽入於陰。故病在頭與腹。乃䐜脹而頭痛也。

曰。病身熱汗出而煩滿不解者。何也。

曰。汗出而身熱者。風也。汗出而煩滿不解者。厥也。病名曰。風厥。太陽為諸陽主氣。素問作巨陽主氣。故先受邪。少陰其表裏也。得熱則上從。上從則厥。治之表裏刺之。飲之服湯。

曰。溫病汗出。輒復熱而脈躁疾者。不為汗衰。狂言不能食。病名曰何。

曰。名曰。陰陽交。交者。死。人所以汗出者。皆生於穀。穀生於精。今邪氣交爭於骨肉而得汗者。是邪退精勝。精勝則當能食而不復熱。復熱者。邪氣也。汗者。精氣也。今汗出而輒復熱者。是邪勝也。不能食者。精無裨也。熱而留者。壽可立而傾也。夫汗出而脈躁盛者。死。今脈不與汗相應。此不勝其病。其死明矣。狂言者是失志。失志者。死。此有三死。不見一生。雖愈必死。病風且寒且熱。炅汗出。一日數欠。先刺諸分理絡脈。汗出且寒且熱。三日一刺。百日而已。

曰。何謂虛實。

曰。邪氣盛則實。精氣奪則虛。重實者。內素問作言大熱。病氣熱脈滿。是謂重實。

曰。經絡俱實何如。

曰。經絡皆實。是寸脈急而尺緩也。皆當俱治。故曰。清則順。濇則逆。夫虛實者。皆從其物類治（素問作始）。故五藏骨肉滑利。可以久長。寒氣暴上。脈滿而實。實而滑順則生。實而逆則死。盡滿者。脈急大堅。尺滿（一作濇）而不應也。如是者。順則生。逆則死。所謂順者。手足溫。所謂逆者。手足寒也。

曰。何謂重虛。

曰。脈虛氣虛尺虛。是謂重虛也。所謂氣虛者。言無常也。尺虛者。行步恇然也。脈虛者。不象陰也。如此者。滑則生。濇則死。氣虛者。肺虛也。氣逆者。足寒也。非其時則生。當其時則死。餘藏皆如此也。脈實滿。手足寒。頭熱（一作痛）者。春秋則生。冬夏則死。脈浮而濇。濇而身有熱者。死。絡氣不足。經氣有餘者。脈口熱而尺寒。秋冬為逆。春夏為順。治主病者。經虛絡滿者。尺熱滿。脈口寒濇。春夏死。秋冬生。絡滿經虛。灸陰刺陽。經滿絡虛。刺陰灸陽。

曰。秋冬無極陰。春夏無極陽者。何謂也。

曰。無極陽者。春夏無數虛陽明。陽明虛則狂。無極陰者。秋冬無數虛太陰。太陰虛則死。春亟治經絡。夏亟治經俞。秋亟治六府。冬則閉塞。治用藥而少鍼石。所謂少鍼石者。非癰疽之謂也。

異文 春極治經絡。夏極治經俞。秋極治六府。（甲乙經影印本卷七）

熱病始手臂者。先取手陽明。太陰而汗出。始頭首者。先取項太陽而汗出。始足脛者。先取足陽明而汗出。臂太陰（靈樞作陽）。可出汗。足陽明。可出汗。取陰而汗出甚者。止之陽。取陽而汗出甚者。止之陰。振寒悽悽。鼓頷不得汗出。腹脹煩悶。取手太陰。

熱病三日。氣口靜。人迎躁者。取之諸陽五十九刺。以寫其熱。而出其汗。實其陰。以補其不足。身熱甚。陰陽皆靜者。勿刺之。其可刺者。急取之。不汗則泄。所謂勿刺。皆有死徵也。

熱病七日八日。脈口動喘而眩者。急刺之。汗且自出。淺刺手大指間。

熱病七日八日。脈微小。病者溲血。口中乾。一日半而死。脈代者。一日死。

熱病已得汗而脈尚躁（一本作盛）。喘且復熱。勿庸（一本作膚）刺。喘盛者。必死。

熱病七日八日。脈不躁。不散數。後三日中有汗。三日不汗。四日死。未汗勿庸刺。

熱病先膚痛。窒鼻充面。取之皮。以第一鍼五十九刺。苛鼻乾（靈樞作診鼻乾）索於皮肺。不得索之於火。火者。心也。

熱病先身濇煩而熱。煩悶唇嗌乾。取之皮。以第一鍼五十九刺。

熱病膚脹。口乾。寒汗出。索脈于心。不得索之於水。水者。腎也。

熱病嗌乾。多飲善驚。臥不能安。取之膚肉。以第六鍼五十九刺。目眥赤（靈樞作青）。索肉於脾。不得索之於木。木者。肝也。

熱病而胸脇痛（靈樞作面青胸痛）。手足躁。取之筋間。以第四鍼。鍼於四逆。筋躄目浸。索筋於肝。不得索之於金。金者。肺也。

熱病數驚。瘈瘲而狂。取之脈。以第四鍼急寫有餘者癲疾。毛髮去。索血於心。不得索之於腎。腎者。水也。

熱病身重骨痛。耳聾好瞑。取之骨。以第四鍼五十九刺。骨病不食。齧齒耳青赤。索骨於腎。不得索之於土。土者。脾也。

熱病不知所病。耳聾不能自收。口乾。陽熱甚。陰頗有寒者。熱在髓也。死不治。

熱病頭痛顳顬。目脈緊（一本作瘛）。善衄。厥熱病也。取之以第三鍼。視有餘不足。

寒熱痔（一作痛）。熱病體重。腸中熱。取之以第四鍼於其俞及下諸指間。索氣於胃絡得氣也。

熱病俠臍急痛。胸脇滿。取之湧泉與陰陵泉。以第四鍼。鍼嗌裏。

熱病而汗且出。及脈順可汗者。取魚際。大淵。大都。太白。寫之則熱去。補之則汗出。汗出太甚。取內踝上橫脈以止之。

熱病已得汗而脈尚躁盛者。此陰脈之極也死。其得汗而脈靜者生。

熱病脈常躁盛而不得汗者。此陽脈之極也死。其脈躁盛得汗而脈靜者生。厥。俠脊而痛。主頭項几几。目䀮䀮然。腰脊強。取足太陽膕中血絡。嗌乾。口熱如膠。取足少陽。(此條出素問刺腰痛篇。宜在後刺腰痛內。)

熱病死候有九。一曰汗不出。大顴發赤者。死。(太素云。汗不出。大顴發赤者。必不反而死。)二曰泄而腹滿甚者。死。三曰目不明。熱不已者。死。四曰老人嬰兒熱而腹滿者。死。五曰汗不出嘔血(靈樞作嘔下血)者。死。六曰舌本爛。熱不已者。死。七曰欬而衄。汗出。出不至足者。死。八曰髓熱者。死。九曰熱而痓者。死。熱而痓者腰反折。瘈瘲齒噤齘也。凡此九者。不可刺也。

所謂五十九刺者。兩手內外側各三。凡十二痏。五指間各一。凡八痏。足亦如是。頭入髮際一寸傍三分(靈樞無分字)各三。凡六痏。更入髮際三寸邊五。凡十痏。耳前後口下(靈樞作已下)者各一。項中一。凡六痏。顛上一。顖會一。髮際一。廉泉一。風池二。天柱二。(甲乙經原缺此穴。今按靈樞經文補之。)

素問曰。五十九者。頭上五行行五者。以越諸陽之熱逆也。大杼膺俞缺盆背椎。此八者。以寫胸中之熱(一作陽)。氣衝三里巨虛上下廉。此八者。以寫胃中之熱。雲門髃骨委中髓空。此八者。以寫四肢之熱。五藏俞傍五。此十者。以寫五藏之熱。凡此五十九者。皆熱之左右也。(按。二經雖不同。皆寫熱之要穴也。)

頭腦中寒。鼻衄目泣出。神庭主之。(千金作寒熱頭痛。)

頭痛身熱。鼻窒。喘息不利。煩滿汗不出。曲差主之。

頭痛目眩。頸項強急。胸脇相引。不得傾側。本神主之。

熱病(千金下有煩滿二字)汗不出。上星主之。

先取譩譆。後取天牖。風池。熱病汗不出而苦嘔煩心。承光主之。

頭項痛重。暫起僵仆。鼻窒鼽衄。喘

息不得通。通天主之。　頭項惡風。汗不出。悽厥惡寒。嘔吐。目系急。痛引頞。頭重項痛。玉枕主之。　頰清（千金作妄嚙視）。不得視。口沫泣出。兩目眉頭痛。臨泣主之。　腦風頭痛。惡見風寒。鼽衄鼻窒。喘息不通。承靈主之。　頭痛身熱。引兩頷急（一作痛）。腦空主之。　醉酒風熱發兩角（一作兩目）眩痛。不能飲食。煩滿嘔吐。率谷主之。（千金以此條置風門。）　項強刺瘖門。熱病汗不出。天柱及風池。商陽。關衝。掖門主之。頸痛項不得顧。目泣出。多眵䁾。鼻鼽衄。目肉眥赤痛。氣厥耳目不明。咽喉僂引項筋攣不收。風池主之。　傷寒熱盛。煩嘔。大椎主之。　頭重目瞑悽厥。寒熱。汗不出。陶道主之。　身熱頭痛。進退往來。神道主之。　頭痛如破。身熱如火。汗不出。瘈瘲（千金作頭痛）。寒熱。汗不出。惡寒。裏急。腰腹相引痛。命門主之。　頸項痛不可以俛仰。頭痛振寒瘈瘲。氣實則脇滿。俠脊有并氣。熱。汗不出。腰背痛。大杼主之。　風眩頭痛。鼻不利。時嚏。清涕自出。風門主之。　悽悽振寒。數欠伸。鬲腧主之。　熱病汗不出。上窌及孔最主之。（千金作臂厥熱病汗不出。皆灸刺之。此穴可以出汗。）　肩髆間急。悽厥惡寒。魄戶主之。　項背痛引頸。魄戶主之。　肩痛胸腹滿。悽厥脊背急強。神堂主之。　喘逆鼽衄。肩甲內廉痛。不可俛仰。眇季脇引少腹而痛脹。噫嘻主之。　背痛惡寒。脊強俛仰難。食不下。嘔吐多涎。鬲俞主之（千金作陽關）。　熱病頭痛身重。懸顱主之。　胸脇脹滿。背痛惡風寒。飲食不下。嘔吐不留住。魂門主之。　善嚏。頭痛身熱。頷厭主之。　熱病頭痛。引目外眥而急。煩滿汗不出。引頷齒。面赤皮痛。懸釐主之。　熱病偏頭痛。引目外眥。懸釐主之。　頭目瞳子痛。不可以視。挾項強急。不可以顧。陽白主之。　頭風痛。鼻鼽衄。眉頭痛。善嚏。目如欲脫。汗出寒熱。面赤頰中痛。項椎不可左右顧。目系急。瘈瘲。攢竹主之。　寒熱悽厥鼓頷。承漿主之。　身熱痛。胸脇痛不可反側。顱息主之。　肩背痛。寒熱。瘰癧遶頸。有大氣。暴聾。氣蒙瞀。耳目不開。頭頷痛。淚出鼻衄。不得息。不知香臭。風眩喉痺。天牖主之。　熱病胸中澹澹。腹滿暴痛。恍惚不知人。手清少腹滿千金作心腹。瘈瘲。心痛。氣滿不得息。巨闕主之。　頭眩病身熱。汗不出千金作煩滿汗不出。上脘主之。　身寒熱。陰都主之。　熱病象瘧。振慄鼓頷。腹脹脾睨。喉中鳴。少商主之。　寒厥及熱。煩心少氣。不足以息。陰濕癢。腹痛不可以食飲。肘攣支滿。喉中焦乾渴。魚際主之。　熱病振慄鼓頷。腹滿陰萎。欬引尻溺出。虛也。鬲中虛。食飲嘔。身熱汗不出。數唾血下。肩背寒熱。脫色。目泣出。皆虛也。刺魚際補之。　病溫身熱。五日已上。汗不出。刺太淵。留鍼一時。取之。若未滿五日。禁不可刺也。　熱病先手臂瘈瘲。脣口聚。鼻張目下。汗出如轉珠。兩乳下二寸堅。脇滿悸。列缺主之。

異文 目內眥赤痛。氣厥耳目不明。

熱病頭痛身熱。懸顱主之。以上甲乙經影印本卷七

六經受病發傷寒熱病第一下

振寒瘈瘲。手不伸。咳嗽唾濁。氣鬲善嘔。鼓頷。不得汗。煩滿千金作身心痛。因為瘲衄。尺澤主之。　左窒刺右。右窒刺左。兩脇下痛。嘔泄。上下出。胸滿。短氣。不得汗。補手太陰以出之。熱病煩心。心悶而汗不出。掌中熱。心痛。身熱如火。浸淫煩滿。舌本痛。中衝主之千金作天窌。　熱病發熱。煩滿而欲

嘔噦。三日以往不得汗。怵惕。胸脇痛。不可反側。欬滿溺赤。大便（千金作小便）血衄不止。嘔吐血。氣逆。噫不止。嗌中痛。食不下。善渴。舌中爛。掌中熱。飲嘔。勞宮主之。　熱病煩心而汗不止。肘攣掖腫。善笑不休。心中痛。目赤黃。小便如血。欲嘔。胸中熱。苦不樂。太息。喉痺嗌乾。喘逆。身熱如火。頭痛如破。短氣胸痛。太陵主之。　熱病煩心。善嘔。胸中澹澹。善動而熱。間使主之。　面赤皮熱。熱病汗不出。中風熱。目赤黃。肘攣腋腫。實則心暴痛。虛則煩心。心惕惕不能動。失智。內關主之。　心澹澹然。善驚。身熱。煩心。口乾。手清。逆氣。嘔（千金作噪）血。時瘈。善搖頭。顔青汗出不過肩。傷寒溫病。曲澤主之。　多臥善唾。肩髃痛。寒。鼻鼽赤多血。浸淫起面。身熱。喉痺如哽。目眥傷。忽振寒。肩疼。二間主之。　鼻鼽衄。熱病汗不出。䐘（音迷）目。目痛瞑。頭痛。齲齒痛。泣出。厥逆頭痛。胸滿不得息。陽谿主之。　熱病腸澼。臑肘臂痛。虛則氣鬲滿。有（一作手）不舉。溫留主之。　傷寒餘熱不盡。曲池主之。　頭痛。振寒。清冷淵主之。　頭痛。項背急。消濼主之。　振寒。小指不用。寒熱汗不出。頭痛。喉痺舌卷。小指之間熱。口中熱。煩心。心痛。臂內廉及脇痛。聾。咳。瘈瘲。口乾。頭痛不可顧。少澤主之。　振寒寒熱。肩臑肘臂痛。頭不可顧。煩滿身熱。惡寒。目赤痛眥爛。生翳膜。暴痛。鼽衄。發聾。臂重痛。肘攣痂疥。胸中引臑。泣出而驚。頸項強。身寒。頭不可以顧。後谿主之。　熱病。汗不出。胸痛不可息。頷腫。寒熱。耳鳴。聾無所聞。陽谷主之。　泄風汗出。腰項急。不可以左右顧及俛仰。肩弛肘廢。目痛。痂疥。生疣。瘈瘲。頭眩目痛。陽谷主之。　振寒熱。頸項腫。實則肘攣。頭項痛。狂易。虛則生疣。小者痂疥。支正主之。

風眩頭痛。少海主之。　氣喘。熱病。衄不止。煩心善悲。腹脹。逆息熱氣。足脛中寒。不得臥。氣滿胸中。熱暴泄。仰息。足下寒。中悶。嘔吐。不欲食飲。隱白主之。　熱病。汗不出且厥。手足清。暴泄。心痛腹脹。心尤痛甚。此胃心痛也。大都主之。　并取隱白。腹滿。善嘔。煩悶。此皆主之。　熱病。先頭重。額痛。煩悶身熱。熱爭則腰痛不可以俛仰。胸滿。兩頷痛甚。善泄。饑不欲食。善噫。熱中。足清。腹脹。食不化。善嘔。泄有膿血。若嘔無所出。先取三里。後取太白。章門主之。　熱病。滿悶不得臥。千金云。不得臥。身重骨痛不相知。太白主之。　熱中。少氣。厥陽寒。灸之熱去千金作灸湧泉。煩心。不嗜食。欬而短氣。善喘。喉痺。身熱。脊脇相引。忽忽善忘。湧泉主之。　熱痛煩心。足寒清多汗。先取然谷。後取太谿。大指間動脈。皆先補之。目痛引眥。少腹偏痛。背一作脊傴瘈瘲。視昏嗜臥。照海主之。　寫左陰蹻。取足左右少陰前。先刺陰蹻。後刺少陰。氣在橫骨上。熱病。汗不出。默默嗜臥。溺黃。少腹熱。嗌中痛。腹脹。內腫。羨音涎心痛。如錐鍼刺。太谿主之。　手足寒至節。喘息者死。熱病刺然谷千金作陷谷。足先寒。寒上至膝乃出鍼。善齧頰齒唇。熱病汗不出。口中熱痛。衝陽主之。　胃脘痛。時寒熱。皆主之。　熱病。汗不出。善噫。腹脹滿。胃熱譫語。解谿主之。　厥頭痛。面浮腫。煩心。狂見鬼。善笑不休。發於外。有所大喜。喉痺不能言。豐隆主之。　陽厥悽悽而寒。少腹堅。頭痛。脛股腹痛。消中。小便不利。善嘔。三里主之。　脇痛欬逆。不得息。竅陰主之。　及爪甲與肉交者。左取右。右取左。立已。不已。復取。手足清煩一作脈。熱汗不出。手肢轉筋。頭痛如錐刺之。循熱不可以動。動益煩心。喉痺。舌卷乾。臂內廉不可及頭。耳聾鳴。竅陰皆主之。

膝外廉痛。熱病。汗不出。目外眥赤痛。頭眩。兩頷痛。寒逆泣出。耳鳴聾。多汗。目癢。胸中痛。不可反側。痛無常處。俠谿主之。　厥四逆。喘。氣滿風身。汗出而清。髖髀中痛。不可得行。足外皮痛。臨泣主之。　目視不明。振寒目翳。瞳子不見。腰兩脇痛。腳痠轉筋。丘墟主之。　身懈。寒少氣。熱甚惡人。心惕惕然。取飛揚及絕骨。跗下臨泣。立已。淫濼脛痠。熱病。汗不出。皆主之。　頭重。鼻衄及瘈瘲。汗不出。煩心。足下熱。不欲近衣。項痛。目翳。鼻及小便皆不利。至陰主之。　身疼痛。善驚。互引鼻衄。通谷主之。　暴病頭痛。身熱痛。肌肉動。耳聾惡風。目眥爛赤。項不可以顧。髀樞痛。泄。腸澼。束骨主之。　鼽衄血不止。淫濼。頭痛。目白翳。跟尻瘈。頭頂腫痛。泄注。上搶心。目赤眥爛。無所見。痛從內眥始（千金作翳從內眥始）。腹滿。頸項強。腰脊不可俛仰。眩。心痛。肩背相引。如從後觸之狀。身寒從脛起。京骨主之。　下部寒。熱病。汗不出。體重。逆氣頭眩。飛揚主之。　鼽衄。腰脊腳腨痠重。戰慄不能久立。腨如裂。腳跟急痛。足攣引少腹痛。喉咽痛。大便難。䐜脹。承山主之。　熱病。俠脊痛。委中主之。

異文　短氣胸痛。大陵主之。

多臥善唾。鼻鼽痛。

熱病煩心。足寒清多汗。

頭痛如錐之刺。（以上甲乙經影印本卷七）

足陽明脈病發熱狂走第二

黃帝問曰。足陽明之脈病。惡人與火。聞木音則惕然而驚。欲獨閉戶牖而處。願聞其故。

岐伯對曰。陽明者。胃脈也。胃。土也。聞木音而驚者。土惡木也。陽明主肌肉。其血氣盛。邪客之則熱。熱甚則惡火。陽明厥則喘悶。悶則惡人。陰陽相薄。陽盡陰盛。故欲獨閉戶牖而處。按陰陽相薄至此。本素問脈解篇。士安移續於此。

曰。或喘而生者。或喘而死者。何也。

曰。厥逆連藏則死。連經則生。

曰。病甚則棄衣而走。登高而歌。或至不食數日。踰垣上屋。非其素所能。病反能者。何也。

曰。陰陽爭而外并於陽。此八字亦素問脈解篇文。邪盛則四肢實。實則能登高而歌。熱盛於身。故棄衣而欲走。陽盛。故妄言。罵詈不避親疏。大熱遍身。故狂言而妄見妄聞。視足陽明及大絡取之。虛者補之。血如實者寫之。因令偃臥。居其頭前。以兩手四指按其頸動脈。久持之。卷而切推之下至缺盆中。復止如前。熱去乃已。此所謂推而散之者也。身熱狂走。譫語見鬼。瘛瘲。身柱主之。　狂。妄言。怒。惡火。善罵詈。巨闕主之。

熱病。汗不出。鼽衄。眩。時仆而浮腫。足脛寒。不得臥。振寒。惡人與木音。喉痺齲齒。惡風。鼻不利。多善驚。厲兌主之。

四厥手足悶者。使人久持之。厥熱一本作逆冷脛痛。腹脹。皮痛。善伸數欠。惡人與木音。振寒。嗌中引外痛。熱病。汗不出。下齒痛。惡寒目急。喘滿寒慄。齗口噤僻。不嗜食。內庭主之。

狂歌妄言。怒。惡人與火。罵詈。三里主之。

陰衰發熱厥陽衰發寒厥第三

黃帝問曰。厥之寒熱者。何也。

岐伯對曰。陽氣衰於下則為寒厥。陰氣衰於下則為熱厥。

曰。熱厥必起於足下者。何也。

曰。陽氣起於足五指之表。陰脈者。集於足下而聚於足心。故陽勝則足下熱。

曰。寒厥必起於五指而上於膝者。何也。

曰。陰氣起於五指之裏。集於膝下而聚於膝上。故陰氣盛則從五指至膝上寒。其寒也。不從外。皆從內。

曰。寒厥何失而然也。

曰。厥陰者。衆筋之所聚。素問作前陰者宗筋之所聚也。太陰。陽明之所合。春夏則陽氣多而陰氣少。秋冬則陰氣盛而陽氣衰。此人質壯。以秋冬奪於所用。下氣上爭不能復。精氣溢下。邪氣從而上之所中素問所中二字作氣因於中。陽氣衰。不能滲營其經絡。陽氣日損。陰氣獨在。故手足為之寒。

曰。熱厥何如。

曰。酒入於胃。則絡脈滿而經脈虛。脾主為胃行其津液者也。陰氣虛則陽氣入。陽氣入則胃不和。胃不和則精氣竭。精氣竭則不榮其四肢。此人必數醉。若飽以入房。氣聚於脾中不得散。酒氣與穀氣相薄。熱遍於身。內熱而溺赤。夫酒氣盛而慓悍。腎氣日衰。陽氣獨盛。故手足為之熱。

曰。厥或令人腹滿。或令人暴不知人。或至半日。遠至一日。乃知人者。何謂也。

曰。陰氣盛於上則下虛。下虛則腹滿。腹滿（素問腹滿二字作陽氣盛於上）則下氣重上而邪氣逆。逆則陽氣亂。陽氣亂則不知人矣。太陽之厥。則腫首。頭重。足不能行。發為眩仆。陽明之厥。則癲疾。欲走呼。腹滿不得臥。面赤而熱。妄見妄言。少陽之厥。則暴聾。頰腫而熱。脇痛。骱不可以運。太陰之厥。則腹滿䐜脹。後不利。不欲食。食則嘔。不得臥。少陰之厥。則舌乾溺赤。腹滿心痛。厥陰之厥。則少腹腫痛。䐜脹。涇溲不利。好臥屈膝。陰縮。骱內熱。盛則寫之。虛則補之。不盛不虛。以經取之。

請言解論。與天地相應。四時相副。人參天地。故可為解。下有漸洳。上生蒲葦。此所以知氣形之多少也。

陰陽者。寒暑也。熱則滋雨而在上。根莖（靈樞作荄）少汁。人氣在外。皮膚緩。腠理開。血氣盛。汗大泄。皮淖澤。寒則地凍水冰。人氣在中。皮膚緻。腠理閉。汗不泄。血氣強。皮堅濇。當是之時。善行水者。不能往冰。善窮地者。不能鑿凍。夫善用鍼者。亦不能取四逆。血脈凝結。堅搏不往來。亦不可即柔。故行水者。必待天溫冰釋。窮地者。必待凍解。而後地可窮。人脈猶是。治厥者。必先熨火以調和其經。掌與腋。肘與腳。項與脊。以調其氣。大道已通。血脈乃行。後視其病。脈淖澤者。刺而平之。堅緊者。破而決之。氣下乃止。此所謂解結。用鍼之類。在於調氣。氣積於胃。以通營衛。各行其道。宗氣留積在海。其下者注於氣街。上行者注於息道。故厥在足。宗氣不下。脈中之血凝而留止。弗之火調。鍼弗能取。用鍼者。必先察其經絡之虛實。切而循之。按而彈之。視其應動者。乃後取而下之。六經調者。謂之不病。雖病。謂之自已。一經上實下虛而不通者。此必有橫絡盛加於大經。令之不通。視而寫之。通而決之。是所謂解結者也。上寒下熱。先刺其項太陽久留之。已刺。則火熨項與肩胛。令熱下合（一本作冷）乃止。所謂推而上之者也。上熱下寒。視其虛脈而陷下於經絡者取之。氣下而止。所謂引而下之者也。

異文　根莖（靈樞作荄）少汁。

則火熨項與肩臂。（以上甲乙經影印本卷七）

刺熱厥者。留鍼反為熱。刺熱厥者。二陰一陽。刺寒厥者。一陰二陽。所謂二陰者。二刺陰。所謂二陽者。二刺陽。熱厥取太陰。少陽。寒厥取陽明。少陰。於足留之。厥胸滿面腫者。肩中熱。暴言難。甚則不能言。取足陽明。厥氣走喉而不言。手足微滿清。大便不利。取足少陰。厥而腹膨膨。多寒氣。腹中爨爨（音最九墟作榮）。便溲難。取足太陰。厥逆為病。足暴清。胸中若將裂。腹腸若以刀切之。䐜而不食。脈大皆濇緩。取足少陰。清取足陽明。清則補之。温則寫之。厥逆腹滿脹。腸鳴。胸滿不得息。取之下胸三肋間。欬而動應手者。與背俞以指按之立快。足厥喘逆。足下清至膝。湧泉主之。

太陽中風感於寒濕發痓第四

熱病而痓者。腰反折。瘈瘲。齒噤齗。

異文　瘈瘲。齒噤齘。（甲乙經影印本卷七）

張仲景曰。太陽病。其證備。其身體強。几几然。脈反沉遲者。此為痓。夫痓脈來。按之築築而弦。直上下行。剛痓為病。胸滿口噤。臥不著席。腳攣急。其人必齘齒。病發熱。脈沉細為痓。痓家其脈伏。堅直上下。太陽病。發熱無汗惡寒。此為剛痓。太陽病。發熱汗出不惡寒。此為柔痓。太陽中濕病痓。其脈沉。與筋平。太陽病。無汗。小便少。氣上衝胸。口噤不能語。欲作剛痓。然剛痓太陽中風。感於寒濕者也。其脈往來進退。以沉遲細。異於傷寒熱病。其治不宜發汗。鍼灸為嘉。治之以藥者。可服葛根湯。

異文其人必齘齒。甲乙經影印本卷七

風痓身反折。先取太陽及膕中。及血絡出血。痓中有寒。取三里。痓取之陰蹻。及三毛上。及血絡出血。痓取顖會。百會。及天柱。鬲俞。上關。光明主之。痓目不眴。刺腦戶。痓脊強。反折瘈瘲。癲疾。頭重。五處主之。痓互引善驚。太衝主之。痓反折。心痛。形氣短。尻膹濇。小便黃閉。長強主之。痓脊強。互引惡風。時振慄。喉痺。大氣滿。喘。胸中鬱鬱。氣熱䀮䀮。項強。寒熱僵仆。不能久立。煩滿裏急。身不安席。大椎主之。痓筋痛急互引。肝俞主之。熱痓。脾俞及腎俞主之。熱痓互引。汗不出反折。尻臂內痛。似痺瘧狀。膀胱俞主之。痓反折互引。腹脹掖攣。背中怏怏。引脇痛。內引心中膂內。肺俞主之。又刺陽明。從項而數。背椎俠脊膂而痛。按之應手者。刺之尺澤。三痏。立已。痓互引身熱。然谷。譩譆主之。痓反目憎風。刺絲竹空主之。痓互引。唇吻強。兌端主之。痓煩滿。齗交主之。痓口噤。互引口乾。小便赤黃。或時不禁。承漿主

之。　痓口噤。大迎主之。　痓不能言。翳風主之。　痓先取太谿。後取太倉。之原主之。　痓脊強。裏緊。腹中拘痛。水分主之。　痓脊強。口不開。多唾。大便難。石關主之。　痓脊強反折。京門主之。　痓腹大堅不得息。期門主之。　痓上氣。魚際主之。　痓互引。腕骨主之。　熱病汗不出。善嘔苦。痓身反折。口噤。善鼓頷。腰痛不可以顧。顧而有似拔者。善悲。上下取之出血。見血立已。痓身反折。口噤。喉痺不能言。三里主之。　痓驚互引。腳如結。腨如裂。束骨主之。　痓目反白多。鼻不通利。涕黃更衣（一本作便去血）。京骨主之。　痓脊強。項眩痛。腳如結。腨如裂。崑崙主之。　痓互折。飛揚主之。

陰陽相移發三瘧第五

黃帝問曰。夫瘧疾皆生於風。其以日作。以時發者。何也。

岐伯對曰。瘧之始發。先起於毫毛。欠伸乃作。寒慄鼓頷。腰脊俱痛。寒去則內外俱熱。頭痛如破。渴欲飲水。

曰。何氣使然。

曰。陰陽上下交爭。虛實更作。陰陽相移也。陽并於陰。則陽實而陰虛。陽明虛則寒慄鼓頷也。太陽虛則腰背頭項痛。三陽俱虛。則陰氣勝（一作二陰）。陰氣勝則骨寒而痛。寒生於內。故中外皆寒。陽勝則外熱。陰虛則內熱。內外皆熱。則喘渴。故欲冷飲。此皆得之夏傷於暑。熱氣盛。藏於皮膚之內。腸胃之外。此營氣之所舍也。令人汗出空疏。腠理開。因得秋氣。汗出遇風。得浴。水氣舍於皮膚之內。與衛氣并居。衛氣者。晝行於陽。夜行於陰。此氣得陽而外出。得陰而外薄。內外相薄。是以日作。

曰。其間日而作者。何也。

曰。其氣之舍深。內薄於陰。陽氣獨發。陰邪內著。陰與陽爭不得出。是以間日而作。

曰。其作日晏與其日早。何氣使然。

曰。邪氣客於風府。循膂而下。衛氣一日一夜。大會於風府。其明日日下一節。故其作也晏。此皆客於脊背。每至於風府則腠理開。腠理開則邪氣入。邪氣入則病作。以此日作稍益晏也。其出於風府日下一節。二十一日下至骶骨。二十二日入於脊內。注於太衝之脈。（素問二十一作二十五。二十二作二十六。太衝作伏膂。）其氣上行九日。出於缺盆之中。其氣日高。故作日益早。其間日發者。由邪氣內薄於五藏。橫連募原。其道遠。其氣深。其行遲。不能與營氣俱行。不能偕出。故間日乃作。

異文 其間日發。皆由邪氣內薄於五藏。（甲乙經影印本卷七）

曰。衛氣每至於風府。腠理乃發。發則邪入。入則病作。今衛氣日下一節。其氣之發。不當風府。其日作。奈何。

曰。（素問此下有八十八字。甲乙經無本。故不抄入。）風無常府。衛氣之所發。必開其腠理。邪氣之所合則其病作。（素問作則其府也。）

曰。風之與瘧相似同類。而風獨常在。瘧得有時休者。何也。

曰。風氣常留其處故常在。瘧氣隨經絡次而內傳（素問作沉而內薄）。故衛氣應乃作。

曰。瘧先寒而後熱者。何也。

曰。夏傷於大暑。汗大出。腠理開發。因遇風。夏氣悽滄之水寒迫之。藏於腠理及皮膚之中。秋傷於風。則病成矣。夫寒者。陰氣也。風者。陽氣也。先傷於寒而後傷於風。故先寒而後熱。病以時作。名曰寒瘧也。

曰。先熱而後寒者。何也。

曰。此先傷於風。後傷於寒。故先熱而後寒。亦以時作。名曰。溫瘧也。其但熱而不寒者。陰氣先絕。陽氣獨發。則熱而少氣煩冤。手足熱而欲嘔者。名曰。癉瘧。

曰。經言有餘者瀉之。不足者補之。今熱為有餘。寒為不足。夫瘧之寒。湯火不能溫。及其熱。冰水不能寒。此皆有餘不足之類。當此之時。良工不能止。必待其自衰乃刺之。何也。

曰。經言無刺熇熇之熱。無刺渾渾之脈。無刺漉漉之汗。為其病逆。未可治也。夫瘧之始發也。陽氣并於陰。當是之時。陽虛陰盛而外無氣。故先寒慄也。陰氣逆極。則復出之陽。陽與陰并於外。則陰虛而陽實。故先熱而渴。夫瘧并於陽則陽勝。并於陰則陰勝。陰勝者。則寒。陽勝者。則熱。熱瘧者。風寒氣不常也。病極則復。至病之發也。如火之熱。如風雨不可當也。故經曰。方其盛必毀。因其衰也。事必大昌。此之謂也。夫瘧之未發也。陰未并陽。陽未并陰。因而調之。真氣乃安。邪氣乃亡。故工不能治已發。為其氣逆也。瘧之且發也。陰陽之且移也。必從四末始。陽已傷。陰從之。故氣未并。先其時堅束其處。令邪氣不得入。陰氣不得出。審候見之。在孫絡者。盛堅而血者。皆取之。此其往而未得并者也。

曰。瘧不發其應。何也。

曰。瘧者。必更盛更虛。隨氣之所在。病在陽則熱而脈躁。在陰則寒而脈靜。極則陰陽俱衰。衛氣相離。故病得休。衛氣集則復病。

曰。時有間二日。或至數日發。或渴或不渴。其故。何也。

曰。其間日。邪氣與衛氣客於六府而相失。時不相得。故休數日乃發也。陰陽更勝。或甚或不甚。故或渴或不渴。

曰。夏傷於暑。秋必病瘧。今不必應者。何也。

曰。此應四時也。其病異形者。反四時也。其以秋病者。寒甚。以冬病者。寒不甚。以春病者。惡風。以夏病者。多汗。

曰。溫瘧與寒瘧者。皆安舍。其在何藏。

曰。溫瘧者。得之於冬。中於風寒。寒氣藏於骨髓之中。至春則陽氣大發。寒氣不能出。因遇大暑。腦髓鑠。肌肉消。腠理發泄。或有所用力。邪氣與汗皆出。此病藏在腎。其氣先從內出之於外。如是者。陰虛而陽盛。陽盛則熱衰矣。衰則氣反復入。復入則陽虛。陽虛則寒矣。故先熱而後寒。名曰。溫瘧。

曰。癉瘧何如。

曰。肺素有熱。氣盛於身。厥氣逆上。中氣實而不外泄。因有所用力。腠理開。風寒舍於皮膚之內。

分肉之間而發。發則陽氣盛。陽氣盛而不衰。則病矣。其氣不反之陰。故但熱而不寒。氣內藏於心而外舍分肉之間。令人消爍脫肉。故名曰。癉瘧。

瘧脈滿大急。刺背俞。用中鍼。傍五胠俞各一遍。肥瘦出血。瘧脈小實急。灸脛少陰。刺指井。瘧脈緩大虛。便用藥。不宜用鍼。凡治瘧先發。如食頃。乃可以治。過之則失時。

異文便用藥。不能用鍼。甲乙經影印本卷七

瘧不渴。間日而作。九卷曰。取足陽明。素問刺太陰。渴而間日作。九卷曰。取手少陽。素問刺足少陽。

瘟瘧汗不出。為五十九刺。解在熱病部。

足太陽瘧。令人腰痛頭重。寒從背起。先寒後熱渴。渴止汗乃出。難已。間日作。刺膕中出血。素問先寒後熱

足少陽瘧。令人身體解。㑊寒不甚。惡見人。心惕惕然。熱多汗出甚。刺足少陽。

足陽明瘧。令人先寒洒淅。洒淅寒甚。久乃熱。熱去汗出。喜見日月光火氣乃快然。刺陽明跗上。及調衝陽。下有熇熇暍暍然五字。

異文令人先寒洒淅。洒淅寒甚。甲乙經影印本卷七

足太陰瘧。令人不樂。好太息。不嗜食。多寒少熱。汗出病至。則善嘔。嘔已乃衰。即取之足太陰。

足少陰瘧。令人嘔吐甚。多寒少熱。欲閉戶牖而處。其病難已。取太谿。

足厥陰瘧。令人腰痛。少腹滿。小便不利如癃狀。非癃也。數便。意恐懼（一作恐懼噫）。氣不足。腹中悒悒。刺足厥陰。

肺瘧。令人心寒甚熱。熱間善驚。如有所見者。刺手太陰陽明。

心瘧。令人煩心甚欲得見清水。寒多。（素問作反寒多。太素作及寒多。）不甚熱。刺手少陰。是謂神門。

肝瘧。令人色蒼蒼然。（素問下有太息二字。）其狀若死者。刺足厥陰見血。

脾瘧。令人病寒。腹中痛。熱則腸中鳴。鳴已汗出。刺足太陰。

腎瘧。令人悽悽然。（素問作洒洒然。）腰脊痛。宛轉。大便難。目眴眴然。手足寒。刺足太陽少陰。

胃瘧。令人且病寒。善饑而不能食。食而支滿腹大。刺足陽明。太陰。橫脈出血。

瘧發身熱。刺跗上動脈。開其空。出血立寒。

瘧方欲寒。刺手陽明太陰。足陽明太陰。

諸瘧如脈不見者。刺十指間出血。血去必已。先視身之赤如小豆者。盡取之。

一十二瘧者。其發各不同時。察其病形。以知其何脈之病。先其發時。如一食頃而刺之。一刺則衰。二刺則知。三刺則已。不已。刺舌下兩脈出血。不已。刺郄中盛經出血。又刺項已下俠脊者。必已。舌下兩脈者。廉泉穴也。一刺瘧者。必先問其病之所先發者。先刺之。先頭痛及重者。先刺頭上及兩額兩肩間出血。先項背痛者。先刺之。先腰脊痛者。先刺郄中出血。先手臂痛者。先刺手少陰。陽明十指間。先足脛痠痛者。先刺足陽明十指間出血。風瘧。發則汗出惡風。刺足三陽經背俞之血者。脛瘈痛。按之不可。名曰。胕髓病。以鑱鍼。鍼絶骨出其血。立已。身體小痛。刺諸陰之并無出血。間日一刺。瘄瘧。神庭及百會主之。　瘄瘧。上星主之。　先取譩譆。後取天牖。風池。大杼。瘄瘧。取完骨及風池。大杼。心俞。上峁。譩譆。陰都。太淵。三間。合谷。陽池。少澤。前谷。後谿。腕骨。陽谷。俠谿。至陰通各京骨。皆主之。　瘧振寒。熱甚狂言。天樞主之。　瘧熱盛。列缺主之。　瘧。寒厥及熱厥。煩心善噦。心滿而汗出。刺少商出血。立已。熱瘧口乾。商陽主之。　瘧寒甚（千金下云欲嘔沫）。陽谿主之。　風瘧汗不出。偏歷主之。　瘧面赤腫。溫溜主之。　痎瘧。心下脹滿痛。上氣。灸手五里。左取右。右取左。瘧項痛。因忽暴逆。掖門主之。　瘧發有四時。面上赤。䀮䀮無所見。中渚主之。　瘧食時發。心痛。悲傷不樂。天井主之。　風瘧。支正主之。　瘧背膂振寒。項痛引肘掖。腰痛引少腹。四肢不舉。少海主之。　瘧不知所苦。大都主之。　瘧多寒少熱。大鍾主之。　瘧欬逆心悶。不得臥。嘔甚。熱多寒少。欲閉戶牖而處。寒厥足熱。太谿主之。　瘧熱少間寒。不能自溫。䐜脹。切痛引心。復留主之。　瘧不嗜食。厲兌主之。　瘧瘈瘲驚股（千金作轉）。膝重。胻轉筋。頭眩痛。解谿主之。　瘧日西發。臨泣主之。　瘧振寒。掖下腫。丘墟主之。　瘧從胻起。束骨主之。　瘧多汗。腰痛不能俛仰。目如脫。項如拔。崑崙主之。　瘧。實腰背痛。虛則鼽衄。飛揚主之。　瘧頭重。寒背起。先寒後熱。渴不止。汗乃出。委中主之。　瘧不渴。間日作。崑崙主之。（以上古今醫統正脈全書排印本）

異文名曰。胕髓病。以鑱鍼。鍼絶骨出其血。刺諸陰之并無出血。（以上甲乙經影印本卷七）

皇甫謐集卷二十九・鍼灸甲乙經卷八

五藏傳病發寒熱第一 上

黃帝問曰。五藏相通。移皆有次。五臟有病。則各傳其所勝。不治法三月。若六月。若三日。若六日。傳五臟而當死。素問下有順傳所勝之次。故曰。別於陽者。知病從來。別於陰者。知死生之期。言至其所困而死者也。是故。風者。百病之長也。今風寒客於人。使人毫毛畢直。皮膚閉而為熱。當是之時。可汗而發。或痺不仁。腫痛。當是之時。可湯熨。及一本作足字火灸。刺而去。弗治。病入舍於肺。名曰。肺痺。發欬上氣。弗治。肺即傳而行之肝。病名曰。肝痺。一名曰。厥。脇痛出食。當是之時。可按可刺。弗治。肝傳之脾。病名曰。脾風。發癉。腹中熱。煩心汗出。黃癉。素問無汗癉二字。當此之時。可汗可藥可烙一本作浴。弗治。脾傳之腎。病名曰。疝瘕。少腹煩寃而痛。汗出素問作出白。一名曰。蠱。當此之時。可按可藥。弗治。腎傳之心。病筋脈相引而急。名之曰。瘈。當此之時。可灸可藥。弗治。十日法當死。腎傳之心。心即復反傳而之肺。發寒熱。法當三歲死。此病之次也。然其卒發者。不必治。其傳化有不以次者。憂恐悲喜怒。令不得以其次。故令人大病矣。因而喜大虛則腎氣乘矣。怒則肝氣乘矣。悲則肺氣乘矣。恐則脾氣乘矣。憂則心氣乘矣。此其道也。故病有五。五五二十五變。及其傳化。傳。乘之名也。

大骨枯藁。大肉陷下。胸中氣滿。喘息不便。其氣動形。期六月死。真臟脈見。乃予之期日。大骨枯槀。大肉陷下。胸中氣滿。喘息不便。內痛引肩項。期一月死。真臟脈見。乃予之期日。　大骨枯槀。大肉陷下。胸中氣滿。喘息不便。內痛引肩項。痛熱。脫肉破䐃。真臟脈見。十月之內死。　大骨枯槀。大肉陷下。胸中氣滿。腹內痛。心中不便。肩項身熱。䐃破脫肉。目眶陷。真臟脈見。目不見人立死。其見人者。至其所不勝之時而死。

急虛中身。卒至五臟閉絕。脈道不通。氣不往來。譬之墮溺。不可為期。其脈絕不來。若一息五六至。其形肉不脫。真臟雖不見。猶死。

異文喘息不便。其氣勝形。（甲乙經影印本卷八）

真肝脈至。中外急。如循刀刃。責責然。如按琴瑟弦。色青白不澤。毛折。乃死。

真心脈至。緊（一本作堅）而搏。如循薏苡子。累累然。色赤黑不澤。毛折。乃死。

真肺脈至。大而虛。如以毛羽中人膚。色赤白不澤。毛折。乃死。

真脾脈至。弱而乍疏乍數。色青黃不澤。毛折。乃死。

真腎脈至。搏而絕。如指彈石。辟辟然。色黑黃不澤。毛折。乃死。諸真臟脈見者。皆死不治。

曰。寒熱瘰癧。在於頸腋者。何氣所生。

曰。此皆鼠瘻。寒熱之毒氣。稽於脈而不去者也。（靈樞稽作隄字。）鼠瘻之本。皆在於臟。其末上出頸腋之間。其浮於胸中。未著於肌肉。而外為膿血者。易去也。

曰。去之。奈何。

曰。請從其本。引其末。可使衰去。而絕其寒熱。審按其道以予之。徐往徐來以去之。其小如麥者。一刺知。三刺已。決其死生。反其目視之。其中有赤脈。從上下貫瞳子者。見一脈一歲死。見一脈半一歲半死。見二脈二歲死。見二脈半二歲半死。見三脈三歲死。赤脈不下。貫瞳子者。可治。

曰。人有善病寒熱者。何以候之。

曰。小骨弱肉者。善病寒熱。顴骨者。骨之本也。顴大則骨大。顴小則骨小。皮薄而肉弱無䐃。其臂懦懦然。其地色炲然。不與天地同色。污然獨異。此其候也。然臂薄者。其髓不滿。故善病寒熱。風感則為寒熱。皮寒熱。皮不可附席。毛髮焦。鼻藁腊。不得汗。取三陽之絡。補手太陽。肌寒熱。病肌痛。毛髮焦。唇槁腊。不得汗。取三陽於下以去其血者。補太陰以去其汗。骨寒骨熱。痛無所安。汗注不休。齒本藁痛。取其少陰於陰股之絡。齒色藁。死不治。骨厥亦然。男子如蠱。女子如阻。身體腰脊如解。不欲食。先取湧泉見血。視跗上盛者。盡出血。灸寒熱之法。先取項大椎。以年為壯數。次灸撅骨。以年為壯數。視背俞陷者。灸之。舉臂肩上陷者。灸之。兩季脇之間。灸之。外踝上絕骨之端。灸之。足小指。次指之間。灸之。腨上陷脈。灸之。外踝後。灸之。缺盆骨上切之堅動如筋者。灸之。膺中陷骨間。灸之。掌束骨下。灸之。臍下關元三寸。灸之。毛際動脈。灸之。臍下二寸分間。灸之。足陽明跗上動脈。灸之。巔上一。灸之。取犬所嚙處。灸之。即以犬傷病法三炷。灸之。凡當灸二十九處。寒熱頭痛。喘喝。目不能視。神庭主之。　其目泣出頭不痛者。聽會主之。寒熱頭痛如破。目痛如脫。喘逆煩滿。嘔吐。流汗難言。頭維主之。　寒熱。刺腦戶。

五臟傳病發寒熱第一下

寒熱取五處及天池。風池。腰俞。長強。大杼。中膂。內俞。上窌。齗交。上關。關元。天牖。天容。合谷。陽谿。關衝。中渚。陽池。消濼。少澤。前谷。腕骨。陽谷。少海。然谷。至陰。崑崙主之。

寒熱骨痛。玉枕主之。

寒熱懈爛（一本作懶）。淫濼脛痠。四肢重痛。少氣難言。至陽主之。

肺氣熱。呼吸不得臥。上氣嘔沫。喘氣相追逐。胸滿脇膺急。息難。振慄。脈鼓。氣膈。胸中有熱。支滿不嗜食。汗不出。腰脊痛。肺俞主之。

寒熱心痛。循循然與背相引而痛。胸中悒悒不得息。咳唾血多涎。煩中善饐。食不下。欬逆。汗不出。如瘧狀。目䀮䀮淚出悲傷。心俞主之。

欬而嘔。鬲寒。食不下。寒熱。皮肉膚痛。少氣不得臥。胸滿支兩脇。鬲上兢兢。脇痛。腹䐜胸脘暴痛。上氣。肩背寒痛。汗不出。喉痹。腹中痛。積聚。默然嗜臥。怠惰不欲動。身常濕濕。心痛無可搖者。脾俞主之。

欬而脇滿。急不得息。不得反側。腋脇下與臍相引筋急而痛。反折目上視。眩。目中循循然。肩項痛。驚狂。衄。少腹滿。目䀮䀮。生白翳。欬引胸痛。筋寒熱。唾血。短氣。鼻酸。肝俞主之。

寒熱食多。身羸瘦。兩脇引痛。心下賁痛。心如懸。下引臍少腹急痛。熱。面急（一本作黑）。目䀮䀮。久喘欬。少氣。溺濁赤。腎俞主之。

骨寒熱。溲難。腎俞主之。

寒熱頭痛。水溝主之。

寒熱頸瘰癧。大迎主之。

肩痛引項。寒熱。缺盆主之。

身熱汗不出。胸中熱滿。天窌主之。

寒熱肩腫。引胛中痛。肩臂酸。臑俞主之。

寒熱項癧。適耳無聞。引缺盆肩中熱痛。麻痹不舉（一本作手臂不舉）。肩貞主之。

寒熱癧。目不明。欬上氣。唾血。肩俞主之。

寒熱癧適。胸中滿。有大氣。缺盆中滿痛者。

死。外潰不死。肩引項。不舉。缺盆中痛。汗不出。喉痹。欬嗽血。缺盆主之。

欬上氣喘。暴瘖不能言。及舌下挾縫青脈。頸有大氣。喉痹。咽中乾。急不得息。喉中鳴。翕翕寒熱。項腫肩痛。胸滿腹皮熱。衄。氣短哽心痛。隱疹頭痛。面皮赤熱。身肉盡不仁。天突主之。

肺系急。胸中痛。惡寒胸滿。悒悒然。善嘔。膽胸中熱。喘。逆氣。氣相追逐。多濁唾。不得息。肩背風。汗出。面腹腫。鬲中食饐。不下食。喉痹。肩息肺脹。皮膚骨痛。寒熱煩滿。中府主之。

寒熱。胸滿。頭痛。四肢不舉。掖下腫。上氣胸中有聲。喉中鳴。天池主之。

欬。脇下積聚。喘逆。臥不安席。時寒熱。期門主之。

寒熱。腹脹䐜。怏怏然不得息。京門主之。

寒濯濯。舌煩。手臂不仁。唾沫。唇乾引飲。手腕攣。指肢痛。肺脹。上氣。耳中生風。欬喘逆痹。臂痛。嘔吐。飲食不下膨膨然。少商主之。

唾血。時寒時熱。寫魚際。補尺澤。

臂厥肩膺胸滿痛。目中白翳。眼青轉筋。掌中熱。乍寒乍熱。缺盆中相引痛。數欬。喘不得息。臂肉廉痛。上鬲飲已煩滿。太淵主之。

寒熱胸背急。喉痹。欬上氣喘。掌中熱。數欠伸。汗出善忘。四逆厥。善笑。溺白。列缺主之。

胸中彭彭然。甚則交兩手而瞀。暴痹喘逆。刺經渠及天府。此謂之大俞。寒熱。欬嘔沫。掌中熱。虛則肩臂寒慄。少氣不足以息。寒厥。交兩手而瞀。口沫出。實則肩背熱痛。汗出。四肢暴腫。身濕（一本作溫）搖。時寒熱。饑則煩。飽則善面色變。口噤不開。惡風泣出。列缺主之。

煩心。欬。寒熱善噦。勞宮主之。

寒熱。唇口乾。喘息。目急痛。善驚。三間主之。

胸中滿。耳前痛。齒痛。目赤痛。頸腫。寒熱。渴飲輒汗出。不飲則皮乾熱。曲池主之。

寒熱頸癧適。欬。呼吸難。灸五里。左取右。右取左。寒熱頸癧適。肩臂不可舉。臂臑俞主之。　風寒熱。腋門主之。　寒熱頸頷腫。後谿主之。　寒熱善嘔。商丘主之。　嘔厥寒。時有微熱。脇下支滿。喉痛。嗌乾。膝外廉痛。淫濼脛痠。腋下腫。馬刀瘻肩腫。吻傷痛。太衝主之。　心如懸（千金作心痛）。陰厥。腳腨後廉急。不可前卻。血癰腸澼。便膿血。足跗上痛。舌卷不能言。善笑。足痿不收履。溺青赤白黃黑。青取井。赤取榮。黃取輸。白取經。黑取合。血痔泄（千金下有利字）後重腹痛。如癃狀。狂仆必有所扶持。及大氣涎出。鼻孔中痛。腹中常鳴。骨寒熱無所安。汗出不休。復溜主之。　男子如蠱。女子如阻。寒熱少腹偏腫。陰谷主之。　少腹痛。泄出糜。次指間熱。若脈陷寒熱身痛。唇渴不乾。汗出。毛髮焦。脫肉少氣。內有熱。不欲動搖。泄膿血。腰引少腹痛。暴驚。狂言非常。巨虛下廉主之。　胸中滿。腋下腫。馬刀瘻。善自齧舌頰。天牖中腫。淫濼脛痠。頭眩。枕骨頷腮腫。目澁身痹。洒淅振寒。季脇支滿。寒熱脇腰腹膝外廉痛。臨泣主之。　寒熱頸腫。丘墟主之。　寒熱頸腋下腫。申脈主之。　寒熱痠痟。四肢不舉。腋下腫。馬刀瘻。喉痹。髀膝頸骨搖。酸痹不仁。陽輔主之。　寒熱痹頸不收。陽交主之。　寒熱腰痛如折。束骨主之。　寒熱目䀮䀮。善欬喘逆。通谷主之。　寒熱善唏。頭重足寒。不欲食。腳攣。京骨主之。　寒熱篡反出。承山主之。　寒熱篡後出。瘈瘲腳腨痠重。戰慄不能久立。腳急腫。跗痛筋足攣。少腹引喉嗌。大便難。承筋主之。　跟厥膝急。腰脊痛引腹。篡陰股熱。陰暴痛。寒熱膝痠重。合陽主之。

經絡受病入腸胃五臟積發伏梁息賁肥氣痞氣奔肫第二

黃帝問曰。百病始生。三部之氣。所傷各異。願聞其會。

岐伯對曰。喜怒不節則傷於臟。臟傷則病起於陰。清濕襲虛則病起於下。風雨襲虛則病起於上。是謂三部。至其淫泆。不可勝數。風雨寒熱。不得虛邪。不能獨傷人。卒然逢疾風暴雨而不病者。蓋無虛邪。不能獨傷。此必因虛邪之風。與其身形。兩虛相搏。乃客其形。兩實相逢。中人肉間。其中於虛邪也。因其天時。與其躬身。參以虛實。大病乃成。氣有定舍。因處為名。上下內外。分為三真。是故虛邪之中人也。始於皮膚。皮膚緩則腠理開。腠理開則邪從毛髮入。毛髮入則稍深。稍深則毛髮立。洒然。皮膚痛。留而不去。則傳舍於絡。在絡之時。通於肌肉。其病時痛時息。大經乃代。留而不去。傳舍於經。在經之時。洒淅善驚。留而不去。傳舍於俞。在俞之時。六經不通。四節即痛。腰脊乃強。留而不去。伏舍於伏衝之脈。在伏衝之脈時。身體重痛。留而不去。傳舍於腸胃。在腸胃之時。賁嚮腹脹。多寒則腸鳴飧泄不化。多熱則溏出糜。留而不去。傳舍於腸胃之外。募原之間。留著於脈。稽留而不去。息而成積。或著孫絡。或著脈絡。或著經脈。或著俞脈。或著於伏衝之脈。或著於膂筋。或著於腸胃之募原。上連於緩筋。邪氣淫泆。不可勝論。其著孫絡之脈而成積。往來上下。擘(音拍破盡也)乎(素作手)孫絡之居也。浮而緩。不能拘積而止之。故往來移行腸胃之外。湊滲注灌。濯濯有音。有寒則腹䐜滿雷引。故時切痛。其著於陽明之經。則俠臍而居。飽則益大。饑則益小。其著於緩筋也。似陽明之積。飽則痛。饑則安。其著於腸胃之募原也。痛而外連於緩筋也。飽則安。饑則痛。其著於伏衝之脈者。揣之應手而動。發手則熱。氣下於兩股。如湯沃之狀。其著於膂筋。在腸後者。饑則積見。飽則積不見。按之弗得。其著於俞脈者。閉塞不通。津液不下。而空竅乾。此邪氣之從入內。從上下者也。

異文其著於腸胃著募原也。虛而外連於緩筋也。（甲乙經影印本卷八）

曰。積之始生。至其已成。柰何。

曰。積之始也。得寒乃生厥。止乃成積。

曰。其成。柰何。

曰。厥氣生足溢（靈樞作足悗）。足溢生脛寒。脛寒則脈血凝泣。寒熱上下。入後腸胃。入於腸胃則䐜脹。外之汁沫迫聚不得散。日以成積。卒然盛食多飲。則脈滿。起居不節。用力過度。則絡脈傷。陽絡傷則血外溢。溢則衄血。陰絡傷則血內溢。溢則便血。外之絡傷則血溢於腸外。有寒汁沫。與血相摶。則并合凝聚。不得散而成積矣。卒然中於寒。若內傷於憂恐。則氣上逆。氣上逆則穴俞不通。溫氣不行。凝血緼裹而不散。津液凝濇。著而不去。而積皆成矣。

異文寒熱上下。入於腸胃。（甲乙經影印本卷八）

曰。其生於陰者。柰何。

曰。憂思傷心。重寒傷肺。忿怒傷肝。醉飽入房。汗出當風則傷脾。用力過度。入房。汗出浴水。則傷腎。此內外三部之所生病也。察其所痛以知其應。有餘不足。當補則補。當瀉則瀉。無逆天時。是謂至治。

曰。人之善病腸中積者。何以候之。

曰。皮薄而不澤。肉不堅而淖澤。如此則腸胃惡。惡則邪氣留止。積聚乃作。腸胃之積。寒溫不次。邪氣乃（一本作稍）止。其畜積止。大聚乃起。

曰。病有身體腰股胻背皆腫。環臍而痛。是謂何病。

曰。名曰。伏梁。此風根也。不可動。動之為水。溺濇之病。病有少腹盛。左右上下皆有根者。名曰。伏梁也。裹大膿血。居腸胃之外。不可治之。每切按之至死。此下則因陰。必下膿血。上則迫胃脘生鬲。俠（一本作依）胃脘內癰。此久病也。難治。居臍上為逆。居臍下為順。勿動亟奪。其氣溢（素問作泄）於大腸而著於肓。肓之原在臍下。故環臍而痛也。

異文 裹太膿血。（甲乙經影印本卷八）

難經曰。心之積名曰。伏梁。起於臍上。上至心下。大如臂。久久不愈。病煩心。心痛。以秋庚辛日得之。腎病傳心。心當傳肺。肺以秋王不受邪。因留結為積。

難經曰。肺之積名曰。息賁。在右脇下覆大如杯。久久不愈。病洒洒惡寒。氣逆喘欬。發肺癰。以春甲乙日得之。心病傳肺。肺當傳肝。肝以春王不受邪。因留結為積。

曰。病脇下滿。氣逆行。三二歲不已。是為何病。

曰。病名。息賁。此不妨於食。不可灸刺。積為導引服藥。藥不能獨治也。

難經曰。肝之積名曰。肥氣。在左脇下。如覆杯。有頭足如龜鱉狀。久久不愈。發欬逆。瘖瘧。連歲月不已。以季夏戊巳日得之。肺病傳肝。肝當傳脾。脾以季夏王不受邪。因留結為積。此與息賁略同。

難經曰。脾之積名曰。痞氣。在胃脘。覆大如盤。久久不愈。病四肢不收。發黃疸。飲食不為肌膚。以冬壬癸日得之。肝病傳脾。脾當傳腎。腎以冬王不受邪。因留結為積。

難經曰。腎之積名曰。賁肫。發於腹上。至心下若豚狀。或上或下無時。久不已。令人喘逆。骨痿少氣。以夏丙丁日得之。肺病傳腎。腎當傳心。心以夏旺不受邪。因留結為積也。

異文發於少腹。至心下若豚狀。

心以夏王不受邪。（以上甲乙經影印本卷八）

息賁時唾血。巨闕主之。　腹中積上下行。懸樞主之。　疝積胸中痛。不得窮屈。天容主之。　暴心腹痛。疝橫發上衝心。雲門主之。　心下大堅。肓俞。期門及中脘主之。　臍下疝繞臍痛。衝胸不得息。中極主之。　賁肫上腹䐜。堅痛引陰中。不得小便。兩丸騫。陰交主之。　臍下疝繞臍痛。石門主之。　奔肫氣上。腹䐜痛。強不能言。莖腫先引腰。後引小腹。腰髖堅痛。下引陰中。不得小便。兩丸騫。石門主之。　奔肫寒氣入小腹。時欲嘔。傷中溺血。小便數。背臍痛引陰。腹中窘急欲湊。後泄不止。關元主之。　奔肫上搶心。甚則不得息。忽忽少氣。尺厥。心煩痛。饑不能食。善寒中。腹脹引䐜而痛。小腹與脊相控暴痛。時窘之後。中極主之。　腹中積聚時切痛。商曲主之。　臍下積疝瘕。胞中有血。四滿主之。　臍疝繞臍而痛。時上衝心。天樞主之。　氣疝噦嘔。面腫奔豚。天樞主之。　奔豚卵上入痛引莖。歸來主之。　奔豚上下。期門主之。　疝瘕。髀中急痛。循脇。上下搶心。腹痛積聚。府舍主之。　奔豚腹脹腫。章門主之。　少腹積聚。勞宮主之。　環臍痛。陰騫兩丸縮。堅痛不得臥。太衝主之。　寒疝。下至腹腠膝腰。痛如清水。大腹（一作小腹）諸疝。按之至膝上。伏菟主之。　寒疝痛。腹脹滿。痿厥少氣。陰市主之。　大疝腹堅。丘墟主之。

異文　少腹與脊相控暴痛。（甲乙經影印本卷八）

氣疝噦嘔。面腫賁豚。

賁豚腹腫。章門主之。

陰騫兩丸縮。腹堅痛。（以上宋・林億・孫真人備急千金要方卷九十三注）

五臟六府脹第三

黃帝問曰。脈之應於寸口。如何而脹。

岐伯對曰。其至大堅直以濇者。脹也。

曰。何以知其臟腑之脹也。

曰。陰為臟而陽為腑也。

曰。夫氣之令人脹也。在於血脈之中耶。抑臟腑之內乎。

曰。二者皆在焉。然非脹之舍也。

曰。願聞脹舍。

曰。夫脹者。皆在於腑臟之外。排臟腑而廓胸脇。脹皮膚。故命曰。脹。

異文皆在於夫藏之外。排藏府而廓胸脇。甲乙經影印本卷八

曰。臟腑之在內也。若匣匱之藏禁器也。各有次舍。異名而同處一域之中。其氣各異。願聞其故。

曰。夫胸腹者。臟腑之城郭。膻中者。心主之中宮也。胃者。太倉也。咽喉少腹者。傳道也。胃之五竅者。閭里之門戶也。廉泉玉英者。津液之道路也。故五臟六腑。各有畔界。其病各有形狀。營氣循脈。衛氣逆為脈脹。衛氣並血脈循分肉為膚脹。靈樞作營氣循脈為脈脹。衛氣並脈循分肉為膚脹。取三里瀉之。近者一下。一本作分。下同。遠者三下。無問虛實。工在疾瀉也。

曰。願聞脹形。

曰。心脹者。煩心短氣。臥不得安。肺脹者。虛滿而喘欬。肝脹者。脇下滿而痛引少腹。脾脹者。苦噦。四肢悶。體重不能衣。腎脹者。腹滿引背。怏怏然。腰髀痛。胃脹者。腹滿胃脘痛。鼻聞焦臭。妨於食。大便難。大腸脹者。腸鳴而痛濯濯。冬日重感於寒。則泄飧不化。小腸脹者。小腹䐜脹。引腰而痛。膀胱脹者。小腹滿而氣癃。三焦脹者。氣滿於皮膚中。殼殼然而不堅。膽脹者。脇下痛脹。口苦。好太息。凡此諸脹。其道在一。明知逆順。鍼數不失。瀉虛補實。神去其室。致邪失正。真不可定。粗工所敗。謂之天命。補虛瀉實。神歸其室。久塞其空。謂之良工。

異文粗工所敗。謂之夭命。甲乙經影印本卷八

曰。脹者焉生。何因而有名。

曰。衛氣之在身也。常並脈循分肉。行有逆順。陰陽相隨。乃得天和。五臟皆治。四時皆敘。五穀乃化。然而厥氣在下。營衛留止。寒氣逆上。真邪相攻。兩氣相薄。乃舍為脹。

曰。何乃解惑。

異文何以解惑。甲乙經影印本卷八

曰。合之於真。三合而得。

曰。無問虛實。工在疾瀉。近者一下。遠者三下。今有三而不下。其過焉在。

曰。此言陷於肉肓。而中氣穴者也。不中氣穴。而氣內閉臟。不陷肓則氣不行。上越中肉則衛氣相亂。陰陽相逆。其於脹也。當瀉而不瀉。故氣不下。必更其道。氣下乃止。不下復起。可以萬全。惡有殆者乎。其於脹也。必審其診。當瀉則瀉。當補則補。如鼓之應桴。惡有不下者乎。

心脹者。心俞主之。　亦取列缺。肺脹者。肺俞主之。　亦取太淵。肝脹者。肝俞主之。　亦取太衝。脾脹者。脾俞主之。　亦取太白。腎脹者。腎俞主之。　亦取太谿。胃脹者。中脘主之。　亦取章門。大腸脹者。天樞主之。　小腸脹者。中窌主之。　膀胱脹者。曲骨主之。　三焦脹者。石門主之。　膽脹者。陽陵泉主之。　五臟六腑之脹。皆取三里。三里者。股之要穴也。

水膚脹鼓脹腸覃石瘕第四

黄帝問曰。水與膚脹。鼓脹。腸覃。石瘕。何以别之。

岐伯對曰。水之始起也。目窠上微腫。如新臥起之狀。頸脈動時欬。陰股間寒。足脛腫。腹乃大。其水已成也。以手按其腹。隨手而起。如裹水之狀。此其候也。膚脹者。寒氣客於皮膚之間。殼殼然不堅。腹大。身盡腫。皮膚厚。按其腹。腹陷而不起。腹色不變。此其候也。鼓脹者。腹身皆腫大如膚脹等。其色蒼黄。腹筋（一本作脈）起。此其候也。腸覃者。寒氣客於腸外。與衛氣相搏。正氣不得營。因有所繫。瘕而內著。惡氣乃起。息肉乃生。其始生也。大如雞卵。稍以益大。至其成也。如懷子狀。久者離歲月。按之則堅。推之則移。月事時下。此其候也。石瘕者。生於胞中。寒氣客於子門。子門閉塞。氣不通。惡血當瀉不瀉。血衃乃留止。日以益大。狀如懷子。月事不以時下。皆生於女子。可導而下之。

異文 血衃乃留止。日以益大。（甲乙經影印本卷八）

曰。膚脹鼓脹可刺耶。

曰。先刺其腹之血絡。後調其經。亦刺去其血脈。

曰。有病心腹滿。旦食則不能暮食。此為何病。

曰。此名為鼓脹。治之以雞矢醴。一劑知。二劑已。

曰。其時有復發者。何也。

曰。此食飲不節。故時有病也。雖然其病且已。因當風氣聚於腹也。

風水膚脹。為五十九刺（靈樞作五十七刺）。取皮膚之血者。盡取之。徒水。先取環谷下三寸。以排鍼刺之而藏之。引而內之。入而復出。以盡其水。必堅束之。束緩則煩悶。束急則安靜。間日一刺之。水盡乃止。飲則閉藥。方刺之時。徒飲之。方飲無食。方食無飲。無食他食。百三十五日。水腫。人中盡滿。唇反者。死。水溝主之。　水腫大臍平。灸臍中。無理（腹臍無紋也）不治。水腫。水氣行皮中。陰交主之。　水腫腹大。水脹。水氣行皮中。石門主之。　石水痛引脇下脹。頭眩痛。身盡熱。關元主之。　振寒大腹石水。四滿主之。　石水。刺氣衝。石水。章門及然谷主之。　石水。天泉主之。　腹中氣盛。腹脹逆（千金作水脹逆）。不得臥。陰陵泉主之。　水中留飲。胸脇支滿。刺陷谷。出血。立已。水腫脹皮腫。三里主之。　胞中有大疝瘕積聚。與陰相引而痛。苦涌泄上下出。補尺澤。太谿。手陽明。寸口皆補之。

腎風發風水面胕腫第五

黃帝問曰。少陰何以主腎。腎何以主水。岐伯對曰。腎者。至陰也。至陰者。盛水也。肺者。太陰也。少陰者。冬脈也。其本在腎。其末在肺。皆積水也。

曰。腎何以聚水而生病。

曰。腎者。胃之關也。關門不利。故聚水而從其類。上下溢於皮膚。故為胕腫。胕腫者。聚水而生病也。

曰。諸水皆主於腎乎。

曰。腎者。牝臟也。地氣上者。屬於腎而生水液。故曰。至陰。勇而勞甚。則腎汗出。腎汗出。逢於風。內不得入於腑臟。外不得越於皮膚。客於玄腑。行於皮裏。傳為胕腫。本之於腎。名曰。風水。

曰。有病腎風者。面胕痝然腫（素問無腫字）。壅害於言。可刺否。

曰。虛不當刺。不當刺而刺。後五日其氣必至。

曰。其至何如。

曰。至必少氣。時從胸背上至頭汗出。手熱。口乾苦渴。小便黃。目下腫。腹中鳴。身重難行。月事不來。煩而不能食。食不能正偃。正偃則欬甚。病名曰。風水。

曰。願聞其說。

曰。邪之所湊。其氣必虛。陰虛者。陽必湊之。故少氣時熱而汗出。小便黃。小便黃者。少腹氣熱也。不能正偃者。胃中不和也。正偃則欬甚。上迫肺也。諸有水氣者。微腫見於目下。

曰。何以言之。

曰。水者。陰也。目下亦陰也。腹者。至陰之所居。故水在腹者。必使目下腫。真氣上逆。故口苦舌乾。臥不得正偃。則欬出清水也。諸水病者。皆不得臥。臥則驚。驚則欬甚也。腹中鳴者。脾本於胃也。傳脾則煩不能食。食不下者。胃脘隔也。身重難以行者。胃脈在足也。月事不來者。胞脈閉也。胞脈者。屬心而絡於胞中。今氣上迫肺。心氣不得下通。故月事不來也。

曰。有病痝然如水氣狀。切其脈大緊。身無痛者。形不瘦。不能食。食少。名為何。曰。病主（素問作生）在腎。名曰。腎風。腎風而不能食。善驚不已（素無不字）。心氣痿者。死。

風水膝腫。巨虛上廉主之。　面胕腫。上星主之。　先取譩譆。後取天牖。風池主之。　風水面胕腫。衝陽主之。（腫。一作浮。）　風水面胕腫。顏黑。解谿主之。（以上古今醫統正脈全書排印本）

皇甫謐集卷三十・鍼灸甲乙經卷九

大寒內薄骨髓陽逆發頭痛第一（頷項痛附）

黃帝問曰。病頭痛。數歲不已。此何病也。

岐伯對曰。當有所犯大寒。內至骨髓。骨髓者。以腦為主。腦逆。故令頭痛齒亦痛。

陽逆頭痛。胸滿不得息。取人迎。　厥頭痛。面若腫起而煩心。取足陽明。太陽（一作陰）。　厥頭痛。脈痛。心悲喜泣。視頭動脈反盛者。乃刺之。盡去血。後調足厥陰。　厥頭痛。噫（九墟作意）善忘。按之不得。取頭面左右動脈。後取足太陽（一作陰）。　厥頭痛。員員而痛（靈樞作貞貞頭重）。寫頭上五行。行五。先取手少陰。後取足少陰。　頭痛項先痛。腰脊為應。先取天柱。後取足太陽。　厥頭痛。痛甚。耳前後脈骨（一本作湧）熱。先寫其血。後取足太陽。少陰（一本亦作陽）。　厥頭痛。痛甚。耳前後脈涌有血。寫其血。後取足少陽。　真頭痛。痛甚。腦盡痛。手足寒至節。死不治。　頭痛不可取於俞。有所擊墜。惡血在內。若內傷痛。痛未已。可即刺之。不可遠取。　頭痛不可刺者。大痺為惡風。日作者。可令少愈。不可已。　頭寒痛。先取手少陽。陽明。後取足少陽。陽明。　頷痛。刺手陽明與頷之盛脈出血。　頭項不可俛仰。刺足太陽。不可顧。刺手太陽（一云手陽明）。　頷痛刺足陽明。曲周動脈見血。立已。不已。按經刺人迎。立已。　頭痛。目窗及天衝。風池主之。　厥頭痛。孔最主之。　厥頭痛。面腫起。商丘主之。

寒氣客於五臟六府發卒心痛胸痺心痛三虫第二

厥心痛。與背相引。善瘈。如從後觸其心。身傴僂者。腎心痛也。先取京骨。崑崙。發鍼立已。不已。取然谷。厥心痛。暴泄。腹脹滿。心痛尤甚者。胃心痛也。取太都。太白。厥心痛。如錐刺其心。心痛甚者。脾心痛也。取後谷。太谿。厥心痛。色蒼蒼如死狀。終日不得太息者。肝心痛也。取行間。太衝。厥心痛。臥若徒居。心痛乃間。動行痛益甚。色不變者。肺心痛也。取魚際。太淵。真心痛。手足青至節。心痛甚。旦發夕死。夕發旦死。心下一本作痛不可刺者。中有盛聚。不可取于俞。腸中有虫瘕。有虫有蛟。不可取以小鍼。心腹痛。發作腫聚。往來上下行。痛有休止。腹中熱渴羨音涎者。是蛕蛟也。以手聚按而堅持之。無令得移。以大鍼刺之。久持之。虫不動。乃出鍼。心痛引腰脊欲嘔。刺足少陰。心痛腹脹濇濇然。大便不利。取足太陰。心痛引背不得息。刺足少陰。不已。取手少陰。心痛引少腹滿。上下無常處。溲便難。刺足厥陰。心痛。但短氣不足以息。刺手太陰。心腹中卒痛而汗出。石門主之。　心痛有三虫。多羨。不得反側。上脘主之。　心痛有寒。難以俛仰。心疝氣衝胃。死不知人。中脘主之。　心痛上搶心。不欲食。支痛引鬲。建里主之。　胸脇背相引痛。心下溷溷。嘔吐多唾。飲食不下。幽門主之。　脾逆氣寒。次急煩心。善唾噦噫。胸滿激呼。胃氣上逆。心痛。太淵主之。千金作肺脹胃逆。心膨膨痛。千金云煩悶亂。少氣不足以息。尺澤主之。　心痛。俠白主之。　卒心中痛。瘈瘲互相引。肘內廉痛。心敖敖然。間使主之。　心痛。衄噦嘔血。驚恐畏人。神氣不足。郄門主之。　心痛卒欬逆。尺澤主之。　出血則已。卒心痛。汗出。大敦主之。　出血立已。胸痺引背時寒。間使主之。　胸痺心痛。肩肉痲木。天井主之。　胸痺心痛。不得息。痛無常處。臨泣主之。

千金云。不得反側。心疝暴痛。取足太陰厥陰。盡刺之血絡。喉痺舌卷。口乾煩心。心痛。臂表痛。靈樞及太素俱作背內廉痛。不可及頭。取關衝。在手小指。次指。爪甲去端如韭葉許。一云左取右。右取左。

異文取大都。太白。

腸中有虫瘕。有蛕蛟。

胸脇相引痛。心下溷溷。

脾逆氣寒。次急煩心。以上甲乙經影印本卷九

邪在肺五臟六腑受病發欬逆上氣第三

邪在肺則病皮膚痛。發寒熱。上氣喘。汗出。欬動肩背。取之膺中外俞。背三椎之傍。以手疾按之快然。乃刺之。取缺盆中以越之。

黃帝問曰。肺之令人欬。何也。

岐伯對曰。五臟六腑皆令人欬。非獨肺也。皮毛者。肺之合也。皮毛先受邪氣。邪氣以從其合。其寒飲食入胃。從肺脈上至於肺則肺寒。肺寒則內外合邪。因而客之。則為肺欬。五臟各以其時受病。非其時各傳以與之。人與天地參。故五臟各以治時。感於寒則受病也。微則為欬。甚則為泄為痛。乘秋則肺先受邪。乘春則肝先受之。乘夏則心先受之。乘至陰則脾先受之。乘冬則腎先受之。肺欬之狀。

欬而喘息有音。甚則唾血。心欬之狀。欬則心痛。喉中喝喝(素問作吤吤)如梗狀。甚則咽腫喉痺。肝欬之狀。欬則胠(素問作兩脅下)痛甚不可以轉。轉作兩脇(素問作胠)下滿。脾欬之狀。欬則右胠(素問作脅)下痛。陰陰引肩背。甚則欬涎。不可以動。動則欬劇。腎欬之狀。欬則腰背相引而痛。甚則欬涎。五臟久欬。乃移於六府。脾欬不已。則胃受之。胃欬之狀。欬而嘔。嘔甚則長虫出。肝欬不已。則膽受之。膽欬之狀。欬嘔膽汁。肺欬不已。則大腸受之。大腸欬之狀。欬而遺矢。心欬不已。則小腸受之。小腸欬之狀。欬而失氣。氣與欬俱失。腎欬不已。則膀胱受之。膀胱欬之狀。欬遺尿(素問作溺)。久欬不已。則三焦受之。三焦欬之狀。欬而腹滿不欲飲食。此皆聚於胃。關於肺。使人多涕唾而面浮腫氣逆。治臟者治其俞。治腑者治其合。浮腫者治其經。秋傷於濕。冬生欬嗽。

異文從肺脈上至於肺氣則肺寒。

欬則腰背相引而痛。盛則欬涎。(以上甲乙經影印本卷九)

曰。九卷言振埃。刺外經而去陽病。願卒聞之。

曰。陽氣大逆。上滿於胸中。憤䐜肩息。大氣逆上。喘喝坐伏。病咽噎不得息。取之天容。其欬上氣。窮詘胸痛者。取之廉泉。取之天容者。深無一里(里字疑誤)。取廉泉者。血變乃止。欬逆上氣。魄戶及氣舍主之。　欬逆上氣。噫嘻主之。　欬逆上氣。咽喉鳴喝喘息。扶突主之。　欬逆上氣。唾沫。天容及行閒主之。　欬逆上氣。咽喉癰腫。呼吸短氣。喘息不通。水突主之。　欬逆上氣。喘不能言。華蓋主之。　欬逆上氣。唾喘短氣不得息。口不能言。亶中主之。　欬逆上氣。喘不得息。嘔吐胸滿。

不得飲食。俞府主之。　欬逆上氣。漾出多唾。呼吸哮。坐臥不安。或中主之。　胸滿欬逆。喘不得嘔吐。煩滿不得飲食。神臟主之。　胸脇榰(音支)滿。欬逆上氣。呼吸多喘。濁沫膿血。庫房主之。　咳喘不得坐。不得臥。呼吸氣素。咽不得。胸中熱。雲門主之。　胸脇榰滿。不得俛仰。癀癧。欬逆上氣。咽喉喝有聲。太谿主之。　欬逆不止。三焦有水氣。不能食。維道主之。　欬逆煩悶不得臥。胸中滿。喘不得息。背痛。太淵主之。　欬逆上氣。舌乾脇痛。心煩肩寒。少氣不足以息。腹脹。喘。尺澤主之。　欬乾嘔滿。俠白主之。　欬上氣喘不得息。暴痺內逆。肝肺相傳。鼻口出血。身脹逆息不得臥。天府主之。　淒淒寒嗽。吐血逆氣。驚心痛。手陰郄主之。　欬而胸滿。前谷主之。　欬面赤熱。支溝主之。　欬喉中鳴。欬唾血。大鍾主之。

異文 欬逆上氣。譩譆主之。(甲乙經影印本卷九)

肝受病及衛氣留積發胸脇滿痛第四

邪在肝則病兩脇中痛。寒中惡血在內。胻節時腫。善瘈。取行間以引脇下。補三里以溫胃中。取血脈以散惡血。取耳間青脈以去其瘈。

黃帝問曰。衛氣留於脈(太素作腹)中。榰積不行。苑蘊不得常所(靈樞下有使人二字)。榰脇中滿。喘呼逆息者。何以去之。伯高對曰。其氣積於胸中者。上取之。積於腹中者。下取之。上下皆滿者。傍取之。積於上者。寫人迎。天突。喉中。積於下者。寫三里與氣街。上下皆滿者。上下皆下之。與季脇之下深一寸。重者。

雞足取之。診視其脈大而強急。及絕不至者。腹皮絞甚者。不可刺也。氣逆上刺膺中陷者。與脇下動脈。胸滿嘔無所出。口苦舌乾。飲食不下。膽俞主之。　胸滿呼吸。喝窮詘。窘不得息。刺入人迎。入四分。不幸殺人。胸滿痛。璇璣主之。　胸脇榰滿。痛引胸中。華蓋主之。　胸脇榰滿。痺痛骨疼。飲食不下。嘔千金作咳逆氣上煩心。紫宮主之。　胸中滿。不得息。脇痛骨疼。喘逆上氣。嘔吐煩心。玉堂主之。　胸脇榰滿鬲塞。飲食不下。嘔吐食復出。中庭主之。　胸中榰滿。痛引膺不得息。悶亂煩滿。不得飲食。靈墟主之。　胸脇榰滿不得息。欬逆。乳癰。洒淅惡寒。神封主之。　胸脇榰滿。鬲逆不通。呼吸少氣。喘息不得舉臂。步郎主之。　胸脇榰滿。喘滿上氣。呼吸肩息。不知食味。氣戶主之。　喉痺。胸中暴逆。先取衝脈。後取三里。雲門。皆瀉之。胸脇榰滿。卻引背痛。臥不得轉側。胸鄉主之。　傷憂悁思氣積。中脘主之。　胸滿馬刀。臂不得舉。淵腋主之。　大氣不得息。息即胸脇中痛。實則其身盡寒。虛則百節盡縱。大包主之。　胸中暴滿不得眠一云不得喘息。輒筋主之。　胸脇榰滿。瘈瘲引臍腹痛。短氣煩滿。巨闕主之。　腹中積氣結痛。梁門主之。　傷食脇下滿。不能轉展反側。目青而嘔。期門主之。　胸脇榰滿。勞宮主之。　多臥善唾。胸滿腸鳴。三間主之。　胸滿不得息。頭頷腫。陽谷主之。　胸脇脹。腸鳴切痛。一云胸脅支滿。腹中切痛。太白主之。　暴脹。胸脇榰滿。足寒。大便難。面唇白。時嘔血。太衝主之。　胸脇榰滿。惡聞人聲與木音。巨虛上廉主之。　胸脇榰滿。寒如風吹狀。俠谿主之。　胸滿善太息。胸中膨膨然千金作胸脅急。丘墟主之。　胸脇榰滿。頭痛。項內寒。外丘主之。　脇下榰滿。嘔吐逆。陽陵泉主之。

異文胸滿榰滿。痺痛骨疼。

洒淅惡寒。神封主之。

喘息不得舉臂。步廊主之。（以上甲乙經影印本卷九）

邪在心膽及諸臟腑發悲恐太息口苦不樂及驚第五

黃帝問曰。有口苦取陽陵泉。口苦者。病名為何。何以得之。岐伯對曰。病名曰。膽痺。夫膽者。中精之腑（素問無此句）。肝者。中之將也。取決於膽。咽為之使。此人者。數謀慮不決。膽氣上溢（素問下有虛字）。而口為之苦。治之以膽募俞。在陰陽十二官相使中。

善怒而欲食。言益少。刺足太陰。怒而多言。刺足少陰（太素作少陽）。短氣心痺。悲怒逆氣。怒狂易。魚際主之。　心痛善悲。厥逆。懸心如饑之狀。心澹澹而驚。大陵及間使主之。　心澹澹而善驚恐。心悲。內關主之。　善驚悲不樂。厥脛足下熱。面盡熱。渴。行間主之。　脾虛令人病寒不樂。好太息。商丘主之。　色蒼蒼然。太息。如將死狀。振寒溲白。便難。中封主之。　心如懸。哀而亂。善恐。嗌內腫。心惕惕恐。如人將捕之。多漾出。喘少氣。吸吸不足以息。然谷主之。　驚。善悲不樂。如墮墜。汗不出。面塵黑。病飲不欲食。照海主之。　膽眩寒厥。手臂痛。善驚忘言。面赤泣出。腋門主之。　大驚乳痛。梁丘主之。

異文懸心如饑之狀。心澹澹而驚。

瞻眩寒厥。手臂痛。（以上甲乙經影印本卷九）

邪在心。則病心痛。善悲。時眩仆。視有餘不足而調其俞。膽病者。善太息。口苦。嘔宿水（靈樞作宿汁）。心下澹澹。善恐。如人將捕之。嗌中吤吤然。數欬唾。候在足少陽之本末。亦視其脈之陷下者。灸之。其寒熱者。取陽陵泉。邪在膽。逆在胃。膽液泄則口苦。胃氣逆則嘔苦汁。故曰。嘔膽。取三里以下。胃逆。則刺足少陽血絡。以閉膽逆。調其虛實。以去其邪。

脾受病發四肢不用第六

黄帝問曰。脾病而四肢不用。何也。

岐伯對曰。四肢者。皆稟氣於胃。而不得正經。必因脾乃得稟。令脾病。不能為胃行其津液。四肢不得稟水穀氣。氣日以衰。脈道不通。筋骨肌肉皆無氣以生。故不用焉。

異文而不得至經。必因脾乃得稟。今脾病。（甲乙經影印本卷九）

曰。脾不主時。何也。

曰。脾者。土也。土者。中央。常以四時長四臟。各十八日寄治。不獨主時。脾者。土臟。常著胃土之精也。土者。生萬物而法天地。故上下至頭足。不得主時。

異文常著胃上之精也。（甲乙經影印本卷九）

曰。脾與胃以募相連耳。而能為之行津液。何也。

曰。足太陰者。三陰也。其脈貫胃屬脾絡嗌。故太陰為之行氣於三陰。陽明者。表也。五藏六腑之海也。亦為之行氣於三陽。藏腑各因其經而受氣於陽明。故為胃行津液。四肢不得稟水穀氣。氣日以衰。陰道不利。筋骨肌肉皆無氣以生。故不用焉。身重骨痠不相知。太白主之。

脾胃大腸受病發腹脹滿腸中鳴短氣第七

邪在脾胃。則病肌肉痛。陽氣有餘。陰氣不足。則熱中善饑。陽氣不足。陰氣有餘。則寒中腸鳴腹痛。陰陽俱有餘。若俱不足。則有寒有熱。皆調其三里。　飲食不下。鬲塞不通。邪在胃脘。在上脘則抑而下之。在下脘則散而去之。　胃病者腹䐜脹。胃脘當心而痛。上榰兩脇。鬲咽不通。食飲不下。取三里。　腹中雷（一本作常）鳴。氣常衝胸。喘不能久立。邪在大腸也。刺肓之原。巨虛上廉。三里。　腹中不便。取三里。盛則瀉之。虛則補之。　大腸病者。腸中切痛而鳴濯濯。冬日重感於寒。當臍而痛。不能久立。與胃同候。取巨虛上廉。　腹滿。大便不利。腹大上走胸嗌。（靈樞下有喘息二字。）喝喝然。取足少陽。　腹滿食不化。嚮嚮然不得大便。取足太陽。腹痛刺臍左右動脈。已刺。按之立已。不已。刺氣街。按之立已。　腹暴痛滿。按之不下。取太陽經絡血者。則已。又刺少陰（一本作少陽俞）去脊椎三寸傍五。用員利鍼。刺已如食頃久立已。必視其經之過於陽者。數刺之。　腹滿不能食。刺脊中。　腹中氣脹引脊痛。食飲而身羸瘦。名曰。食㑊。先取脾俞。後取季脇。　大腸轉氣。按之如覆杯。熱引胃痛。脾氣寒。四肢。不嗜食。脾俞主之。　胃中寒脹。食多。身體羸瘦。腹中滿而鳴。腹䐜風厥。胸脇榰滿。嘔吐。脊急痛。筋攣。食不下。胃俞主之。　頭痛食不下。腸鳴臚脹。欲嘔時泄。三焦俞主之。　腹滿臚脹。大便泄。意舍主之。　臚脹水腫。食飲不下。多寒（千金多惡寒）。胃倉主之。　寒中傷飽。食飲不化。五藏䐜滿脹。心腹胸脇榰滿脹。則生百病。上脘主之。　腹脹不通。寒中傷飽。食飲不化。中脘主之。　食飲不化。入腹還出。下脘主之。　腸中常鳴。時上衝心。灸臍中。心滿氣逆。陰都主之。　大腸寒中（千金作疝）。大便乾。腹中切痛。肓俞主之。　腹中盡痛。外陵主之。　腸鳴相逐。不可傾倒。承滿主之。　腹脹善滿。積氣。關門主之。　食飲不下。腹中雷鳴。大腸不節。小便赤黃。陽綱主之。　腹脹腸鳴。氣上衝胸。不能久立。腹中痛濯濯。冬日重感於寒則泄。當臍而痛。腸胃間遊氣切痛。食不化。不嗜食。身腫（一本作重）。俠臍急。天樞主之。　腹中有大熱不安。腹有大氣如相俠。暴腹脹滿。癃淫濼。氣衝主之。　腹滿痛不得息。正臥屈一膝。伸一股。並刺氣衝。鍼上入三寸。氣至瀉之。寒氣腹滿。癃淫濼。身熱。腹中積聚疼痛。衝門主之。　腹中腸鳴。盈盈然食不化。脇痛不得臥。煩。熱中。不嗜食。胸脇榰滿。喘息而衝。鬲嘔心痛。及傷飽身黃疾骨羸瘦。章門主之。　腸鳴而痛。溫留主之。　腸腹時寒。腰痛不得臥。手三里主之。　腹中有寒氣。隱白主之。　腹滿響響然。不便。心下有寒痛。商丘主之。　腹中熱若寒。腹善鳴。強欠。時內痛。心悲氣逆。腹滿。漏谷主之。　已刺外踝。上氣不止。腹脹而氣。快然引肘脇下。皆主之。　腹中氣脹。嗑嗑不嗜食。脇下滿。陰陵泉主之。　喘。少氣不足以息。腹滿。大便難。時上走。胸中鳴。脹滿。口舌中吸吸。善驚。咽中痛。不可內食。善怒。恐不樂。大鍾主之。　嗌乾。腹瘈痛。坐臥目䀮䀮。善怒多言。復留主之。　寒。腹脹滿。厲兌主之。　腹大不嗜食。衝陽主之。　厥氣上楮。太谿主之。　大腸有熱。腸鳴腹滿。俠臍痛。食不化。喘不能久立。巨虛上廉主之。　腸中寒。脹滿善噫。聞食臭。胃氣不足。腸鳴腹痛泄。食不化。心下脹。三里主之。　腹滿。胃中有熱。不嗜食。懸鍾主之。　大腸實則腰背痛。痺寒轉筋。頭眩痛。虛則鼻衄癲疾。腰痛濈濈然汗出。令人欲食而走。承筋主之。　取腳下三折。橫視盛者。出血。

異文與胃同寒。取巨虛上廉。

刺已如食項久立已。

腸滿嚮嚮然。不便。以上甲乙經影印本卷九

腎小腸受病發腹脹腰痛引背少腹控睾第八

邪在腎。則病骨痛陰痺。陰痺者。按之而不得。腹脹腰痛大便難。肩背頸項強痛。時眩。取之湧泉。崑崙。視有血者盡取之。少腹控睾。引腰脊。上衝心肺。邪在小腸也。小腸者。連睾系。屬於脊。貫肝肺。絡心系。氣盛則厥逆。上衝腸胃。燻肝肺。散於胸。結於臍。故取肓原以散之。刺太陰以予之。取厥陰以下之。取巨虛下廉以去之。按其所過之經以調之。小腸病者。少腹痛。腰脊控睾而痛。時窘之後。耳前熱。若寒甚。若獨肩上熱甚。及手小指次指間熱。若脈陷者。此其候也。

異文上衝腸胃。熏肝肺。甲乙經影印本卷九

黃帝問曰。有病厥者。診右脈沉堅。左手浮遲。不知病生安在。

岐伯對曰。冬診之右脈固當沉堅。此應四時。左脈浮遲。此逆四時。左當主病。診左在腎。頗在肺。當腰痛。

曰。何以言之。

曰。少陰脈貫腎絡肺。今得肺脈。腎為之病。故為腰痛。

足太陽脈令人腰痛。引項脊尻。背如腫狀。刺其郄中太陽正經去血。春無見血。

少陽令人腰痛。如以鍼刺其皮中。循循然不可俛仰。不可以左右顧。刺少陽盛骨之端出血。盛骨在膝外廉之骨獨起者。夏無見血。

陽明令人腰痛。不可以顧。顧如有見者。善悲。刺陽明於胻前三痏。上下和之出血。秋無見血。

足少陰令人腰痛。痛引脊內廉。刺足少陰於內踝上二痏。春無見血。若出血太多。虛不可復。

厥陰之脈令人腰痛。腰中如張弓弩絃。刺厥陰之脈。在腨踵魚腹之外。循循累累然乃刺之。其病令人善言。默默然不慧。刺之三痏。

解脈令人腰痛。痛引肩。目䀮䀮然。時遺溲。刺解脈在膝筋分肉間。在郄外廉之橫脈出血。血變而止。

同陰之脈令人腰痛。腰如小錘居其中。怫然腫。刺同陰之脈。在外踝上絕骨之端。為三痏。

異文在外踝上絕骨之端。為二痏。甲乙經影印本卷九

解脈令人腰痛如裂（素問作引帶）。常如折腰之狀。善怒。刺解脈。在郄中結絡如黍米。刺之血射以黑。見赤血乃已。（全元起云。有兩解脈。病原各異。疑誤未詳。）

陽維之脈令人腰痛。痛上怫然腫。刺陽維之脈。脈與太陽合腨下間。去地一尺所

衡絡之脈令人腰痛。得俛不得仰。仰則恐仆。相之舉重傷腰。衡絡絕傷。惡血歸之。刺之在郄陽之筋間。上郄數寸。衡居為二痏出血。

異文仰則恐仆。得之舉重傷腰。（甲乙經影印本卷九）

會陰之脈令人腰痛。痛上濈然汗出。汗乾令人欲飲。飲已欲走。刺直陽之脈上三痏。在蹻上郄下三所横居。視其盛者出血。（素問濈濈然。作漯漯然。三所作五寸。）

飛陽之脈令人腰痛。痛上怫然。甚則悲以恐。刺飛陽之脈。在內踝上二寸（素問作五寸）。少陰之前。與陰維之會。

昌陽之脈令人腰痛。痛引膺。目䀮䀮然。甚則反折。舌卷不能言。刺內筋為二痏。在內踝上大筋後。上踝一寸所。（素問大筋作太陰）

散脈令人腰痛而熱。熱甚而煩。腰下如有横木居其中。甚則遺溲。刺散脈在膝前骨肉分間。絡外廉束脈。為三痏。

異文刺散脈在膝前骨內分間。（甲乙經影印本卷九）

肉里之脈令人腰痛。不可以欬。欬則筋攣。刺肉里之脈。為二痏。在太陽之外。少陽絕骨之端。腰痛

俠脊而痛至頭几几然。目䀮䀮欲僵仆。刺足太陽郄中出血。腰痛引少腹控眇。不可以仰。刺尻交者。兩踝胂上。以月死生為痏數。發鍼立已（素問云。左取右。右取左。）腰痛上寒。取足太陽。陽明。痛上熱。取足厥陰。不可以俛仰。取足少陽。中熱而喘。取足少陰郄中血絡。腰痛上寒。實則脊急強。長強主之。

小腹痛控睾。引腰脊疝痛。上衝心。腰脊強。溺黃赤。口乾。小腸俞主之。

腰脊痛強引背。少腹。俛仰難。不得仰息。腳痿重。尻不舉。溺赤。腰以下至足清不仁。不可以坐起。膀胱俞主之。

腰痛不可以俛仰。中膂內俞主之。

腰足痛而清。善傴。睾跳拳。上窌主之。

腰痛怏怏不可以俛仰。腰以下至足不仁。入脊。腰背寒。次窌主之。

先取缺盆。後取尾骶與八窌。腰痛大便難。飧泄。腰尻中寒。中窌主之。

腰痛脊急。脇中滿。小腹堅急。志室主之。

腰脊痛。惡風。少腹滿堅。癃閉下重。不得小便。胞肓主之。

腰痛骶寒。俛仰急難。陰痛下重。不得小便。秩邊主之。

腰痛控睾。小腹及股。卒俛不得仰。刺氣街。腰痛不得轉側。章門主之。

腰痛不可以久立俛仰。京門及行間主之。

腰痛少腹痛。下窌主之。

腎腰痛不可俛仰。陰陵泉主之。

腰痛少腹滿。小便不利如癃狀。羸瘦。意恐懼。氣不足。腹中怏怏。太衝主之。

腰痛少腹痛。陰包主之。

腰痛大便難。湧泉主之。

腰脊相引如解。實則閉癃。凄凄。腰脊痛宛轉。目循循嗜臥。口中熱。虛則腰痛。寒厥煩心悶。大鍾主之。

腰痛引脊。內廉復溜主之。

春無見血。若太多。虛不可復。是前足少陰痛也。腰痛不能舉足。少坐。若下車躓地。脛中矯矯然。申脈主之。

腰痛如小錘居其中。怫然腫痛。不可以欬。欬則筋縮急。諸節痛。上下無常。寒熱。陽輔主之。

腰痛不可舉。足跟中踝後痛。腳痿。僕參

主之。　腰痛俠脊至頭几几然。目𥇒𥇒。委中主之。是前刺足太陽郄中出血者。　腰痛得俛不得仰。仰則恐仆。得之舉重。惡血歸之。殷門主之。是前衡絡之脈腰痛者。　腰脊痛尻脊股臀陰寒大痛。虛則血動。實則并熱痛。痔痛尻脽中腫。大便直出。扶承主之。

異文大便直出。承扶主之。甲乙經影印本卷九

三焦膀胱受病發少腹腫不得小便第九

少腹腫痛。不得小便。邪在三焦約。取之足太陽大絡。視其結絡脈與厥陰小結絡而血者。腫上及胃脘取三里。

三焦病者。腹脹氣滿。少腹尤甚堅。不得小便。窘急。溢則為水。留則為脹。候在足太陽之外大絡。絡在太陽。少陽之間。亦見於脈。取委中。

膀胱病。在少腹偏腫而痛。以手按之。則欲小便而不得。眉一本作肩上熱。若脈陷及足小指外側。及脛踝後皆熱者。取委中。病在少腹。痛不得大小便。病名曰。疝。得寒則少腹脹。兩股間冷。刺腰髁間。刺而多之盡炅。病已。少腹滿大。上走胸至心。索索然身時寒熱。小便不利。取足厥陰。

異文兩股間冷。刺腰股間。甲乙經影印本卷九

胞轉不得溺。少腹滿。關元主之。　小便難。水脹滿。出少胞轉不得溺。曲骨主之。　少腹脹急。小便不利。厥氣上頭巔。漏谷主之。　溺難。痛。白濁。卒疝。少腹腫。欬逆嘔吐。卒陰跳。腰痛不可

以俛仰。面黑。熱。腹中䐜滿。身熱。厥痛。行間主之。　少腹中滿。熱閉不得溺。足五里主之。

少腹中滿一本作痛。小便不利。湧泉主之。　筋急身熱。少腹堅腫。時滿。小便難。尻股寒。髀樞痛。引季脇。內控八窌。委中主之。　陰胞有寒。小便不利。扶承主之。

異文小便不利。承扶主之。甲乙經影印本卷九

三焦約內閉發不得大小便第十

內閉不得溲。刺足少陰。太陽。與骶上以長鍼。氣逆。取其太陰。陽明。厥甚。取太陰。陽明動者之經。三焦約。大小便不通。水道主之。　大便難。中渚及太白主之。　大便難。大鍾主之。

足厥陰脈動喜怒不時發㿗疝遺溺癃第十一

黃帝問曰。刺節言去衣者。刺關節之支絡者。願聞其詳。

岐伯對曰。腰脊者。人之關節。股胻者。人之趨翔。莖睾者。身中之機。陰津之候。津液之道路也。故飲食不節。喜怒不時。津液內流而下溢於睾。水道不通。炅不休息。俛仰不便。趨翔不能。滎然有水。不上不下。鈹石所取。形不可匿。裳不可蔽。名曰。去衣。

異文鈹石所取。引不可匿。甲乙經影印本卷九

曰。有癃者一日數十溲。此不足也。身熱如炭。頸膺如格。人迎躁盛。喘息氣逆。此有餘也素問下有陽氣大盛於外一句。

陰氣不足。則太陰脈細如髮者。此不足者也。其病安在。

曰。病在太陰。其盛在胃。頗在肺。病名曰。厥。死不治。此得五有餘。二不足。

曰。何謂五有餘。二不足。

曰。所謂五有餘者。病之氣有餘也。二不足者。亦病氣之不足也。今外得五有餘。內得二不足。此其不表不裏。亦死證明矣。

狐疝驚悸少氣。巨缺主之。　陰疝引睾。陰交主之。　少腹痛。溺難。陰下縱。橫骨主之。　少腹疝。臥善驚。氣海主之。　暴疝。少腹大熱。關元主之。　陰疝氣疝。天樞主之。　㿗疝。大巨及地機。中郄主之。　陰疝痿。莖中痛。兩丸騫。臥不可仰臥。刺氣街主之。　陰疝。衝門主之。　男子陰疝。兩丸上下。小腹痛。五樞主之。　陰股內痛。氣癰。狐疝走上下引少腹痛。不可俛仰上下。商丘主之。　狐疝。太衝主之。　陰跳遺溺。小便難而痛。陰上下入腹中。寒疝陰挺出。偏大腫。腹臍痛。腹中悒悒不樂。大敦主之。　腹痛上搶心。心下滿癃。莖中痛。怒瞋不欲視。泣出。長太息。行間主之。　㿗疝。陰暴痛。中封主之。（千金云㿗疝陰暴痛。痿厥。身體不仁。）　疝。癃。臍少腹引痛。腰中痛。中封主之。　氣痛癃。小便黃。氣滿塞。虛則遺溺。身時寒熱。吐逆。溺難。腹滿。石門主之。　氣癃㿗疝陰急。股樞腨內廉痛。交信主之。　陰跳腰痛。實則挺長。寒熱。攣。陰暴痛。遺溺。偏大。虛則暴癢氣逆。腫睾卒疝。小便不利如癃狀。數噫恐悸。氣不足。腹中悒悒。少腹痛。嗌中有熱。如有瘜肉狀。如著欲出。背攣不可俛仰。蠡溝主之。　丈夫㿗疝。陰跳痛引篡中。不得溺。腹中支。脇下榰滿。閉癃。陰痿。後時泄。四肢不收。實則身疼痛。汗不出。目䀮䀮然無所見。怒欲殺人。暴痛引髕下節。時有熱氣。筋攣膝痛不可屈伸。狂如新發。衄。不食。喘呼。少腹痛引噫。足厥痛。湧泉主之。癃疝。然谷主之。卒疝。少腹痛。照海主之。病在左取右。右取左。立已。疝。四肢淫濼。身悶。至陰主之。遺溺。關門及神門。委中主之。胸滿膨膨然。實則癃閉。腋下腫。虛則遺溺。腳急兢兢然。筋急痛。不得大小便。腰痛引腹。不得俛仰。委陽主之。癃。中窌主之。氣癃溺黃。關元及陰陵泉主之。千金云寒熱不節。腎病不可以俛仰。氣癃。小便黃。氣滿。虛則遺溺。石門主之。癃。遺溺。鼠鼷痛。小便難而白。期門主之。小便難。竅中熱。實則腹皮痛。虛則癢搔。會陰主之。小腸有熱。溺赤黃。中脘主之。溺黃。下廉主之。小便黃赤。完骨主之。小便黃。腸鳴相逐。上廉主之。勞癉。小便赤難。前谷主之。

異文　腹中悒悒。少復痛。甲乙經影印本卷九

足太陽脈動發下部痔脫肛第十二

痔痛。攢竹主之。痔。會陰主之。凡痔與陰相通者。死。陰中諸病。前後相引痛。不得大小便。皆主之。痔骨蝕。商丘主之。痔。篡痛。飛揚。委中及承扶主之。痔篡痛。承筋主之。脫肛下。刺氣街主之。以上古今醫統正脈全書排印本

皇甫謐集卷三十一·鍼灸甲乙經卷十

陰受病發痺第一上

黄帝問曰。周痺之在身也。上下移徙。隨其脈上下。左右相應。間不容空。願聞此痛在血脈之中耶。將在分肉之間乎。何以致是。其痛之移也。間不及下。鍼其蓄痛之時。不及定治而痛已止矣。何道使然。岐伯對曰。此眾痺也。非周痺也。此各在其處。更發更止。更居更起。以左應右。以右應左。非能周也。更發更休。刺此者。痛雖已止。必刺其處。勿令復起。

曰。周痺何如。

曰。周痺在於血脈之中。隨脈以上。循脈以下。不能左右。各當其所。其痛從上下者。先刺其下以通之（通一作過）。後刺其上以脫之。其痛從下上者。先刺其上以通之。後刺其下以脫之。

曰。此病安生。因何有名。

曰。風寒濕氣客於分肉之間。迫切而為沫。沫得寒則聚。聚則排分肉而分裂。分裂則痛。痛則神歸之。神歸之則熱。熱則痛解。痛解則厥。厥則他痺發。發則如是。此內不在臟。而外未發於皮。獨居分肉之間。真氣不能周。故名曰。周痺。故刺痺者。必先循切其上下之大經。視其虛實。及大絡之血結而不通者。及虛而脈陷空者而調之。熨而通之。其瘈緊者。轉引而行之。

曰。何以候人之善病痺者。

少俞對曰。粗理而肉不堅者。善病痺。欲知其高下。視其三部。

曰。刺有三變。何也。

曰。有刺榮者。有刺衛者。有刺寒痺之留經者。刺營者。出血。刺衛者。出氣。刺寒痺者。內熱。

曰。營衛寒痺之為病。柰何。

曰。營之生病也。寒熱少氣。血上下行。衛之生病也。氣痛時來去。怫愾賁響。風寒客於腸胃之中。寒痺之為病也。留而不去。時痛而皮不仁。

異文 氣血時來去。怫愾賁響。甲乙經影印本卷十

曰。刺寒痺內熱。柰何。

曰。刺布衣者。用火焠之。刺大人者。藥熨之。方用醇酒二十升。蜀椒一升。乾薑一升。桂一升。凡四物。各細㕮咀。著清酒中。綿絮一斤。細白布四丈二尺。並內酒中。置酒馬矢煴中。善封塗。勿使氣泄。五日五夜。出布絮曝乾。復漬之。以盡其汁。每漬必晬。其日。乃出布絮乾之。并用滓與絮布長六七尺為六巾。即用之生桑炭炙巾。以熨寒痺所乘之處。令熱入至於病所。寒復炙巾以熨之。三十遍而止。即汗出。炙巾以拭身。以三十遍而止。起步內中。無見風。每刺必熨。如此病已失。此所謂內熱。

曰。痺將安生。

曰。風寒濕三氣合至。雜而為痺。其風氣勝者為行痺。寒氣勝者為痛痺。濕氣勝者為著痺。

曰。其有五者何也。

曰。以冬遇此者為骨痺。以春遇此者為筋痺。以夏遇此者為脈痺。以至陰遇此者為肌痺。以秋遇此者為皮痺。

曰。內舍五臟六腑。何氣使然。

曰。五臟皆有合。病久而不去者。內舍於合。故骨痺不已。復感於邪。內舍於腎。筋痺不已。復感於邪。內舍於肝。脈痺不已。復感於邪。內舍於心。肌痺不已。復感於邪。內舍於脾。皮痺不已。復感於邪。內舍於肺。所謂痺者。各以其時。感於風寒濕之氣也。諸痺不已。亦益內也。其風氣勝者。其人易已。

曰。其時有死者。或疼久者。或易已者。何也。

曰。其入臟者。死。其留連筋骨間者。疼久。其留連皮膚間者。易已。

曰。其客六腑者。何如。

曰。此亦其飲食居處為其病本也。六腑各有俞。風寒濕氣中其俞。而食飲應之。循俞而入。各舍其腑也。

曰。以鍼治之。柰何。

曰。五臟有俞。六腑有合。循脈之分。各有所發。各治其過。則病瘳矣。

曰。營衛之氣。亦令人痺乎。

曰。營者。水穀之精氣也。和調五臟。灑陳六腑。乃能入於脈。故循脈上下。貫五臟。絡六腑。衛者。水穀之悍氣也。其氣慓疾滑利。不能入於脈也。故循皮膚之中。分肉之間。熏於肓膜。聚（素問作散）於胸腹。逆其氣則病。順其氣則愈。不與風寒濕氣合。故不為痺也。

異文 分肉之間。熏於肓膜。（甲乙經影印本卷十）

陰受病發痺第一下

黃帝問曰。痺或痛。或不痛。或不仁。或寒。或熱。或燥。或濕者。其故何也。

岐伯對曰。痛者。其寒氣多。有寒故痛。其不痛不仁者。病久入深。營衛之行濇。經絡時疏。故不痛。皮膚不營。故不仁。其寒者。陽氣少。陰氣多。與病相益。故為寒。其熱者。陽氣多。陰氣少。病氣勝。陽乘陰。故為熱。其多寒汗出而濡者。此其逢濕勝也。其陽氣少。陰氣盛。兩氣相感。故寒。汗出而濡也。夫痺在骨則重。在脈則凝而不流。在筋則屈而不伸。在肉則不仁。在皮則寒。故具此五者則不痛。凡痺之類。逢寒則急。逢熱則縱。

曰。或有一脈生數十病者。或痛或癰。或熱或癢。或痺或不仁。變化無有窮時。其故何也。

曰。此皆邪氣之所生也。

曰。人有真氣。有正氣。有邪氣。何謂也。

異文 人有精氣。有正氣。（甲乙經影印本卷十）

曰。真氣者。所受於天。與水穀氣并而克身者也。正氣者。正風。從一方來。非虛風也。（太素云非災風也。）邪氣者。虛風也。虛風之賊傷人也。其中人也深。不得自去。正風之中人也淺而自去。其氣柔弱。不能傷真氣。故自去。虛邪之中人也。悽索動形。起毫毛而發腠理。其入深。內薄於骨則為骨痺。薄於筋則為筋攣。薄於脈中則為血閉而不通。則為癰。薄於肉中。與衛氣相薄。陽勝則為熱。陰勝則為寒。寒則其氣去。去則虛。虛則寒。薄於皮膚。其氣外發腠理。開毫毛。搖氣（一本作淫氣）往來微行。則為癢。氣留而不去故為痺。衛氣不去則為不仁。

異文與水穀氣并而充身者也。（甲乙經影印本卷十）

病在骨。骨重不可舉。骨髓痠痛。寒氣至。名曰。骨痺。深者刺無傷脈肉。為故其道大小分。骨熱病已止。病在筋。筋攣節痛。不可以行。名曰。筋痺。刺筋上為故。刺分肉間。不可中骨。病起筋熱。病已止。病在肌膚。肌膚盡痛。名曰。肌痺。傷於寒濕。刺大分小分。多發鍼而深之。以熱為故。無傷筋骨。筋骨傷癰發。若變諸分盡熱。病已止。

異文不可中骨。疾起筋熱。（甲乙經影印本卷十）

曰。人身非衣寒也。中非有寒氣也。寒從中生者何。

曰。是人多痺。陽氣少而陰氣多。故身寒如從水中出。

異文是人多痺。傷氣少而陰氣多。（甲乙經影印本卷十）

曰。人有身寒。湯火不能熱也。厚衣不能溫也。然不為凍慄。是為何病。

曰。是人者。素腎氣勝。以水為事。太陽氣衰。腎脂枯不長。一水不能勝兩火。腎者水也。而主骨。

腎不生則髓不能滿。故寒甚至骨。所以不能凍慄者。肝一陽也。心二陽也。腎孤臟也。一水不能勝上
二火。故不能凍慄。病名曰。骨痺。是人當攣節。着痺不去。久寒不已。為肝痺（一作骭痺）。骨痺舉節不用而
痛。汗注煩心。取三陰之經補之。厥痺者。厥氣上及腹。取陰陽之絡。視主病者。寫陽補陰經也。風
痺注病（靈樞作淫濼）。不可已者。足如履冰。時如入湯中。肢脛淫濼。煩心頭痛。時嘔時悶。眩已汗出。久則
目眩。悲以喜怒。短氣不樂。不出三年死。足髀不可舉。側而取之。在樞闔中。以員利鍼。大鍼不
可。膝中痛。取犢鼻。以員利鍼。鍼發而間之。鍼大如氂。刺膝無疑。

異文 一水不能勝上下火。

風痺主病（靈樞作淫濼）。（以上甲乙經影印本卷十）

足不仁。刺風腑。腰已下至足清不仁。不可以坐起。尻不舉。腰俞主之。　痺。會陰及太淵。消濼。
照海主之。　嗜臥。身體不能動搖。大溫（一本作濕）。三陽絡主之。　骨痺煩滿。商丘主之。　足下熱痛不能
久坐。濕痺不能行。三陰交主之。　膝內廉痛。引髕不可屈伸。連腹。引咽喉痛。膝關主之。　痺。
脛重。足跗不收。跟痛。巨虛下廉主之。　脛痛。足緩失履。濕痺。足下熱不能久立。條口主之。
脛苕苕（一本作苦）痺。膝不能屈伸。不可以行。梁丘主之。　膝寒痺不仁。不可屈伸。髀關主之。　膚痛痿
痺。外丘主之。　膝外廉痛。不可屈伸。脛痺不仁。陽關主之。　髀痺引膝股外廉痛。不仁。筋急。
陽陵泉主之。　寒氣在分肉間痛。上下痺不仁。中瀆主之。　髀樞中痛不可舉。以毫鍼寒留之。以月
生死為痏數。立已。長鍼亦可。腰脇相引痛急。髀筋瘈脛痛。不可屈伸。痺不仁。環跳主之。　風寒

從足小指起。脈痺上下帶胸脇。痛無常處。至陰主之。　足大指搏傷。下車挃地。通背指端傷為筋痺。解谿主之。

異文外膝廉痛。不可屈伸。（甲乙經影印本卷十）

陽受病發風第二上

黄帝問曰。風之傷人也。或為寒熱。或為熱中。或為寒中。或為厲風。或為偏枯。其為風也。其病各異。其名不同。或內至五臟六腑。不知其解。願聞其說。

岐伯對曰。風氣藏於皮膚之間。內不得通。外不得泄。風氣者。善行而數變。腠理開則悽（素問作洒）然寒。閉則熱而悶。其寒也則衰食飲。其熱也則消肌肉。使人解㑊（素問作怢慄）。悶而不能食。名曰。寒熱。風氣與陽明入胃。循脈而上至目內眥。其人肥則風氣不得外泄。則為熱中而目黄。人瘦則外泄而寒。則為寒中而泣出。風氣與太陽俱入。行諸脈俞。散分肉間。衛氣悍。邪時與衛氣相干。（素問無衛氣悍邪時五字。）其道不利。故使肌肉膹脹而有瘍。衛氣凝而有所不行。故其肉有不仁。厲者。有榮氣熱浮。其氣不清。故使鼻柱壞而色敗。皮膚瘍以潰。風寒客於脈而不去。名曰。厲風。或曰。寒熱。

異文閉不熱而悶。（甲乙經影印本卷十）

以春甲乙傷於風者。為肝風。以夏丙丁傷於風者。為心風。以季夏戊己傷於風者。為脾風。以秋庚辛傷於風者。為肺風。以冬壬癸傷於風者。為腎風。風氣中五臟六腑之俞。亦為臟腑之風。各入其門戶。風之所中則為偏風。風氣循風腑而上。則為腦風。入系頭則為目風眼寒。飲酒中風。則為漏風。入房汗出中風。則為內風。新沐中風。則為首風。久風入中。則為腸風。飧泄而外在腠理。則為泄風。故風者。百病之長也。至其變化乃為他病。無常方。然故有風氣也。

異文久風入中。為腸風。（甲乙經影印本卷十）

肺風之狀。多汗惡風。色皏（音平）然白。時欬短氣。晝日則差。暮則甚。診在眉上。其色白。

心風之狀。多汗惡風。焦絕善怒。色赤。病甚則言不快。診在口。其色赤。

肝風之狀。多汗惡風。善悲。色微蒼。嗌乾善怒。時憎女子。診在目下。其色青。

脾風之狀。多汗惡風。身體怠墮。四肢不欲動。色薄微黃。不嗜食。診在鼻上。其色黃

腎風之狀。多汗惡風。面痝然浮腫。腰脊痛。不能正立。色炲。隱曲不利。診在肌上。其色黑。

異文多汗惡風。面寵然浮腫。（甲乙經影印本卷十）

胃風之狀。頸多汗惡風。食飲不下。鬲塞不通。腹善滿。失衣則䐜脹。食寒則泄。診形瘦而腹大。

首風之狀。頭痛面多汗惡風。先當風一日。則病甚。頭痛不可以出內。至其風日。則病少愈。

異文先常風一日。則病甚。（甲乙經影印本卷十）

漏風之狀。或多汗。常不可單衣。食則汗出。甚則身汗。喘息惡風。衣常濡。口乾善渴。不能勞事。

泄風之狀。多汗。汗出泄衣上。咽（素問作口中）乾。上漬其風。不能勞事。身體盡痛則寒。

異文上漬其風。不能勞事。（甲乙經影印本卷十）

曰。邪之在經也。其病人何如。取之。柰何。

曰。天有宿度。地有經水。人有經脈。天地溫和。則經水安靜。天寒地凍。則經水凝泣。天暑地熱。則經水沸溢。卒風暴起。則經水波。舉（素問作湧）而隴起。夫邪之入於脈也。寒則血凝泣。暑則氣淖澤。虛邪因而入客也。亦如經水之得風也。經之動脈。其至也亦時隴起。於脈中循循然。其至寸口中手也。時大時小。大則邪至。小則平。其行無常處。在陰與陽不可為度。循而察之。三部九候。卒然逢之。早遏其路。吸則內鍼。無令氣忤。靜以久留。無令邪布。吸則轉鍼。以得氣為故。候呼引鍼。呼盡乃去。大氣皆出。故名曰。瀉。

異文　卒風暴起。則經水波。

以得氣故。為候呼引鍼。（以上甲乙經影印本卷十）

曰。不足者補之。柰何。

曰。必先捫而循之。切而散之。推而按之。彈而怒之。抓而下之。通而散之。外引其門。以閉其神。呼盡內鍼。靜以久留。以氣至為故。如待所貴。不知日暮。其氣已至。適以自護。候吸引鍼。氣不得出。各在其處。推闔其門。令真氣（素問作神氣）存。大氣留止。故名曰。補。

異文　以氣至為故。知待所貴。（甲乙經影印本卷十）

曰。候氣柰何。

曰。夫邪去絡。入於經。舍於血脈之中。其寒溫未相得。如湧波之起也。時來時去。故不常在。故曰。方其來也。必按而止之。止而取之。無迎(素問作逢)其衝而瀉之。真氣者經氣也。經氣大虛。故曰。其氣(素問作其來)不可逢。此之謂也。故曰。候邪不審。大氣已過。瀉之則真氣脫。脫則不復。邪氣益至而病益畜。故曰。其往不可追。此之謂也。不可掛以髮者。待邪之至時而發鍼瀉焉。若先若後者。血氣已盡。其病不下。故曰知其可取如發機。不知其取如叩椎。故曰。知機道者不可掛以髮。不知機者叩之不發。此之謂也。

曰。真邪以合。波隴不起。候之。柰何。

曰。審捫循三部九候之盛虛而調之。不知三部者。陰陽不別。天地不分。地以候地。天以候天。人以候人。調之中府。以定三部。故曰。刺不知三部九候病脈之處。雖有太過。且至工不得(素問作能)禁也。誅罰無過。命曰。大惑。反亂大經。真不可復。用實為虛。以邪為正(素問作真)。用鍼無義。反為氣賊。奪人正氣。以順為逆。營衛散亂。真氣已失。邪獨內著。絕人長命。予人夭殃。不知三部九候。故不能久長。固(素問作因)不知合之四時五行。因加相勝。釋邪攻正。絕人長命。邪之新客來也。未有定處。推之則前。引之則上。逢而瀉之。其病立已。

異文誅罰無過。名曰。大惑。

推之則前。引之則止。(以上甲乙經影印本卷十)

曰。人之善病風。灑灑汗出者。何以候之。

曰。肉不堅。腠理疏者。善病風。
曰。何以候肉之不堅也。
曰。䐃肉不堅而無分理者。肉不堅。膚粗而皮不緻者。腠理疏也。

陽受病發風第二下

黄帝問曰。刺節言解惑者。盡知調諸陰陽。補瀉有餘不足相傾移也。何以解之。
岐伯對曰。大風在身。血脈偏虛。虛者不足。實者有餘。輕重不得。傾側宛伏。不知東西南北。乍上乍下。反覆顛倒無常。甚於迷惑。補其不足。瀉其有餘。陰陽平復。用鍼如此。疾於解惑。淫邪偏客於半身。其入深。內居營衛。營衛稍衰。則真氣去。邪氣獨留。發為偏枯。其邪氣淺者。脈偏痛。風逆。暴四肢腫。身漯漯。唏然時寒。饑則煩。飽則善變。取手太陰表裏。足少陰。陽明之經。肉反清取營。骨清取井。經也。偏枯。身偏不用而痛。言不變。智不亂。病在分湊之間。巨鍼取之。益其不足。損其有餘。乃可復也。痱之為病也。身無痛者。四肢不收。智亂不甚。其言微。知可治。甚則不能言。不可治也。病先起於陽。後入於陰者。先取其陽。後取其陰。必審其氣之浮沉而取之。病大風骨節重。鬚眉墜。名曰。大風。刺肌肉為故。汗出百日。刺骨髓。汗出百日。凡二百日。鬚眉生而止鍼。
曰。有病身熱懈墮。汗出如浴。惡風少氣。此為何病。

曰。名酒風。治之以澤瀉。朮各十分。麋銜五分。合以三指撮為後飲。身有所傷。出血多。及中風寒。若有所墮墜。四肢解㑊不收。名曰。體解。取其少腹臍下三結交。三結交者。陽明。太陰（一本作陽）臍下三寸關元也。風眩善嘔。煩滿。神庭主之。　如顏青者。上星主之。　取上星者。先取譩譆。後取天牖。風池。頭痛顏青者。顖會主之。　風眩引頷痛。上星主之。　取上星。亦如上法。風眩目瞑。惡風寒。面赤腫。前頂主之。　頂上痛風。頭重目如脫。不可左右顧。百會主之。　風眩目眩。顱上痛。後頂主之。　頭重頂痛。目不明。風到腦中寒。重衣不熱。汗出。頭中惡風。刺腦戶主之。　頭痛項急。不得傾倒。目眩。鼻不得喘息。舌急難言。刺風腑主之。　頭眩目痛。頭半寒（千金下有痛字）。玉枕主之。　腦風目瞑。頭痛。風眩目痛。腦空主之。　頸頷榰滿。痛引牙齒。口噤不開。急痛不能言。曲鬢主之。　頭痛引頸。竅陰主之。　風頭。耳後痛。煩心。及足不收失履。口喎僻。頭項搖瘈。牙車急。完骨主之。　眩。頭痛重。目如脫。項似拔。狂見鬼。目上反。項直不可以顧。暴攣足不任身。痛欲折。天柱主之。　腰脊強。不得俛仰。刺脊中。大風汗出。膈俞主之。　又譩譆主之。（素問骨空註云。大風汗出灸譩譆。）

眩。頭痛。刺絲竹空主之。　口僻。顴窌及齗交。下關主之。　面目惡風寒。䪼腫臃痛。招搖視瞻。瘈瘲口僻。巨窌主之。　口不能水漿。喎僻。水溝主之。　口僻噤。外關主之。　瘈瘲口沫出。上關主之。　偏枯。四肢不用。善驚。大巨主之。　大風逆氣。多寒善悲。大橫主之。　手臂不得上頭。尺澤主之。　風汗出身腫喘喝。多睡恍惚善忘。嗜臥不覺。天腑主之。　在腋下三寸臂內動脈之中。風熱善怒。中心喜悲。思慕歔欷。善笑不休。勞宮主之。　兩手攣不收伸及腋偏枯不仁。手瘈偏小筋急。大陵主之。　頭身風善嘔。怵寒中少氣。掌中熱。肘急腋腫。間使主之。　足不收。痛不可以行。天泉主之。　足下緩失履。衝陽主之。　手及臂攣。神門主之。　痱痿。臂腕不用。唇吻不收。合谷主之。　肘痛不能自帶衣。起頭眩。頷痛面黑。風肩背痛不可顧。關衝主之。　嗌外腫。肘臂痛。五指瘈。不可屈伸。頭眩。頷額顱痛。中渚主之。　馬刀腫瘻。目痛。肩不舉。心痛榰滿。逆氣。汗出。口噤不可開。支溝主之。　大風默默不知所痛。嗜卧善驚瘈瘲。天井主之。千金云。悲傷不樂。　偏枯臂腕發痛。肘屈不得伸。手又風。頭痛涕出。肩臂頸痛。項急。煩滿驚。五指掣不可屈伸。戰怵。腕骨主之。　風眩驚。手腕痛。泄風。汗出至腰。陽谷主之。千金手腕痛作手卷。　風逆暴。四肢腫。濕則唏然寒。饑則煩心。飽則眩。大都主之。　風入腹中。俠臍急胸痛。脇榰滿。衄不止。五指端盡痛。足不踐地。湧泉主之。　偏枯不能行。大風默默不知所痛。視如見星。溺黄。小腹熱。咽乾。照海主之。　寫左陰蹻。右少陰俞。先刺陰蹻。後刺少陰。在横骨中。風逆四肢腫。復溜主之。　風從頭至足。面目赤。口痛嚙舌。解谿主之。　大風。目外眥痛。身熱痱。缺盆中痛。臨泣主之。　善自嚙頰。偏枯。腰髀樞痛。善揺頭。京骨主之。　大風。頭多汗。腰尻腹痛。腨跟腫。上齒痛。脊背尻重不欲起。聞食臭。惡聞人音。泄風從頭至足。崑崙主之。　痿厥風頭重。頞痛。樞股腨外廉骨痛。瘈瘲。痺不仁。振寒。時有熱。四肢不舉。趺陽主之。　腰痛。頸項痛。歷節汗出而步履。寒復不仁。腨中痛。飛揚主之。

異文若有所墜墮。四肢解㑊不收。

暴攣足不在身。

足不踏地。湧泉主之。（以上甲乙經影印本卷十）

附錄甲乙云。項痛引肘掖。腰痛引小腹中。四肢不舉。（宋・林億・孫真人備急千金要方卷九十三注）

八虛受病發拘攣第三

黃帝問曰。人有八虛。各以何候。

異文人以八虛。各以何候。（甲乙經影印本卷十）

岐伯對曰。肺心有邪。其氣留於兩腋。肝有邪。其氣留於兩肘。脾有邪。其氣留於兩髀。腎有邪。其氣留於兩膕。凡此八虛者。此機關之室。真氣之所過。血絡之所由。是八邪氣惡血因而得留。留則傷筋骨。機關不得屈伸。故拘攣。

暴拘攣。癇眩。足不任身。取天柱主之。　掖拘攣。暴脈急。引脇而痛。內引心肺。譩譆主之。從項至脊。自脊已下至十二椎。應手刺之。立已。轉筋者。立而取之。可令遂已。痿厥者。張而引之。可令立快矣。

熱在五臟發痿第四

黃帝問曰。五臟使人痿。何也。

岐伯對曰。肺主身之皮毛。心主身之血脈。肝主身之筋膜。脾主身之肌肉。腎主身之骨髓。故肺氣熱則葉焦。焦則皮毛虛弱急薄著。著則生痿躄矣。故心氣熱則下脈厥而上。上則下脈虛。虛則生脈痿。樞折。瘈脛腫而不任地。（素問瘈作挈。腫作瘲。）肝氣熱則膽熱。泄口苦。筋膜乾。筋膜乾則筋急而攣。發為筋痿。脾氣熱則胃乾而渴。肌肉不仁。發為肉痿。腎氣熱則腰脊不舉。骨枯而髓減。發為骨痿。

曰。何以得之。

曰。肺者。臟之長也。為心之蓋。有所亡失。所求不得。則發為肺鳴。鳴則肺熱葉焦。發為痿躄。悲哀太甚則胞絡絕。胞絡絕則陽氣內動。發則心下崩。數溲血。故本病曰。大經空虛。發為肌痹。傳為脈痿。思想無窮。所願不得。意淫於外。入房太甚。宗筋弛縱。發為筋痿。及為白淫。故下經曰。筋痿生於肝。使內也。有漸於濕。以水為事。若有所留。居處傷濕。肌肉濡漬。痹而不仁。發為肉痿。故下經曰。肉痿者得之濕地。有所遠行勞倦。逢大熱而渴。渴則陽氣內伐。內伐則熱合（素問作舍）於腎。腎者。水臟。今水不勝火。則骨枯而髓空。故足不任身熱。發為骨痿。故下經曰。骨痿生於大熱。

曰。何以別之。

曰。肺熱者。色白而毛敗。心熱者。色赤而絡脈溢。肝熱者。色蒼而爪枯。脾熱者。色黃而肉蠕動。腎熱者。色黑而齒槁。

異文心熱者。色青而絡脈溢。（甲乙經影印本卷十）

曰。治痿者獨取陽明。何謂也。

曰。陽明者。五臟六腑之海。主潤宗筋。宗筋者。主束骨而利機關。衝脈者。經脈之海。主滲灌谿谷。與陽明合於宗筋。陰陽摠宗筋之會。會於氣衝。而陽明為之長。皆屬於帶脈。而絡於督脈。故陽明虛則宗筋縱。帶脈不引。故足痿不用。治之各補其營而通其俞。調其虛實。和其逆順。則筋脈骨肉。各以其時受月。則病矣。痿厥為四末束悶。乃疾解之。日二。不仁者十日而知。無休病已止。足緩不收。痿不能行。不能言語。手足痿躄不能行。地倉主之。　痿不相知。太白主之(一云身重骨痿不相知)。　痿厥。身體不仁。手足偏小。先取京骨。後取中封。絕骨皆瀉之。痿厥寒足。腕不收躄。坐不能起。髀樞腳痛。丘墟主之。　虛則痿躄。坐不能起。實則厥脛熱肘痛。身體不仁。手足偏小。善齧頰。光明主之。

手太陰陽明太陽少陽脈動發肩背痛肩前臑皆痛肩似拔第五

肩痛不可舉。天容及秉風主之。　肩背髀痛。臂不舉。寒熱淒索。肩井主之。　肩腫不得顧。氣舍主之。　肩背髀不舉。血瘀肩中。不能動搖。巨骨主之。　肩中熱。指臂痛。肩髃主之。　肩重不舉。臂痛。肩窌主之。　肩重肘臂痛。不可舉。天宗主之。　肩胛甲痛而寒至肘。肩外俞主之。　肩胛周痺。曲垣主之。　肩痛不可舉。引缺盆痛。雲門主之。　肘痛。尺澤主之。　臂瘈引口。中寒䪼腫。肩腫引缺盆。商陽主之。　肩肘中痛。難屈伸。手不可舉。腕重急。曲池主之。　肩肘節酸重。臂痛。不可屈伸。肘窌主之。　肩痛不能自舉。汗不出。頸痛。陽池主之。　肘中濯濯。臂內廉痛。不可及頭。外關主之。　肘痛引肩。不可屈伸。振寒熱。頸項肩背痛。臂痿痺不仁。天井主之。　肩不可舉。不能帶衣。清冷淵主之。　肘臂腕中痛。頸腫不可以顧。頭項急痛。眩。淫濼。肩胛小指痛。前谷主之。　肩痛不可自帶衣。臂腕外側痛不舉。陽谷主之。　臂不可舉。頭項痛。咽腫不可咽。前谷主之。　肩痛欲折。臑如拔。手不能自上下。養老主之。　肩背頭痛時眩。湧泉主之。

異文肩胛申痛而寒至肘。肩外俞主之。　肩髀周痺。曲垣主之。（甲乙經影印本卷十）

水漿不消發飲第六

溢飲脇下堅痛。中脘主之。　腰清脊強。四肢懈墮。善怒。欬。少氣。鬱然不得息。厥逆。肩不可舉。馬刀瘻。身瞤。章門主之。　溢飲。水道不通。溺黃。小腹痛。裏急腫。洞泄。體痛引骨。京門主之。　飲渴身伏多唾。隱白主之。　腠理氣。臑會主之。（以上古今醫統正脈全書排印本）

異文四肢懈惰。善怒。（甲乙經影印本卷十）

皇甫謐集卷三十二・鍼灸甲乙經卷十一

胸中寒發脈代第一

脈代不至。寸口四逆。脈鼓不通。雲門主之。　胸中寒。脈代時至。上重下輕。足不能地。少腹脹。上搶心。胸榰滿。欬唾有血。然谷主之。

陽厥大驚發狂癇第二

黃帝問曰。人生而病癲疾者。安所得之。

岐伯對曰。此得之在母腹中。時其母數有大驚。氣上而不下。精氣并居。故令子發為癲疾。病在諸陽脈。且寒且熱。諸分且寒且熱。名曰。狂。刺之虛脈。視分盡熱。病已止。病初發。歲一發不治。月一發不治。月四五發。名曰。癲疾。刺諸分。其脈尤寒者。以鍼補之。素問云。諸脈諸分。其無寒者。以鍼調之。病已止。

曰。有病狂怒者。此病安生。

曰。生於陽也。

曰。陽何以使人狂也。

曰。陽氣者因暴折而難決。故善怒。病名曰。陽厥。

曰。何以知之。

曰。陽明者常動。太陽少陽不動。不動而動大疾。此其候也。

曰。治之。柰何。

曰。衰(素問作奪)其食即已。夫食入於陰。氣長於陽。故奪其食即已。使人服以生鐵落為後飲。夫生鐵落者。下氣候也。(素問候作疾。)癲疾。脈搏大滑。久自已。脈小堅急。死不治。(一作脈沉小急實死不治。小牢急可治。)癲疾。脈虛可治。實則死。厥成為癲疾。貫疽。(素問作黃疸。)暴病厥。癲疾狂。久逆之所生也。五臟不平。六腑閉塞之所生也。癲疾始生。先不樂。頭重痛。直視。舉目赤甚作極。已而煩心。候之於顏。取手太陽。太陰。血變而止。

癲疾始作。而引口啼呼喘悸者。候之手陽明。太陽。左強者攻其右(一本作左)。右強者攻其左(一本作右)。血變而止。

治癲疾者。常與之居。察其所當取之處。病至視之。有過者即瀉之。置其血於瓠壺之中。至其發時。血獨動矣。不動。灸窮骨三十壯。窮骨者。尾骶也。骨癲疾者。頷齒諸俞分肉皆滿。而骨倨強直。汗出煩悶。嘔多涎沫。氣下泄。不治。脈癲疾者。暴仆四肢之脈。皆脹而縱。脈滿。盡刺之出血。不滿。灸之俠項太陽。又灸帶脈於腰相去三寸。諸分肉本俞。嘔多涎沫。氣下泄不治。筋癲疾者。身卷攣急。脈大。刺項大經之大杼。嘔多涎沫。氣下泄不治。狂之始生。先自悲也。善忘善怒善恐者。得之憂饑。治之先取手太陰。陽明。血變而止。及取足太陰。陽明。狂始發。少臥不饑。自高賢也。自辨智也。自尊貴也。善罵詈。日夜不休。治之取手陽明。太陽。太陰。舌下少陰。視脈之盛者。皆取之。不盛者。釋之。狂。善驚善笑。好歌樂。妄行不休者。得之大恐。治之取手陽明。太陽。太陰。狂。目妄見。耳妄聞。善呼者。少氣之所生也。治之取手太陽。太陰。陽明。足太陽及頭兩頷。狂。

多食。善見鬼神。善笑而不發於外者。得之有所大喜。治之取足太陰。陽明。太陽。後取手太陰。陽明。太陽。狂而新發。未應如此者。先取曲泉左右動脈及盛者。見血立頃已。不已。以法取之。灸骶骨二十壯。骶骨者。尾屈也。

異文 治之取手陽明。太陰。太陽。（甲乙經本卷十一）

血獨動矣。不動。灸窮骨二十壯。（宋·林億·孫真人備急千金要方卷四十四注）

癲疾嘔沫。神庭及兌端。承漿主之。　其不嘔沫。本神及百會。後頂。玉枕。天衝。大杼。曲骨。尺澤。陽谿。外丘。當上脘傍五分。通谷。金門。承筋。合陽主之。　委中下二寸為合陽。癲疾。上星主之。　先取譩譆。後取天牖。風池。癲疾嘔沫。暫起僵仆。惡見風寒。面赤腫。顖會主之。　癲疾狂走。瘈瘲搖頭。口喎戾頸強。強間主之。　癲疾瘈瘲狂走。頸項痛。後頂主之。　後頂。頂後一寸五分。癲疾。骨痠。眩。狂。瘈瘲口噤（千金作喉噤）羊鳴。刺腦戶。狂易。多言不休。及狂走欲自殺。及目妄見。刺風府。癲疾僵仆。目妄見。恍惚不樂。狂走瘈瘲。絡卻主之。　癲疾大瘦。腦空主之。　癲疾僵仆。狂瘧。完骨及風池主之。　癲疾互引。天柱主之。　癲疾。怒欲殺人。身柱主之。（千金又云：瘈瘲。身熱。狂走。譫語見鬼。）　狂走癲疾。脊急強。目轉上插。筋俞主之。　癲疾。發如狂走者。面皮厚敦敦不治。虛則頭重洞泄淋癃。大小便難。腰尻重難起居。長強主之。　癲疾憎風。時振寒。不得言。得寒益甚。身熱狂走。欲自殺。目反妄見。瘈瘲泣出。死不知人。肺俞主之。　癲疾。膈俞及肝俞主之。　癲疾互引。水溝及齗交主之。　癲疾。狂瘈瘲。眩仆癲疾。瘖不能言。羊鳴沫出。聽宮主之。　癲疾互引口喝。喘悸者。大迎主之。　及取陽明太陰。候手足變血而止。狂癲疾。吐舌。太乙及滑肉門主之。太息善悲。少腹有熱。欲走。日月主之。　狂易。魚際及合谷。腕骨。支正。少海。崑崙主之。　狂言。太淵主之。　心懸如饑狀。善悲而驚狂。面赤目黃。間使主之。　狂言笑見鬼。取之陽谿。及手足陽明。太陰。癲疾多言。耳鳴。口僻頰腫。實則聾齲。喉痺不能言。齒痛。鼻鼽衄。虛則痺。鬲俞。偏歷主之。　癲疾。吐舌鼓頷。狂言見鬼。溫溜主之。　在腕後五寸。目不明。腕急。身熱驚狂。躄痿痺。瘈瘲。曲池主之。　癲疾吐舌。曲池主之。　狂疾。掖門主之。　又俠谿。丘墟。光明主之。　狂。互引。頭痛耳鳴目痺。中渚主之。　熱病汗不出。互引。頸嗌外腫。肩臂痠重。脇掖急痛。不舉。痂疥。項不可顧。支溝主之。　癲疾。吐血沫出。羊鳴戾頸。天井主之。　在肘後。熱病汗不出。狂。互引。癲疾。前谷主之。　狂互。癲疾數發。後谿主之。　狂。癲疾。陽谷及築賓。通谷主之。　癲疾。狂。多善食善笑。不發於外。煩心渴。商丘主之。　癲疾短氣。嘔血胸背痛。行間主之。　痿厥癲疾洞泄。然谷主之。　狂仆。溫溜主之。　狂癲。陰谷主之。　癲疾。發寒熱。欠。煩滿。悲泣出。解谷主之。　狂。妄走善欠。巨虛上廉主之。　狂易。見鬼與火。解谿主之。　癲狂。互引僵仆。申脈主之。　先取陰蹻。後取京骨。頭上五行。目反上視。若赤痛從內眥始。復下半寸。各三痏。左取右。右取左。寒厥癲疾。噤吤。瘈瘲。驚狂。陽交主之。　癲疾。狂。妄行。振寒。京骨主之。　身痛。狂。善行。癲疾。束骨主之。　補諸陽。癲疾。僵仆。轉筋。僕參主之。癲疾。目䀮䀮。鼽衄。崑崙主之。　癲狂疾。體痛。飛揚主之。　癲疾反折。委中主之。　凡好太息。不嗜食。多寒熱。汗出。病至則善嘔。嘔已乃衰。即取公孫及井俞。實則腸中切痛。厥。頭面腫起。煩心。狂多飲。霍則鼓濁。腹中氣大滯。熱痛不嗜卧。霍亂。公孫主之。

異文玉枕。天衝。大抒。

面赤厚敦敦不治。

不得言。則寒益甚。

後痺不能言。齒痛。

肩臂痠重。脇腋急痛。

狂多飲。虛則鼓濁。以上甲乙經影印本卷十一

陽脈下墜陰脈上爭發尸厥第三

尸厥。死不知人。脈動如故。隱白及大敦主之。　恍惚尸厥。頭痛。中極及僕參主之。　屍厥暴死。金門主之。

氣亂於腸胃發霍亂吐下第四

霍亂。刺俞傍五。足陽明及上傍三。嘔吐煩滿。魄尸主之。　陽逆霍亂。刺人迎。刺入四分。不幸殺人。霍亂。泄出不自知。先取太谿。後取太倉之原。霍亂。巨闕。關衝。支溝。公孫。解谿主之。

（千金又取陰陵泉。）霍亂泄注。期門主之。　厥逆霍亂。腑舍主之。　胃逆霍亂。魚際主之。　霍亂逆氣。魚際及太白主之。　霍亂遺矢氣。三里主之。　暴霍亂。僕參主之。　霍亂轉筋。金門。僕參。承山。承筋主之。　霍亂。脛痺不仁。承筋主之。（千金云。主瘈瘲腳痠。）轉筋於陽理其陽。轉筋於陰理其陰。皆卒刺之。

異文 嘔吐煩滿。魄戶主之。

霍亂。泄出不知人。（以上甲乙經影印本卷十一）

霍亂。經不仁。（宋・林億・孫真人備急千金要方卷九十三注）

足太陰厥脈病發溏泄下痢第五

春傷於風。夏生飧泄。腸澼久風為飧泄。飧泄而脈小。手足寒者。難已。飧泄而脈大。手足溫者。易已。

黃帝問曰。腸澼便血何如。

岐伯對曰。身熱則死。寒則生。

曰。腸澼下白沫何如。

曰。脈沉則生。浮則死。

曰。腸澼下膿血何如。

曰。懸絕則死。滑大則生。

曰。腸澼之屬。身不熱。脈不懸絕何如。

曰。脈滑大皆生。懸濇皆死。以臟期之。

飧泄。補三陰交。上補陰陵泉。皆久留之。熱行乃止。病注下血。取曲泉。五里。腸中有寒熱。泄注腸澼便血。會陽主之。 腸鳴澼泄。下窌主之。 腸澼泄切痛。四滿主之。 便膿血。寒中。食不化。腹中痛。腹哀主之。 繞臍痛搶心。膝寒注利。腹哀主之。 溏瘕。腹中痛。臟痺。地機主之。飧泄。太衝主之。 溏不化食。寒熱不節。陰陵泉主之。 腸澼。中郄主之。 飧泄大腸痛。巨虛上廉主之。

五氣溢發消渴黃癉第六

黃帝問曰。人之善病消癉者。何以候之。

岐伯對曰。五臟皆柔弱者。善病消癉。夫柔弱者必剛強。剛強多怒。柔者易傷也。此人薄皮膚而目堅固以深者。長衝直揚。其心剛。剛則多怒。怒則氣上逆。胸中畜積。血氣逆留（太素作留積）。腹皮充脹（太素作髖皮充肌）。血脈不行。轉而為熱。熱則消肌。故為消癉。此言其剛暴而肌肉弱者也。面色微黃。齒垢黃。爪甲上黃。黃癉也。安臥小便黃赤。脈小而濇者。不嗜食。

異文 熱則消渴。故為消癉。（甲乙經影印本卷十一）

曰。有病口甘者。病名曰何。何以得之。

曰。此五氣之溢也。名曰。脾癉。夫五味入口。發於脾胃。為之行其精氣。津液在脾。故令人口甘。此肥美之所發也。此人必數食美而多食甘肥。肥令人內熱。甘令人中滿。故其氣上溢。轉為消癉（素問作渴）。治之以蘭。除陳氣也。凡治消癉。治偏枯。厥氣逆滿。肥貴人則膏粱之病也。鬲塞閉絕。上下不通。暴憂之病也。消癉脈實大。病久可治。脈懸絕小堅。病久不可治也。

曰。熱中消中。不可服膏粱芳草石藥。石藥發疽（素問作瘨）。芳草發狂。夫熱中消中者。皆富貴人也。今禁膏粱。是不合其心。禁芳草石藥。是病不愈。願聞其說。

曰。夫芳草之氣美。石藥之氣悍。二者其氣急疾堅勁。故非緩心和人。不可以服此二者。夫熱氣慓悍。藥氣亦然。二者相遇。恐內傷脾。脾者土也而惡木。服此藥也。至甲乙日當愈甚（素問作當更論）。癉成為消中。

異文 脾者土也而惡水。（甲乙經影印本卷十一）

黃癉。刺脊中。（千金云。腹重不動作。）黃癉善欠。脇下滿欲吐。脾俞主之（千金云。身重不動作。）消渴身熱。面（千金作目）赤黃。意舍主之。

消渴嗜飲。承漿主之。　黃癉目黃。勞宮主之。　嗜臥。四肢不欲動搖。身體黃。灸手五里。左取右。右取左。消渴。腕骨主之。　黃癉熱中善渴。太衝主之。　身黃。時有微熱。不嗜食。膝內內踝前痛。少氣。身體重。中封主之。　消癉。善喘。氣是喉咽而不能言。手足清。溺黃。大便難。嗌中腫痛。唾血。口中熱。唾如膠。太谿主之。　消渴黃癉。足一寒一熱。舌縱煩滿。然谷主之。　陰氣不足。熱中消穀善饑。腹熱身煩狂言。三里主之。

異文四肢不欲搖動。甲乙經影印本卷十一

不耆食。膝內廉內踝前痛。宋・林億・孫真人備急千金要方卷九十三注

氣寒喉咽而不能言。甲乙經影印本卷十一

氣走喉咽而不能言。宋・林億・孫真人備急千金要方卷九十三注

唾如膠。大谿主之。甲乙經影印本卷十一

動作失度內外傷發崩中瘀血嘔血唾血第七

黃帝問曰。人年半百而動作皆衰者。人將失之耶。

岐伯對曰。今時之人。以酒為漿。以妄為常。醉以入房。以欲竭其精。以耗散其真。不知持滿。不時御神。務快其心。逆於生樂。起居無節。故半百而衰矣。夫聖人之教也。形勞而不勌。神氣從以順。色欲不能勞其目。淫邪不能惑其心。智愚賢不肖。不懼於物。故合於道。數年度百歲而動作不衰者。以其德全不危故也。久視傷血。久卧傷氣。久坐傷肉。久立傷骨。久行傷筋。

曰。有病胸脇榰滿。妨於食。食至則先聞腥臊臭。出清涕。先唾血。四肢清。目眩。時時前後血。何以得之。

曰。病名曰。血枯。此得之少年時。有所大奪血。若醉以入房。中氣竭。肝傷。故使月事衰少不來也。治之以烏賊魚骨。藘茹二物。并合丸以雀卵。大如小豆。以五丸為後飯。飲以鮑魚汁。以飲利腸

中。及傷肝也。

曰。勞風為病何如。

曰。勞風法在肺下。其為病也。使人強上而瞑視。唾出若涕。惡風而振寒。此為勞風之病也。

異文 勞風發在肺下。（甲乙經影印本卷十一）

曰。治之。柰何。

曰。以救俛仰。太陽引精者三日。中年者五日。不精者七日。（千金云。候之三日五日。不精明者是其症也。）欬出青黃涕。其狀如膿。大如彈丸。從口中若鼻空出。不出則傷肺。傷肺則死矣。

少氣。身漯漯也。言吸吸也。骨痠體重。懈惰不能動。補足少陰。短氣。息短不屬。動作氣索。補足少陰。去血絡。男子陰端寒。上衝心中佷佷。會陰主之。　男子脊急目赤。支溝主之。　脊內廉痛。溺難。陰痿不用。少腹急引陰。及腳內廉。陰谷主之。　善厭夢者。商丘主之。　丈夫失精。中極主之。　男子精溢。陰上縮。大赫主之。　男子精不足。太衝主之。　崩中。腹上下痛。中郄主之。胸中瘀血。胸脇榰滿。鬲痛不能久立。膝痿寒。三里主之。　心下有鬲。嘔血。上脘主之。　嘔血有息。脇下痛。口乾。心痛與背相引。不可欬。欬則腎痛。不容主之。　唾血振寒嗌乾。太淵主之。欬血。大陵及郄門主之。　嘔血上氣。神門主之。　內傷不足。三陽絡主之。　內傷唾血不足。外無膏澤。刺第五會。凡唾血。瀉魚際。補尺澤。

異文 唾血振寒溢乾。（甲乙經影印本卷十一）

邪氣聚於下脘發內癰第八

黃帝問曰。氣為上鬲。上鬲者。食入而還出。余已知之矣。蟲為下鬲。下鬲者。食晬時乃出。未得其意。願卒聞之。

岐伯對曰。喜怒不適。食飲不節。寒溫不時。則寒汁留於腸中。留則蟲寒。蟲寒則積聚。守於下脘。守下脘則腸胃充郭。胃氣不營。邪氣居之。人食則蟲上食。蟲上食則下脘虛。下脘虛則邪氣勝。勝則積聚以留。留則癰成。癰成則下脘約。其癰在脘內者。則沉而痛深。其癰在脘外者。則癰外而痛浮。癰上皮熱。按其癰。視氣所行。先淺刺其傍。稍內益深。還而刺之。無過三行。察其浮沉。以為淺深。已刺必熨。令熱入中。日使熱內。邪氣益衰。大癰乃潰。互以參禁。以除其內。恬澹無為。乃能行氣。後服酸苦化穀。乃下鬲矣。

異文邪氣溢衰。大癰乃潰。(甲乙經影印本卷十一)

曰。有病胃脘癰者。診當何如。

曰。診此者。當候胃脈。其脈當沉濇(素問作細)。沉濇者氣逆。氣逆者則人迎甚盛。甚盛則熱。人迎者。胃脈也。逆而盛則熱聚於胃口而不行。故胃脘為癰。肝滿腎滿肺滿皆實。則為瘇。肺癰喘而兩胠(素問作胠)滿。肝癰兩脇(素問作胠)下滿。臥則驚。不得小便。腎癰胠(素問作腳)下至少腹滿。脛有大小。髀脛跛易偏枯。

寒氣客於經絡之中發癰疽風成發厲浸淫第九上

黃帝問曰。腸胃受穀。上焦出氣。以溫分肉。以養骨節。通腠理。中焦出氣如霧。上注谿谷而滲孫脈。津液和調。變化赤而為血。血和則孫絡先滿。乃注於絡脈。絡脈皆盈。乃注於經脈。陰陽乃張。因息而行。行有經紀。周有道理。與天合同。不得休止。切而調之。從虛去實。瀉則不足。疾則氣減。留則先後。從實去虛。補則有餘。血氣已調。神氣乃持。余已知血氣之至與不至。未知癰疽之所從生。成敗之時。死生之期。或有遠近。何以度之。

曰。經脈流行不止。與天同度。與地合紀。故天宿失度。日月薄蝕。地經失紀。水道流溢。草蓂不成。五穀不植。經紀不通。民不往來。巷聚邑居。別離異處。血氣猶然。請言其故。夫血脈營衛。周流不休。上應天宿。下應經數。寒邪客經絡之中則血泣。血泣則不通。不通則衛氣歸之。不得復反。故癰腫也。寒氣化為熱。熱勝則肉腐。肉腐則為膿。膿不瀉則筋爛。筋爛則骨傷。骨傷則髓消。不當骨空。不得泄瀉。則筋骨枯空。枯空則筋骨肌肉不相親。經絡敗漏。熏於五臟。臟傷則死矣。

寒氣客於經絡之中發癰疽風成發厲浸淫第九下

黃帝問曰。病之生時。有喜怒不測。飲食不節。陰氣不足。陽氣有餘。營氣不行。乃發為癰疽。陰陽氣不通。而熱相薄。乃化為膿。小鍼能取之乎。

岐伯對曰。夫致使身被癰疽之疾。膿血之聚者。不亦離道遠乎。癰疽之生。膿血之成也。積聚之所生。故聖人自治於未形也。愚者遭其已成也。
曰。其已有形。膿已成。為之。柰何。
曰。膿已成。十死一生。
曰。其已成。有膿血。可以小鍼治乎。
曰。以小治小者其功小。以大治大者其功大。以小治大者多害大。故其已成膿血者。其惟砭石鈹鋒之所取也。
曰。多害者。其不可全乎。
曰。在逆順焉耳。
曰。願聞順逆。
曰。已為傷者。其白睛青黑。眼小。是一逆也。內藥而嘔。是二逆也。腹痛渴甚。是三逆也。肩項中不便。是四逆也。音嘶色脫。是五逆也。除此五者為順矣。
邪之入於身也深。其寒與熱相薄。久留而內著。寒勝其熱則骨疼肉枯。熱勝其寒則爛肉腐肌為膿。內傷骨為骨蝕。有所疾前。筋屈不得伸。氣居其間而不反。發為筋瘤也。有所結氣。歸之衛氣。留之不得復反。津液久留。合而為腸（一本作瘍）疽。留久者數歲乃成。以手按之柔。有所結氣。歸之津液。留之邪氣。中之凝結。日以易甚。連以聚居為昔瘤。以手按之堅。有所結氣。深中骨。氣因於骨。骨與氣并息。日以益大。則為骨疽。有所結氣。中於肉。宗氣歸之。邪留而不去。有熱則化為膿。無熱則為肉疽。凡此數氣者。其發無常處而有常名。

曰。病癰腫。頸痛胸滿腹脹。此為何病。

曰。病名曰。厥逆。灸之則瘖。石之則狂。須其氣并。乃可治也。陽氣重上（一本作止）。有餘於上。灸之。陽氣入陰。入則瘖。石之。陽氣虛。虛則狂。須其氣并而治之。使愈。目病頸癰者。或石治之。或以鍼灸治之。而皆已。其治何在。

曰。此同名而異等者也。夫癰氣之息者。宜以鍼開除去之。夫氣盛血聚者。宜石而瀉之。此所謂同病而異治者也。

曰。諸癰腫。筋攣骨痛。此皆安在。

曰。此皆寒氣之腫也。八風之變也。

曰。治之。柰何。

曰。此四時之病也。以其勝治其俞。暴癰筋濡（一本作緛）。隨分而痛。魄汗不盡。胞氣不足。治在其經俞。腋癰大熱。刺足少陽。五刺而熱不止。刺手心主。三刺手太陰經絡者。大骨之會各三。癰疽不得頃回。癰不知所。按之不應手。乍來乍已。刺手太陰傍三。與纓脈各二。治癰腫者刺癰上。視癰大小深淺刺之。刺大者多而深之。必端內鍼為故止也。（素問云。刺大者多血。小者深之。必端內鍼為故止。）項腫不可俛仰。頰腫引耳。完骨主之。　咽腫難言。天柱主之。　䪼腫唇癰。顴窌主之。　頰腫痛。天窗主之。　頭項癰腫不能言。天容主之。　身腫。關門主之。　胸下滿痛。膺腫。乳根主之。　馬刀腫瘻。淵掖。章門。支溝主之。　面腫目癰。刺陷谷出血。立已。犢鼻腫。可刺其上。堅勿攻。攻之者死。癰疽。竅陰主之。　厲風者。索刺其腫上。已刺。以吮其處。按出其惡血。腫盡乃止。常食方食。無食他食。脈風成為厲。管疽發厲。竅陰主之。　頭大浸淫。間使主之。　管疽。商丘主之。　瘃蛘欲嘔。大陵主之。　痂疥。陽谿主之。

異文 頰腫引耳。脘骨主之。甲乙經影印本卷十一

黄帝問曰。願盡聞癰疽之形與忌曰名。

岐伯對曰。癰發於嗌中。名曰。猛疽。不急治化為膿。膿不瀉塞咽。半日死。其化為膿者。膿瀉已。則合豕膏。冷食三日已。發於頸者。名曰。夭疽。其狀大而赤黑。不急治則熱氣下入淵掖。前傷任脈。內熏肝肺。熏則十餘日死矣。陽氣大發。消腦溜項。名曰。腦爍。其色不樂。腦項痛如刺以鍼。煩心者。死不治。發於肩及臑。名曰。疵疽。其狀赤黑。急治之。此令人汗出至足。不害五臟。癰發四五日。逆焫之。發於掖下。赤堅者。名曰。米疽。治之以砭石。欲細而長。疏砭之。塗以豕膏。六日已。勿裹之。其癰堅而不潰者。為馬刀挾瘻。以急治之。發於胸。名曰。井疽。其狀如大豆。三四日起。不早治。下入腹。不治。七日死。發於膺。名曰。甘疽。色青。其狀如穀實瓜蔞。常苦寒熱。急治之。去其寒熱。不急治。十歲死。死後出膿。癰發於脇。名曰。敗疵。此言女子之病也。灸之。其狀大癰。膿其中。乃有生肉大如赤小豆。治之以陵翹草根及赤松子根各一升。以水一斗六升。煮之令竭得三

升。即強飲。厚衣坐於釜上。令汗至足已。發於股脛（一作胻）。名曰。股脛疽。其狀不甚變色。癰膿內薄於骨。急治之。不急治。四十日死。發於尻。名曰。銳疽。其狀赤堅大。急治之。不治。三十日死。發於股陰。名曰。赤弛。不治。六十日死。在兩股之內。不治。十日死。發於膝。名曰。疵疽。其狀大癰。色不變。寒熱而堅者。勿石。石之者即死。須其色異柔。乃石之者。生。諸癰之發於節而相應者。不可治。發於陽者。百日死。發於陰者。四十日死。發於脛。名曰。兔嚙。其狀如赤豆。至骨。急治之。不急治。殺人。發於內踝。名曰。走緩。其狀癰。色不變。數石其俞而止。其寒熱不死。發於足上下。名曰。四淫。其狀大癰。不急治之。百日死。發於足傍。名曰。厲癰。其狀不大。初從小指發。急治去之。其狀黑者不可消。輒益不治。百日死。發於足指。名曰。脫疽。其狀赤黑者。死不治。不赤黑者不死。治之不衰。急斬去之。不去則死矣。

異文　陽氣大發。消腦留項。

初從小指發。急除去之。（以上甲乙經影印本卷十一）

黃帝問曰。何為癰。

岐伯對曰。營氣積留於經絡之中。則血泣而不行。不行則衛氣歸之。歸而不通。擁遏而不得行。故曰。熱。大熱不止。熱勝則肉腐。肉腐則為膿。然不能陷肌膚於骨髓。骨髓不為焦枯。五臟不為傷。故名曰癰。

曰。何謂疽。

曰。熱氣純盛。下陷肌膚筋髓骨肉。內連五臟。血氣竭絕。當其癰下筋骨。良肉皆無餘。故名曰。疽。疽者。其上皮夭瘀以堅。狀如牛領皮。癰者。其皮上薄以澤。此其候也。

曰。有疽死者。柰何。

異文狀如牛領皮者。其皮上薄以澤。（甲乙經影印本卷十一）

曰。身五部。伏菟一。腨（靈樞作腓）二。背三。五臟之俞四。項五。此五部有疽死也。

曰。身形應九野柰何。

曰。請言身形之應九野也。左手（一作足）應立春。其日戊寅己丑。左胸（一作脅）應春分。其日乙卯。左足應立夏。其日戊辰己巳。膺喉頭首應夏至。其日丙午。右手應立秋。其日戊申己未。右胸（一作脅）應秋分。其日辛酉。右足應立冬。其日戊戌己亥。腰尻下竅應冬至。其日壬子。六腑及鬲下五臟應中州。其日大禁。太乙所在之日。及諸戊己。

凡此九者。善候八正所在之處。主左右上下身體有癰腫者。欲治之。無以其所直之日潰治之。是謂天地日也。

異文是謂天忌日也。（甲乙經影印本卷十一）

五子夜半。五丑雞鳴。五寅平旦。五卯日出。五辰食時。五巳隅中。五酉日入。五戌黃昏。五亥人定。以上此時得疾者。皆不起。（以上古今醫統正脈全書排印本）

異文五巳隅中。五午日中。五未日昳。五申晡時。五酉日入。（甲乙經影印本卷十一）

皇甫謐集卷三十三·鍼灸甲乙經卷十二

欠噦唏振寒噫嚏嚲泣出太息漾下耳鳴齧舌善忘善饑第一

黄帝問曰。人之欠者。何氣使然。

岐伯對曰。衛氣晝行於陽。夜行於陰。陰主夜。夜主臥。陽主上。陰主下。故陰氣積於下。陽氣未盡。陽引而上。陰引而下。陰陽相引。故數欠。陽氣盡。陰氣盛。則目瞑。陰氣盡。陽氣盛。則寤。腎主吹。故瀉足少陰。補足太陽。

異文 陽行而上。陰行而下。甲乙經影印本卷十二

曰。人之噦者何。

曰。穀入胃。胃氣上注於肺。今有故寒氣。與新穀氣俱還入於胃。新故相亂。真邪相攻相逆。復出於胃。故為噦。肺主噦。故補手太陰。瀉足太陰。亦可以草刺其鼻。嚏而已。無息而疾引之立已。大驚之亦可已。

曰。人之唏者何。

曰。此陰氣盛而陽氣虚。陰氣疾而陽氣徐。陰氣盛而陽氣絕。故為唏者。陰盛陽絕。故補足太陽。瀉足少陰。

異文 陰氣盛而陽氣終。甲乙經影印本卷十二

曰。人之振寒者何。

曰。寒氣客於皮膚。陰氣盛陽氣虛。故為振寒寒慄。補諸陽。

曰。人之噫者何。

曰。寒氣客於胃。厥逆從下上散。復出於胃。故為噫。補足太陰。陽明(一云補眉本)。

曰。人之嚏者何。

曰。陽氣和利。滿於心。出於鼻。故為嚏。補足太陽榮。眉本(一云眉上)。

曰。人之嚲者何。

曰。胃不實則諸脈虛。諸脈虛則筋脈懈惰。筋脈懈惰。則行陰用力。氣不能復。故為嚲。因其所在補分肉間。

曰。人之哀而泣涕者何。

曰。心者。五臟六腑之主也。目者。宗脈之所聚也。上液之道也。口鼻者。氣之門戶也。故悲哀愁憂則心動。心動則五臟六腑皆搖。搖則宗脈感。宗脈感則液道開。液道開故涕泣出焉。液者。所以灌精濡空竅者也。故上液之道開則泣。泣不止則液竭。液竭則精不灌。精不灌則目無所見矣。故命曰。奪精。補天柱。經俠頸。俠頸者。頭中分也。

異文 故名曰。奪精。補天柱。(甲乙經影印本卷十二)

曰。有哭泣而淚不出者。若出而少涕。不知水所從生。涕所從出也。

曰。夫心者。五臟之專精也。目者其竅。華色其榮。是以人有德。則氣和於目。有亡憂知於色。是以悲哀則泣下。泣下水所由生也。眾精者。積水也（素問作水宗）。積水者。至陰也。至陰者。腎之精也。宗精之水所以不出者。是精持之也。輔之裹之。故水不行也。夫氣之傳也。水之精為志。火之精為神。水火相感。神志俱悲。是以目之水生也。故諺言曰。心悲又名曰。志悲。志與心精共湊於目也。是以俱悲則神氣傳於心精。上下傳於志而志獨悲。故泣出也。泣涕者。腦也。腦者。陽也（素問作陰）。髓者。骨之充也。故腦滲為涕。志者。骨之主也。是以水流涕從之者。其類也。夫涕之與泣者。譬如人之兄弟。急則俱死。生則俱生（太素作出則俱亡）。其志以早悲。是以涕泣俱出而相從者。所屬之類也。

曰。人哭泣而泣不出者。若出而少。涕不從之。何也。

曰。夫泣不出者。哭不悲也。不泣者。神不慈也。神不慈則志不悲。陰陽相持。泣安能獨來。夫志悲者惋。惋則沖陰。沖陰則志去目。志去則神不守精。精神去目。涕泣出也。夫經言乎。厥則目光無所見。（自涕之與泣者已下至目光無所見原本漏。今以素問靈樞補之。）夫人厥則陽氣并於上。陰氣并於下。陽并於上。則火獨光也。陰并於下。則足寒。足寒則脹。夫一水不能勝五火。故目盲。是以氣衝風。泣下而不止。夫風之中目也。陽氣內守於精。是火氣燔目。故見風則泣下也。有以比之。夫（素問下有火字）疾風生。乃能雨。此之類也。（九卷言其形。素問言其情。亦互相發明也。）

曰。人之太息者何。

曰。憂思則心系急。心系急則氣道約。約則不利。故太息以伸出之。補手少陰。心主。足少陽留之。

曰。人之羨下者何。

曰。飲食皆入於胃。胃中有熱。熱則蟲動。蟲動則胃緩。胃緩則廉泉開。故涎下。補足少陰。

曰。人之耳中鳴者何。

曰。耳者。宗脈之所聚也。故胃中空。空則宗脈虛。虛則下。溜脈有所竭者。故耳鳴。補客王人手大指甲上與肉交者。

異文 故耳鳴。補客主人手大指甲上與肉交者。甲乙經影印本卷十二

曰。人之自齧舌者何。

曰。此厥逆走上。脈氣皆至也。少陰氣至則自齧舌。少陽氣至則齧頰。陽明氣至則齧唇矣。視王病者補之。

異文 視主病者補之。甲乙經影印本卷十二

曰。人之善忘者何。

曰。上氣不足。下氣有餘。腸胃實而心肺虛。虛則榮衛留於下。久不以時上。故善忘也。

異文 虛則營衛留於下。甲乙經影印本卷十二

曰。人之善饑不嗜食者何也。

曰。精氣并於脾則熱留於胃。胃熱則消穀。消穀故善饑。胃氣逆上故胃脘塞。胃脘塞故不嗜食。善忘及善饑。先視其腑臟。誅其小過。後調其氣。盛則瀉之。虛則補之。

凡此十四邪者。皆奇邪走空竅者也。邪之所在。皆為不足。故上氣不足。腦為之不滿。耳為之善鳴。

頭為之傾。目為之瞑。中氣不足。溲便為之變。腸為之善鳴。補之足外踝下留之。下氣不足。則乃為
痿厥心悶。急刺足大指上二寸留之。一曰補足外踝下留之。

寒氣客於厭發瘖不能言第二

黃帝問曰。人之卒然憂恚而言無音者。何氣不行。

少師對曰。咽喉者。水穀之道路也。喉嚨者。氣之所以上下者也。會厭者。音聲之戶也。唇口者。音聲之扇也。舌者。音聲之機也。懸雍垂者。音聲之關也。頏顙者。分氣之所泄也。橫骨者。神氣之所使。主發舌者也。故人之鼻洞涕出不收者。頏顙不閉。分氣失也。其厭小而薄。則發氣疾。其開闔利。其出氣易。其厭大而厚。則開闔難。其出氣遲。故重言也。所謂吃者。其言逆。故重之。卒然無音者。寒氣客於厭。則厭不能發。發不能下至其機扇。機扇開闔不利。故無音。足少陰之脈上繫於舌本。絡於橫骨。終於會厭。兩瀉血脈。濁氣乃辟會厭之脈。上絡任脈。復取之天突。其厭乃發也。

暴瘖氣硬。刺扶突與舌本出血。瘖不能言。刺腦戶。暴瘖不能言。喉嗌痛。刺風腑。舌緩。瘖不能言。刺瘖門。喉痛瘖不能言。天突主之。　暴瘖氣硬。喉痺咽痛。不得息。食飲不下。天鼎主之。食飲善嘔。不能言。通谷主之。　瘖不能言。期門主之。　暴瘖不能言。支溝主之。　瘖不能言。合谷及湧泉。陽交主之。

異文 頏顙者。分氣之所泄也。

故人之鼻洞涕出不收者。頏顙不閉。

喉通瘖不能言。（以上甲乙經影印本卷十二）

目不得眠不得視及多臥臥不安不得偃臥肉苛諸息有音及喘第三

黃帝問曰。夫邪氣之客於人也。或令人目不得眠者。何也。

伯高對曰。五穀入於胃也。其糟粕。津液。宗氣分為三隧。故宗氣積於胸中。出於喉嚨。以貫心肺而行呼吸焉。營氣者。泌其津液。注之於脈。化而為血。以營四末。內注五臟六腑。以應刻數焉。衛氣者。出其悍氣之慓疾。而先行於四末分肉皮膚之間。而不休息也。晝行於陽。夜行於陰。其入於陰也。常從足少陰之分間。行於五臟六腑。今邪氣客於五臟。則衛氣獨營其外。行於陽。不得入於陰。行於陽則陽氣盛。陽氣盛則陽蹻滿。不得入於陰。陰氣虛故目不得眠。治之補其不足。瀉其有餘。調其虛實。以通其道而去其邪。飲以半夏湯一劑。陰陽已通。其臥立至。此所以決瀆壅塞。經絡大通。陰陽得和者也。其湯方以流水千里以外者八升。揚之萬遍。取其清五升煮之。炊以葦薪火。沸煮秫米一升。治半夏五合。徐炊令竭為一升半。去其相。飲汁一小盃。日三。稍益。以知為度。故其病新發者。覆杯則臥。汗出則已矣。久者。三飲而已。

附錄甲乙經。用治夜不眠。是果性燥者乎。

岐伯云。衛氣行于陽。陽氣滿。不得入于陰。陰氣虛。故目不得瞑。治法。飲以半夏湯一劑。

陰陽既通。其臥立至。方用流水千里者八升。揚之萬遍。取清五升煮之。炊以葦薪。大沸。入秫米一升。半夏五合。煮一升半。飲汁一盃。以上明・李時珍・本草綱目卷十七・草部・半夏

曰。目閉不得視者。何也。

曰。衛氣行於陰。不得入於陽。行於陰則陰氣盛。陰氣盛則陰蹻滿。不得入於陽則陽氣虛。故目閉焉。九卷行作留。入作行。

曰。人之多臥者。何也。

曰。此人腸胃大而皮膚澀九卷作濕下同。澀則分肉不解焉。腸胃大則胃氣行。留久則皮膚澀。分肉不解則行遲。夫衛氣者。晝常行於陽。夜常行於陰。故陽氣盡則臥。陰氣盡則寤。故腸胃大。衛氣行留久。皮膚澀。分肉不解則行遲。留於陰也久。其氣不精一作清。則欲瞑。故多臥矣。其腸胃小。皮膚滑以緩。分肉解利。衛氣之留於陽也久。故少臥焉。

曰。其非常經也。卒然多臥者。何也。

曰。邪氣留於上焦。上焦閉而不通。已食若飲湯。衛氣久留於陰而不行。故卒然多臥。

曰。治此諸邪柰何。

曰。先視其腑臟。誅其小過。後調其氣。盛者瀉之。虛者補之。必先明知其形氣之苦樂。定乃取之。

曰。人有臥而有所不安者。何也。

曰。臟有所傷。及情有所倚。則臥不安。素問作精有所寄則安。太素作精有所倚則不安。故人不能懸其病也。

曰。人之不得偃臥者。何也。
曰。肺者。臟之蓋也。肺氣盛則脈大。脈大則不得偃臥。
曰。人之有肉苛者。何也。是為何病。
曰。營氣虛衛氣實也。營氣虛則不仁。衛氣虛則不用。營衛俱虛。則不仁且不用。肉加苛也。人身與志不相有也。三十日死。
曰。人有逆氣不得臥而有音者。有不得臥而息無音者。有起居如故而息有音者。有得臥行而喘者。有不得臥不能行而喘者。有不得臥。臥而喘者。此何臟使然。
曰。不得臥而息有音者。是陽明之逆也。足三陽者下行。今逆而上行。故息有音也。陽明者。胃脈也。胃者。六腑之海也。其氣亦下行。陽明逆不得從其道。故不得臥。下經曰。胃不和則臥不安。此之謂也。夫起居如故而息有音者。此肺之絡脈逆。不得隨經上行下。故留經而不行。絡脈之病人也微。故起居如故而息有音也。夫不得臥。臥則喘者。水氣客也。夫水氣循津液而留素問作流者也。腎者水臟。主津液。主臥與喘也。驚不得眠。善斷水氣上下。五藏遊氣也。三陰交主之。　不得臥。浮郄主之。　身腫皮膚不可近衣。淫濼苛獲。久則不仁。屏翳主之。

足太陽陽明手少陽脈動發目病第四

黃帝問曰。余嘗上青霄之臺。中陛而惑。獨冥視之。安心定氣。久而不解。被髮長跪。俛而復視之。

久不已。卒然自止。何氣使然。

岐伯對曰。五臟六腑之精氣。上注於目而為之精。精之裹（靈樞作窠下同）者為眼。骨之精者為瞳子。筋之精為黑睛（靈樞作黑眼）。血之精為其絡。氣之精為白睛（靈樞亦作白眼）。肌肉之精為約束。裹契（一作頡）筋骨血氣之精而與脈並（靈樞作并）為系。上屬於腦。後出於項中。故邪中於頭目。逢身之虛。其入深。則隨眼系以入於腦。入則腦轉。腦轉則引目系急。目系急則目眩以轉矣。邪中之精。則其精所中者不相比。不相比則精散。精散則視岐。故見兩物也。目者。五臟六腑之精也。營衛魂魄之所常營也。神氣之所生也。故神勞則魂魄散。志意亂。是故瞳子黑眼法於陰。白睛赤脈法於陽。故陰陽合揣（靈樞作傳）而精明也。目者。心之使也。心者。神之所舍也。故神分精亂而不揣（一作轉）。卒然見非常之處。精氣魂魄散不相得。故曰。惑。

曰。余疑何其然也。余每之東苑。未嘗不惑。去之則復。余惟獨為東苑勞神乎。何其異也。

曰。不然。夫心有所喜。神有所惡。卒然相惑則精氣亂。視誤故惑。神移乃復。是故。問者為迷。甚者為惑。

目眥外決（一作次）於面者。為兌眥。在內近鼻者。上為外眥。下為內眥。目色赤者。病在心。白色者。病在肺。青色者。病在肝。黃色者。病在脾。黑色者。病在腎。黃色不可名者。病在胸中。診目痛赤脈。從上下者。太陽病。從下上者。陽明病。從外走內者。少陽病。夫膽移熱於腦。則辛頞鼻淵（一作同）。鼻淵者。濁涕下不止。傳為衄瞢（素問作衄衊）。瞑目。故得之氣厥。

足陽明有俠鼻入於面者。名曰。懸顱。屬口對入系目本。頭痛。引頷取之。視有過者取之。損有餘。

補不足。反者益甚。足太陽有通項入於腦者。正屬目本。名曰。眼系。頭目苦痛。取之在項中兩筋間。入腦乃別。陰蹻陽蹻。陰陽相交。陽入陰出。陰陽交於兌眥。陽氣絕則瞑目。陰氣絕則眠。

異文 入腦乃則。陰蹻陽蹻。

陽氣絕乃瞑目。陰氣絕則眠。(以上甲乙經影印本卷十二)

目中赤痛。從內眥始。取之陰蹻。目中痛不能視。上星主之。先取譩譆。後取天牖。風池。青盲。遠視不明。承光主之。目瞑遠視䀮䀮。目光主之。目䀮䀮赤痛。天柱主之。目眩無所見。偏頭痛。引外眥而急。頷厭主之。目不明。惡風日。淚出憎寒。目痛目眩。內眥赤痛。目䀮䀮無所見。眥癢痛。淫膚白翳。睛明主之。青盲無所見。遠視䀮䀮。目中淫膚。白膜覆瞳子。目窗主之。目不明。淚出。目眩瞀。瞳子癢。遠視䀮䀮。昏夜無見。目瞤動。與項口參。相引喎僻。口不能言。刺承泣。目痛口僻。戾(一作淚出)。目不明。四白主之。目赤黃。顴窌主之。睊目。水溝主之。目痛不明。齗交主之。目瞑身汗出。承漿主之。青盲䁾目惡風寒。上關主之。青盲。商陽主之。䁾目。目䀮䀮。偏歷主之。眼痛。下廉主之。䁾目。目䀮䀮。少急。灸手五里。左取右。右取左。目中白翳。目痛泣出。甚者如脫。前谷主之。白膜覆珠。瞳子無所見。解谿主之。

異文 目瞑遠視䀮䀮。承光主之。

瞳子癢。流視䀮䀮。

䁾目。目䀮䀮。少氣。(以上甲乙經影印本卷十二)

手太陽少陽脈動發耳病第五

暴厥而聾。耳偏塞。閉不通。內氣暴薄也。不從內外中風之病。故留瘦著也。頭痛耳鳴。九竅不利。腸胃之所生也。

黃帝問曰。刺節言發蒙者。刺腑俞。以去腑病。何俞使然。

岐伯對曰。刺此者。必於白日中。刺其耳聽（一作聽宮）。中其眸子。聲聞於外。此其俞也。

曰。何謂聲聞於外。

曰。已刺以手堅按其兩鼻竅。令疾偃其聲。必應其中。　耳鳴。取耳前動脈。　耳痛不可刺者。耳中有膿。若有乾適抵（一本作盯擰）。耳無聞也。　耳聾。取手少指（太素云少指次指。）爪甲上與肉交者。先取手。後取足。　耳鳴。取手中指爪甲上。左取右。右取左。先取手。後取足。　聾而不痛。取足少陽。聾而痛。取手陽明。　耳鳴。百會及頷厭。顱息。天窗。大陵。偏歷。前谷。後谿皆主之。　耳痛聾鳴。上關主之。　刺不可深。耳聾鳴。下關及陽谿。關衝。掖門。陽谷主之。　耳聾鳴。頭頷痛。耳門主之。　頭重。頷痛。引耳中憹憹嘈嘈。和窌主之。　聾。耳中癲溲。癲溲者若風。聽會主之。耳聾填填如無聞。憹憹嘈嘈若蟬鳴。頞頞鳴。聽宮主之。　下頰取之。譬如破聲。刺此（即九卷所謂發蒙者）。聾。翳風及會宗。下空主之。　耳聾無聞。天空主之。　耳聾。嘈嘈無所聞。天容主之。　耳鳴無聞。肩真及完骨主之。　耳中生風。耳鳴耳聾時那陽。商陽主之。　聾。耳中不通。合谷主之。　耳聾。兩顳顬痛。中者主之。　耳焞焞渾渾無所聞。外聞主之。　卒氣聾。四瀆主之。

異文耳中有膿。若有乾擿抵（一本作盯擰）。

前谷。後谿皆主之。

耳鳴耳聾時不聞。商陽主之。

耳聾。兩顳顬痛。中渚主之。　耳焞焞渾渾無所聞。外間主之。（以上甲乙經影印本卷十二）

手足陽明脈動發口齒病第六

診齲痛。按其陽明之來。有過者獨熱。在左者左熱。在右右熱。在上上熱。在下下熱。臂之陽明。有入鼽齒者。名曰。太迎。下齒齲取之。臂惡寒補之（一作取之）。不惡瀉之。（靈樞名曰禾窌。或曰大迎。詳大迎乃是陽明脈所發。則當云禾窌是也。然而下齒齲又當取足陽明。禾窌大迎。當試可知耳。）手太陽有八頄偏齒者。名曰。角孫。上齲齒。取之在鼻與鼽（一作頄）。前方病之時。其脈盛。脈盛則瀉之。虛則補之。一曰。取之出眉外。方病之時。盛瀉虛補。齒動痛。不惡清飲。取足陽明。惡清飲。取手陽明。舌緩涎下煩悶。取足少陰。重舌。刺舌柱以排鍼。上齒齲腫。目窗主之。　上齒齲痛。惡風寒。正營主之。　齒牙齲痛。浮白及完骨主之。　齒痛。顴窌及二間主之。　上齒齲。兌端及耳門主之。　齒間出血者。有傷酸。齒牀落痛。口不可開。引鼻中。齗交主之。　頰腫口急。頰車痛。不可以嚼。頰車主之。　上齒齲痛。惡寒者。上關主之。　厥口僻。失欠。下牙痛。頰腫。惡寒。口不收。舌不能言。不得嚼。大迎主之。　失欠。下齒齲。下牙痛。䪼腫。下關主之。　齒牙不可嚼。齗腫。角孫主之。　口僻不正。失欠口不開。翳風主之。　舌下腫。難言。舌縱。喎戾不端。

通谷主之。　舌下腫。難以言。舌縱涎出。廣泉主之。　口僻。刺太淵。引而下之。口中腫臭。勞宮主之。　口中下齒痛。惡寒䪼腫。商陽主之。　齒齲痛。惡清。三間主之。　口僻。偏歷主之。　口齒痛。溫溜主之。　下齒齲。則上齒痛。掖門主之。　齒痛。四瀆主之。　上牙齲痛。陽谷主之。齒齲痛。合谷主之。　又云少海主之。　舌縱漾下。煩悶。陰交主之。

異文有入鼽齒者。名曰。大迎。

手太陽有入頄偏齒者。

重舌。刺舌柱以鈹鍼。

口不收。食不能言。以上甲乙經影印本卷十二

血溢發衄第七 鼻鼽息肉著附

暴痺內逆。肝肺相薄。血溢鼻口。取天府。此為胃之大腧。五部也。五部。按靈樞云。陽逆頭痛。胸滿不得息。取人迎。暴瘖氣鞭。刺扶突與舌本出血。暴聾氣蒙。耳目不仰。取天牖。暴拘攣癇痓。足不任身者。取天柱。暴痛內逆。肝肺相薄。血溢鼻口。取天府。此為胃之五大俞五部也。今士安散作一五穴於篇中。此特五部之一耳。衄而不止。衃血流。取足太陽。大衄衃血。取手太陽。不已。刺腕骨下。不已。刺膕中出血。

鼻鼽衄。上星主之。　先取譩譆。後取天牖。風池。鼻管疽發為厲。腦空主之。　鼻鼽不利。窒洞氣塞。喎僻多洟。鼽衄有癰。迎香主之。　鼽衄洟出。中有懸癰宿肉。窒洞不通。不知香臭。素窌主之。　鼻窒口僻。清洟出不可止。鼽衄有癰。禾窌主之。　鼻中息肉不利。鼻頭額頞中痛。鼻中有蝕

瘖。齗交主之。　鼻鼽不得息。不收洟。不知香臭。及衄不止。水溝止之。衄血不止。承漿及委中主之。　鼻不利。前谷主之。　衄。腕骨主之。

異文及衄不主。水溝主之。（甲乙經影印本卷十二）

手足陽明少陽脈動發喉痺咽痛第八

喉痺不能言。取足陽明。能言。取手陽明。喉痺。完骨及天容。氣舍。天鼎。尺澤。合谷。商陽。陽谿。中渚。前谷。商丘。然谷。陽交悉主之。　喉痺咽腫。水漿不下。璇璣主之。　喉痺食不下。鳩尾主之。　喉痺咽如梗。三間主之。　喉痺不能言。温溜及曲池主之。　喉痺氣逆。口喎。喉咽如扼狀。行間主之（千金作間使）。　咽中痛。不可內食。湧泉主之。

異文口喎。喉咽如梔狀。（甲乙經影印本卷十二）

氣有所結發瘤癭第九

癭。天窗（一本作天容。千金作天牖）。及臑會主之。　瘤癭。氣舍主之。

婦人雜病第十

黃帝問曰。人有重身。九月而瘖。此為何病。

岐伯對曰。胞之絡脈絕也。胞絡者繫於腎。少陰之脈。貫腎。繫舌本。故不能言。無治也。當十月復。治法曰。無損不足。益有餘。以成其辜（素問作疹）。所謂不足者。身羸瘦。無用鑱石也。無益其有餘者。腹中有形而泄之。泄之則精出而病獨擅中。故曰。成辜。

曰。何以知懷子且生也。

曰。身有病而無邪脈也。

診女子。手少陰脈動甚者。妊子也。乳子而病熱脈懸小。手足溫則生。寒則死。乳子中風。病熱喘渴（素問作鳴）。肩息。脈急大。緩則生。急則死。

異文乳子而病熱脈懸少。（甲乙經影印本卷十二）

乳子下赤白。腰俞主之。　女子絕子。陰挺出不禁白瀝。上窌主之。　女子赤白瀝。心下積脹。次窌主之。　腰痛不可俛仰。先取缺盆。後取尾骶。女子赤淫時白。氣癃。月事少。中窌主之。　女子下蒼汁不禁。赤瀝。陰中癢痛。少腹控眇。不可俛仰。下窌主之。　刺腰尻交者兩胂上。以月死生為痏數。發鍼立已。腸鳴泄注。下窌主之。　婦人乳餘疾。肓門主之。　寒熱短氣。臥不安。膺窗主之。

乳癰。淒索寒熱。可按。乳根主之。　絕子灸臍中。令有子。女子手腳拘攣。腹滿疝。月水不通。乳餘疾。絕子陰癢。陰交主之。　腹滿疝積。乳餘疾。絕子陰癢。刺石門。（千金云。奔肫上腹堅痛。下引陰中。不得小便。刺陰交入八分。）女子絕子。衃血在內不下。關元主之。（千金云。胞轉不得尿。少腹滿。石水痛。刺關元亦宜矣。）　女子禁中癢。腹熱痛。乳餘疾。絕不足。子門不端。少腹苦寒。陰癢及痛。經閉不通。中極主之。　婦人下赤白沃後。陰中乾痛。惡合陰陽。

少腹䐜堅。小便閉。曲骨主之千金作屈骨。　女子血不通。會陰主之。　婦人子臟中有惡血逆滿痛。石關主之。　月水不通。奔豚泄氣。上下引腰脊痛。氣穴主之。　女子赤淫。大赫主之。　女子胞中痛。月水不以時休止。天樞主之。千金云。腹脹腸鳴。氣上衝胸。刺天樞。　小腹脹滿。痛引陰中。月水至則腰脊痛。胞中瘕。子門有寒。引髕髀。水道主之。千金云。大小便不通。刺水道。　女子陰中寒。歸來主之。　女子月水不利。或暴閉塞。腹脹滿癃。淫濼身熱。腹中絞痛。㿗疝陰腫。及乳難。子搶心。若胞衣不出。眾氣盡亂。腹滿不得反覆。正偃臥。屈一膝。伸一膝。並氣衝。鍼上入三寸。氣至瀉之。婦人無子。及少腹痛。刺氣衝主之。　婦人產餘疾。食飲不下。胸脇榰滿。眩目足寒。心切痛。善噫。聞酸臭。脹痺。腹滿。少腹尤大。期門主之。　婦人少腹堅痛。月水不通。帶脈主之。　婦人下赤白。裏急瘈瘲。五樞主之。　妬乳。大淵主之。千金云。膺胸痛。　絕子。高丘主之。　穴在內踝前宛宛中。女子疝瘕。按之如以湯沃其股內至膝。飧泄。灸刺曲泉。婦人陰中痛。少腹堅急痛。陰陵泉主之。　婦人漏下。若血閉不通。逆氣脹。血海主之。　月事不利。見血而有身反敗。陰寒。行間主之。　乳癰。太衝及復溜主之。　女子疝及少腹腫。溏泄。癃。遺溺。陰痛。面塵黑。目下眥痛。太衝主之。　女子少腹大。乳難。嗌乾。嗜飲。中封主之。　女子漏血。太衝主之。　女子俠臍疝。中封主之。　大疝絕子。築賓主之。　女子疝。小腹腫。赤白淫。時多時少。蠡溝主之。　女子疝瘕。按之如以湯沃兩股中。少腹腫。陰挺出痛。經水來。下陰中腫或癢。漉青汁若葵羹。血閉無子。不嗜食。曲泉主之。　婦人絕產。若未曾生產。陰廉主之。　刺入八分。羊矢下一寸是也。婦人無子。湧泉主之。　女子不字。陰暴出。經水漏。然谷主之。女子不下月水。照海主之。千金云。痺驚。善悲不樂。如墜墮。汗不出。刺照海。婦人陰挺出。四肢淫濼。身悶。照海主之。月水不來而多閉。心下痛。目𥇦𥇦不可遠視。水泉主之。婦人漏血。腹脹滿不得息。小便黃。陰谷主之。千金云。漏血。少腹脹滿如阻。體寒熱。腹偏腫。刺陰谷。乳癰有熱。三里主之。乳癰驚痺。脛重。足跗不收。跟痛。巨虛下廉主之。月水不利。見血而有身則敗及乳腫。臨泣主之。女子字難。若胞不出。崑崙主之。

異文腸鳴泄注。下窌主之。

以月生死為痏數。

淒索寒熱。不可接。

女子陰中癢。腹熱痛。

少腹脹滿。痛引陰中。

女子月水不利。或暴塞閉。

妒乳。太淵主之。千金云。膺胸痛。絕子。商丘主之。

女子疝。少腹腫。以上甲乙經影印本卷十二

小兒雜病第十一

嬰兒病。在頭毛皆逆上者。死。嬰兒耳間青脈起者。瘈腹痛。大便青辦。飧泄。脈大。手足寒。難已。飧泄。脈小。手足溫者。易已。

驚癇脈五。鍼手足太陰各五。刺經太陽者五。刺手足少陰經絡傍者一。足陽明一。上踝五寸刺三鍼。小兒驚癇。本神及前頂。顖會。天柱主之。　如反視。臨泣主之。　小兒驚癇加瘈瘲。脊急強目轉上插。縮筋主之。　小兒驚癇。瘈瘲。脊強互相引。長強主之。　小兒食晦頭痛。譩譆主之。　小兒癇發。目上插。攢竹主之。　小兒臍風。目上插。刺絲竹空主之。　小兒癇痓。嘔吐泄注。驚恐失精。瞻視不明。眵矇。瘈脈及長強主之。　小兒驚癇不得息。顱顖主之。　小兒驚癇如有見者。列缺主之。　并取陽明絡。小兒口中腥臭。胸脇榰滿。勞宮主之。　小兒欬而泄。不欲食者。商丘主之。小兒癇瘈。手足擾。目昏口噤。溺黃。商丘主之。　小兒癇瘈。遺精溺。虛則病諸癇癲。實則閉癃。小腹中熱。善寐。大敦主之。　小兒臍風。口不開。善驚。然谷主之。　小兒腹滿不能食飲。懸鍾主之。　小兒馬癇。僕參及金門主之。　風從頭至足。癇瘈。口閉不能開。每大便腹暴滿。按之不下。噫。悲。喘。崑崙主之。以上古今醫統正脈全書排印本

異文脊急強目轉上插。筋縮主之。實則閉癃。少腹中熱。以上甲乙經影印本卷十二

鍼灸甲乙經新輯

鍼灸甲乙經新輯·其一

黄帝甲乙經言。

穀則米甘。麻酸。大豆鹹。麥苦。黍辛。一云。稻米辛。菓則棗甘。李酸。栗鹹。杏苦。桃辛。菜則葵甘。韮酸。藿鹹。薤苦。葱辛。畜則牛甘。犬酸。彘鹹。羊苦。雞辛。隋·蕭吉·五行大義卷第三·第十四論雜配·第三論配氣味

鍼灸甲乙經新輯·其二

甲乙經云。

溫臥取汗。則巨取之。宋·林億·孫真人備急千金要方卷二十五注

鍼灸甲乙經新輯·其三

甲乙云。

凝則胃中汁注之。注之則胃中竭。

鍼灸甲乙經新輯・其四

皇甫士安云。

腎合三焦之脈。雖屬肝心而為中焦之道。故鍼入而走血也。

鍼灸甲乙經新輯・其五

甲乙云。

心腹脹。噫。煩熱善嘔。膈中不通利。以上宋・林億・孫真人備急千金要方卷九十三注

附錄：甲乙經諸穴

總計六百五十四穴單四十八穴雙三百零八穴

頭直鼻中髮際傍行至頭維凡七穴第一

神　庭　曲　差　本　神　頭　維

頭直鼻中入髮際一寸循督脈卻行至風府凡八穴第二

上　星　顖　會　前　頂　百　會　後　頂　強　間　腦　戶　風　戶

頭直俠督脈各一寸五分卻行至玉枕凡十穴第三

五　處　承　光　通　天　絡　卻　玉　枕

頭直目上入髮際五分卻行至腦空凡十穴第四

臨　泣　正　營　承　靈　目　窗　腦　空

頭緣耳上卻行至完骨凡十二穴第五

天　衝　率　谷　竅　陰　曲　鬢　浮　白　完　骨

頭自髮際中央傍行凡五穴第六

瘖門　風池　天柱

背自第一椎循督脈下行至脊骶凡十一穴第七

大椎　陶道　身柱　神道　至陽　筋縮　脊中　懸樞

命門　腰俞　長強

背自第一椎兩傍俠脊各一寸五分下至節凡四十二穴第八

大杼　風門　肺俞　心俞　膈俞　肝俞　膽俞　脾俞

胃俞　腎俞　三焦俞　大腸俞　小腸俞　膀胱俞　上窌　中膂俞

白環俞　中窌　次窌　下窌　會陽

背自第二椎兩傍俠脊各三寸行至二十一椎下兩傍俠脊凡二十六穴第九

附分　魄戶　神堂　譩譆　膈關　魂門　陽綱　意舍

胃倉　志室　胞盲　盲門　秩邊

面凡二十九穴第十

懸顱　頷厭　懸釐　陽白　攢竹　絲竹空　睛明　禾窌

瞳子髎　承泣　四白　顴髎　素髎　迎香　巨髎　地倉

水溝　兑骨　齗交　承漿　頰車　大迎

耳前後凡二十穴第十一

上關　聽會　下關　耳門　禾窌　顱息　角孫　瘈脈

聽宮　翳風

頸凡十七穴第十二

廉泉　水突　扶突　天窗　天牖　天容　人迎　氣舍　天鼎

肩凡二十六穴第十三

肩井　肩貞　巨骨　天窌　肩髃　肩髎　臑俞　秉風

天宗　肩外俞　肩中俞　曲垣　臑會　缺盆

胸自天突循任脈下行至中庭凡七穴第十四

天突 璇璣 華蓋 玉堂 膻中 中庭 紫宮

胸自輸府俠任脈兩傍各二寸下行至步廊凡十二穴第十五

輸府 彧中 神藏 靈墟 神封 步廊

胸自氣戶俠輸府兩傍各二寸下行至乳根凡十二穴第十六

氣戶 庫房 屋翳 膺窗 乳中 乳根

胸自雲門俠氣戶兩傍各二寸下行至食竇凡十二穴第十七

雲門 中府 周榮 天谿 食竇 胸鄉

腋脇下凡八穴第十八

淵腋 輒筋 大包 天池

腹自鳩尾循任脈下行至會陰凡十五穴第十九

鳩尾　巨闕　上脘　中脘　建里　下脘　水分　臍中

陰交　氣海　石門　關元　中極　曲骨　會陰

腹自幽門俠巨闕兩傍各半寸循衝脈下行至横骨凡二十一穴第二十

幽門　通谷　四滿　氣穴　石關　商曲　陰都　中注

盲俞　大赫　横骨

腹自不容俠幽門兩傍各一寸五分至氣衝凡二十三穴第二十一

不容　梁門　關門　太乙　承滿　水道　歸來　滑肉門

天樞　外陵　大巨　氣衝

腹自期門上直兩乳俠不容兩傍各一寸五分下行至衝門凡十四穴第二十二

期門　日月　腹哀　大横　腹屈　府舍　衝門

腹自章門下行至居窌凡十二穴第二十三

章門　京門　維道　帶脈　五樞　居窌

手太陰及臂凡一十八穴第二十四

少商　魚際　太淵　經渠　列缺　孔最　尺澤　俠白　天府

手厥陰心主及臂凡一十六穴第二十五

中衝　勞宮　大陵　内關　間使　郄門　曲澤　天泉

手太陰及臂凡一十六穴第二十六

少衝　少府　神門　陰郄　通里　靈道　極泉　少海

手陽明及臂凡二十八穴第二十七

商陽　二間　三間　合谷　陽谿　偏歷　溫溜　下廉

上廉　三里　曲池　肘窌　五里　臂臑

手少陽及臂凡二十四穴第二十八

關衝 腋門 中渚 陽池 四瀆 天井 外關 支溝

會宗 三陽絡 清冷淵 消濼

手太陽凡一十六穴第二十九

少澤 前谷 後谿 脘骨 陽谷 養老 支正 小海

足太陰及股凡二十二穴第三十

隱白 大都 太白 公孫 漏谷 陰陵泉 地機 商丘

三陰交 血海 箕門

足厥陰及股凡二十二穴第三十一

大敦 行間 太衝 中封 蠡溝 中都 膝關 曲泉

陰包 五里 陰廉

足少陰及股并陰蹻陰維凡二十穴第三十二

涌泉　然谷　太谿　水泉　復溜　交信　大鍾　照海

築賓　陰谷

足陽明及股凡三十穴第三十三

厲兌　內庭　陷谷　衝陽　解谿　豐隆　陰市　伏兔

巨虚下廉　條口　上廉　三里　犢鼻　梁丘　髀關

足少陽及股并陽維四穴凡二十八穴第三十四

竅陰　俠谿　地五會　臨泣　陽輔　陽交　陽陵泉　丘墟

懸鍾　光明　外丘　陽關　中瀆　環跳

足太陽及股并陽蹻六穴凡三十四穴第三十五

至陰　通谷　束骨　京骨　申脈　金門　僕參　飛揚

承山　承筋　合陽　委中以上甲乙經影印本卷三

皇甫謐集卷三十四・解散說 新輯

解散說

皇甫云。

然寒食藥者。世莫知焉。或言華佗。或曰仲景。考之於實。佗之精微。方類單省。而仲景經有侯氏黑散。紫石英方。皆數種相出入。節度略同。然則寒食草石二方。出自仲景。非佗也。且佗之為治。或刳斷腸胃。滌洗五臟。不純任方也。仲景雖精。不及於佗。至於審方物之候。論藥石之宜。亦妙絕眾醫。及寒食之療者。御之至難。將之甚苦。

近世尚書何晏。耽聲好色。始服此藥。心加開朗。體力轉強。京師翕然。傳以相授。歷歲之困。皆不終朝而愈。眾人喜於近利。未睹後患。晏死之後。服者彌繁。于時不輟。余亦豫焉。或暴發不常。夭害年命。是以族弟長互。舌縮入喉。東海王良夫。癰瘡陷背。隴西辛長緒。脊肉爛潰。蜀郡趙公烈。中表六喪。悉寒食散之所為也。遠者數十歲。近者五六歲。余雖視息。猶溺人之笑耳。而世人之患病者。由不能以斯為戒。失節之人。多來問。余乃喟然嘆曰。今之醫官。精方不及華佗。審治莫如仲景。而競服至難之藥。以招甚苦之患。其夭死者。焉可勝計哉。咸寧四年。平陽太守劉泰。亦沉斯病。使使問余救解之宜。先時有姜子者。以藥困絕。余實生之。是以聞焉。然身自荷毒。雖才士不能書。辨者不能說也。苟思所不逮。暴至不旋踵。敢以教人乎。辭不獲已。乃退而惟之。求諸本草。考以素問。尋故事之所更。參氣物之相使。并列四方之本。注釋其下。集而與之。匪曰我能也。蓋三折臂者。為醫非生而知之。試驗亦其次也。

服寒食散。二兩為劑。分作三帖。清旦溫醇酒服一帖。移日一丈。復服一帖。移日二丈。復服一帖。如此三帖盡。須臾。以寒水洗手足。藥氣兩行者。當小痹。便因脫衣。以冷水極浴。藥勢益行。周體涼了。心意開朗。所患即瘥。雖羸困著牀。皆不終日而愈。人有強弱。有耐藥。若人羸弱者。可先小食。乃服。若人強者。不須食也。有至三劑。藥不行者。病人有宿癖者。不可便服也。當先服消石大丸下去。乃可服之。服藥之後。宜煩勞。若羸著牀不能行者。扶起行之。常當寒衣。寒飲。寒食。寒臥。極寒益善。若藥未散者。不可浴。浴之則矜寒。使藥躁不發。令人戰掉。當更溫酒飲食。起跳踴。春磨出力。令溫。乃浴。解則止。勿過多也。又當數冷食。無晝夜也。一日可六七食。若失食。飢亦令人寒。但食則溫矣。若老小不耐藥者。可減二兩。強者過二兩。少小氣盛及產婦臥不起。頭不去巾帽。厚衣對火者。服散之後。便去衣巾。將冷如法。勿疑也。虛人亦治。又與此藥相宜。實人勿服也。藥雖良。令人氣力兼倍。然甚難將息。適大要在能善消息節度。專心候察。不可失意。當絕人事。唯病著牀。虛所不能言。厭病者。精意能盡藥意者。乃可服耳。小病不能自勞者。必廢失節度。慎勿服也。若大傷寒者。下後乃服之。便極飲冷水。若產婦中風寒。身體強痛。不得動搖者。便溫服一劑。因以寒水浴即瘥。以浴後身有痹處者。便以寒水洗。使周偏。初得小冷。當數食飲酒於意。後憒憒不了快者。當復冷水浴。甚者。水略不去體也。若藥偏在一處。偏痛。偏冷。偏熱。痹及眩煩腹滿者。便以水逐洗。於水下即了了矣。如此晝夜洗。藥力盡乃止。

凡服此藥。不令人吐下也。病皆愈。若膈上大滿欲吐者。便餔食即安矣。服藥之後。大便當變於常。故小青黑色。是藥染耳。勿怪之也。若亦溫。溫欲吐。當遂吐之。不令極也。明旦當更服。若浴晚者。藥勢必不行。則不堪冷浴。不可強也。當如法更服之。凡洗太早。則藥禁寒。太晚。則吐亂。不可失過也。寒則出力洗。吐則速冷食。若以飢為寒者。食自溫。常當將冷。不可熱炙之也。若溫衣。溫食。溫臥。則吐逆顛覆矣。但冷飲食。冷浴則瘥矣。

凡服藥者。服食皆冷。唯酒冷熱自從。或一日而解。或二十餘日解。當飲酒。令體中醺醺不絕。當飲醇酒。勿飲薄白酒也。體內重。令人變亂。若不發者。要當先下。乃服之也。寒食藥得節度者。一月轉解。或二十日解。堪溫不堪寒。即以解之候也。其失節度者。頭痛欲裂。坐服藥食溫作癖。急宜下之。或兩目欲脫。坐犯熱在肝。速下之。將冷自止。或腰痛欲弊。坐衣厚體溫。以冷洗浴。冷石熨也。或眩冒欲蹶。坐衣裳犯熱。宜斷頭冷洗之。或腰痛欲折。坐久坐下溫。宜常令牀上冷水洗也。或腹脹欲決。甚者斷衣帶。坐寢處久下熱。又得溫。失食。失洗。不起行。但冷食。冷洗。當風立。或心痛如刺。坐當食而不食。當洗而不洗。寒熱相結。氣不通結在心中。口不得息當校口。但與熱酒。任本性多少。其令酒氣兩得行。氣自通。得噫。因以冷水澆淹手巾。著所苦處。溫復易之。自解。解便速冷食。能多益善。於諸痛之內。心痛最急。救之若赴湯火。乃可濟耳。或有氣斷絕。不知人。時蹶。口不得開。病者不自知。當須傍人救之。要以熱酒為性命之本。不得下者。當斲齒。以酒灌咽中。咽中塞逆。酒入腹還出者。但與勿止也。出復內之。如此或半日。酒下氣蘇。酒不下者。便殺人也。或下利如寒中。坐行止食飲。飲犯熱所致。人多疑冷。病人又滯癖。皆犯熱所為。慎勿疑也。速脫衣。冷食飲。冷洗也。或百節痠疼。坐臥太厚。又入溫被中。衣溫不脫衣故也。臥下當極薄。單衣不著緜也。當薄且垢。故勿著新衣。多著故也。雖冬寒。常當被頭受風。以冷石熨。衣帶不得繫也。若犯此痠悶者。但入冷水浴。勿忍病而畏浴也。或矜戰患寒。如傷寒。或發熱如瘧。坐食忍飢。洗冷不行。坐食臭故也。急冷洗起行。或惡食如臭物。坐溫衣作癖也。當急下之。若不下。萬救終不瘥也。或咽中痛。鼻塞。清涕出。坐溫衣近火故也。但脫衣。冷水洗。當風。以冷石熨咽頞五六徧。自瘥。或胸脇氣逆。乾嘔。坐飢而不食。藥氣熏膈故也。但冷食。冷飲。冷洗即瘥。或食下便出。不得安坐。有癖。但下之。或淋不得小便。久坐溫處及騎馬鞍。熱入膀胱也。冷食。以冷水洗小腹。以冷石熨。一日即止。或大行難。腹中牢固如蛇盤。坐犯溫。久積腹中。乾糞不去故也。消酥若膏。便寒服一二升。浸潤則下。不下。更服即瘥。或寒慄頭掉。不自支任。坐食少。藥氣行於肌膚。五臟失守。百脈搖動。與氣爭競故也。努力強飲熱酒。以和其脈。強冷食。冷飲。以定其臟。強起行。以調其關節。酒行食充。關機以調。則洗了矣。云了者。是瑟然病除。神明了然之狀也。或關節強直。不可屈伸。坐久停息。不習煩勞。藥氣停止。絡結不散。越沈滯於血中故也。任力自溫。便冷洗即瘥。云任力自溫者。令行動出力。從勞則發溫也。非厚衣近火之溫也。或小便稠數。坐熱食及噉諸含熱物餅黍之屬故也。以冷水洗少腹。服梔子湯即瘥。或失氣不可禁。坐犯溫不時洗故也。冷洗自寒即止。

或遺糞不自覺。坐久坐下溫。熱氣上入胃。少腹不禁故也。冷洗即瘥。或目痛如刺。坐熱。熱氣衝肝。上奔兩眼故也。勤冷食。清旦溫小便洗。不過三即瘥。或耳鳴如風聲。汁出。坐自勞出力過度。房室不節。氣逬奔耳故也。勤好飲食。稍稍行步。數食節情即止。或口傷舌強爛燥。不得食。少穀氣不足。藥在胃脘中故也。急作梔子豉湯。或手足偏痛。諸節解。身體發癰瘡鞕結。坐寢處久不自移徙。暴熱偏併。聚在一處。或鞕結核痛甚者。發如癰。覺便以冷水洗。冷石熨。微者。食頃散也。劇者。數日水不絕乃差。洗之無限。要瘥為期。若大不瘥。即取磨刀石。火燒令熱赤。以石投苦酒中。石入苦酒皆破裂。因擣以汁。和塗癰上。三即瘥。取糞中大蠐螬擣。令熟。以塗癰上。亦不過三再即瘥。尤良。或飲酒不解。食不復下。乍寒乍熱。不洗便熱。洗復寒。甚者數十日。輕者數日。晝夜不得寐。愁憂恚怒。自驚跳悸恐。恍惚忘誤者。坐犯溫積久。寢處失節。食熱作癖內實。使熱與藥并行。寒熱交爭。雖以法救之。終不可解也。吾嘗如此。對食垂涕。援刀欲自刺。未及得施。賴家親見迫奪。故事不行。退而自佳。乃強食冷。飲水遂止。禍不成。若絲髮矣。

凡有寒食散藥者。雖素聰明。發皆頑嚚。告捨難喻也。以此死者。不可勝計。急飲三黃湯下之。當吾之困也。舉家知親。皆以見分別。賴亡兄士元披方。得三黃湯方。合使吾服。大下即瘥。自此常以救急也。或脫衣便寒。著衣便熱。坐脫著之間無適。故小寒自可著。小溫便脫。即洗之即慧矣。慎勿忍。使病發也。洗可得了然瘥。忍之則病成矣。或齒腫脣爛。齒牙搖痛。頰車噤。坐犯熱不時救故也。當風張口。使冷氣入咽。漱寒水即瘥。或周體患腫。不能自轉徙。坐久停息。久不飲酒。藥氣沈在皮膚之內。血脈不通故也。飲酒冷洗。自勞行即瘥。極不能行。使人扶。或車行之事。甯違意。勿聽從之。使支節柔調乃止。勿令過差。過則使極。更為失度。熱者復洗也。或患冷。食不可下。坐久冷食。食口中不知味故也。可作白酒麋。益著酥。熱食一兩頓。悶者。冷飲還冷食。或陰囊臭爛。坐席厚下熱故也。坐冷水中即瘥。或腳趾間生瘡。坐著履溫故也。脫履著屐。以冷水洗足即愈。或兩腋下爛作瘡。坐臂脇相親也。以物懸手離脇。冷熨之即瘥。或嗜寐不能自覺。久坐熱悶故也。急起洗浴飲冷。自精了。或有癖也。當候所宜下之。或夜不得眠。坐食少。熱在內故也。當服梔子湯。數進冷食。或咳逆。咽中傷。清血出。坐臥溫故也。或食溫故也。飲冷水。冷熨咽外也。或得傷寒。或得溫瘧。坐犯熱所為也。

凡常服寒食散。雖以久解而更病者。要先以寒食救之。終不中冷也。若得傷寒及溫瘧者。卒可以常藥治之。無咎也。但不當飲熱藥耳。傷寒藥皆除熱。瘧藥皆除癖。不與寒食相妨。故可服也。或藥發輒并臥。不以語人。坐熱氣盛。食少。穀不充。邪干正性故也。飲熱酒。冷食。自勞便佳。或寒熱累月。張口大呼。眼視高。精候不與人相當。日用水百餘石。澆不解者。坐不能自勞。又飲冷酒。復食溫食。譬如暍人。心下更寒。以冷救之愈。劇者。氣結成冰。得熱熨飲。則冰銷氣通。人乃解。令藥熱聚心。乃更寒戰。亦如暍人之類也。速與熱酒。寒解氣通。酒兩行於四肢。周體悉溫。然後以冷水三斗洗之。惿然了了矣。河東裴季彥。服藥失度。而處三公之尊。人不敢強所欲。已錯之後。其不能自知。左右人不解救之。救之法。但飲冷水。以水洗之。用水數百石。寒遂甚。命絕於水中。良可痛也。夫以十石焦炭。二百石水沃之。則炭滅矣。藥熱雖甚。未如十石之火也。沃之不已。寒足殺人。何怨於藥乎。不可不曉此意。世人失救者。例多如此。欲服此藥者。不唯己自知也。家人皆宜習之。使熟解其法。乃可用相救也。吾每一發。氣絕不知人。雖復自知有方。力不復施也。如此之弊。歲有八九。幸家人大小以法救之。猶時有小違錯。況都不知者哉。或大便稠數。坐久失節度。將死候也。如此難治矣。為可與湯下之。儻十得一生耳。不與湯必死。莫畏不與也。下已致死。令不恨也。或人困已。而脈不絕。坐藥氣盛行於百脈。人之真氣已盡。唯有藥氣尚自獨行。故不絕。非生氣也。或死之後。體故溫如人肌。腹中雷鳴。顏色不變。一兩日乃似死人耳。或灸之尋死。或不死。坐藥氣有輕重。故有死生。雖灸之得生。生非已疾之法。終當作禍。宜慎之。大有此故也。或服藥心中亂。坐服溫藥與疾爭結故也。法當大吐下。若不吐下當死。若不吐死者。冷飲自了然瘥。或偏臂腳急痛。坐久藉持臥溫。不自轉移。熱氣入肌。附骨故也。勤以布冷水淹擒之。溫復易之。或肌皮鞕如木石枯。不可得屈伸。坐食熱臥溫作癖。久不下。五臟隔閉。血脈不周通故也。但下之。冷食。飲酒。自勞行即瘥。或四支面目皆浮腫。坐食飲溫。又不自勞。藥與正氣停并故也。飲熱酒。冷食。自勞。冷洗之則瘥。或瞑無所見。坐飲食居處溫故也。脫衣自洗。但冷飲食。須臾自明了。或鼻中作毈鷄子臭。坐著衣溫故也。脫衣冷洗即瘥。或身皮楚痛。轉移不在一處。如風。坐犯熱所為。非得風也。冷洗熨之即瘥。或腳疼欲折。由久坐下溫。宜坐單牀上。以冷水洗即愈。或苦頭眩目疼。不用食。由食及犯熱。心膈有澼故也。可下之。或臂腳偏急。苦痛者。由久坐臥席溫下熱。不自移轉。氣入胏胃脾骨故也。

勤以手巾淹冷水迫之。溫則易之。如此不過兩日即瘥。

凡治寒食藥者。雖治得瘥。師終不可以治為恩。非得治人後。忘得效也。昔如文摯治齊王病。先使王怒。而後病已。文摯以是雖愈王病。而終為王所殺。今救寒食者。要當逆常理。反正性。或犯怒之。自非達者。得瘥之後。心念犯怒之怨。不必得治之恩。猶齊王殺文摯也。后與太子不能救。況於凡人哉。然死生大事也。如知可生而不救之。非仁者也。唯仁者心不已。必冒犯怒而治之。為親戚之故。不但其人而已。

凡此諸救。皆吾所親更也。試之。不借問於他人也。要當違人理。反常性。重衣更寒。一反也。飢則生寒。二反也。極則自勞。三反也。溫則滯利。四反也。飲食欲寒。五反也。癰瘡水洗。六反也。當洗勿失時。一急也。當食勿忍飢。二急也。酒必淳清令溫。三急也。衣溫便脫。四急也。食必極冷。五急也。臥必衣薄。六急也。食不厭多。七急也。冬寒欲火。一不可也。飲食欲熱。二不可也。常疹自疑。三不可也。畏避風涼。四不可也。極不能行。五不可也。飲食畏多。六不可也。居厚濃席。七不可也。所欲從意。八不可也。務違常理。一無疑也。委心棄本。二無疑也。寢處必寒。三無疑也。隋·巢元方·諸病源侯論卷六